Minerva Modern History 2

現代アメリカ政治外交史

「アメリカの世紀」から「アメリカ第一主義」まで

青野利彦
倉科一希
宮田伊知郎
［編著］

ミネルヴァ書房

はしがき

本書は、一九四五年から二〇一八年までのアメリカ合衆国の内政と外交の歴史を、歴代の大統領の伝記的な事績に注目しながら辿ろうとするものである。

第二次世界大戦が終結した一九四五年以降、二〇二〇年現在までの約七五年間、アメリカは世界政治で最も大きな役割を果たしてきた国である。またアメリカはその強大な国力と経済力のみならず、文化の面でも大きな発信力・影響力を持つ国であり続けてきた。それゆえ、アメリカの歴史について知ることは、日本を含めて世界がこれまで来た道をふりかえり、世界が今後向かう方向性を考えるうえでも重要であろう。

そこで本書では、第二次世界大戦後のアメリカの政治と外交への関心と理解を深めてもらえるように戦後歴代の大統領に焦点を当てることにした。アメリカ大統領は、戦後の世界が向かう方向性に大きな影響を与えてきたアメリカ合衆国の行政府の長であり、世界最強を誇ってきたアメリカ軍の最高司令官でもある。世界各国のマスメディアはアメリカ大統領の発言や行動、政策について詳細に報じてきたし、これからもそうであろう。しかも大統領は、最も多くの日本人が顔を知っているアメリカ人だと考えて間違いない。彼らの人物像や、政治家として台頭してきた背景、彼らが直面した国内外の問題やそれへの対応、そして、それが次の時代のアメリカと世界にもたらしたものを描くことで、第二次世界大戦後のアメリカの政治と外交の歴史像を伝えていく。これが本書の目指すところである。

本書は「政治外交史」というタイトルを持ち、大統領に焦点をあてるものではあるが、大統領をはじめ政治に関わる「エリート」だけが歴史を動かしてきたという立場をとるものではない。むしろ本書は、アメリカでは様々な背景を持つ、数多くの市井の人々が歴代大統領たちと同じ時代に生きてきたのであり、彼らの思いや行動もまたアメリカ社会を変え、歴史を動かす原動力となってきたという視座に立っている。とくに、これまで、そして現在のアメリカ政治において重要な一角を占めている人種・移民・ジェンダー・セクシュアリティといった争点をめぐって、アメリカ社会に存在している一般の人々がどのように行動し、それがアメリカの政治や社会、外交に与えた影響に着目している。

アメリカの政治エリートが、アメリカの歴史を動かすうえで重要な役割を果たしてきたことは間違いない。しかし、彼らの政治的な意思決定は決して真空の中で下されてきたわけではない。本書では、彼らの決断がしばしば、多くの人々や他の国々の動向の影響を受けて形づくられた、アメリカ社会や国際政治の歴史的文脈の中でなされ、彼らの決定がまた社会や国際関係に影響を与えていくという、相互作用のプロセスを見るように努めた。この意味で本書は、エリートの決定を叙述の中心に据えてきた「政治史」や「外交史」と、市井の人々が歴史の形成において果たした役割を明らかにしようとする「社会史」といった複数の研究領域を、大統領という存在を結節点として架橋する試みだとも言えよう。

もっとも、本書を執筆した一〇人の共著者たちは外交史、政治学、社会史といった分野を各人の専門領域としているし、しかも、それぞれの分野に膨大な量の研究成果が蓄積されている。そのため、「架橋」したといっても、結局は各執筆者の専門領域の知見に依拠しながら、それ以外の研究領域の成果にもなるべく目配りしたといった程度のものではないかという批判をいただくかもしれない。しかしながら、アメリカの過去と現在を理解するために、外交・政治・社会といった様々な領域の関連性を俯瞰的に見ることが必要なのだとすれば、研究領域を異にする研究者が集い、前述したような試みを意識的に行った本書には一定の意義があるだろう。

本書の企画は、二〇一六年秋の日本国際政治学会でミネルヴァ書房の田引勝二さんが、編者の一人である青野に、大学生および一般読者を想定した戦後アメリカ政治外交の通史の編集を依頼されたことから始まった。青野は米欧関係を中心に冷戦期の国際政治史を主に研究してきたから、アメリカの内政や社会の歴史にはまったく不明であった。しかし、田引さんはアメリカの内政と外交の両方をカバーするような本の出版を希望されていた。そこで田引さんと青野で相談し、倉科一希さんと宮田伊知郎さんにも共編者となっていただいた。倉科さんはアメリカ外交の専門家であるがアメリカ内政の歴史にも通じていらっしゃるし、宮田さんはアメリカの社会史に深い造詣をお持ちだったからである。しかも青野にとってお二人は大学院時代から二〇年以上もお付き合いのある気心の知れた研究仲間であり、友人でもあったから、和気あいあいと、でも、真摯に本書の内容について議論を闘わせることができた。

こうして三人の共編者と田引さんの四人のチームで本書の企画はスタートした。まずやらなければならなかったのは執筆者の選択である。共編者とともに本書を執筆してくださった七人の方々——豊田真穂さん、水本義彦さん、佐原彩子さん、上英明さん、兼子歩さん、吉留公太さん、西山隆行さん、森聡さん——は研究活動を通じて知り合った中堅・若手の研究者であり、外交史、政治学、社会史、ジェンダー史など、それぞれの専門分野の第一線で活躍し、多忙を極めておられる方々ばかりである。にもかかわらず執筆者のみなさんは、「大統領の伝記に軸をおきつつ、内政と外交と社会のすべてについて限られた紙幅で書いてほしい」という無茶な依頼を快諾し、しかもそれに見事に応える素晴らしい文章を寄せてくださった。また、数回にわたって開催した執筆者会議にも、忙しいスケジュールの合間を縫って参加し、他の執筆者の原稿にも真摯で生産的なコメントを寄せてくださった。この一連の会議での議論を通じて本書の内容はより深く、正確なものとなったのではないかと考えている。また一橋大学大学院の尾身悠一郎さんと隋立国さんは、詳細な年表原稿を作成することで本書に大きく貢献してくださった。

なお、編者の三人はそれぞれ著作や論文、翻訳書などを刊行した経験はあるものの、編者としての仕事に本格的に取り組んだことはなかった。田引さんは、「チーフ・マネジャー」として素人編者三人組を見事に導いてくださった。また、編者や執筆者全員でたびたび開催した会議にもすべて参加され、「編集のプロ」の視点から的確なアドバイスをくださった。ようやく本書を刊行できた今、改めて田引さんにお礼申し上げたい。また、一冊の本を作り上げるという大変な作業の様々な段階で助けてくださった、編集部の川島遼子さんをはじめミネルヴァ書房のみなさまにも感謝の意を表したい。

この「はしがき」を書いている二〇二〇年二月の時点では、民主党主導で実施された現職のドナルド・J・トランプ大統領の弾劾裁判は無罪評決に終わり、一一月の大統領選に向けた動きはますます混迷を深めている。対外政策に目を向けると、ハイテク技術をめぐる米中対立が激化し、北朝鮮やイランの核問題、中東情勢といったアメリカが深く関わっている国際問題の行方も見通しのつかないものとなっている。しかし、こうした状況に冷静に対処するためにも、アメリカの辿ってきた道のりを理解し、現在の混沌とした状況をその歴史的な文脈のなかに位置づけて客観視してみることが重要だろう。アメリカの来し方と今、そして行く末に関心を持つ方々すべてにとって役立ち、かつ面白い読み物となることを祈りつつ、本書を世に送り出すこととしたい。

二〇二〇年二月一八日

青野利彦
倉科一希
宮田伊知郎

現代アメリカ政治外交史——「アメリカの世紀」から「アメリカ第一主義」まで　目次

第10章　「思いやりのある保守主義」と「対テロ戦争」

＊各章扉写真：Wikipedia commons より。

略語・略称一覧

ABM（Anti-Ballistic Missile）：弾道弾迎撃ミサイル
ADA（Americans with Disabilities Act of 1990）：障害を持つアメリカ人法
AEC（Atomic Energy Committee）：アメリカ原子力委員会
AFDC（Aid to Families with Dependent Children）：要扶養児童家庭扶助
ANZUS（Australia, New Zealand, United States Security Treaty）：太平洋安全保障条約
APEC（Asia Pacific Economic Cooperation）：アジア太平洋経済協力
ASEAN（Association of Southwest Asian Nations）：東南アジア諸国連合
AWACS（Airborne Warning And Control System）：早期警戒管制機
CFE（Treaty on Conventional Armed Forces in Europe）：欧州通常戦力条約
CIA（Central Intelligence Agency）：中央情報局
CIS（Commonwealth of Independent States）：独立国家共同体
CORE（Congress of Racial Equality）：人種平等会議
CSCE（Conference on Security and Cooperation in Europe）：欧州安全保障協力会議
CTBT（Comprehensive Test-Ban Treaty）：包括的核実験禁止条約
DACA（Deferred Action for Childhood Arrivals）：若年層向け強制送還延期プログラム
DAR（Daughters of the American Revolution）：アメリカ革命の娘たち
DEA（Drug Enforcement Administration）：アメリカ麻薬取締局
DHS（Department of Homeland Security）：国土安全保障省
DLC（Democratic Leadership Council）：民主党指導者会議
DOMA（Defense of Marriage Act）：結婚防衛法
EC（European Community）：欧州共同体
EDCA（Enhanced Defense Cooperation Agreement）：防衛協力強化協定
EEC（European Economic Community）：欧州経済共同体
EEOC（Equal Employment Opportunity Commission）：雇用機会均等委員会
EPA（Environmental Protection Agency）：環境保護庁
ERA（Equal Rights Amendment）：男女平等憲法修正条項
EU（European Union）：欧州連合
FEMA（Federal Emergency Management Agency）：連邦緊急事態管理庁
FAP（Family Assistance Plan）：家族支援プラン
FBI（Federal Bureau of Investigation）：連邦捜査局

FEPC（Fair Employment Practice Committee）：公正雇用実施委員会
FMCT（Fissile Material Cut-off Treaty）：核兵器用核分裂性物質生産禁止条約
FMLN（Farabundo Martí National Liberation Front）：ファラブンド・マルティ民族解放戦線
FNLA（National Liberation Front of Angola）：アンゴラ民族解放戦線
FRB（Federal Reserve Board of Governors）：連邦準備制度理事会
GATT（General Agreement on Tariffs and Trade）：関税および貿易に関する一般協定
GCC（Gulf Cooperation Council）：湾岸協力評議会
GDP（Gross Domestic Product）：国内総生産
GE（General Electric）：ジェネラル・エレクトリック
IAEA（International Atomic Energy Agency）：国際原子力機関
IBRD（International Bank for Reconstruction and Development）：国際復興開発銀行
ICBM（Intercontinental Ballistic Missile）：大陸間弾道ミサイル
ISIS（Islamic State of Iraq and Syria）：イスラーム国
IMF（International Monetary Fund）：国際通貨基金
INF（Intermediate-range Nuclear Forces）：中距離核戦力
JCPOA（Joint Comprehensive Plan of Action）：包括的共同作業計画
KKK（Ku Klux Klan）：クー・クラックス・クラン
MAD（Mutual Assured Destruction）：相互確証破壊
MLF（Multilateral Nuclear Force）：多角的核戦力
MPLA（Popular Movement for the Liberation of Angola）：アンゴラ解放人民運動
NAACP（National Association for the Advancement of Colored People）：全米黒人地位向上協会
NAFTA（North American Free Trade Agreement）：北米自由貿易協定
NASA（National Aeronautics and Space Administration）：アメリカ航空宇宙局
NATO（North Atlantic Treaty Organization）：北大西洋条約機構
NCLB（No Child Left Behind Act）：どの子も置き去りにしない法
NEC（National Economic Council）：国家経済会議
NEPA（National Environmental Policy Act）：国家環境政策法
NIRA（National Industrial Recovery Act）：全国産業復興法
NOW（National Organization of Women）：全米女性機構
NPT（Nuclear Non-Proliferation Treaty）：核兵器不拡散条約
NRA（National Rifle Association）：全米ライフル協会
NSA（National Security Agency）：国家安全保障局

NSC（National Security Council）：国家安全保障会議
OECD（Organization for Economic Co-operation and Development）：経済協力開発機構
OEO（Office of Economic Opportunity）：経済機会局
OHS（Office of Homeland Security）：国土安全保障局
OPA（Office of Price Administration）：物価管理局
OPCW（Organization for the Prohibition of Chemical Weapons）：化学兵器禁止機関
OPEC（Organization of Petroleum Exporting Countries）：石油輸出国機構
OSCE（Organization for Security and Cooperation in Europe）：欧州安全保障協力機構
PLO（Palestine Liberation Organization）：パレスチナ解放機構
ROTC（Reserve Officers' Training Corps）：陸軍予備役将校訓練規定
SAG（Screen Actors Guild）：映画俳優ギルド
SALT（Strategic Arms Limitation Treaty）：戦略兵器制限条約
SCLC（Southern Christian Leadership Conference）：南部キリスト教指導者会議
SDI（Strategic Defense Initiative）：戦略防衛構想
SEATO（South East Asia Treaty Organization）：東南アジア条約機構
SLBM（Submarine-Launched Ballistic Missile）：潜水艦発射弾道ミサイル
SNCC（Student Nonviolent Coordinating Committee）：学生非暴力調整委員会
SNF（Short-range Nuclear Forces）：短距離核戦力
SNS（Social Networking Service）：ソーシャル・ネットワーキング・サービス
START（Strategic Arms Reduction Treaty）：戦略兵器削減条約
TPA（Trade Promotion Authority）：大統領通商促進権限
TPP（Trans-Pacific Partnership Agreement）：環太平洋経済連携
TTIP（Transatlantic Trade and Investment Partnership）：環大西洋貿易投資協定
TVA（Tennessee Valley Authority）：テネシー渓谷開発公社
USIP（United States Institute of Peace）：米国平和研究所
WASP（White Anglo-Saxon Protestant）：ホワイト・アングロサクソン・プロテスタント
WTO（World Trade Organization）：世界貿易機関

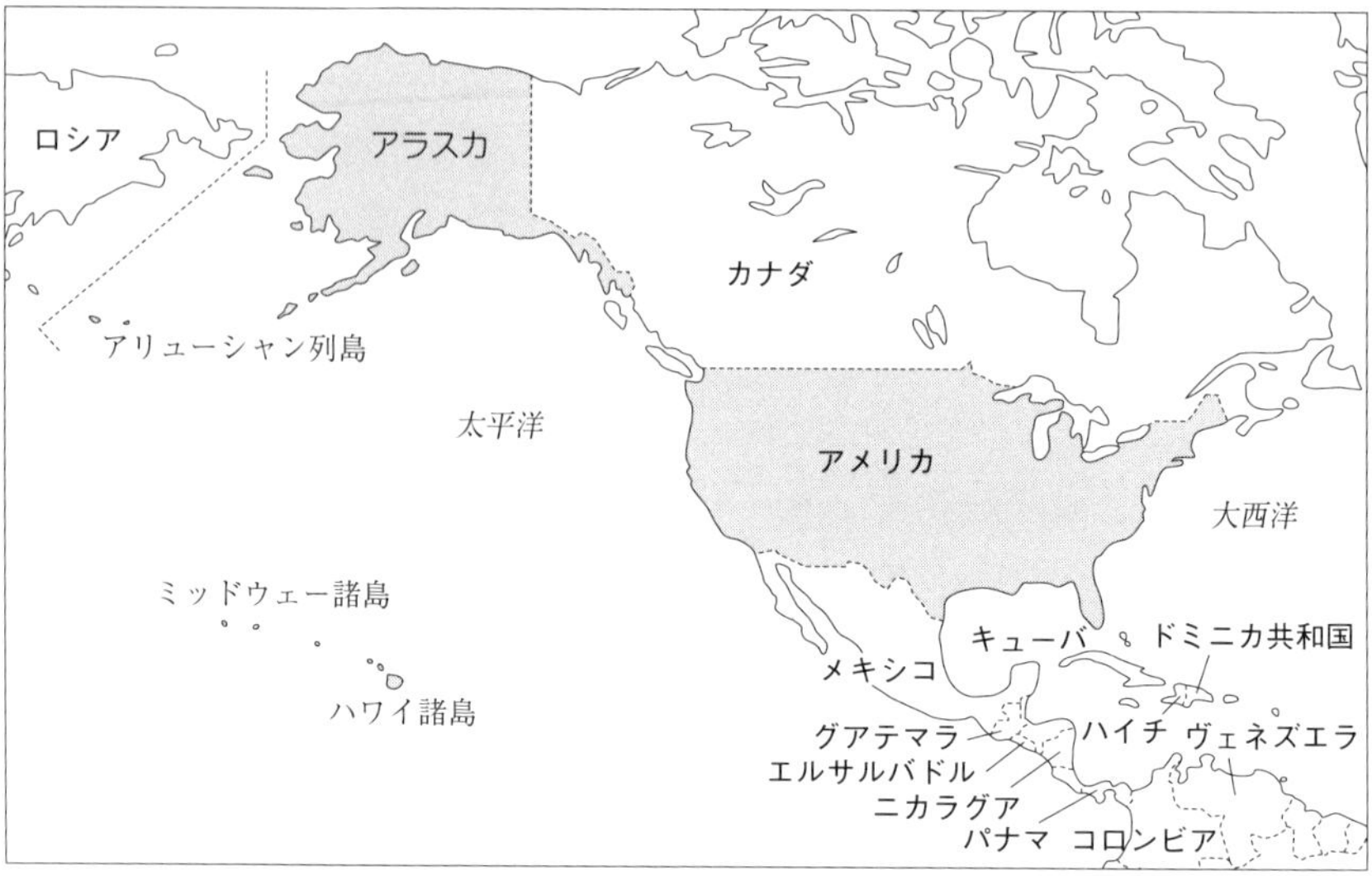
ロシア
アラスカ
カナダ
アリューシャン列島
太平洋
アメリカ
大西洋
ミッドウェー諸島
ハワイ諸島
キューバ
ドミニカ共和国
メキシコ
グアテマラ
ハイチ
ヴェネズエラ
エルサルバドル
ニカラグア
パナマ
コロンビア

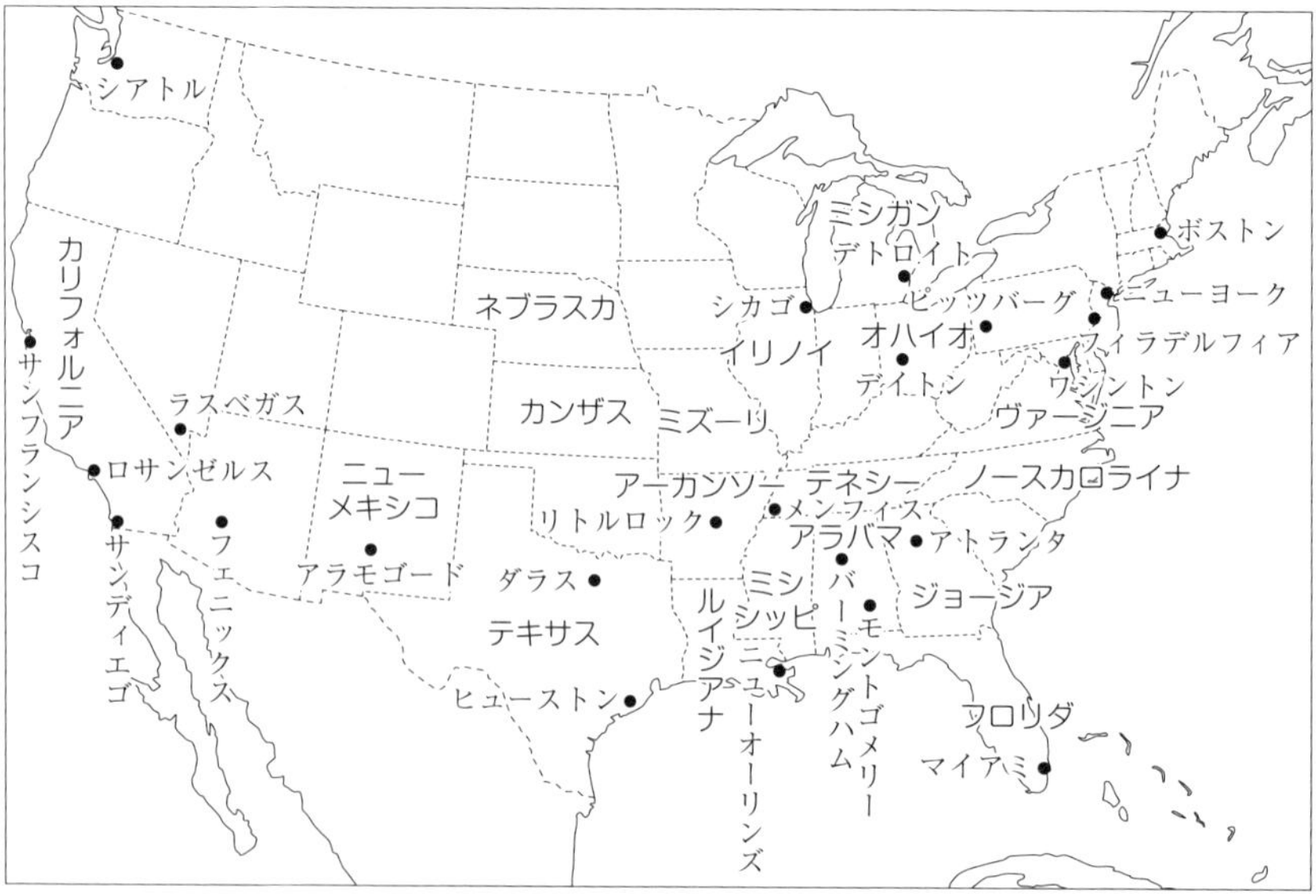
シアトル
ミシガン
デトロイト
ボストン
カリフォルニア
ネブラスカ
シカゴ
ピッツバーグ
ニューヨーク
オハイオ
イリノイ
フィラデルフィア
サンフランシスコ
デイトン
ワシントン
ラスベガス
カンザス
ミズーリ
ヴァージニア
ロサンゼルス
ニューメキシコ
アーカンソー
テネシー
ノースカロライナ
リトルロック
メンフィス
アラバマ
アトランタ
サンディエゴ
フェニックス
アラモゴード
ダラス
ミシシッピ
バーミングハム
モントゴメリー
ジョージア
テキサス
ルイジアナ
ニューオーリンズ
ヒューストン
フロリダ
マイアミ

関係地図

序章　建国から第二次世界大戦までのアメリカ

青野利彦

1　大統領から見るアメリカ政治外交史

なぜ大統領に注目するのか

本書は、第二次世界大戦の終結した一九四五年から、二〇一八年までのアメリカ合衆国の内政と外交の展開について、戦後の歴代大統領の足跡を辿りながら描こうとするものである。

一九四五年から二一世紀の現在まで、アメリカは、世界で最も強大で、かつグローバルな影響を持ちうる国家であり続けてきた。第二次世界大戦後、アメリカがリードして形成・発展してきた国際連合やグローバルな市場経済は、現在でも世界政治の基本的な枠組であり続けている。近年は中国が台頭し、アメリカが主導してきた国際秩序に挑戦していると言われるが、依然アメリカが抜きんでた国力を持っていることは間違いない。超大国アメリカと呼ばれるゆえんである。

アメリカの行政府の長であり、軍の最高司令官である大統領は世界に大きな影響を与えることのできる存在だ。二〇一七年一月に就任したドナルド・J・トランプ大統領は、大統領府（ホワイトハウス）の公式声明という伝統的な手段ではなく、ツイッターというソーシャル・ネットワーキング・サービス（SNS）で自らの見解を示しているが、トランプの「つぶやき」が世界を振り回していることがアメリカ大統領の影響力の大きさを示している。世界中のマスメディアもトランプの言動や行動を日々報じている。大統領は、世界中で最も顔の見えやすいアメリカ人だと言ってよいだろう。

日本にとってもアメリカは大きな存在である。アメリカは主要同盟国として日本の外交や安全保障だけでなく、国内政治にも大きな影響を与えているし、両国は貿易や投資を通じて経済的にも深く結び付いている。アメリカのポップ・カルチャーも広く受け入れられており、スターバックスやナイキ、GAFA（グーグル、アマゾン、フェイスブック、アップル）といった名前は本書の読者にもおなじみのはずだ。このように見れば、アメリカを知ることは、現在の世界や日本の位置を確認し、今後の世界の行方を展望するために不可欠な作業であることがよく分かる。

そこで本書では、第二次世界大戦後のアメリカの政治外交史への関心と理解を深めてもらえるように、大統領に焦点を当てることにした。本書を読んでもらえれば分かるように、彼らはそれぞれ、様々な経験を経て大統領になった個性的な人物である。本書の各章では、彼らの生い立ちや成長の過程、大統領就任までの経緯を振り返りつつ、彼らが大統領を務めた時期のアメリカが、どのような政治・外交的な課題や経済・社会の状況に直面していたのか、様々な集団や政治勢力が自らの利益を実現したり、社会的な課題を解決するためにどのように行動したのかを描いていく。大統領として彼らはどのようにその時代を見つめ、それへの対応となる政策を決定したのか。彼らが実現すべきと考えていたアメリカの価値や理念とはどのようなものであり、いかにしてそれを実現しようとしたのか。大統領達の決定はどのように次の時代への道筋を形作っていったのか。こうした叙述を重ねることで本書は、第二次世界大戦後のアメリカ史の流れを分かりやすく伝えようとするものである。

本書の構成と視点

本書は、第二次世界大戦後のアメリカ政治外交の通史である。一八世紀末のアメリカ合衆国建国から二〇世紀前半までの歴史的背景を踏まえつつも、その中心はハリー・S・トルーマン政権からバラク・H・オバマ政権までの時期に置かれている。以下では、本書の構成と、本書がどのような視点からアメリカ史を眺めていくのか、簡単に記しておきたい。

本節に続く第2節および第3節では、本編となる第1章以降で扱う、第二次世界大戦後の時期の歴史的背景を描く。まず第2節では、建国から一九二〇年代までのアメリカ政治外交の変遷を、一九世紀末から二〇世紀初めにアメリカの政治・経済・社会・外交にある種の転換が起きたことを念頭に置きながら描いていく。その際には次の四つの側面——⑴大統領制とその変遷、⑵移民国家としてのアメリカと人種問題、⑶ジェンダーとセクシュアリティ、⑷対外政策の展開とその思想的基盤——を念頭に置く。

この⑵と⑶は通常、政治指導者ではない市井の人々を研究対象とする「社会史」という分野の研究対象となる。「政治外交史」というタイトルを持つ本書がこうした側面に言及するのはなぜか。それは、移民、人種、ジェンダー、セクシュアリティといった社会的な問題が第二次大戦後から現在に至るまで、アメリカにおける重要な政治的争点であり続け、時には対外関係にも影響を与えてきたからである。そのため序章の第2節では、一九四五年以降の政治や外交をより深く理解するための手がかりとして、こうした社会的争点について簡単に整理しておくことにする。

そのうえで第3節では、大統領が政治において大きな役割を果たす「現代大統領制」が完成し、かつ、アメリカがより大きな国際的役割を果たすようになったフランクリン・D・ローズヴェルト政権期について描いていく。

第1章からが本書の中核部分であり、トルーマン以降の各政権に一章ずつを割り当てる。ここでは、各大統領の生い立ちや政治的キャリアの形成過程、また、大統領就任後の国内政治や外交政策の展開を辿りながら、その時期の国内政治と対外関係がどのように連動していたのかを描いていく。また、その際、各大統領の認識や行動を記述の中心に据えつつも、外交政策や国内政治の展開、経済の動向や社会変動についても、その大きな歴史の流れが分かるような記述を心がけた。

より具体的には、⑴どのような政治・経済・社会・国際的な背景の中で、⑵どのような問題が政策的な課題となったのか、⑶どのような政策が大統領によって実施されたのか、⑷それに対して国内社会や諸外国はどのように反応し、大統領はさらにどのように対応を迫られたのか、⑸その結果アメリカの政治や社会、対外関係はどのように変化したのか、もしくは変わらなかったのか、といった点を説明していく。

なお、本編となる第1章以降について、本書は大きく三つの時期に区分される三部構成をとる。第Ⅰ部では、第二次世界大戦の終結期から一九六〇年代後半までを主に扱う。この時期のアメリカは、ソ連との冷戦対立と福祉国家の建設という二つの課題に向き合い、おおむねこれに成功した。しかしこの時期には、黒人による公民権運動などが示すように、繁栄するアメリカ社会に内在する様々な矛盾が顕在化していった。さらにはベトナム戦争が泥沼化し、第二次大戦後、当然視されてきたアメリカの力の優位や外交政策の適切性に疑問が呈されるようになった。

こうした国内外の新たな課題にアメリカはどのように対応し、それは何をもたらしたのか。これが、六〇年代末から九〇年代初めまでを扱う第Ⅱ部のテーマとなる。この時期に政権を担当した大統領たちは、新たな政策を打ち出して経済的繁栄と国際的地位を回復させようとした。そして八〇年代末までには、アメリカ経済が競争力を取り戻し、ソ連圏が崩壊してアメリカが冷戦に勝利したと考えられるようになった。九一年の湾岸戦争は、アメリカが冷戦に「勝利」し、アメリカ主導の冷戦後の「新世界秩序」が形成されたことを象徴しているかのようであった。

だが、まもなくアメリカは国内外で様々な困難に直面させられることになる。国外では世界同時多発テロ、世界経済・金融恐慌など予期不能な事態が頻発した。経済のグローバル化がさらに進み、産業空洞化が加速し、世界規模での気候変動に拍車がかかった。米国内でも、社会の保守化と新自由主義化の潮流が強まり、共和党、民主党ともに路線転向を迫られ、政府の役割が変わっていく。第Ⅲ部では、このような激変を経験した、一九九〇年代初頭から二〇一六年までのアメリカの姿を描いていく。

こうした本編での議論を踏まえて、終章では、トランプ政権の国内・対外政策について概観し、それを第二次世界大戦後のアメリカ政治外交史の文脈に位置づけることを試みる。

2　建国から大恐慌までのアメリカ

アメリカの建国と大統領制　本書を読み進めていくうえで、アメリカ政治の仕組みと大統領の役割を理解しておくことは大きな手助けになる。そこで以下では、アメリカ建国の過程を概観し、合衆国憲法が規定する大統領の権限や、大統領と議会の関係、また連邦政府と州政府の関係について見ておきたい。

アメリカ東部で形成された一三の植民地が、一七七六年、宗主国イギリスに対して独立を宣言し、その後戦争を経て、八三年に独立を達成したことはよく知られている。独立宣言ではイギリス王政は否定され、すべての人間は平等で基本的人権（生命、自由、幸福追求の権利）を持つこと、また、こうした諸権利を確保するために被治者の合意に基づいて政府に正当な権力が授けられることが唱えられた。君主による専制的な統治がまだ一般的だった当時の世界において、アメリカは「例外」的な国家として誕生したと言える。

独立戦争のさなか、一三の邦（英語ではstate。独立宣言後から憲法制定までの期間のstateと憲法制定後のそれの性質が異なるため、日本のアメリカ研究では前者を「邦」、後者を「州」と訳す）はその連合をアメリカ合衆国と定める「連合規約」を締結した。独立した一三邦はそれぞれが独立国家のような主権を持っていたから、この時、アメリカには強い権限を持つ中央政府が存在しておらず、意志決定の中心であった連合会議はうまく機能しなかった。こうした状況に対処するには、強力な中央政府を設置し、国家を運営するためのルールを定めなければならない。合衆国憲法が制定されたのはそのためである。

アメリカの政治制度の出発点は八八年の合衆国憲法の発効に求めることができる。それは二つの仕組みから成り立っている。一つは、首都ワシントンDCにある連邦政府と州政府が分業する連邦制である。もう一つは、連邦政府の内部で、行政府の最高責任者である大統領、立法を担当する議会（上院と下院からなる）、司法を担当する裁判所が、分業しつつ抑制と均衡の関係に立つ権力分立制である。大統領制とは大統領を定期的な選挙によって国民が選出する制度であり、アメリカはそれを史上初めて採用した国家であった。

このようなアメリカ政治の仕組みの中で、大統領はどんな権限を有していたのだろうか。日本でマスメディアの報道に触れていると、アメリカ大統領は強大な権限を持っていると考えがちである。だが合衆国憲法は、大統領権限を連邦政府の政策決定を主導できるほど大きなものには設定していない。立法を通じて政策決定を主導するのは議会であり、大統領は立法措置の勧告や、議会両院を通過した法案の成立を阻止する拒否権など、一定の権限を有するだけである。外交や軍事といった領域を除けば、大統領が行使できる権限は非常に限定されているのだ。

また合衆国憲法は、米国民が自らの権利の一部を連邦政府に、また別の一部を州政府に、それぞれ直接委任するという原理に立っている。それゆえ連邦政府と州政府が行使しうる権限や果たすべき役割についても明確な区別があるとされていた。こうすることで連邦政府内部のみならず、連邦政府と州政府の間でも権力の分立が図られたのである。しかし、こうした仕組みゆえ、重要な問題が生じた時には、それが州の管轄事項なのか連邦政府の管轄事項なのかが問題となった。奴隷制はその最たるものであり、一九世紀半ばにアメリカは、奴隷制を一つの理由として激しい内戦（南北戦争）を戦うまでに至った。

つまり一般的なイメージとは裏腹に、大統領は、憲法でその権限を大きく制限された存在なのである。事実、一九世紀末まで政策決定の中枢を担ったのは連邦議会と州政府であった。

革新主義と大統領の役割の変化

しかし二〇世紀に入ると、新たに生じた様々な問題に、連邦政府、そして大統領が積極的に取り組むことが必要だと考えられるようになる。南北戦争が終わった後、一九世紀末までのアメリカでは、自由放任経済のもとで工業化が進み、安価な労働力である大量の移民が流入して都市化も進んだ。しかし発展は多くの問題を伴うものでもあった。独占的な大企業が誕生して貧富の格差も拡大し、労働争議が頻発した。都市には非衛生的で過密状態の貧しい移民のスラム街が生まれ、児童労働や都市と農村の経済格差なども問題となった。

こうした状況を改善するため一九世紀末から二〇世紀初めにかけて展開されたのが革新主義運動である。市政改革や州政改革の運動として始まった革新主義は、効率や科学を重視し、専門職による調査や政府による規制を通じてあらゆる社会問題を解決しようとするものであった。資本主義に真っ向から対立するのではなく、資本主義のほころびを修正し、その機能を取り戻そうとしたのである。

革新主義は、まもなく連邦政治にも影響を与えるようになった。一九世紀末までの連邦政府は自由放任主義に則って、経済問題や社会問題を解決するための積極的な行動をとらなかった。しかし革新主義の影響を受けて方針転換を図ろうとする大統領が登場する。共和党のセオドア・ローズヴェルト（以下T・ローズヴェルト：任期一九〇一〜

〇八年）である。統治の中心を、州政府や議会から連邦政府や大統領に移行させようとしていたT・ローズヴェルトは、独占的な大企業の規制に取り組み、議会に要請して首都ワシントンDCにおける児童労働禁止法や純正食品医薬法など、複数の重要立法を行った。彼に続くウィリアム・タフト（共和党：〇九～一三年）とウッドロー・ウィルソン（民主党：一三～二一年）も革新主義的な政策の実現に力を入れた。

この三人が大統領を務めた「革新主義の時代」は、大統領の役割や権限が徐々に拡大していった時期であった。アメリカ政治は、州政府と連邦議会を中心とする一九世紀のそれから大きく変化しつつあったと言える。後で見るように、こうした積極的な連邦政府と大統領を特徴とする「現代大統領制」は一九三〇年代に確立することになる。

移民国家アメリカの人種構成と人種問題

北アメリカには、約一万二〇〇〇年前から先住民（インディアン）が住んでいた。やがて、一四九二年にクリストファー・コロンブスがアメリカ大陸を「発見」すると、ヨーロッパ人たちが移住を開始した。一七世紀に入るとフランスとイギリスが北アメリカで植民地建設を開始し、その後一八世紀にかけてイギリス人、オランダ人、スウェーデン人など、北・西欧から多くの入植者がやってきた。政治、経済、宗教、その他様々な理由から、彼らは「新世界」アメリカへと渡った。

同時期にはヨーロッパ人による大西洋奴隷貿易を通じて、多くのアフリカ人が黒人奴隷としてアメリカに導入された。黒人奴隷は南部のプランテーションや鉱山などで強制労働に従事させられ、人間であったにもかかわらず財産として扱われ、移動や結婚の自由も奪われた。またヨーロッパ系白人は、武力を用いて先住民を征服していった。独立戦争（一七七五年～）は植民地独立のみならず、先住民に対する征服戦争でもあった。同様の戦いは一九世紀を通じて繰り返され、その過程で、先住民を「文明」に敵対する「野蛮人」と見なすイメージも作り上げられた。

このように北アメリカ植民地には、ヨーロッパ系白人、黒人、先住民の三つの人種が存在していたが、独立と建国に際して、政治参加の権利を持つ市民とされたのは財産を持つ白人男子のみであり、黒人や先住民、女性は含まれていなかった。最初の帰化法（一七九〇年）も、帰化して米国民となる資格のある外国人は「自由身分の白人」のみと定めており、先住民や黒人、後のアジア系の移民を米国民と認めてはいなかった。

すでに見たように、アメリカは基本的人権や被治者の合意による統治という普遍的な理念に基づいて建国された国であり、アメリカで生まれたものはすべてこの理念を共有する「市民」と見なすという、市民的ナショナリズム（civic nationalism）の伝統を持っていると考えてよい。しかし、その市民的ナショナリズムは、当初から白人男性のみを対象とするという限界を孕むものであった。事実、この後見ていくように、アメリカ社会には建国の理念と矛盾する形で、様々な人種差別が内在していたのである。

建国後、南北戦争までは北・西欧からの移民が主となった。家族で移住し、東部では熟練職人、中西部では土地所有農民となった彼らは、文化的・政治的にアメリカ人にふさわしい移民と見なされた。しかし、一八四〇年代の「じゃがいも飢饉」を逃れて渡米し、東部・中西部の大都市で非熟練労働者となったアイルランド人は差別的な立場に置かれた。アメリカが西部へ領土を拡大する中で誕生したメキシコ系アメリカ人は、「自由白人」として受け入れられはしたものの、その多くが不慣れなアメリカ的制度の中で土地や財産を失うことになった。

アメリカは、自由と機会を得ようとしたヨーロッパ系移民によって大西洋岸に創設され、半世紀のうちに太平洋まで拡大した。しかしそれは、黒人、先住民、メキシコ人、アジア系移民の収奪なくしては成し遂げられなかった。また北・西欧系とアイルランド系の間に見られたように、「白人」の間にすら差別が存在していた。アメリカ社会は、人種とエスニシティによって階層化された社会だった。

南北戦争とジム・クロウの成立

黒人奴隷制は、一八六一年四月に勃発した南北戦争の大きな争点の一つであった。六三年一月、共和党のエイブラハム・リンカン大統領は奴隷解放を宣言した。六五年に戦争が終結した後、七〇年までに連邦議会は奴隷制の廃止や、アメリカ生まれのすべてのものに公民権を保障すること、人種や肌の色、奴隷であったか否かによって投票権を剝奪しないことを謳った憲法修正条項を通過させた。こうしたなか、解放奴隷は、それまで禁じられていた結婚や移動の自由を得て、なかには参政権を行使して政界に進むものも現れた。なお奴隷解放宣言の後、共和党は黒人層の主要な支持政党となり、この傾向は一九三〇年代まで続いていくことになる。

しかし、まもなく旧奴隷主、商人、南部民主党支持者を中心とする白人旧勢力の巻き返しが始まった。暴力によって黒人や白人共和党支持者の勢力を割こうとするクー・クラックス・クラン（ＫＫＫ）のような集団が登場した。ＫＫＫは七〇年代初めまでには制圧されたものの、数年後には南部諸州の議会の多くが、元南部連合支持勢力の支配するところとなった。また、一九世紀末にはジム・クロウとして知られる人種差別制度も普及した。これは学校や病院、トイレ、公共交通機関の待合室や車両の座席など、あらゆる公共の場所で白人と黒人を「隔離」しようとするものであった。また、いったんは認められた投票権の行使も、貧しく識字率が低かった黒人に人頭税を課したり、選挙登録時に識字テストを行う読み書き法を制定することで、事実上禁じられた。

連邦裁判所による法的判断も南部の人種差別を後押しした。裁判所は、黒人への公民権の保障を基本的には州政府の管轄事項だと判断し、連邦政府による公民権保護を骨抜きにした。とくに重要なのは、九六年に連邦最高裁が下した「プレッシー対ファーガソン判決」である。白人と黒人は「分離すれども平等」だという原則を打ち出した同判決の採択後、南部における人種隔離はさらに進んだ。ジム・クロウは、一九五四年に連邦最高裁が公教育の場における「分離すれども平等」を否定するまで（第2章参照）、しばしば暴力的な手段で維持されていく。

様々な人種差別問題

南北戦争後、黒人以外の「有色人種」に対する差別も先鋭化した。一九世紀中頃には、西海岸を中心にアジア系移民が増大したが、八二年には中国からの労働者流入と中国人の帰化を禁止する排華移民法が成立した。中国人が排斥されると九〇年代には日本人移民が増大したが、彼らもまたアジア系移民として排斥の対象となった。八七年にはアメリカ社会に同化させるため先住民に土地の個人所有を求めるドーズ法も採択された。米国内生まれ、または帰化した者に公民権を認めた憲法修正第一四条は先住民には適用されていなかったので、ドーズ法を受け入れた先住民にのみ、公民権が付与されることになったのである。結局、すべての先住民に市民権が認められたのは一九二四年のことであった。

他方、一九世紀末から二〇世紀初めにかけては、白人の関係性にも変化が起きた。この時期にはポーランド人やチェコ人、またロシア帝国領内からのユダヤ人、東・南欧からのイタリア人やギリシャ人などの流入が増大した。

低賃金の非熟練労働者として都市に住み着き、劣悪な生活環境に置かれた彼らは、法律上は帰化の資格を持つ「白人」としての権利を有していた。にもかかわらず、彼らは、北・西欧系の「旧移民」と区別されて「新移民」と呼ばれ、「異質」な言語や生活習慣、宗教（カトリック、ギリシャ正教、ユダヤ教など）を持つ、アメリカ的な価値観や文化に適応するのが難しい人々だと見なされた。

なお一八三〇年代までには財産制限が撤廃されて白人成年男子の普通選挙が実施されており、帰化手続きも容易になっていた。そのため、アメリカ到着後間もない新移民は大きな票田となりうる存在であった。政治家たちは、選挙での投票を見返りに帰化手続や住居、仕事の斡旋など移民に対する生活援助を熱心に行った。こうした大量の移民票を基礎とする大都市の政党下部組織をマシーンと言い、それを支配する職業的政治家をボスと呼んだ。移民が集中する大都市の選挙でマシーンは大きな力を発揮した。

東・南欧系の移民たちは、すでに一九世紀半ばに流入していたアイルランド系移民たちとともに、様々な差別や排斥運動に直面した。たとえば、二〇世紀初頭の工場や鉱山では、東・南欧系の労働者は「白人労働者」とは見なされなかった。その一方で彼らは、黒人やアジア系に対しては「白人」としての優越性を示そうとした。事実、一九世紀半ばにしばしば発生した黒人に対する暴動にはアイルランド人が、また一九世紀後半から二〇世紀初頭に生じた中国人・日本人への排斥運動にはアイルランド人とイタリア人が、大きく関与していた。

一九二四年に制定された新しい移民法では、東・南欧からの移民が増加するより前の一八九〇年に実施された国勢調査の結果に基づいて、国別に毎年の移民許可数を決定する国別割当制が採用された。これにより東・南欧からの移民は著しく減少した。また、同法に付帯された帰化不能外国人の入国を禁止する条項によって、アジアからの移民も全面的に禁じられた。一九〇六年に成立した新帰化法では、帰化申請を認められるのは「白人およびアフリカ人ならびにその子孫」と定められていた。この法律に従えば「白人」に該当しないアジア人は「帰化不能」となるとの理由で、二四年移民法はアジア人の移民を禁じたのである。

ジェンダーとセクシュアリティから見る建国後のアメリカ

アメリカ社会における区別や差別の問題は人種をめぐるものだけではなかった。この点をジェンダーとセクシュアリティに注目して見てみよう。一七～一八世紀のアメリカ植民地はおもに自給自足の農業社会であり、食料や衣服などの生産や交換、子供の教育といった営みは家族を中心に行われていた。女性は家事・育児に加えて、男性と同様に農作業を行い、肉屋や印刷工など様々な職業にもついていた。ただしこのことは、男女が平等な地位にあったことを意味するものではなかった。概して、この時代には、女性は家庭を居場所とし、男性、つまり父親や夫に従属する存在であることが理想とされていた。

独立と建国はこうしたジェンダー観に大きな問題を突き付けた。すでに見たように、アメリカは一定の財産を持つ白人男性のみを市民とする国として誕生したが、問題は、中産階級の白人女性が果たすべき政治的役割であった。これを解決したのが「共和国の母」という概念である。市民の共和国を支える有徳の市民となるように息子を生み、育てる存在という政治的役割を女性は果たす。こうした概念によって、自由・平等という政治原理と、それとは矛盾する、男性に従属する女性の存在の両立が図られたのだ。

しかし一九世紀に入るとこうしたジェンダー観は大きく変化していく。市場経済が発展すると、家庭は生産の場としての機能を失っていった。とくに中産階級では、男性が家の外、すなわち「公」の場で経済活動に従事し、女性は家庭という「私」的な場で家事・育児に従事するという性別分業が確立した。また食料品などを商品として購入することが可能になり、家族の人数も減少して、労働量が大きく減った中産階級の女性は、余暇を趣味などに使える「貴婦人（lady）」となった。ただし、大多数であった下層階級の女性たちは、低賃金・長時間の工場労働者として働き、帰宅後も家事・育児に追われた。

イギリスのヴィクトリア朝（一八三七～一九〇一年）にあたる時期には、中産階級の貴婦人が体現する、宗教的に敬虔で貞淑、そして男性に従順で家庭的な女性が、階層と関係なく理想的な女性とされるようになった（ヴィクトリア的女性像）。反対に男性の理想像は、公的な領域で経済的に成功し、家族を養うために十分な稼ぎを得ることのできる「大黒柱（breadwinner）」であるとされた。そして、貴婦人や大黒柱にはなりえなかった移民や労働者階級、元奴隷や有色人種の男性・女性はジェンダーの規範に逸脱する「劣った」存在と認識されるようになった。

このようにジェンダーに基づいて明確な区別がなされていたヴィクトリア時代は、「ロマンティックな友情」と呼ばれた、同性間の情熱的で親密な関係性が許容された時期でもあった。また、一九世紀半ばには女性解放を求めるフェミニズム運動も始まった。一八四八年にニューヨーク州セネカ・フォールズで開かれた「女性の権利のための大会」には三〇〇名を超える女性が集まり、男女平等の達成に向けて女性参政権の実現が唱えられた。このセネカ・フォールズ大会を起点とする女性解放運動を「第一波フェミニズム」と呼ぶ。

セネカ・フォールズ後の女性参政権運動は、同じ頃に行われた奴隷制廃止運動と影響を与え合いながら進んでいった。いずれも人間の平等の原則に立って行われていたからである。南北戦争後、黒人の公民権に関する憲法修正案が連邦議会に上程されると、女性参政権運動家たちは、法案を女性の参政権を保障する形に修正するよう求めた。しかし、そうした修正が黒人の権利獲得を遅らせることを恐れた奴隷廃止論者はこれに反対し、結局、女性参政権は実現しなかった。

二〇世紀初めにはマーガレット・サンガーによる産児制限運動も始まった。参政権を得たところで、妊娠・出産について自らコントロールできなければ女性は真に解放されえないと考えたサンガーは、投獄されたりしながらも、避妊に関する知識を普及しようとした。この出産をめぐる女性の自己決定権の問題は、宗教や倫理の問題と結び付き、人工妊娠中絶をめぐる問題として、現在のアメリカでも重要な政治的・社会的争点であり続けている。

女性参政権の成立と異性愛主義——二〇世紀初頭

一九一九年には憲法が修正され、女性参政権が認められた。これは七〇年にわたる女性参政権運動の成果であるが、同時に、アメリカ社会における女性の地位の変化を反映したものでもあった。アメリカは一七年から第一次世界大戦に参戦していたが、女性たちは、戦場に赴いた男性の職場に進出してその能力を十分に示していた。またウィルソン大統領も、自身の平和構想（後述）に対する女性の支持を得るため女性参政権を擁護した。

しかし参政権を得た後も女性の社会・経済的な地位に大きな変化はなかった。二〇年代にはフラッパーと呼ばれた女性たちがもてはやされた。短いスカートをはき、タバコを吸い、セックスを好んで話題にする「セクシー」な女性たちのイメージが、映画や広告によって広められていった。フラッパーたちはヴィクトリア的女性像から「解放」されていたように見えるが、実際のところ彼女たちは伝統的な「女らしさ」を強調する存在だったと考えることもできるだろう。

また、このような異性にとってのみ「魅力的」な女性のイメージが拡大したことは、二〇世紀に入って、異性間の性愛のみが「正常」とされる規範が強まったことを示すものであった。二〇世紀初頭には性科学者たちが、一九世紀には許容されていた同性間の親密な関係を「異常」な「性倒錯」と見なすようになり、その結果、同性への感情を表現することは困難になった。さらに同性愛に対する敵意と規制も強まっていった。たとえば、二七年にニューヨーク州は、同性愛者が登場する演劇を上演した劇場を最長で一年間営業停止する州法を施行した。また三〇年代には、ハリウッド映画でも同性愛者に関する表現について自己規制が強化されていった。

こうした同性愛者の権利や同性婚をめぐる問題もまた、先に見た人工妊娠中絶と同じく、宗教や倫理の問題と結び付いて二一世紀アメリカの重要問題となっている。

アメリカと諸外国の関係――孤立主義とモンロー・ドクトリン

ここまで、建国後のアメリカが、階級・人種・ジェンダーといった様々な面で矛盾を内包しつつ発展してきた過程を見てきたが、今度は同じ時期の対外関係に目を向けてみよう。

建国直後からアメリカは孤立主義と呼ばれる政策方針をとった。それは、当時の国際関係の中心をなしていたヨーロッパ大国間の政治から距離を置こうとするものであった。こうした方針は、諸外国との関係において「できる限り政治的結び付きを持たないようにす」べきと説いた、初代大統領ワシントンの「告別の辞」（一七九六年）に明確に表れている。

孤立主義は、まず何よりも、国際関係における力の「現実」を考慮した安全保障政策であった。「超大国」アメリカしか知らない私たちには想像しにくいが、建国の指導者たちは自国を誕生したばかりの弱小国と見ていた。そうした中で安全を確保するためには、アメリカよりもずっと強大なヨーロッパの大国間政治に巻き込まれてはならなかった。

他方で孤立主義は、当時のアメリカ人が抱いていた、アメリカ人や新国家に関する自己イメージの反映でもあった。彼らは、新しいアメリカの政治体制が、アメリカ人を超えて普遍的な重要性を持つものであると考え、それをヨーロッパの政治体制との対比で捉えていた。すなわち、王や貴族が被治者の同意なく人々を支配し、経済的な格差や不平等が大きなヨーロッパと、自由と平等、民主的なアメリカを正反対のものと考えていたのである。この意味で孤立主義は、「邪悪」なヨーロッパの価値観や政治原理によって、「無垢」なアメリカのそれが「汚染」されることを防ぐため、ヨーロッパとは関わらないようにするという考えの表れでもあった。

一八二三年にはジェームズ・モンロー大統領がモンロー・ドクトリンを発表する。それは孤立主義を西半球全体に適用しようとするものであり、専制的なヨーロッパの政治制度と民主的な西半球のそれを対比させたうえで、ヨーロッパと西半球は互いに干渉すべきではないとの姿勢を打ち出すものであった。ここには、邪悪な外的存在（＝ヨーロッパ）と、正義のアメリカを二項対立的に区分し、前者が後者に浸透するのを防ぐという発想が表れている。後で見るように、二〇世紀以降のアメリカ外交の背後にはこうした世界観が存在していたのである。

国際主義への転換

孤立主義の政策が転換される兆しが現れ始めたのは一八九〇年代のことであった。九三年に建国後初の大不況に見舞われたアメリカでは革新主義が生まれる一方、積極的に海外に経済進出すべきだという主張が強まった。西部開拓が一段落し、国内市場が飽和したことが不況をもたらしたのだから、今後も経済的繁栄を維持するためには海外市場が不可欠だとされたのだ。興味深いことに、この問題は、アメリカの政治・経済秩序の原理と結び付けて議論された。海外市場を獲得して経済を回復させ、政治・社会不安を解消しなければ、自由で民主的なアメリカの政治システムは維持できないというのである。

こうした考えを背景に、徐々にアメリカは海外への関与を強めていった。一八九八年の米西戦争をきっかけに、アメリカは、プエルトリコを領有しキューバを保護国とした。さらに、ハワイ、グアム、フィリピンも領有して東アジアへの貿易ルートと海軍を展開するための足掛かりを確保する。また一八九九年と一九〇〇年の二回にわたって、中国における門戸開放通牒を発している。これはヨーロッパ列強と日本に対して、中国における経済上の機会均等と中国の領土・行政的統一を要求するものであった。これにより、中国が列強によって分割支配され、アメリカの市場が失われることを防ごうとしたのである。

しかしアメリカが世界政治に本格的に関与し始めたのは第一次世界大戦からであった。一九一七年四月にウィルソンは、議会に対独宣戦布告決議の採択を求める演説を行った。この時ウィルソンは、第一次世界大戦を「世界を民主主義にとって安全にする」ための戦争だと訴え、上下両院はともに圧倒的多数でこれに応えた。一八年一月にウィルソンは戦後国際秩序の形成に関する「一四カ条の原則」を発表し、この中で公開外交の原則、貿易自由化の促進、軍縮の進展などを訴え、平和維持と相互の安全保障のために国際連盟の設立を提案した。

一四カ条の原則はウィルソンの国際政治観を反映したものであった。一八世紀から一九世紀にかけてイギリスの自由主義者などが、自由貿易の維持が国際平和の基盤であり、「文明」国間での紛争は諸国家間の協調に基づいて司法的な手段で解決することが可能だという見方を提唱しており、こうした考え方は二〇世紀初めのアメリカでも広く受け入れられていた。また先述したように、一九世紀末までにはアメリカの経済的繁栄と国内政治秩序を維持するためには海外市場の拡大が不可欠だという考えも広まっていた。こういった思想を共有していたウィルソンは、自由貿易体制を形成し、国際連盟を設立することで協調的な国際関係を樹立して世界平和を実現しようとしたのである。

言い換えれば、アメリカが強大な力と指導性を発揮して、自由貿易や民主主義、協調的な国際関係といった、アメリカの体現するリベラル（自由主義的）で普遍的な価値に基づく国際秩序を形成するというのがウィルソンの考えであった。こうした思想は国際主義とかウィルソン主義と呼ばれる。また、国際主義に基づく国際秩序は、「自由主義的」なものであるとされ「リベラル国際秩序」などと呼ばれる（ただし、後述するように、アメリカ国内政治の文脈ではニューディールの時代に「リベラル」の意味が変化するので注意が必要である）。

第一次世界大戦をきっかけに発露した国際主義は、第二次大戦以降のアメリカ外交を大きく方向づけていくようになる。ただし、戦間期には、まだまだ孤立主義的な心情が米国内で強かったから、実際の対外政策はしばしば、国際主義と孤立主義の間での揺れ動きを見せることになる。

たとえば、ヴェルサイユ講和会議の後、連邦議会は国際連盟への参加を否決した。これを孤立主義への回帰と見ることも可能であろう。しかし、実際のところアメリカは、再び自らを孤立させることはなく、一九二〇年代の国際秩序形成にも重要な役割を果たした。たとえば第一次大戦後のヨーロッパでは、ドイツの賠償問題が大きな不安定材料となっていた。これに対してアメリカは、アメリカの資金を提供することでヨーロッパ経済の復興と安定化を図る解決策を提示した（ドーズ案およびヤング案）。またアジアでは、一九二一年から翌年にかけて、太平洋の現状維持に関する四国条約と中国における門戸開放を定めた九国条約の締結を主導して、ワシントン体制と呼ばれる大国間協調の基礎を築いた。しかし、一九二九年に始まった大恐慌は国際秩序を大きく揺さぶることになる。

3　現代大統領制と戦間期の危機——ローズヴェルト政権の内政と外交

ニューディールと現代大統領制の完成

一九二九年一〇月のニューヨーク株式市場崩壊をきっかけに、アメリカ社会は大恐慌へと突入した。三〇年代には、米国内に一〇〇〇万人規模の失業者があふれ、海外でも後に枢軸国と呼ばれるドイツ、イタリア、日本が侵略的な姿勢を強めていくようになる。こうした内外での危機に直面したアメリカの舵取りを担ったのがフランクリン・D・ローズヴェルトである。

一八八二年、ニューヨーク州の名家に生まれたローズヴェルトは、ウィルソン政権で海軍次官を務め、一九二〇年の大統領選では民主党の副大統領候補に選出された。しかし、二一年にはポリオに冒されて車椅子を使用しなければならない体となった。二八年にニューヨーク州知事として政界復帰したローズヴェルトは、三二年六月、民主党の大統領候補に選出された。この時ローズヴェルトは、共和党の現職大統領ハーバート・フーヴァーを強く批判し、大恐慌を克服するために「ニューディール」の必要性を強く訴えた。そして同年一一月に大統領に選出されたのである。

当時の憲法の規定に則って三三年三月四日に大統領に就任したローズヴェルトは、議会を緊急招集し、「最初の百日間」として知られる六月一六日までの期間に一〇を超える重要立法を成立させた。大恐慌発生後の農産物価格暴落に対応するため、農業生産者に補償金を交付して農産物の生産を削減する農業調整法、失業者救済のための資金を連邦政府から州政府に提供する連邦緊急共済法、貧しい山間農村地域であったテネシー渓谷地域一帯で、新しいダム建設などを行うテネシー渓谷開発公社設立法などである。

とくに重要なのは全国産業復興法（ＮＩＲＡ）である。これは各産業の企業団体に協定を締結させて物価と賃金の安定を図り、雇用創出のための公共事業局を設立して公共事業を行うものであった。ただし、後に農業調整法やＮＩＲＡは、最高裁判所によって違憲と判断されることになる。

ニューディールによって連邦政府の権限とそれが扱う政策領域は大きく拡大した。たとえば、失業者の救済は伝統的に州政府の役割とされていたが、連邦政府が一定の役割を担うことになった。またニューディールは、アメリカ政治における大統領の役割と存在感を大きく拡大した。「最初の百日間」におけるローズヴェルト政権の取り組みはそれまでの立法過程を大きく変えた。大統領・ホワイトハウスの側で作成された法案を、議会が大きく修正することなく可決して政策が実施されたのである。また、ニューディールをきっかけに、人々は、連邦政府、とくに大統領が経済や福祉において積極的な役割を果たすことを期待し、それを当然視するようになった。立法過程でリーダーシップを発揮し、積極的に政策決定を主導する強い大統領を特徴とする現代大統領制は、革新主義の時代に開始され、ニューディール期に完成し、その後も続いていく。

三五年に入るとローズヴェルト政権はさらにいくつかの重要政策を実現した。雇用促進局を設置して大規模な失業者対策を行ったほか、労働者の団結権と団体交渉権を明確に認める全国労働関係法（ワグナー法）が採択された。また老齢年金、失業保険、身体障害者などへの生活保護を規定する社会保障法も成立した。その結果、三六年の大統領選では、北東部から中西部の都市労働者層がローズヴェルトを支持し、これ以降、労働団体は長きにわたって民主党を支持するようになった。また、南北戦争後は共和党を支持する傾向が強かった、東部から中西部大都市の黒人層も民主党の支持勢力となった。連邦政府の政策は大恐慌期に最も失業率の高かった黒人層の期待を高め、彼らの政治的傾向を変化させたと言える。

こうして民主党の支持基盤も拡大したローズヴェルトは、三六年に圧倒的な勝利で再選を果たした。この選挙でローズヴェルトに投票した大都市の低賃金労働者、労働組合員、黒人や新移民といった政治的・宗教的なマイノリティを中心とする人々の一群は、ローズヴェルト連合とか、ニューディール連合と呼ばれるようになる。この連合は、次項で見るような、民主党を中心とする「リベラル」な政策を支持する勢力となり、その影響は六〇年代末まで続いていく。ニューディールは、アメリカ政党政治の長期的趨勢にも大きな影響を与えたのである。

国内政治における「リベラル」対「保守」の構図

ニューディール期には、これ以降のアメリカ政治の思想的な対立軸となる「リベラル」と「保守」の対立構図が現れた。

ニューディール以前のアメリカのリベラリズム（古典的リベラリズム）は個人の自由を権力から守ること、また市場における個人や企業の経済活動に対する政府の介入を排除することを主張するものであった。しかし、連邦政府が独占的な大企業の活動を規制し始めた革新主義時代のあたりから、リベラリズムの意味は変化し始めた。そして、一九三〇年代になると、連邦政府が資本主義市場経済へ積極的に介入し、様々な改革を行おうとする立場を「リベラル」と呼ぶことが定着する。ニューディール改革は「社会主義的」だと批判されたローズヴェルトが、それを「リベラル」と呼んで正当化したからである。

これ以降、国民の経済的安全を保障し社会的な弱者を救済する——すなわち、貧困や失業からの自由を確保する——ために「大きな政府」を目指す（具体的には、連邦政府による積極的な財政支出、企業活動の規制、労働者の権利保護、累進課税制の強化など）を支持する立場をリベラル、反対に「小さな政府」を志向し、これらの政策に反対する立場を「保守」と呼ぶようになった。

三六年大統領選でリベラルのローズヴェルトが大勝すると保守派の巻き返しが始まった。南部民主党は、ローズヴェルト政権と、それを支持する北東部や中西部の都市出身の民主党議員が主導するニューディールを懐疑の目で眺めていた。低賃金労働者が多く、ジム・クロウが続く南部において、労働者の権利拡大や黒人の地位向上をもたらしうるリベラルな政策は望ましくないと考えられたのである。

そこで共和党は、こうした保守的な南部民主党との連携を図っていく。その最も象徴的な例が、三七年の最高裁判所の改組をめぐる論争である。三五年から翌年にかけて、連邦最高裁はＮＩＲＡや農業調整法など重要なニューディール立法への違憲判決を下すなど、保守的な態度を示していた。そこでローズヴェルトは最高裁の改組法案を提出した。七〇歳を超えた最高裁判事の後任を大統領が指名することができるようにして、ニューディールに批判的な最高裁の態度を変えようとしたのである。しかし、共和党と南部民主党は議会内で非公式連合を形成し、この法案の採択を阻んだ。

こうした保守派の超党派連合は、その後もリベラル勢力への抵抗を続け、議会ではニューディール関連の法案が大きく修正されたり、廃案に追い込まれたりした。たとえば、最低賃金と最高労働時間を定めた三八年の公正労働基準法は、大幅に適用範囲が制限されたうえで成立した。三九年には医療施設の改善や医療保険制度の導入を目指した全国健康法案が否決された。四三年には同様の法案が再び上程されたが、これも廃案に追い込まれた。第１章以降で見ていくように、こうした「大きな政府」と「小さな政府」の問題をめぐるリベラルと保守の対立は第二次世界大戦後も続いていく。しかし、リベラルと保守の対立は、六〇年代後半になると、アイデンティティや文化、宗教をめぐるものへと次第に変化し始め、文化戦争と呼ばれる九〇年代の対立へと繋がっていくのである。

第二次世界大戦への参戦　国際情勢も悪化の一途を辿った、アジアでは一九三一年に日本が満洲事変を引き起こし、三三年には国際連盟の脱退を通告した。ヨーロッパでは三三年にアドルフ・ヒトラーが政権を掌握し、三五年からはヴェルサイユ体制を打破すべく行動を起こした。同年にはイタリアもエチオピアに侵攻した。

政権第一期にあたるこの時期、ローズヴェルトは、国内政策を諸外国との協調よりも優先させる傾向が強かった。

たとえば三三年六月から七月にかけてロンドンで開催された世界経済会議の際、ローズヴェルトは為替の安定化や経済的影響の大きな対独賠償問題に関する他国との協議よりも、米国内での経済対策を優先するとの立場をとった。

三四年六月には互恵通商法が成立した。これは、外国との間で最高五〇％まで関税を相互に引き下げる権限を大統領に与え、その協定相手国には最恵国待遇を与えるというものであった。その後三度にわたって更新され、四五年までには二七カ国と締結されるまでになった。この意味で同法を、アメリカの貿易政策が保護主義的な三〇年代のそれから、戦後の自由貿易政策へと変化する出発点だったと見ることもできる。ただし、互恵通商法はあくまで、不況対策のために米国民を優先する傾向の強いものであったことは強調しておく必要がある。同法は、三〇年のスムート＝ホーレイ関税法に基づいて外国製品に高関税をかけているアメリカが、その有利な交渉上の立場を利用して、相手国の対米関税を「相互」に引き下げることを目指すもの――すなわち、アメリカの競争力が弱い業種を高関税で保護する一方、競争力のある業種については「互恵」の名のもと、他国に対して関税引き下げを要求するもの――だったからである。

こうしたなか、米国民の間でも孤立主義的な傾向が強まりつつあった。三五年八月、議会はすべての交戦国に武器の輸出を禁止する中立法を制定した。これは他国の戦争に巻き込まれことを防ごうとするものであり、以降、数度にわたって改正されつつ維持された。

当初ローズヴェルトはこうした議会の動きを容認する姿勢をとった。ニューディール立法や最高裁改組法案に対する議会の支持を必要としていたため、中立法に関する議会の態度に反対しなかったのである。しかし、三七年にアジアで日中戦争が始まり、翌年にはヨーロッパでもチェコスロヴァキアをめぐる危機が発生するなど、情勢がさらに悪化していくと、ローズヴェルトは中立法の改正を求めるようになっていった。三九年九月にヨーロッパで第二次世界大戦が始まると議会でも中立法改正の機運が広がり、一一月には交戦国への武器輸出も解禁された。

第二次世界大戦は枢軸国の優位に展開していくかのように見えた。四〇年六月にはドイツがフランスを占領し、ヨーロッパでドイツに対抗する国はイギリスのみとなった。アジアでは日中戦争が泥沼化し、四〇年九月には日本がフランス領インドシナに進駐を開始した。同月に日独伊三国軍事同盟も締結された。

こうした状況はアメリカの安全にとって深刻な脅威だと捉えられた。もしドイツがヨーロッパ大陸を支配すれば、その人的資源や工業力、生産技術を手中にし、さらにはヨーロッパを輸出市場とする中南米にも影響力を行使することができるようになる。イギリスが敗北に追い込まれれば大英帝国が持つ中東や、すでにドイツに敗北したフランスの植民地である北アフリカの資源を利用して、ドイツは強大な軍事力を持つことができる。また、日本が満洲や東南アジアを支配すれば、アジアでも同じことが起こりうるのである。枢軸国に包囲されれば、アメリカもまた戦時国家にならざるをえず、その自由主義的民主主義や自由な経済活動は損なわれてしまう。つまり、枢軸国の勝利は、アメリカ的な価値や生活様式への脅威なのであった。このことは、一九世紀末に成立した、アメリカの政治体制の維持には開放的な世界経済が必要だという考えをローズヴェルトも引き継いでいたことを物語る。

四〇年一二月、ローズヴェルトはラジオを通じて「アメリカは民主主義の兵器廠であらねばならない」と国民に語りかけ、翌年一月には、言論・表現の自由、信仰の自由、（経済的）欠乏からの自由、（侵略の）恐怖からの自由という「四つの自由」に基づく世界を目指すとの考えを表明した。三月には武器貸与法が成立し、まずイギリス、続いてソ連への武器供与も開始された。また四一年初めに始まった英米軍事協議を受けて、同年九月、ローズヴェルトは、イギリスへの物資輸送船を護衛するために米海軍がドイツの潜水艦に対して攻撃することを承認した。こうしてアメリカは事実上の交戦国となった。問題は正式参戦をどのように正当化するかであったが、一二月七日に日本が真珠湾を攻撃したことで解決した。その翌日、連邦議会は対日宣戦を布告し、一二月一一日にはドイツとイタリアが対米宣戦を布告した。アメリカは正式に第二次世界大戦に参戦したのである。

第二次世界大戦とアメリカ社会

第二次世界大戦をきっかけに、アメリカ経済はその生産能力を爆発的に拡大させた。ニューディール政策の実施にもかかわらず、アメリカの国民総生産は一九四〇年までにようやく、大恐慌が発生した二九年の水準まで戻っただけであった。しかし、大戦勃発後、戦争が終結する四五年までに、それはほぼ倍に達した。景気の拡大を促したのは、多額の軍事支出を中心とする連邦財政支出であった。戦時下のアメリカでは、新たに一五〇〇万人分の雇用が生まれ、一〇〇〇〇万人以上が兵士として動員された。三〇年代の失業問題は完全に払拭された。

こうしたなか、女性は、出征した男性に代わる重要な労働力となった。第二次大戦中に女性の就労人口は大幅に増加したが、その多くは主婦であった。女性の役割は家庭の外にも広がったが、これでジェンダーに基づく労働市場の状況が大きく変化したわけではなかった。実際のところ、政府も雇用者も女性の雇用拡大は戦時下のみのものと考えており、ほとんどの女性には地位や賃金の低い役割が与えられた。事実、大戦が終結して男性が復員すると、女性労働者には家庭に戻るよう圧力がかけられ、その多くが職場を離れた（第1章参照）。しかし第二次大戦中に女性たちが、ジェンダーで規定された役割を超えて労働市場に参入し、経済的な自立を経験したことは、その後の女性解放に大きな影響を与えていくことになる。

第二次世界大戦は黒人層にも大きな影響を与えた。南部の農場などで働いていた多くの黒人は、航空、造船などの軍需関連産業の労働力需要が増加した西海岸諸州や、北部・南部の都市部へ移動した。また黒人たちが、自らの権利を主張する動きも強まった。四一年七月、A・フィリップ・ランドルフらは、雇用差別禁止を連邦政府に訴えるため一〇万人の黒人によるワシントン大行進を企画した。この行進が大混乱を引き起こすことを恐れたローズヴェルトは、ランドルフらを説得し行進を中止させたが、その一方で、政府機関や職業訓練、政府関連事業の契約において人種や宗教に基づく差別を禁止し、その監視機関として公正雇用実施委員会（ＦＥＰＣ）を設置する行政命令を発した。

第二次世界大戦終結までには約七〇万人の黒人が軍隊に採用されたが、ここでも彼らは差別の対象となった。軍隊における黒人の雇用差別は、人種差別を禁じる選抜徴兵法が実施された四〇年まで続いたが、その後も軍隊内部での差別は維持され、黒人と白人は別々の部隊に配属された。それでも戦争が黒人層に与えた影響は大きかった。徴兵を機会に教育を受けたり、技術を得た彼らは、自尊心を感じるようになった。また、派兵された海外で初めて普通の人間として扱われた黒人兵は、ジム・クロウへの反発を抱いて帰国した。こうして第二次大戦期は、五〇年代の公民権運動への助走期間としての意味を持つようになる。

ただしジェンダーをめぐる問題と同じく、大戦中に人種問題に関する大きな変化が起きたわけではない。北部や西海岸に移動した黒人はそこでも差別され、四三年には、黒人人口が大きく増えた大都市を中心に各地で約二五〇件もの衝突が発生した。連邦政府による雇用差別禁止措置も、人種差別撤廃のためではなく、労働力不足への対応という側面が強く、南部のジム・クロウも手つかずのままであった。

大恐慌と第二次世界大戦の影響を受けたのは黒人だけではなかった。メキシコ系アメリカ人は、ニューディールによる失業貧困対策や社会福祉政策の枠外に置かれ、アメリカ市民権保持者を含む六〇万人以上がメキシコに強制送還された。しかし、第二次世界大戦が始まり労働力が不足すると、アメリカ政府はブラセロ計画を実施してメキシコ人労働者の再導入を図った。だが、彼らに対する人種差別は根強く、四三年にはロサンゼルスでメキシコ系少年たちと白人兵士たちの衝突（ズートスーツ暴動）も発生した。またアジア・太平洋戦争が始まると、「敵対人種」とされた日系アメリカ人の強制収用も始まった。日系人の七割はアメリカ生まれの二世で、市民権取得者であったが、一二万人を超える日系人が収容所に送られた。先住民に対する差別も続いた。

こうしたなか、四四年の大統領選にローズヴェルトは再度出馬した。この時期までには、多くの人々が完全雇用と安定的な経済生活を享受するようになっていたが、他方で保守的な流れも強まり、共和党と南部民主党によるニューディール批判が高まっていた。これに対抗すべく、ローズヴェルトは、四四年一月の教書演説で「第二権利章典」、すなわち第二次世界大戦後に政府が保障すべき所得、雇用、住宅、医療、教育など八つの権利の増進を訴えた。そして一一月に四選を果たした彼は、世界大戦の終結と戦後国際秩序の再建に取り組んでいったのである。

第二次世界大戦末期のアメリカ外交とローズヴェルトの死

第二次世界大戦は、当初、枢軸国側に有利な形で展開した。しかし四二年に入ると、アメリカとその同盟国英ソを中心とした連合国は攻勢に転じた。四三年には枢軸国の一翼を担ったイタリアが休戦に応じるなど、形勢は次第に連合国優位へと傾いていった。また四二年にローズヴェルトは原子爆弾（原爆）を開発するマンハッタン計画を承認した。

戦争の遂行と並行して、ローズヴェルトと英ソ首脳は、戦後国際秩序の再建に関する議論を始めた。すでに四一年八月、ローズヴェルトは、イギリスのウィンストン・チャーチル首相とともに「大西洋憲章」を発表していた。それは、領土不拡大、民族自決の尊重、自由貿易の実現、全般的な安全保障システムの確立など、戦後国際秩序の基本原則を示すものであった。

大西洋憲章は戦後の国際秩序の枠組となった国際組織を基礎づけるものとなった。四四年七月、ニューハンプシャー州ブレトンウッズで、戦後の国際経済秩序に関する連合国通貨金融会議が開催された。通貨切り下げやブロック経済化によって崩壊した戦間期への反省から、自由で開放的な経済体制の形成と維持が目指され、国際通貨基金(IMF)と国際復興開発銀行(IBRD)という二つの国際経済機関が創設された。さらにアメリカは自国の保有する金を一定の割合で他国の持つドルと交換することを約束し、それによって戦後に基軸通貨となったドルの価値を保証した。第二次大戦後の国際経済秩序はブレトンウッズ体制と呼ばれるが、それを支えていたのはアメリカの経済力であった。

平和と安全保障に関する国際組織についても、アメリカは積極姿勢をとった。大西洋憲章は全般的な安全保障システムの確立を謳っていたが、国際連盟への参加に反対した議会も、四三年九月にはそうした国際組織の創設を支持する決議を行った。そして四四年に開催されたダンバートン・オークス会議で国際連合(国連)の設立が合意され、四五年のサンフランシスコ会議で国際連合憲章が採択された。

ブレトンウッズ体制と国連を基軸とする戦後国際秩序は、ウィルソンが追求した国際主義の流れを汲む、リベラルな価値に基礎を置くものであった。ただしローズヴェルトは、国際秩序の形成・維持のためには、枢軸国打倒の中心となった米英ソを中心に大国間の協調が必要だと考えていた。国連の意志決定機関が、主権平等の原則に基づきすべての加盟国に一票の投票権を与える総会と、拒否権を有する大国が大きな権限を持つ安全保障理事会の二つの柱から構成されていたのはそのためである。

しかし戦後秩序に関するソ連の考えは米英とのそれとは大きく異なっていた。ソ連の指導者ヨシフ・スターリンは対独戦を進めながら、ソ連の安全に最も重要な東欧の大半を占領し、そこに親ソ的な共産主義政権を設置していった。またアジアでは二〇世紀初めの日露戦争の際に、日本がロシアから獲得した南樺太や満洲地域の権益、千島列島を獲得しようとしていた。

大戦末期に米英の指導者たちは、こうしたソ連の安全保障上の必要性に配慮してソ連による東欧支配を黙認した。ドイツと日本を降伏に追い込み、安定的な戦後秩序を形成するためにはソ連との協調が望ましかったからである。事実、ローズヴェルトは、四五年二月に黒海沿岸のヤルタで開催された首脳会談で、ドイツ敗戦後二、三カ月のうちにソ連が対日参戦すれば、その見返りとしてソ連がアジアの諸権益の獲得することを容認した。しかし、ヤルタ会談後、チャーチルやローズヴェルトの側近たちの間ではソ連に対する懸念が強まりつつあった。こうしたなか、四五年四月、ローズヴェルトは脳溢血で倒れ、そのまま不帰の人となる。そして第二次世界大戦の終結と戦後国際秩序の形成という大きな課題は、副大統領のハリー・S・トルーマンに引き継がれたのである。

参考文献

秋元英一・菅英輝『アメリカ二〇世紀史』東京大学出版会、二〇〇三年。

有賀貞・大下尚一・志邨晃佑・平野孝編『世界歴史体系　アメリカ史2――一八七七年～一九九二年』山川出版社、一九九三年。

有賀夏紀『アメリカ・フェミニズムの社会史』勁草書房、一九八八年。

有賀夏紀・油井大三郎編『アメリカの歴史――テーマで読む多文化社会の夢と現実』有斐閣、二〇〇二年。

上杉忍『アメリカ黒人の歴史――奴隷貿易からオバマ大統領まで』中公新書、二〇一三年。

小川浩之・板橋拓己・青野利彦『国際政治史――主権国家体系のあゆみ』有斐閣、二〇一八年。

久保文明『アメリカ政治史』有斐閣、二〇一八年。

久保文明・砂田一郎・松岡泰・森脇俊雅『アメリカ政治〔第三版〕』有斐閣、二〇一七年。

バーダマン、ジェームズ・M『アメリカ黒人の歴史』（森本豊富訳）NHKブックス、二〇一一年。

チョーンシー、ジョージ『同性婚――ゲイの権利をめぐるアメリカ現代史』（上杉富之・村上隆則訳）明石書店、二〇〇六年。

待鳥聡史『アメリカ大統領制の現在――権限の弱さをどう乗り越えるか』ＮＨＫブックス、二〇一六年。

水本義彦「第二次世界大戦と国際・国内社会の変容――チャーチルとローズヴェルト」益田実・小川浩之編著『欧米政治外交史　一八七一～二〇一二』ミネルヴァ書房、二〇一三年。

第Ⅰ部　リベラルな世界とアメリカを目指して

一九三〇年代から四〇年代前半にかけて、アメリカは大きな困難に直面した。大恐慌はアメリカ経済を大きく揺さぶり、その後、第二次世界大戦が始まった。にもかかわらず、著名なジャーナリストであったヘンリー・ルースは四一年二月の『ライフ』誌に寄稿した論文において、二〇世紀は「アメリカの世紀」となると説いた。

数年後、ルースの予想は現実となりつつあるかのように見えた。一九四五年までにアメリカは、英ソとともに枢軸国を敗北へと追い込み、圧倒的な経済力と軍事力を保持する国家となっていた。そして第二次世界大戦で荒廃した世界秩序を、自らの信ずる政治的な理念に基づいて再構築しようとしていた。しかし、枢軸国を打倒したアメリカの前にソ連という新たな脅威が現れつつあった。このソ連との冷戦対立が、その後、約四五年にわたってアメリカの対外政策を大きく方向づけていくことになる。

第二次世界大戦はまた、国内社会にも大きな影響を与えた。戦時中の膨大な財政支出はアメリカの生産力を爆発的に拡大させた。これはニューディールの福祉国家政策と相まって、多くの人々に完全雇用と安定した経済生活をもたらした。また、出征した男性に代わって女性の労働市場参入も拡大し、自らの権利を主張する黒人層の動きも強まった。だが、こうした動きは保守派によるニューディール批判を高めたし、男性を中心とした社会や人種差別のありようも完全に変わったわけでもなかった。それでも、第二次世界大戦は、その後、アメリカ社会が大きく変動する端緒となった。

この第Ⅰ部で扱う戦後最初の四半世紀には四人の大統領が政権を担当した。彼らは冷戦を戦いつつ、ニューディール的な福祉国家の漸進的な拡充を目指した。そして彼らが任期を終える六〇年代末までには、世界におけるアメリカの位置も、人種やジェンダーをめぐるアメリカ社会の構造も、アメリカ国内政治の場における「リベラル」と「保守」の言説の対抗構図も大きく変化することになる。こうした時代の流れのなかで四人の大統領たちは、何を成し遂げようとし、それは何をもたらしたのか。以下、時代を追って見ていこう。

（青野利彦）

第1章　新しい時代の幕開け
――ハリー・S・トルーマン――

豊田真穂

ハリー・S・トルーマン

「平凡な男」ハリー・S・トルーマンが大統領になったのは、ほとんど偶然だった。にもかかわらず、その在任期間には、アメリカだけでなく世界を、その根幹から大きく変える数々の出来事があり、トルーマンはその一つ一つに決断を迫られた。たとえば、世界を巻き込んだ冷戦は、強大な常備軍を置かないという建国以来のアメリカの軍事体制を転換させる契機となった。また、国内での反共主義の台頭を許し、それが市民の自由に対する重大な抑圧を正当化する根拠にもなった。そのうえ、核戦争の脅威が世界を震撼させ、問題を複雑にした。また、「大きな政府」へと舵を切ったニューディール政策を継承するか否かという問いは大戦中に棚上げされたままだった。そして大戦を経て軍隊内の人種隔離が禁止されるなど、公民権運動の端緒が開かれたのもこの時期だ。この重要な局面をトルーマンはどのように乗り越えたのか。そしてそもそもトルーマンとは、いかなる人物なのか。

1　大卒以上の学歴を持たない最後の大統領

歴史好きのメガネ少年

トルーマンは、一八八四年五月八日、ミズーリ州の小さな町ラマーに生まれ、九〇年末に近郊の大きな町インディペンデンスに落ち着くまで、二度の引っ越しをしている。父は農業に従事しており、家畜や作物に詳しくなった幼少期が、トルーマンにとって「最も愉快な思い出」だった。インディペンデンスでは大きな家に住み、毎週黒人のメイドが掃除や洗濯等をしてくれ、その子供たちと遊んでいた。トルーマンは、大統領として公民権運動の先鞭をつけるような政策を展開したが、だからといって人種偏見がまったくなかったわけではなく、ミズーリ州の一般的な人々と同じ程度に「ニガー」や「クーン」等、黒人の蔑称を日常的に使っていた。

八歳の頃に遠視と診断されて分厚く高価なメガネをかけさせられ、メガネが壊れるからという理由でスポーツや荒っぽい男の子の遊びを禁じられていた。大統領退任後、トルーマン図書館に社会見学に訪れた小学生に問われ、子供時代の自分を「女々しかった」「人気者だったことなどない」「ケンカに巻き込まれそうになると、いつも逃げていた」と語っている。

そうしたことから、トルーマンは読書に多くの時間を費やし、一四歳になるまでには、インディペンデンス公立図書館にある本を全部読み終えていた。とくにお気に入りは歴史書で、歴史上の有名な指導者が成功した原因を探るために、様々な本を読み漁った。そして「現代の出来事は、ほとんどすべて過去に類似の経験をしている」ことを悟った。この歴史の教訓を知る姿勢は、ソ連に対する外交政策や、ギリシャとトルコ、朝鮮半島での危機をめぐる対応に表れている。

高校時代の経験で忘れられないことは、初めて働いて給料をもらったこと、そして友人たちとともに学内誌を創刊したことだった。その友人の一人、チャーリー・ロスは後にトルーマンのホワイトハウス報道官になる。

第一次世界大戦の従軍経験

高校卒業後のトルーマンは、仕事を転々としている。本当は大学に行きたかったが、父が経済的に苦しかったため陸軍士官学校か海軍兵学校への進学を志していた。しかしそれもまた、視力のせいで受験資格さえ得られなかったのだ。そこで、サンタ・フェ鉄道の時間記録係や、カンザスシティのナショナル銀行等で出納係の仕事をした。二六歳の時、幼なじみのエリザベス（ベス）・ウォーレスと再会し、翌年にプロポーズしたものの断られてしまう。それでもトルーマンは諦めなかった。

アメリカが第一次世界大戦に参戦したとき、トルーマンは三三歳だった。愛国心と冒険心、そしてベスが結婚してくれるかもしれないという淡い希望を抱いて入隊した。軍事訓練を受けた後、合衆国陸軍に加えられ、そこで軍売店係となった。ナショナル銀行時代の友人のエディー・ヤコブセンを助手とし、売店の仕事は非常に順調にいった。その後、昇進試験を受け、海外選抜将兵の学校で学んだ後、フランスにいた連隊で中隊長となった。しかし、九死に一生を得るような経験をしたことで、陸軍士官学校で学びたいという高校時代の夢は完全に捨ててしまった。とにかく早く帰りたかった。後にトルーマンは、自分の政治家としてのキャリアは、戦争体験に基づいていると語っているものの、その経験が視野を広げたわけではなかった。大義のために戦うなんて「うんざり」だし、ソ連が「赤だろうと紫だろうと」どうでもよかった。一九一八年に戦闘が停止したとき、トルーマンは大尉になっていた。三五歳だった。

失業者から上院議員へ

フランスに派兵される前に婚約を取り付けていたトルーマンは、除隊後、晴れてベスと結婚した。そして、大戦時に軍売店の経営をともに成功させたヤコブセンと組んで、カンザスシティで男性向けの雑貨屋を開いた。初めの二年はうまくいっていたが、不景気とインフレのせいで閉店せざるをえず、借金だけが残ってしまった。ユダヤ系のヤコブセンとの交友関係はその後も続いたが、後にヤコブセンがトルーマンとユダヤ人指導者を繋いだことは、一九四七年のイスラエル国家承認に一役買うことになる。

ビジネスに失敗したトルーマンは、二二年、ジャクソン郡東部地区の裁判所判事に選出された。トルーマンが当選を果たせたのは、親戚や妻ベスのコネクションがあったこと、そして民主党のトム・ペンダーガストのマシーン

（集票組織。序章参照）があったことが大きかった。トルーマンは二六年に主席判事に選出され、その後の八年間で、道路網の改善、公共建築物の着手、郡財政の健全化を行った。三三年、ニューディール政策の一環で、カンザスシティに雇用促進局がつくられた時、ペンダーガストの力添えでトルーマンはミズーリ州の連邦再雇用局長に任命された。一一万人に対する再雇用への予算がついたことを間近で見て、アメリカが「ロシアやドイツやイタリアなんかよりずっと平和的に」富を分配していると感じたのだった。

三四年、五一歳になったトルーマンは、連邦議会議員を目指すようになり、民主党候補としてニューディール政策への支持を訴え、上院議員に当選した。この時もペンダーガストのマシーンによって当選したが、四一年にはマシーンなしで再選を果たした。

四一年のアメリカは、驚くべき変化を迎えていた。四〇年の下半期に、連邦議会は軍事費だけで一〇五億ドルもの予算を計上していた。それは大恐慌時代のどの年の年間予算をもはるかに上回る額だった。トルーマンは、新規の軍需産業が跋扈して地方の小企業がその恩恵を受けられないことや、無駄遣いや不正がないかを気にした。そこで四一年二月、上院に国防計画のあらゆる面を調査する委員会の設置を提案した。この通称「トルーマン委員会」は、四四年までに約一五億ドルの経費削減に成功し、トルーマンの知名度も上がった。四三年六月、トルーマンは陸軍省の予算における会計報告の大きな食い違いと思わしき点をしつこく追及して、当時の陸軍省長官であるヘンリー・スティムソンを困らせた。トルーマンには、当然のことながら、原爆を製造する極秘の「マンハッタン計画」の存在は知らされていなかったため、予算の食い違いの源を発見できるわけがなかった。後に、その金の行方を明らかにしたのは、スティムソンだった。

日本軍による真珠湾攻撃後、トルーマンはローズヴェルト大統領の掲げる「四つの自由」や、国際連合等の戦後構想を強く擁護するようになった。四四年夏まで、「ローズヴェルトが第四期目の大統領としてふさわしい」とスピーチしてまわったのもトルーマンだった。こうしたトルーマンの推薦は、ローズヴェルトに対する「強い応援」になったと『ニューヨーク・タイムズ』紙で報じられたほど、トルーマン委員会が、トルーマンの名を成した。トルーマン自身が半分は意識的に作り上げた「民主主義のために働く平凡な男」というイメージができ、副大統領候補として名が上がるまでになっていた。

ローズヴェルトの影

トルーマンは、近しい友人をはじめ、ジャーナリストや見知らぬ人に対してまで「副大統領にはなりたくない」と語っていたが、民主党指導者たちの目には、派閥に属さないクリーンな人物はトルーマンだけに見えた。実際のところ、病魔に侵されたローズヴェルトの副大統領候補選びは、ほとんど次期の大統領選びと同義だったため、非常に困難だった。当時、副大統領候補として有力だったのは、現職のヘンリー・ウォレスと、ローズヴェルトの側近ジェームズ・バーンズだった。バーンズは、非公式な大統領代理として国を動かしており、本人もウォレスに代わって自分こそが、ローズヴェルトの副大統領になると考えていた。しかし党指導者たちは、カトリックから改宗した南部出身のバーンズは保守的で、労働者や黒人等から嫌われていたことを知っていたし、ニューディール連合の一翼であるカトリックからも受け入れてもらえないだろうと考えた。逆に保守派は、民主党左派のウォレスの続投を嫌った。一方、トルーマンは、知名度は低いが最も問題が少なく、マシーンで台頭しニューディール政策を支持していた。つまり民主党の方針に忠実に従う人物として選ばれたのだった。党指導者たちにとって、トルーマンという選択は妥協の産物だったのである。

トルーマンは、バーンズに投票するつもりでいたし、なにより妻のベスが反対していたこともあり、最後まで副大統領候補になることを渋っていた。結局、党全国委員長であるロバート・ハネガンの策略によって、副大統領候補として立候補することを承諾せざるをえなくなった。ローズヴェルトが、直接トルーマンに依頼することはなかった。承諾した翌日の党大会でトルーマンは、第一回目の投票ではウォレスにリードされたものの、第二回目の最終投票で副大統領候補に決まった。この選挙は、トルーマンにとって大きな運命の分かれ道だった。

大統領選でローズヴェルトは圧勝し、トルーマンは副大統領になったが、副大統領在任期間は、たったの八二日間だった。トルーマンの記憶では、その間にローズヴェルトに会ったのはたったの二回だった。

四五年四月一二日、ローズヴェルトが急逝した。ホワイトハウスに呼び出されたトルーマンは、ローズヴェルトの妻エレノアからその死を告げられた。しばらく何も言えなかったが、やっと「私でお役に立てることはありますか」と尋ねた。すると、エレノアは「私たちこそ、何かできることはありませんか。いまお困りなのはあなたの方ですから」と、答えた。本当にその通りだった。トルーマンだけでなく、ローズヴェルトの周囲の人たちは、いつ彼の身に何か起こってもおかしくないと思っていた。実際、四五年二月に大統領が死んだという噂も流れたくらいだった。それでもトルーマンは何も準備していなかった。むしろ、副大統領になってからはそのことを考えないようにしていたくらいだった。

トルーマンはそのまますぐに大統領宣誓を行い、その後、閣僚たちと短時間の緊急閣議をもった。閣議が終わって閣僚たちが静かに部屋から出て行ったとき、スティムソン陸軍長官だけが残っていた。スティムソンは、「アメリカがほとんど信じがたい破壊力を持つ爆発物をつくっている」と話し、翌日、マンハッタン計画の詳細を語った。

トルーマンが大統領として最初に下した決断は、四五年四月二五日から開催された国際連合創設に関するサンフランシスコ会議を予定通り実施することだった。大会では、大国間一致の原則に基づく安全保障理事会のあり方に不満が集中したものの、基本的な枠組みは維持された。また国連は、対日戦の続行中に招集されたことに象徴されるように、「連合国」（United Nations）を母体として発足しており、英語名にその継続性がある。

2　第二次世界大戦の戦後処理

ドイツ敗戦と「大同盟」の終焉

国連の創立総会には、連合国側に立っていた五〇カ国が参加したが、ポーランドの参加については米英とソ連の間に対立があったために認められなかった。ポーランドでは、ソ連がヤルタ協定に反して共産主義政権を樹立していた。一九四五年四月二二日、トルーマンはホワイトハウスを訪問したソ連の外相ヴャチェスラフ・モロトフに対して、強い口調で、ヤルタ協定に基づいて「すべての民主勢力を幅広く代表した臨時政府」を樹立し、早期の自由選挙を実施するよう求めた。モロトフはトルーマンのきつい語調に反発し、

「人生でこんなにひどく言われたことはない」とこぼした。それに対してトルーマンは、厳しさを維持したまま「協定を守れば、こんなふうに言われることはない」と答えた。

トルーマンには、外交経験がほとんどなかった。しかも、ローズヴェルトは首脳間の個人外交を好んだため、副大統領時代にトルーマンが外交経験を積む機会もなかった。トルーマンが強硬な態度に出たのは、ヨシフ・スターリンがヤルタ会談で東欧諸国での自由選挙を認めるという約束をしたのに、それを守らず単独主義行動をとっていると感じたからだった。スターリンに言わせれば、ローズヴェルトがヨーロッパではアメリカの勢力圏を求めないと発言したからだったのだが…。

同じ頃、ヨーロッパ戦線は終焉を迎えていた。四月二五日、東部ドイツのエルベ川にまたがるトルガウという町で米ソの地上部隊が出会い、握手をかわすという象徴的な出来事が起きた。その五日後、アドルフ・ヒトラーは自決し、さらに一週間後にドイツは無条件降伏した。この米ソの「大同盟」は、対日戦、とくに満洲への侵攻に際してソ連の支援が必要だとの考えで維持されていた。ただし、北イタリアにおけるドイツ軍敗戦やドイツ共同占領をめぐりソ連と対立したことを踏まえ、トルーマンは、ヨーロッパにおいてソ連が見せた単独主義がアジアで繰り返されるのを防ぎたかった。そこで、アメリカによる単独占領を目指すようになる。冷戦のきざしは、この頃すでに見え始めていた。

一方、四五年五月下旬から六月にかけて、日本への無条件降伏要求を修正し、日本の敗戦を早めようとする動きがあった。アメリカ通信情報局が傍受した日本の外交通信文のやりとりで、天皇の地位に関する譲歩を提供すれば、日本は降伏することが予想できた。前駐日大使で国務次官のジョセフ・グルーは、戦後処理について議論する国務・陸・海軍長官から成る三人委員会に代理出席することも多く、その立場を利用して天皇制の存続を許容する声明を発表するようトルーマンに直訴したが、トルーマンは陸・海軍長官とよく協議するよう指示しただけだった。

ポツダム会談

一九四五年七月に入り、ポツダム会談の日程が明確になるにつれ、再度、対日声明文（ポツダム宣言）案の作成が問題になった。国務省で作成された当初の案は、戦後の日本の天皇制存続の保障を与えるものだったが、国務省内部ではディーン・アチソン次官補をはじめとする猛反対の声が強かった。この対立は、就任早々のバーンズ国務長官の判断によって、天皇制存続の許容を明示した部分を削除し、日本国民の自由意志に従って決まることになった。ローズヴェルトに重用されていたバーンズこそが副大統領としてふさわしいと考えていたトルーマンは、バーンズの助言に依存していた。

七月五日、トルーマンはポツダムに向けて出発した。ヨーロッパまでの九日間の航海中には、毎日、ポツダム会談に向けてバーンズと統合参謀本部のウィリアム・リーヒとの会議が行われた。その一方で、スティムソンやグルー等、事情に精通している関係者たちは乗船していなかった。つまり、会談直前の事前準備には専門家がいなかったのである。

トルーマンがポツダム入りした翌七月一六日、ニューメキシコ州アラモゴードで史上初の核実験「トリニティ」が成功した。トルーマンはその報告を受け、日記に「ロシアが参戦する前にジャップは倒れると確信。マンハッタン計画が日本本土に出現すれば、そうなるのは確かだ」と書き、対日戦にソ連の協力が必要という認識を弱めていった。東欧問題やドイツの賠償問題でも強気の発言をするようになり、この姿勢の変化をチャーチルは「まったく別人のように変わっていた」と述べている。

トルーマンはスターリンに原爆について語り、その二日後の七月二六日、ポツダム宣言を発表した。ポツダム宣言に、天皇に関する譲歩はなかった。日本政府は応答しなかった。スターリンは、米英にソ連の対日参戦を求めるよう要求したが、トルーマンはこれを断った。

原爆投下と日本占領

一九四五年八月六日に広島、九日に長崎へ原爆が投下された。トルーマンは、原爆使用を承認した自身の決定について後悔の念を抱いたことはなく、「眠れなかった夜など一度もない」と豪語している。広島への原爆投下の一六時間後、トルーマンは声明を発表した。声明では、非常に大きい破壊力を持つ爆弾を広島に投下したこと、それは真珠湾を攻撃した日本への報復であることを指摘した後で、満を持して、その名称は原子爆弾であると語った。そして、「宇宙の根本にある力」、「太陽から引き出された力」でもある原爆が、「極東に戦争をもたらした者ども」に向けて放たれたのだと続けた。このようにトルーマンは原爆使用を肯定した一方で、戦果・戦略的意味には触れず、さらに放射能による被害、そして標的に住宅地区や学校施設・商業施設が含まれていたことにも触れなかった。

一方、八月八日、ドイツ降伏後九〇日でソ連が対日参戦することを定めたヤルタ協定をもとにソ連は日本に宣戦布告し、翌日、ソ連軍は満洲国境を越え、さらに南樺太と千島列島を占領した。八月一四日、日本政府はポツダム宣言受諾を通告し、翌日、戦闘行為は停止された。ソ連軍は満洲から朝鮮半島へと進軍したが、アメリカが北緯三八度線を境界として朝鮮半島を分割統治することを提案し、スターリンはこれに合意した。一方、スターリンは、ヤルタ協定に基づく南樺太と千島列島、および北海道の一部の領有を主張したが、ヤルタ協定に含まれていなかった北海道はトルーマンが却下した。

九月二日、東京湾に停泊していた戦艦上で、日本は正式に降伏した。戦艦の名は、トルーマンの出身州の名を冠したミズーリ号だった。こうして、ダグラス・マッカーサーを最高司令官とする連合軍による日本占領が開始された。日本における占領政策は、ドイツとは異なり、ほぼアメリカによる単独占領かつ間接統治となった。占領初期には、戦犯の処罰や非軍事化だけでなく、人権保障や政治犯釈放、財閥解体、憲法改正等、日本の民主化を進める改革が実施された。マッカーサーの「五大改革指令」によって、女性参政権や労働組合法、農地改革といった大正時代からの懸案事項は、すぐに実行に移された。一方、財閥解体等のニューディール色の強い政策も行われた。

戦時から平時体制へ

対日戦に勝利するまでの間、トルーマンは、戦争と外交のことで頭がいっぱいだった。ミズーリ号での降伏文書調印後すぐの九月六日、トルーマンは国内政治を二一カ条にまとめた教書を議会に提出した。ニューディール政策と戦争によって「大きな政府」が一五年も続いた後だったため（序章参照）、自分も同じ路線でいくという意思表明だった。そしてまたトルーマンは、第一次世界大戦後に好況と不況が繰り返されたことを覚えていた。

しかし、戦時から平時への再転換をどのように図るのかについて、トルーマンには考えがなかった。戦時動員を解除すれば国費の節約にはなるが、再び失業者の増加を招くことになる。そこで失業対策において注目したのが、戦時中に男性に代わって軍需産業等で雇用されていた女性たちだった。政府は、そもそも女性たちの就労は一時的な逸脱であり、戦争が終われば必ず伝統的な役割に戻ると初めから強調していた。さらに戦時中に広まった同一労働同一賃金の原則は、復員した男性兵士が先任権を利用して元の職場に復帰することを前提に、戦時に代替的に女性を雇用したことでその職に低い賃金が設定されてしまうことは得策でないと考えた労働組合からの支持も得ていた。女性労働者は「家庭に帰れ」とする政策は当然の帰結だった。

トルーマンはローズヴェルト政権時代の政策の多くを踏襲した。たとえば、戦時に作られた黒人差別を禁じる公正雇用実施委員会（ＦＥＰＣ）は維持することにした。その一方で、トルーマンの人種偏見が露呈した小さな出来事は、全国的に注目された。四五年一〇月、「アメリカ革命の娘たち（ＤＡＲ）」が、黒人ピアニストの公演をワシントンＤＣのＤＡＲホールで開催することを断った。同じような事件はローズヴェルト時代にもあったが、その時は妻エレノアが抗議の意を表してＤＡＲ主催のお茶会を欠席し、さらにＤＡＲを退会した。これと比して、ベスは予定通りお茶会に出席すると明言し、トルーマンは妻の決断を支持するとの声明を出した。トルーマンは、機会は平等に与えられるべきだとの信念を持ちつつも、少年時代からの人種差別意識を克服することはできなかった。

一九四六年の中間選挙

トルーマンの関心は、公民権の問題よりも、完全雇用のための法律に向いていた。すでに上院議員時代の一九四四年、トルーマンは他二名の共同提出者とともに法案を提出していたが、これを原案として再提出した。議会でトルーマンは「歴史はいつの日か、この雇用法が後世に与える影響を示すだろう」と、希望と自信に満ちた声明を発表したが、成立した四六年の雇用法には、保守派が主流の議会を通過させるために多くの修正が加えられ、当初の案からかけ離れたものになってしまった。それだけでなく、トルーマンの民主党内での評判も落としてしまった。

また、終戦直後はインフレ対策に悩まされた。戦時の価格統制の機関である物価管理局（ＯＰＡ）は、四六年六月に設置期限を迎えたことで、その延長の是非をめぐって大論争となった。消費者の多くは、これまでも配給と物価統制から外れた物品がインフレになったことを知っており、それゆえ世論調査ではＯＰＡの存続を望む声が七三％にも上り、消費者運動も盛り上がりを見せていた。しかし、トルーマンの拒否権を乗り越え、議会は廃止を決定した。その結果、食料品の価格は一カ月で一四％も上昇し、日用品全体で六％の上昇となった。これは年間で考えると一〇〇％の価格上昇だった。

四六年の春には、鉄道労働組合と炭鉱労働者組合によるストライキが発生し、その後も港湾労働組合と電話関連の労働組合のストライキ等、労働争議が多発した。このように、労働組合と民主党政権に対する反感のなかで行われた四六年一一月の中間選挙では、二六年ぶりに共和党が上下両院で過半数を獲得した。トルーマンは、共和党多数の議会への対応にも迫られるようになった。

3　「自由」の盟主アメリカ

「自由」を守るための常備軍と反共主義

一九四五年晩秋のトルーマンは、原子力開発に関する国内外の管理体制に取りかかった。国内では、約一年の議論の末、四六年八月、アメリカ原子力委員会（ＡＥＣ）が発足し、初代の委員長にデイヴィッド・Ｅ・リリエンソールが就任した。一方、トルーマンは、国際的な原子力の管理を検討すべく、四五年一二月、モスクワでの外相会談で原子力の国際管理問題を国連で検討することでソ連の同意を得た。しかし、続く四六年六月には、アメリカが国連の原子力委員会に提出した国際機関による管理案に対してソ連から反発を受け、その後、四七年秋以降は米ソ間の対立が激化し、翌年五月に交渉は事実上終結した。その間にも、原爆を独占していたアメリカは、マーシャル諸島のビキニ環礁とエニウェトク環礁の住民たちを移動させ、四六年六月から当地での核実験を開始。一方、ソ連はすでにマンハッタン計画の多くを摑み自らも原爆開発を進めており、ポツダムでトルーマンから原爆実験成功の知らせを聞いたわずか四年後の四九年八月、ついに原爆実験に成功した。こうして米ソ間では、際限のない核軍拡競争が展開されることになった。

コラム1-1　原爆投下とスティムソン論文

終戦直後のアメリカでは，原爆投下を支持する意見が世論の大半を占めた。その一方で，1946年8月，ジャーナリストのジョン・ハーシーが広島における原爆の被害状況をまとめた記事が『ニューヨーカー』誌に掲載されたり，陸海軍合同の戦略爆撃調査団が46年7月の「最終報告書」で，「原爆投下，ソ連の対日参戦，あるいはアメリカの九州上陸作戦がなくても，日本は降伏したであろう」と結論づけたこと等を契機として，原爆投下の必要性や道義的正当性に対して批判の声を上げる人々も存在した。

そうした批判的な声を抑えるために，原爆開発から投下まですべての工程に深く関わった当時の陸軍長官スティムソンを中心に，「原爆使用の決定」と題する論文が『ハーパーズ』誌（47年2月）に発表された。この論文の最も重要な主張は，原爆が戦争を早期に終結させ100万人以上のアメリカ兵の命を救ったというものである。この説は，トルーマンをはじめ多くの政府高官が引用し，現在まで影響力を持ち続けている。

しかし，この単純な正当化論は，60年代以降，新たに情報公開された資料や事実に基づいて批判されてきた。戦争を可能な限り早く終わらせ，犠牲を最小限に留めたいというトルーマンの考え自体は事実であったとしても，トルーマンが誤りの多いスティムソン論文に依拠して自身を正当化したのもまた事実である。

なお，トルーマンが原爆投下を承認した理由は歴史家の間で議論されてきたが，「原爆が完成し次第使用」というローズヴェルト時代の既定路線をトルーマンが重視したとする論が主流になりつつある。

原爆は、アメリカの軍事戦略を大きく変貌させた。「強大な常備軍の存在は圧制を招く」という建国以来の伝統的思想は、世界的規模で軍事的優位を確保しようとするグローバルな戦略に転換した。この転換は、四七年七月の国家安全保障法成立に象徴的に表れる。本法によって外交・軍事政策の最高決定機関として国家安全保障会議（ＮＳＣ）が設置され、陸・海・空三軍を統合する「国防総省（ペンタゴン）」や中央情報局（ＣＩＡ）が設置された。その結果、強大な常備軍と、世界的に地域的統合作戦部隊を配備する安全保障国家が生まれた。

米軍は、徐々に人種とジェンダーの統合政策を取り入れていった。四八年には、大統領行政命令第九九八一号によって軍隊内の人種統合が進められ、女性軍隊統合法によって軍隊内に女性が常設配置されることになった。四七年には陸海軍看護婦法の制定と、女性医療専門部隊の創設があり、五一年には「女性軍人のための国防諮問委員会」も創設された。国家の安全保障に、人種とジェンダーが組み込まれていったと言える。

一方、トルーマンが任命したエレノア・ローズヴェルト大統領による「四つの自由」演説を基礎にした「世界人権宣言」を立案し、四八年一二月の第三回国連総会で決議された。戦争の反省から人権を重視する発想は国際連合憲章だけでなく、ドイツおよび日本の戦争犯罪を裁く国際軍事裁判において「人道に対する罪」が創設されたことにも表れている。「人道に対する罪」については、九〇年代の旧ユーゴスラヴィアやルワンダでの虐殺やレイプの多発を経て、二〇〇三年の国際刑事裁判所の創設に結び付く等、将来への重要な布石となった。

しかしその一方で国内に目を転じると、人権や自由が侵害される基盤も作られていった。たとえば、四七年三月にはトルーマンは大統領行政命令第九三八五号を発し、連邦政府職員三〇〇万人以上を対象とした国家への忠誠審査が行われることになったが、「不忠誠」に該当する範囲が非常に広く恣意的であった。要するに、反共主義に基づく赤狩りだった。この忠誠審査は、アメリカの「自由」を守るとの大義名分のもと、個々人の自由を抑圧・剝奪するもので、三八年に設置された下院非米活動委員会が活発化する契機となり、後のマッカーシズムの基盤にもなった。

アメリカの「アキレス腱」
――人種問題

トルーマンは、周期的に起こる黒人に対する暴力事件、直接的には一九四六年七月にジョージア州で二組の黒人夫婦が白人暴徒に惨殺されたムーアズフォード橋のリンチ事件を目の当たりにして、九月に「この件に関してわたしは本気で取り組みたい」と語り、一二月には大統領行政命令第九〇〇八号によって「公民権に関する大統領諮問委員会」を発足させた。この委員会は、労働組合の黒人指導者であるA・フィリップ・ランドルフ等からの支持を得たものの、ブラック・ナショナリズムの先駆者でもあるW・E・B・デュボイス等は冷遇された。

さらにトルーマンは、四七年六月には、アメリカ大統領として初めて、全米黒人地位向上協会（NAACP）で演説を行っている。トルーマンは、リンカーン・メモリアルで一万人の観衆に向かって、アメリカは「すべての市民に対する自由と平等を保障するというこの国の長い歴史において転換期にある」と宣言した。しかしトルーマンは、演説の前日には「演説なんてしたくない…」と愚痴をこぼしていた。それでも演説に臨んだ背景には、黒人票の獲得という目的があった。四六年の中間選挙での敗北が大きな影響を与えていたのだ。さらに、連日のようにアメリカの人種問題に批判的な報道が各国大使館から寄せられていたことも意識のなかにあった。

トルーマンは、演説のなかで大統領諮問委員会の報告書がもうすぐ提出されることにも触れた。実際、四七年一〇月には「これらの諸権利を確かなものとするために」という独立宣言のなかで使われた語句を援用したタイトルの報告書が提出され、反リンチ法案、投票権の確立等、黒人だけでなくその他のマイノリティの人々を含むアメリカ市民の公民権を守ることを目的とした三五項目の勧告がなされた。これを受けてトルーマンは、四八年二月に連邦議会へ特別教書を送り、人種隔離や差別撤廃を目指す宣言をした。すでに見た軍隊内の人種隔離が解かれたのもこうした動きのなかで行われたのである。一方、トルーマンによる大統領主導の黒人公民権政策の推進は、それまで民主党の牙城であった南部諸州を、おのずと全国民主党から離反させる結果を招いた。

人種問題に対するトルーマンの取り組みは、入国管理に対しても見られた。国外で従軍中に出会った女性と結婚したいと考えたアメリカ兵士からの要求に応え、四七年七月に改正された戦争花嫁法によって、人種に関わりなく配偶者・婚約者とその子供であれば入国が可能になった。アジア人の「戦争花嫁」の入国は、四五年一二月の戦争花嫁法においても、四六年六月のＧＩ婚約者法においても、「帰化不能外国人」であるために認められなかったが、それがようやく認められた四七年の法は、別名「日本人花嫁法」と呼ばれている。

トルーマン・ドクトリン　米ソ対立の発端は、ポーランド、ドイツ、そして東欧にあった。モスクワのアメリカ大使館に勤務していた外交官ジョージ・ケナンは、本国に「長文電報」を送り、さらに『フォーリン・アフェアーズ』誌に匿名で論文を掲載して、アメリカは長期にわたる「封じ込め」によってソ連の膨張を阻止すべきであるとして、対ソ政策の転換を促した。その後、トルーマン政権内の対ソ強硬論が広がっていく。

一方、冷戦の発端となったのは、ギリシャとトルコの問題だった。一九四七年二月、それまで両国に財政・軍事援助を行ってきたイギリスから、その肩代わりを要請されたトルーマンは、まずイギリスの弱体化に驚いた。この要請を受け入れることは、明らかにアメリカ外交の伝統から逸脱する行為だったが、それらの地域をアメリカの勢力圏とし、イギリスからアメリカへの覇権交代となる絶好の機会でもあった。また、戦後にグローバルな自由貿易体制を構築することと、中東の石油資源を確保するという経済的動機もあった。

だが問題は、共和党支配の議会と、さらには世論をいかに説得するかであった。三月一二日、トルーマンは反共的なトーンを全面に出して、ギリシャとトルコに対する軍事および経済援助計画を発表した。「現在の世界では、自由主義か、全体主義かのどちらか一方の生活様式を選択しなければならない」「武装した少数派や外部からの圧力による征服の試みに抵抗している自由な諸国民を支援することこそアメリカの政策でなければならない」として、ソ連や共産勢力との対決姿勢を鮮明に打ち出した。また、ギリシャが倒れれば西欧も倒れ、トルコが共産化すればその波が中東にも及ぶと説明している。これは、後のアイゼンハワー政権が主張した「ドミノ理論」の前例とも言える。この声明は、後に冷戦起源の重要な起点と評価され、「トルーマン・ドクトリン」として知られるようになる。

ヨーロッパの分裂

アメリカにとってギリシャやトルコよりも長期的に重要性を持つ問題には、ヨーロッパ経済の疲弊があった。新国務長官のジョージ・マーシャルは、飢えや貧困等が政治不安を招き、ヨーロッパで共産勢力の台頭をもたらすことを懸念し、一九四七年六月、「マーシャル・プラン」と呼ばれるヨーロッパに対する大規模な経済援助計画を発表した。マーシャルは、ソ連はその衛星国に援助の受け入れを許さず、それゆえソ連とその衛星諸国との関係は緊張し、その結果、アメリカが地政学的にも道義的にも主導権を得られるだろうと考えた。実際、ソ連は不参加を決めたが、参加を希望した東欧諸国にも事実上不参加を強制した。

とりわけチェコスロヴァキアの指導者がモスクワへ呼び出され、直接不参加の指示を受けたことは注目を集めた。チェコスロヴァキアは第二次世界大戦後から中立的な連立政府を維持していたが、四八年二月、クーデタによって共産党政権が誕生した。これが大きなきっかけとなり、アメリカ議会はマーシャル・プランを承認し、多額の援助が西側諸国にもたらされた。この援助が一国別ではなく共同計画であったことが、後の西欧統合の布石をしいた。

四八年六月二四日、スターリンはソ連占領地域の陸の孤島だった西ベルリンへのすべての陸上交通路を塞ぎ、ベルリンを封鎖した。包囲されたベルリンに対して、トルーマンは空軍を使用して必要物資を空輸した。それは、ベルリン市民からの感謝や尊敬に繋がり、冷戦宣伝活動上の勝利に繋がった。

チェコスロヴァキアにおける政変とベルリン封鎖によって、アメリカの経済援助を受けていた西欧諸国は、ソ連に対抗しうる同盟の重要性を確信し、北大西洋条約機構（ＮＡＴＯ）の創設に至った。平時の同盟を避けてきたアメリカにとって、四九年六月のＮＡＴＯへの参加は大きな転換となった。

四九年五月、スターリンはベルリン封鎖を停止したが、ボンでドイツ連邦共和国（西ドイツ）の成立が宣言された。これ対抗する形で一〇月、東ベルリンを首都とするドイツ民主共和国（東ドイツ）が成立した。ここに至って、ソ連のベルリン封鎖時点で事実上の東西分裂状態にあったドイツは、ついに決定的な分断国家となった。

一九四八年の大統領選

共和党支配の議会と対峙したことで、トルーマンは「一部特権階級のためでなく、国民全般に福祉をもたらす政治」という歴代大統領の遺産を継承するためには自分が「その戦いを続けなければならない」し、海外では共産勢力が広がっているにもかかわらず、共和党はいまだに孤立主義の伝統を固持していることを痛感していた。トルーマンが一九四八年の大統領選に出馬したのは、内政も外交も中断してはならないと考えたからだった。

トルーマンが四七年六月に、労働者のストライキ実施の潜在力を制限するタフト・ハートレー法に大統領拒否権を行使したのも、大統領選を見据えての判断だった。タフト・ハートレー法は、ストライキ頻発を受け国民の間に広がっていた反組合感情を背景に提出された法律だが、「アメリカの民主主義社会の根本原理に抵触する」と主張したトルーマンの拒否権を乗り越えて成立した。トルーマンの拒否権行使は、大統領選での労働組合からの支持に繋がったが、労働組合は今日に至るまでその撤廃に成功していない。

トルーマンの選挙戦略は、親友の一人で大統領法律顧問のクラーク・クリフォードの考えに沿ったものだった。クリフォードは、リベラル派の票、とくに労働組合、黒人、都市のマイノリティ等の票を増やすべきだと助言した。しかし、ローズヴェルト時代にも見られた「大きな政府」をめぐる対立を背景に、とりわけ黒人公民権の擁護に対する民主党内部の南部保守派からの反発が大きな契機となり、大統領選に際して南部保守派は脱党し、州権民主党と称して独自候補を擁立するにまで至った。

一方、民主党内でソ連に協調的な一部の人々は、前年にトルーマンによって商務長官の職を解任されたウォレス率いる進歩党に参加し、ソ連に敵対的なトルーマンの冷戦外交を批判した。トルーマンは逆にウォレスを「容共的」と喧伝し、「反共」「赤狩り」というレトリックで批判した。結果として、トルーマンのウォレス解任は有利に働き、共和党の党内分裂も影響して、トルーマン敗北濃厚との下馬評を覆して大統領に再選した。議会も民主党多数に返り咲いた。有権者が、ニューディールを維持するというトルーマンの説得に応じたとも言える。四八年の大統領選は、今日見られるようなリベラルと保守に二極化された党派対立の端緒という意味で、アメリカの戦後政党再編成の基礎となった（序章参照）。

4　核時代の豊かさ

フェアディール政策

一九四九年一月、トルーマンはフェアディールというスローガンを提示して、ニューディールの強化・拡充を目指した。たとえば、すべての国民を対象とした国民健康保険は、トルーマンが就任当初から構想していたものだった。トルーマンは物心がついた頃から、貧困に喘ぐ人ばかりでなく、一般的な家庭でも高額の医療費を支払う余裕がなくて治療を受けられず苦しむ人々を見るにつけ、連邦政府がこの問題を扱うべきだと考えていた。トルーマンはすでに四五年九月の二一カ条の教書で国民健康保険計画を提出する旨を述べており、実際に法案も提出されたものの、議会ではアメリカが社会主義化するなどとの反発を招き否決されてしまった。それでもトルーマンは、四九年四月に再び議会に勧告を送ったが、これもまた同じような反対に遭った。最終的にトルーマンは五一年一二月に行政命令を発し、大統領直轄の国民保険委員会を創設したが、国民健康保険を創設できなかったことが自らを「最も苦しめた」と回顧している。

国民健康保険だけでなく、トルーマンが提案したフェアディール政策は、共和党や民主党保守派による反対で、ことごとく議会で否決されてしまった。めぼしい成果は、四九年の住宅法と復員軍人法（通称ＧＩビル）の改正等である。ＧＩビルに基づき、元兵士への除隊一時金の交付だけでなく、大学等の授業料免除、土地や住宅購入等のための資金供与等が行われた。とくに、退役軍人省と連邦住宅局が廉価で住宅を購入できるようにしたことは、後に本格化する郊外化の一因ともなった。

イスラエル建国と難民法

ローズヴェルトの個人外交がトルーマンに継承されなかったために発生した重要な世界史上の出来事に、一九四八年五月のイスラエル建国がある。イギリスの委任統治下にあったパレスチナ地域では、バルフォア宣言を破棄したイギリスに対抗したユダヤ人による暴動へと発展し、設立されたばかりの国際連合がパレスチナの将来を託された。四七年一一月に分割案が国連総会で採択されるとすぐに、ユダヤ人とパレスナ人との間で攻撃が相次ぎ、内戦状態となったが、英軍にこれを沈静化する能力はなく、翌四八年五月で委任統治を終了すると宣言した。パレスチナで暴動と混乱が続くなか、トルーマンは曖昧な態度をとり続けていた。しかし、四八年三月に、第一次世界大戦時の軍売店経営と、その後のカンザスシティでの雑貨屋経営をともに行った旧知の友人ヤコブセンがホワイトハウスを訪れ、世界シオニスト機構の代表で、後に初代イスラエル大統領となるハイム・ヴァイツマンと面談するようトルーマンを説得した。ヤコブセンの説得に応じ、トルーマンはヴァイツマンと非公式に面談した。

四八年五月一四日、依然として緊迫した状況のなか、ユダヤ国民評議会はイスラエル国の独立宣言を行った。アメリカ政府は翌日、これを承認した。しかし、独立宣言の当日、レバノンやシリア等のアラブ諸国連盟が宣戦布告、翌日にはパレスチナに侵攻し、第一次中東戦争（パレスチナ戦争）が勃発した。当初はイスラエル劣勢だったものの、国連が停戦を呼びかけ四週間の休戦の後にはイスラエル優勢に転じ、四九年七月までに各国との停戦協定が結ばれた際には、イスラエルがパレスチナの八〇％を占領し、七〇万人以上のパレスチナ難民が発生した。その後の趨勢を見てもなお、トルーマンは回顧録で「私は、パレスチナの政策は正しいと確信している」と述べている。

一方、第二次世界大戦中、ナチスに追われたユダヤ人難民がアメリカに押し寄せた時、アメリカ政府は難民の受け入れを拒否した。とくに、約九〇〇人のユダヤ人を乗せたセントルイス号がアメリカへの入国を拒否されヨーロッパに戻った三九年の事件は大々的に報道された。難民を受け入れないというアメリカ政府の方針を、トルーマンは四八年六月の難民法によって覆した。東ヨーロッパのユダヤ人は含まれないなどの問題もあるとはいえ、二〇万のヨーロッパ系難民へ割当外ビザを発給するなど、五三年の難民救済法に繫がる新しい展開を見たのは、トルーマンの功績と言ってよいだろう。

米ソ核競争

一九四九年八月にソ連が原爆実験に成功したことを受け、トルーマンがまず取り組んだのは水素爆弾（水爆）の開発計画である。五〇年一月には水爆の製造命令を発表し、ネヴァダ核実験場の設置も提案した。一方、トルーマンは、国務国防両長官に安全保障政策の全面的再検討を指示し、その結果、NSC文書六八がまとめられた。NSC六八は、アメリカに恒常的な軍事大国になること、そして西欧諸国および日本の安全保障をアメリカが引き受けることを求めた文書であった。それはアメリカの外交政策の伝統を根本的に作り変えることを意味していた。しかしトルーマンは、軍事費増額については決定を延期した。

四九年一〇月の中華人民共和国の成立に際しては、新任のアチソン国務長官を中心に、直接介入することを慎重に避けつつも同国を承認せず、中ソの離間を助長することを考えるようになる。しかし、中国国民党を支援しなかったばかりに中国の共産化を防げず「中国の喪失」を招いたとして、「弱腰」と批判された。これは、後にジョンソン大統領が泥沼化したベトナムから撤退できなかった背景にもなる。結局、中国ではなく日本をアジアにおけるアメリカの軍事基地の拠点として重視するようになった。

トルーマンは、国際連合の支援、マーシャル・プラン、NATO加盟に続く四番目の行動方針として、後に「ポイント・フォア計画」と名づけられる発展途上地域に対する技術援助政策を重視した。自由主義の実現を目指し、イランやエチオピア等の第三世界の国を親アメリカ国にするために経済援助を行う計画は、アメリカの考える「近代化」を当地の事情におかまいなしに押し付けるもので、成功したとは言えないものの、後のケネディ政権下の「進歩のための同盟」（第3章参照）等の前例となったとも言える。

大量消費社会の到来

ソ連の原爆実験を受けて、トルーマンは大統領行政命令第一〇一八六号を発し、連邦民間防衛庁を創設した（連邦民間防衛法で正式設置）。民間防衛庁は、国民に対し核攻撃から自分の身を守る方法の教育キャンペーン等を行っていた。たとえば、各家庭における非常食の貯蔵、懐中電灯や応急セットの完備等において、女性が重要な役割を果たすと喧伝した。女性の家庭内での努力が国家の安全保障にも貢献するという意味で、社会における女性の位置づけが上昇した一方で、民間防衛を家庭内で行うことが「女性的な」仕事と考えられ、ジェンダー役割の固定化に繋がった。つまり、女性に対する家庭への「封じ込め」が見られたと言い換えられるだろう。

一方、一九五〇年代になるとテレビ等を通じて家電等の必須アイテムが宣伝されるようになり消費が拡大した。人々は、多種多様な自動車を大量に駐車できる郊外のショッピングセンターで、後払いのできるカードを使って新商品を次々に購入していった。均一化されたソ連と比較され、選択の「自由」が与えられたアメリカの消費者は、アメリカン・ドリームの体現者であり、愛国的な市民と同義とされた。消費できる人は、人種にかかわらず愛国的なアメリカ人と見なされたため、消費によるシティズンシップというアメリカ人の再定義がもたらされた。それは同時に、消費できるほどの収入がない人との間で、ジェンダー、人種、階級の差を大きくしたとも言える。

アメリカ的な民主主義とは消費主義であるとの考え方は、対外的にも示されるようになる。たとえば、日本占領政策では、民主化・非軍事化という占領目的が四八年前後を境に転換し、日本を「反共の防波堤」と位置づける政策へと変更した（逆コース）。四八年一〇月にはＮＳＣが日本の民主化を中止し、経済復興を優先する決定を下した。この流れのなかで、占領軍や国務省は日本女性を活用した。占領当初から女性解放は日本民主化の象徴として位置づけられ、占領政策の成功の証として利用されていたが、逆コースという流れに従って日本女性をも反共の防波堤の要と位置づけるようになった。具体的には、アメリカ的な家庭性を持つ女性を育てるためのプログラムとして、日本女性指導者をアメリカに派遣し、大量消費の商品であふれた「アメリカン・ホーム」に滞在させ、アメリカの民主主義をじかに学ぶ機会を提供した。五九年の「台所論争」(第2章参照)に繋がるようなアメリカの民主主義とはすなわち消費主義であるとの議論展開の萌芽が見られた。

5　冷戦と熱戦

朝鮮戦争

第二次世界大戦後の朝鮮半島では、米ソが三八度線で南北分断のまま占領することに合意していた。しかし、米英ソが朝鮮半島の信託統治と統一政府樹立を決めると、朝鮮半島では賛成派と反対派に分かれて対立した。一九四八年五月、国連監視下で南部単独での総選挙が実施され、続く八月には李承晩《イスンマン》大統領によって大韓民国政府が樹立された。これに対抗し、金日成《キムイルソン》首相の下で朝鮮民主主義人民共和国が成立した。南北に二つの独立国家が立てられ、双方が相手を倒して半島統一を訴え、にらみ合った状態が続いた。

五〇年六月最後の週末、トルーマンは、インディペンデンスの自宅で休暇中だった。土曜の朝一一時半頃、アチソンから緊急の電話が鳴り、北朝鮮軍が韓国に侵入したことを知らせた。三時間後のアチソンとの電話で、北朝鮮の「侵略行為」を非難する決議案を、国連安全保障理事会に提出することで合意した。日曜に緊急の会議を開いた安保理は、アメリカの決議案を採用したが、ソ連は拒否権を発動した。トルーマンは、北朝鮮のこの行為を、戦後の集団安全保障に対する挑戦と受け止め、月曜には米軍による韓国支援を発表した。

同日(二七日)、ソ連欠席の国連は、北朝鮮軍を撤退させることを決議し、安保理が国連軍を設置、マッカーサーがその総司令官に任命された。国連軍とはいえ、ほぼ米軍だった。当初は北朝鮮軍が圧倒的に優勢だったが、トルーマンは半島統一を目指し三八度線を越えて北進することを承認し、一〇月、国連軍は中国国境まで迫った。しかし一一月、「抗美援朝（アメリカに抵抗し、朝鮮を支援する）」を掲げて中国「義勇軍」がついに参戦し、国連軍は再び三八度線まで押し戻されて膠着状態に陥った。一二月、トルーマンは国家非常事態を宣言し、兵力を増加させ軍事力を強化した。それはまさにNSC六八が提案していたものだった。

三八度線付近で戦線が膠着したまま五一年の春を迎えたマッカーサーは、停戦を考え始めたトルーマンの動向を察し、独断で中国本土への攻撃を開始し、同時に台湾の国府軍による大陸侵攻を主張しトルーマンと対立したため、四月、マッカーサーは解任された。その後、六月に停戦が模索されるも難航し、実際に停戦協定が結ばれたのは、五三年七月だった。なお平和条約はいまだ成立していない（二〇一九年現在）。

朝鮮戦争を契機にアメリカは、軍事力を飛躍的に強化し、第一次インドシナ戦争を戦うフランスへの支援を強化して台湾海峡に米艦隊を常置し、ヨーロッパ派遣米軍を増強させ、NATO軍事機構の整備を主導することになった。

対日占領の終結とサンフランシスコ講和条約

朝鮮戦争は、日本にも大きな影響を与えた。マッカーサーは、一九五〇年七月、日本に駐留していた米軍を南朝鮮に派遣する穴埋めとして、警察予備隊を創設することを日本政府に命じた。これを受けて吉田茂首相は、憲法九条との関連が国会で問題となることを見越して、八月政令（ポツダム政令）で警察予備隊の設置を決定した。後に保安隊そして自衛隊へと発展していく日本再軍備の第一歩である。また冷戦の進展とともに、占領政策の「逆コース」が進行した。戦争責任を問われて公職追放されていた人々が次々に復帰した一方で、占領軍によって解放された共産党員は、機関誌の停止や政府・民間企業等での解雇（レッド・パージ）に直面した。

さらにアメリカ政府の内部では、日本を西側陣営に組み込むために対日講和を急ぐ意見と、朝鮮戦争勃発により在日米軍基地の重要性が強まったために対日講和延期を望む声とが対立していた。妥協の結果、五〇年九月、トルーマンは沖縄を本土から分離し、本土の米軍基地を確保できる形での対日講和条約の締結を提唱した。こうして、そもそも対日監視の役割を担う基地であった沖縄米軍基地は、在日米軍基地の使用が制限された場合への備えとし

コラム1－2　マッカーサー／日本占領の評価

「マッカーサーをもっと早く解任すべきだった」と語るトルーマンの評価とは裏腹に，1951年4月のマッカーサーのアメリカ帰国はヒーロー帰還のようだった。日本側は，天皇をはじめ衆参両院が謝意を表明し，帰国時の空港に向かう沿道で20万人が見送った。アメリカ側もサンフランシスコ到着時には50万人，翌日のニューヨークでは紙吹雪と数百万人がひしめき，まるで凱旋パレードの賑わいだった。ワシントンDCで上下院合同議会での退任演説を行ったマッカーサーは，「老兵は死なず，ただ消え去るのみ」という詩の一節を引用してスピーチを終えた。その卓越したスピーチと権威ある風格は，亡きローズヴェルトの不在を埋めたかのような深い感動をもたらした。

その一方でマッカーサーは，5月の上院軍事外交合同委員会において，ドイツは45歳の壮年にあたるが，「日本はまだ生徒の段階で，12歳の少年」と発言した。この発言によって，それまであたかも神のようにマッカーサーを慕っていた日本人は，大きな失意の底に落とされた。韓国やフィリピンにはあるマッカーサーの銅像は，日本には存在しない。現在の日本では，マッカーサーは日本を戦後の混乱から救い民主化に導いたヒーローというより，憲法を押しつけた征服者としてのイメージが強い。

ただアメリカでは現在でも，日本占領は，アメリカが軍事介入した成功例として記憶されている。たとえば，ジョージ・W・ブッシュ政権下では，同時多発テロを首謀したアル・カーイダを「カミカゼ」等と日本軍にたとえ，「かつての敵国がアメリカによる占領改革によって民主主義国へと見事に成長した物語」として日本占領を思い起こし，アフガニスタン，そしてイラク攻撃を正当化した。こうした正当化は，幾重にも誤った前提に基づいているが，アメリカ人の多くがこれを支持した（第10章参照）。

ての役割へと変化した。五一年九月の対日講和条約と日米安全保障条約によって、アメリカは沖縄を「太平洋の要石」という名の軍事拠点に位置づけていく。

一方、サンフランシスコで招集された講和会議では、在日米軍基地を確保するための日米安全保障条約とセットになっていたため、ソ連や東欧諸国が講和条約への調印を拒否した。また、中国代表権問題で米英が対立したことから、日本による戦争被害を最も多く受けた中国は招請されなかったし、日本と交戦状態になかったなどの理由で韓国は署名国と認められず、賠償放棄を打ち出したアメリカ側の方針に東南アジア諸国は強い不満を表明した。そのため、対日講和は二重の意味で「片面的」であった。このような結果として、現在の日本における領土問題をめぐるソ連（千島／クリル列島）、中国（尖閣／釣魚諸島）、韓国（竹島／独島）との対立関係は、未解決の問題として残されたと言える。

一方、アメリカ政府は、日本の復活を恐れるオーストラリアおよびニュージーランドと太平洋安全保障条約（ANZUS）を締結した。これは、オセアニア地域におけるNATOに対応する条約として、オーストラリアが積極的に推進したものだった。

反共主義の高まり

朝鮮戦争は、国内の「赤狩り」を激化させる効果を生んだ。一九四七年に忠誠審査委員会を設置したトルーマンは、「全生涯を通じて、私は偏見と狭量に対し戦ってきた」と回顧しているものの、共産主義者は、「裏切り、内部浸透、破壊工作等」によって世界の人々を支配しようとしており、こうした狙いを食い止めることがアメリカ外交政策の目的であると論じている。

とはいえ、トルーマン自身は、反共主義で貫徹していた世論とも一線を画していたと言える。たとえば、四八年に下院非米活動委員会に喚問された国務省顧問のアルジャー・ヒスに有罪判決が出た五〇年一月、トルーマンはその審理自体を「偽装」と非難してヒスを擁護した。また、共産党や共産党と関わりのある組織のメンバーに対して、政府への登録を義務づけること、そうした人々が国防関係の職務に就くことを禁止することを目的とした五〇年九月のマッカラン国内治安法に、拒否権を発動している（が、法は成立した）。

これらは、後にマッカーシズムと呼ばれる反共主義の高まりの序曲だった。当初は無名の上院議員ジョセフ・マッカーシーが名を知られるようになったのは、五〇年二月、ある地方都市の演説で、世界的に共産陣営の進出を許しているのは、国務省の中国政策担当者の裏切りによるもので、自分は国務省内の共産主義者のリストを持っている、との爆弾発言がきっかけだった。当初は同調する者も少なかったが、トルーマン政権の中国政策に不満を持つ親蔣介石《しょうかいせき》派「チャイナ・ロビー」のグループが、マッカーシーに情報提供を始めたことで問題化されていった。その後、民主党が設置した上院の小委員会が「マッカーシーの告発は虚偽である」と報告したものの、六月の朝鮮戦争の勃発と軌を一にして、秋の中間選挙が目前に迫り、多くの共和党議員が「政府内共産主義者」問題を中間選挙の争点に選んだ。そして、一一月の中間選挙では共和党が議席を伸ばした。これ以降、マッカーシズムが吹き荒れていく。

五二年六月に成立したマッカラン・ウォルター移民帰化法は、反共主義を国境管理政策に適応したものと言える。マッカーシーと並ぶ反共主義者パトリック・マッカランは、共産主義者の流入を防ぎ、その国外追放を容易にするよう連邦政府の権限を強化することを狙った。トルーマンは、四八年の難民法の時に見せたように国別割当制の維持に強く反対した。しかし国別割当制は、トルーマンの拒否権を乗り越え成立し、六五年移民法まで維持された（序章・第4章参照）。とはいえ、五二年移民法では移民割当枠の優先順位の上位に技能移民を位置づけ、さらに一時就労目的の労働移民の合法的な受け入れに門戸を開くなど、個人の能力により移民の選別を行う端緒となった。最も重要なことは、アメリカ史上初めてアジア人を「帰化不能外国人」とする規定が廃止され、アジア系の入国を可能にしたことである。市民権に関して「帰化不能外国人」の規定が廃止されたことは、人種に基づかない「アメリカ人」という枠組みが新たに提示されたことを意味する。実際、トルーマンが拒否権を行使する際のスピーチでは、「すべての人に公平な」移民法を求めていた。

トルーマンの遺産

本人も含めた世界中の人にとって「まさかの大統領」となったトルーマンは、原爆の実戦投下という世界を大きく変える選択をした。投下直後のトルーマン声明や、四七年のスティムソン論文の考え方は、現在のアメリカでも有効である（コラム1-1参照）。一方、孫のクリフトン・トルーマン・ダニエルは、自分の子供の小学校副読本『貞子の千羽鶴』に触れ、縁あって貞子の兄とニューヨークで出会い、そして二〇一二年に広島を訪れている。「胸がつまる想いだった」と語ったダニエルは、被爆者の言葉を語り継ぐことで同じことが起きないよう責任を果たしたいという。二〇一六年のオバマ大統領の広島訪問も、ダニエルは高く評価している。

しかしトルーマンは、一九五〇年には躊躇なく水爆実験を命じ、その結果、日本では「第三の被爆」として知られる第五福竜丸被災事件が発生した（五四年）。被害に遭ったのは第五福竜丸だけでも日本人だけでもない。マーシャル諸島の人々の被爆、そして内部被曝を含めて考えると、世界的には「ビキニ事件」として知られる核被災は現在に至るまで甚大な影響を残している。トルーマンが建設を提案したネヴァダ核実験場をはじめ国内の「辺境の地」で行われた核実験および核廃棄物処理もまた、先住民居留地を含む広い範囲の核汚染をもたらしている。

一方、トルーマンは人権の擁護という点での功績も大きい。国際連合の創設、黒人公民権政策の推進、四八年の難民法、五二年移民法大統領拒否権のスピーチなどからは、人権を重視する姿勢が見える。また、ニューディール政策を継承発展させたフェアディール政策は、実現したものが少ないとはいえ、ジョンソンの「偉大な社会」に受け継がれるなど、後世への影響が大きい。とくに国民健康保険の構想は、ジョンソン政権下のメディケアや、オバマケアとして具体化されていった。

とはいえ、五〇年代のアメリカが反共主義一色に染め上がる背景をつくったのも、トルーマンだった。トルーマンは、有罪となったアルジャー・ヒスを擁護したり、マッカラン国内治安法に拒否権を行使するなど、強烈な反共主義者とまでは言えない。しかし、四七年の赤狩りを目的とした忠誠審査委員会の設置や、反共的なトーンを全面に出したトルーマン・ドクトリン、四八年の大統領選挙時には政敵ウォレスを「容共的」として批判するなど、ことあるごとに反共姿勢を明示していた。五〇年代アメリカを席巻するマッカーシズム台頭の責任は、トルーマンにもあると言えよう。

以上のように、トルーマンの遺産は非常に広範囲にわたるが、なにより冷戦の開始および冷戦的な世界観は、アメリカの政治文化や制度に大きな影響を与え、そして国家が優先すべき事柄を規定した。海外では、ヨーロッパ、ドイツ、朝鮮半島を分断し、第三世界をも巻き込んで、個々人の運命にさえも影響を与えた。五三年一月一五日の退任演説で、トルーマンは次のように語っている。

わたしが大統領の任にあった時期は、「冷戦」が始まり「冷戦」がわたしたちの生活を覆うようになった時代として歴史に記憶されるだろう。在任中のわたしは、自由を愛する人たちと、世界を奴隷制と暗黒の時代に引き戻そうとする人たちとの間の争いで、頭がいっぱいだった。

この言葉は、トルーマン政権期に起きた重要な出来事と、トルーマンの世界観や人となりの両方を良く表している。度重なる偶然によって大統領になったトルーマンは、冷戦という新しい時代のドアを開け、歴代の大統領のなかでもきわめて大きく重たい意味をアメリカ史、ひいては世界史にもたらした人物と言えるだろう。

参考文献

トルーマン、ハリー・S『トルーマン回顧録』Ⅰ・Ⅱ（堀江芳孝訳）恒文社、一九九二年。

ガディス、ジョン・L『冷戦——その歴史と問題点』（河内秀和・鈴木健人訳）彩流社、二〇〇七年。

ベイム、A・J『まさかの大統領——ハリー・S・トルーマンと世界を変えた四カ月』（河内隆弥訳）国書刊行会、二〇一八年。

油井大三郎・古田元夫『世界の歴史28　第二次世界大戦から米ソ対立へ』中央公論社、一九九八年。

Hamby, Alonzo, *Man of the People: A Life of Harry S. Truman*, Oxford: Oxford University Press, 1995.

Hogan, Michael J., *A Cross of Iron: Harry S. Truman and the Origins of the National Security State, 1945-1954*, Cambrige: Cambrige University Press, 2000.

Leffler, Melvyn P., *A Preponderance of Power: National Security, the Truman Administration, and the Cold War*, reprint ed. Stanford: Stanford University Press, 1993.

May, Elaine Tyler, *Homeward Bound: American Families in the Cold War Era*, New York: Basic Books, 1998.

Offner, Arnold A., *Another Such Victory: President Truman and the Cold War*, Stanford: Stanford University Press, 2002.

Harry S. Truman Presidential Library & Museum, https://www.trumanlibrary.gov

第2章　「アメリカの世紀」の大統領
——ドワイト・D・アイゼンハワー——

倉科一希

ドワイト・D・アイゼンハワー

ドワイト・アイゼンハワーが大統領に就任した時、すでに外交・安全保障分野に深い理解と経験を備えていた。さらに彼は、当時のアメリカが抱える外交・安全保障問題、とくに安全保障と経済のバランスについて、明確な見解を有していた。自らの見解に基づいて、アイゼンハワーはアメリカの安全保障政策の刷新に着手する。その一方で彼の大統領就任直後から、アメリカの国内・国際情勢はめまぐるしく変化していた。アイゼンハワーは、自分が想定していた以前からの問題を解決するのみならず、新たな問題にも対応を迫られたのである。従来からの問題と新たな課題の双方に対して、アイゼンハワーはどのように対応したのであろうか。

1　大戦の英雄から大統領へ

軍人としての成功

アイゼンハワーは、第二次世界大戦中にヨーロッパ方面の米軍最高司令官を務めた。ナチス・ドイツに対する勝利を導いた英雄として、米国民はもちろん西欧諸国でも広い人気を博した。さらに大戦中のアイゼンハワーは、イギリス、ソ連や自由フランスの要人と渡り合い、幅広い親交と対外交渉の経験を積んだ。その結果アイゼンハワーは、就任した時点ですでに豊かな外交経験を備えた、異例の大統領となる。

アイゼンハワーは一八九〇年にテキサス州デイトンに生まれ、二年後にカンザス州アビリーンに移住した。現在でもマイノリティの存在が希薄な、農業地帯にあるこの小さな町で育ったことが、アイゼンハワーの価値観に影響を与えたのかもしれない。後に彼は、自分の大統領図書館をここに設立した。生家はあまり豊かではなく、兄弟全員が大学に進学する余裕がなかったため、アイゼンハワーは学費のかからない陸軍士官学校に入学した。陸軍では行政能力を高く評価され、ダグラス・マッカーサー陸軍参謀総長の目に留まって、一九三三年から彼の副官を務めた。三五年からマッカーサーが米軍顧問団長としてフィリピンに赴任すると、アイゼンハワーも同行した。

アイゼンハワーは三九年末に帰国し、アメリカの参戦後に陸軍参謀本部に配属された。当時のジョージ・マーシャル陸軍参謀総長は、大戦中の陸軍を統括してその手腕を高く評価された人物であるが、アイゼンハワーの能力を認めてヨーロッパ方面の米軍司令官に抜擢した。大戦終結後、アイゼンハワーは陸軍参謀総長を務めた。一度は退役するものの、トルーマン大統領がヨーロッパに米軍を派遣し、北大西洋条約が軍事機構化してNATOとなり、統合軍を創設すると、アイゼンハワーはその最高司令官として再びヨーロッパへ渡った。

国民的な人気を得たアイゼンハワーには、政界への進出を期待する声があった。四八年の大統領選挙では、共和党内にアイゼンハワー待望論があった。一方で、トルーマン大統領もアイゼンハワーに民主党からの出馬を要請した。しかし、アイゼンハワーはこれらの要請を拒み、コロンビア大学の学長に就いた。職業軍人としてキャリアを積んだアイゼンハワーは、党派争いに興ずる政治家に嫌悪感を抱いていた。そのため彼は、政治の世界に飛び込もうとしなかったのである。政治に積極的に関与するマッカーサーが反面教師になったと言われている。

一九五二年大統領選挙

一九五二年の大統領選挙を前に、共和党は深刻な分裂状態にあった。民主党政権によるニューディール政策と大戦後の外交方針の評価をめぐって、党内が二つに対立していたのである。ニューディール以来のリベラルな改革を否定する保守派は、国際主義に基づく大戦後の外交政策も、連邦政府の拡大を招くとして批判的だった。これに対して共和党内には、内政・外交における民主党政権の成果をある程度評価し、これらの政策を継承しようとする穏健派がいた。四八年の大統領選挙では、穏健派のトマス・デューイが共和党の大統領候補になったが、人気が低迷していたトルーマンに敗れた。民主党の政策を否定しなかった穏健派の政策こそが敗北の原因だったと主張する保守派は、五二年の選挙で民主党との相違を鮮明にしようとした。

共和党保守派の対決姿勢に不安を強めたのが、党内の穏健派であった。彼らは、保守派が主張するように民主党政権の成果を否定するだけでは、無党派層や民主党保守派の支持を得られないと考えていた。さらに保守派が支持するロバート・タフト上院議員が、武器貸与法や米軍のヨーロッパ派遣に反対した孤立主義者として名高かったことも、穏健派の不安を募らせた。この共和党穏健派が、保守派と民主党に勝てる候補として出馬を切望したのが、アイゼンハワーであった。当時、NATO軍司令官としてヨーロッパにいたアイゼンハワーが不在のまま、ヘンリー・C・ロッジ上院議員やニューハンプシャーのシャーマン・アダムズ州知事を中心とする支持者によって、アイゼンハワーの選挙活動が始まった。アイゼンハワーも六月には出馬の意思を固めて帰国し、共和党の大統領候補に指名された。党大会直後、アイゼンハワーはタフトと会談を開き、大統領選挙への協力を取り付けた。また、副大統領候補には、保守派に受けの良いリチャード・ニクソンを指名した。

選挙戦におけるアイゼンハワーは、トルーマン政権末期の腐敗や朝鮮戦争の停滞を批判し、戦争を早期終結させると約束した。さらに共和党は、民主党政権下の「封じ込め」を消極的と攻撃し、東ヨーロッパ諸国をソ連の支配から解放する「巻き返し」（rollback）を掲げた。これらの国々からの移民票を狙ったと言われる。三三年から続く民主党政権への倦怠感やアイゼンハワー個人の高い人気もあって、彼は大統領選挙に勝利し、一六年ぶりの共和党大統領に就任する。

大統領就任を決めたアイゼンハワーは、共和党の外交専門家として名高いジョン・F・ダレスを国務長官に指名した。財務長官には政府支出の抑制による均衡財政を唱えるジョージ・ハンフリーを、国防長官にはゼネラル・モーターズ社長のチャールズ・ウィルソンを指名した。安全保障政策の刷新を実現するための人事であった。また、アイゼンハワーは政策決定過程の制度化を目指して、ホワイトハウスを強化した。その一環として首席補佐官を定め、アイゼンハワー擁立に尽くしたアダムズを任命した。さらにアイゼンハワーは、大統領の秘書官としてNATO軍司令官時代の副官であったアンドリュー・グッドパスターをワシントンに呼び寄せた。彼の下で作成された膨大な覚書や議事録が、アイゼンハワー政権の政策運営を解明する貴重な史料になっている。

アイゼンハワーの政治的姿勢

共和党穏健派に担がれたアイゼンハワーだったが、彼の政治的姿勢には保守派と共通する部分も少なくなかった。最も重要な共通点は連邦政府の拡大を警戒していたことで、アイゼンハワーは一貫して政府支出の抑制と財政赤字の縮小に努めた。政府の機能が肥大し続ければ、国家財政は拡大せざるを得ない。そうなれば、自らの巨大な支出を維持するため、政府が経済統制を強めることになる。その結果、アメリカは自由を失い、ソ連と同じような国家になってしまうとアイゼンハワーは懸念したのである。

とくにアイゼンハワーが警戒していたのが、国防費の拡大であった。国防費を非生産的な経費と見なしていたアイゼンハワーは、ソ連との対立を深めるアメリカが国防費を際限なく増加させることを恐れた。膨大な国防費を賄うために政府が経済や社会を統制するようになれば、アメリカはかつてのプロイセンのような「兵営国家」になってしまいかねない。軍国主義の典型と見なされたプロイセンは、共産主義と同じように、アイゼンハワーの忌避するところだった。

その一方でアイゼンハワーは、政府が外交や治安のみを担うかつての「夜警国家」に留まることはできないと考えていた。さらに彼は、ニューディールによって導入された様々な社会保障制度がすでにアメリカ社会に定着していると見なし、これらを性急に改廃しようとはしなかった。リベラルな社会経済政策に対するこの柔軟性において、アイゼンハワーは共和党保守派と一線を画した。むしろアイゼンハワーは、自分の考えを「中道（middle way）」と称し、これを共有する共和党穏健派を支援して、共和党の「近代化」を促そうとした。

人気の高い大統領の支援を受けられなかった共和党保守派は、当然ながら反発した。この反発は、アイゼンハワーが共和党に貢献しないという保守派の不満として表面化した。アイゼンハワーは、共和党の大統領ではなく米国民全体の代表であろうとして、党利党略から距離をとろうとした。この姿勢には、職業政治家に対するアイゼンハワーの軽蔑も反映していた。しかし、党派対立から超然として自分たちを支持しない一方で、穏健派には支援を惜しまないアイゼンハワーの姿勢は、共和党保守派から不評だった。

2　新政権による変化と継続

ニュールック

大統領に就任したアイゼンハワーは、国防政策の抜本的な見直しに着手した。国家財政肥大化による自由の喪失を恐れたアイゼンハワーにとって、トルーマン政権末期に拡大した国防費の縮小は、緊急課題であった。とはいえ、アメリカがソ連と対峙している以上、自国の安全保障をおろそかにすることもできない。アメリカの国防力を維持したまま、いかにして国防費を削減するのか。これこそが、アイゼンハワー政権が直面する根本的な課題であった。この課題を解決するために、アイゼンハワーは一九五三年夏に「ソラリウム」作戦と呼ばれる安全保障政策の再検討を行った。この結果を受けて、同年末に「ニュールック」（New Look）と呼ばれる新たな政策が採択された。

ニュールックは、ダレス国務長官の演説に依拠して、核兵器による「大量報復」（massive retaliation）と理解されることが多い。多額の経費を要する通常戦力の代わりに、核兵器によってソ連の攻撃に対処する構想は、たしかにニュールックの根幹を成していた。実際にアイゼンハワー政権の下で、陸軍を中心に通常兵力は削減され、核弾頭

コラム2-1 ジョン・フォスター・ダレス

アイゼンハワー政権発足から1959年まで国務長官を務めたダレスには，教条的な反ソ・反共主義者という印象が強かった。現在でも，アイゼンハワー政権におけるダレスの役割について，研究者の間で意見が分かれている。親族に2人の国務長官がいたダレスは，米国代表団の一員としてパリ講和会議に出席した。その後はニューヨークの弁護士として欧州各国の経済界と関係を深めつつ，外交問題評議会でも活躍した。いわゆる「外交政策エスタブリッシュメント」の一角を占めた人物であった。48年の選挙で共和党の大統領候補であったデューイの外交顧問を務め，勝利の暁には次期国務長官と目された。その後も共和党の外交専門家として活躍し，トルーマン政権期に国務長官顧問も務めた。国務長官としてのダレスは，厳しいレトリックを用いてソ連を攻撃し，また議会の共和党保守派に配慮して国務省の「赤狩り」を容認した。その一方で，核実験禁止条約交渉など対ソ交渉の扉を開き，ニュールックの見直しを求めるなど，冷戦の変容を踏まえた政策を提言している。

の保有数は急増している。しかし、ニュールックは核兵器への依存に留まるものではなかった。アイゼンハワー政権は、核兵器と並んで同盟、隠密活動、心理戦（psychological warfare）、外交を組み込んだ、包括的な安全保障政策を構築したのである。

核兵器以外のこれらの手段も、アメリカの国防費抑制に貢献することが期待された。まず同盟国には、アメリカが削減した通常戦力の肩代わりが求められた。ソ連による侵略が勃発した際には、アメリカが核兵器による攻撃を加える一方、同盟国の陸上兵力がソ連軍に対峙することになっていた。そのためアイゼンハワー政権は、東南アジア条約機構（SEATO）など、世界各地で同盟網を構築した。この政策を担ったダレスが、「パクトマニア」（同盟狂）と揶揄されることもあった。

隠密活動や心理戦、外交も、ソ連に対抗する「安価」な手段と見なされた。敵対的な政府の転覆工作や要人の暗殺、破壊工作などを含む隠密活動は、中央情報局（CIA）のような秘密情報機関の役割であった。ダレス国務長官の実弟であるアレン・ダレスがCIA長官に任命され、隠密活動を拡大した。心理戦は第二次世界大戦からアイゼンハワーが重視した政策であり、宣伝活動による仮想敵国の士気の低下や、アメリカに有利な世論の誘導などが想定された。アイゼンハワーは大統領府に心理戦を統括する新たなポストを設置し、『タイム』誌の編集長であったC・D・ジャクソンを任命した。

もっとも、隠密活動や心理戦のような非軍事的な手段には限界もあった。一方でアイゼンハワーはCIAをイランやグアテマラに介入させ、アメリカに敵対的と見なされた政権の打倒に成功した。その一方で、五三年のスターリン死去に伴ってポーランドや東ドイツで反ソ暴動が起こると、ソ連を刺激しないように介入を控えた。選挙中に「巻き返し」を訴え、政権獲得後も実際に東ヨーロッパで反ソ活動を扇動したアイゼンハワーは、ひとたび暴動が起きると、ソ連との対立回避を優先したのである。

共和党保守派との対立

一九五二年の大統領選挙に伴う議会選挙で、共和党は上下両院の多数派となった。しかしながら、アイゼンハワー大統領と議会との関係は円滑ではなかった。アメリカ議会では、採決の際に政党が個々の議員の投票を決める党議拘束がないなど、議員に対する政党の支配力が弱い。そのため、大統領と議会多数派が同じ政党に属していても、大統領の議会運営が容易になるとは限らなかった。さらに当時の議会共和党では保守派が優勢であり、前述したように、彼らの意見はアイゼンハワーと必ずしも一致していなかった。ただしこの後、九〇年代以降は、とくに下院で政党の支配力が強くなっていく。

この緊張の下で、大統領と議会共和党は時に対立しつつ、時には協力した。最も重要な協力の成果としては、財政赤字の縮小がある。アイゼンハワーは五五会計年度（五四年七月から五五年六月）予算で政府支出を削減し、赤字支出を三〇億ドルにまで抑えた。さらに五六年度および五七年度予算では、財政均衡を達成している。また、大型公共事業の予算が削減された。両者が対立した問題としては、連邦政府による公共住宅の建設や社会保障の拡充による政府財政の拡大、その結果としての減税の先送り、労働組合の規制などがあった。

外交問題も、アイゼンハワーと共和党保守派の争点になった。大統領の対外交渉に議会の監視を強める憲法修正条項をジョン・ブリッカー上院議員が提案し、議会共和党からも圧倒的な支持を得た。大統領はこの修正を不必要と主張し、閣僚も一致して反対した。結局、この修正条項は僅差で否決される。議会共和党は、関税交渉における大統領の権限も制限しようとした。共和党は、もともと高関税による国内産業の保護を掲げた政党であり、民主党政権が進めた貿易の自由化には批判的だった。アイゼンハワー政権の下では、五二年六月に失効する互恵通商法(序章参照)の延長が争点になった。議会共和党の意向に配慮したアイゼンハワーは、従来の二年間ではなく、一年の延長に留めた。その一方で彼は、貿易の自由化に慎重な議会に不満だった。アメリカの輸出を続けるためには貿易ないし援助によって基軸通貨であるドルを国外に流出させなければ、海外の消費者がアメリカ製品を購入できない。しかし議会は貿易にも援助にも消極的だと、アイゼンハワーは議会共和党を批判したのである。

国内情勢の「安定化」と閉塞感の広がり

一九五三年七月に朝鮮戦争が終結するとアメリカ経済は一時後退するが、翌五四年後半から急速に回復した。その原動力は個人消費と民間投資の拡大であり、これらを象徴するのが自動車やテレビなどの耐久消費財を備えた一戸建て住宅であった。大都市の郊外に急速に広がった新興住宅は、いわゆる「アメリカ的生活様式」が実現する場所として、当時のアメリカ人が描く豊かな生活像の中核を占めた。

このような郊外新興住宅は、住宅価格の低下と、労働者階級の地位上昇によって可能になった。四七年に生産が始まったレヴィット住宅と呼ばれる建売住宅は、自動車製造などで使われる大量生産方式を住宅建設に応用することで、価格の引き下げに成功した。この建売住宅の主な買い手になったのは、第二次世界大戦の復員兵たちであった。大戦後の賃金上昇や、復員軍人法による高等教育の恩恵を受けた彼らは、一戸建て住宅を手にすることで生活面でも社会上昇を果たしていった。ニューヨーク郊外の第一次レヴィットタウンに象徴されるように、五〇年代にはアメリカ各地で郊外住宅が建築されるようになった。

政府の経済介入を嫌ったアイゼンハワー政権は、政府支出の拡大によって景気を刺激することには慎重だった。実際、五三年の不況下でも、大統領は支出抑制を重視していた。その一方でアイゼンハワーは、郊外住宅の拡大に資する重要な政策を実施した。高速道路網の整備である。アイゼンハワーは全国を網羅する高速道路の建設を訴え、五六年には連邦政府の資金による高速道路建設を立法化した。「全米州間国防高速道路法」という通称が示すように、核戦争の際に避難を容易にするために実施されたこの計画は、ヨーロッパ戦線におけるアイゼンハワーの経験が大きく影響していた。

都市から郊外への人口移動は、社会的にも大きな影響を及ぼした。郊外住宅を購入して中産階級化した人々が流出した都市中心部には、マイノリティを中心とする貧困層が取り残された。これらの地域ではしばしば再開発が行われたものの、高速道路建設による郊外へのアクセス改良や、同じ場所への公営住宅の建設などが中心で、貧困層の社会上昇に繋がるものではなかった。

拡大する郊外住宅でも、豊かな生活の裏に閉塞感が潜んでいた。核家族を想定した小ぶりな住宅からなる町並みは、もっぱら白人の中産階級で占められていた。開発業者の多くがマイノリティに住宅を売ろうとしなかったのである。さらに、多くの女性が専業主婦として郊外住宅地に留まらざるを得なかった。仕事のある都市部から物理的に離れた郊外住宅では、移動手段の有無が社会的・経済的な活動の余地を左右したのである。その結果、郊外住宅は人種的にもジェンダー的にも隔離された空間になり、同質性が維持されて同性愛のような「逸脱」が抑圧された。

社会・文化活動にも、閉塞感は広がっていた。その一つの原因は、反共主義を名目とした厳しい排斥にあった。いつ共産主義者と名指しされるか分からない緊張の下で、没個性的な大勢順応主義が広がった。同性愛はしばしば共産主義者と同一視され、郊外住宅のように閉ざされた空間の同調圧力に晒された。さらに、社会問題への関心は後退した。マッカーシズムの的になった映画産業は、論争的な問題の扱いに慎重になり、テレビも伝統的な社会規範に依拠した番組を放映した。このようなメディアの有様は、伝統的な規範を拡散し、社会に定着させる役割を果たした。

五四年にマッカーシー上院議員は影響力を失ったものの、彼の名を冠した共産主義者の追及は続いていた。

マイノリティをめぐる変化

閉塞感の強まるアメリカ社会のなかで、大きな変化が生じたのが人種問題であった。一九五四年五月、連邦最高裁判所が学校教育における人種隔離を違憲とする「ブラウン判決」（ブラウン対トピーカ教育委員会判決）を下した。カンザス州トピーカの黒人家族が、自宅近くの白人専用学校に自分の子供が通えないのは差別に当たるとして訴えたこの事件で、最高裁は一八九六年のプレッシー対ファーガソン判決に基づく「分離すれども平等」の原則（序章参照）を破棄し、公教育における分離そのものが差別であると認定したのである。

この判決は、アール・ウォーレン最高裁長官以下、九名の判事が一致して下した。当時の最高裁は、長きにわたる民主党政権に指名された判事がほとんどで、リベラルな判事が多かった。しかし、民主党の地盤の一つが南部白人であったことを反映して、人種統合には消極的な判事もいた。一方、ウォーレン長官を指名したのはアイゼンハワーであったが、彼は党内で穏健派に属していた。ウォーレンは、最高裁が全員一致でブラウン判決を下すうえで大きな役割を果たした。当初から全員一致の評決を目指していたウォーレンは、最高裁の議論をたくみに誘導して反対派を説得したのである。ただしその結果として、ブラウン判決は人種統合の実施に言及しなかった。

人種隔離が法的根拠を失ったという点でブラウン判決は画期的であったが、判決直後は限られた影響しかなかった。南部諸州は判決を無視して人種統合を進めようとはせず、五六年には一〇〇名以上の連邦議員がブラウン判決を批判する「南部宣言」(Southern Manifesto) に署名した。このような反発を促した一因は、アイゼンハワーの消極性にあった。彼は人種統合に反対する南部白人を批判せず、ウォーレンの前で彼らの懸念に理解を示したこともあった。アイゼンハワーによるブラウン判決の評価には諸説あるが、少なくとも大統領は、公にブラウン判決への支持を訴えることはなかった。

とはいえ、人種差別はアメリカの対外的なイメージを悪化させかねない問題であり、アイゼンハワーも徐々に立場を変えるようになる。同じような配慮は、移民問題にも影響を与えた。アイゼンハワー政権は、差別的な移民制限が国外におけるアメリカのイメージを傷つけかねないとして、移民規制の緩和を求めた。しかし議会は依然として移民の受け入れに消極的で、五二年移民法でも東・南ヨーロッパ移民を制限する国別割当の原則が維持された。翌年に難民救済法が成立し、共産主義の支配を逃れる難民の受け入れが拡大したが、移民規制の抜本的改定には至らなかった。また、国別割当の対象外とされた中南米、とくにメキシコからの移民に対して、五四年には「ウェットバック作戦」と呼ばれる大規模な取締りが行われた。ただし、メキシコ系農業労働者に対する需要は依然として大きく、短期労働者を受け入れるブラセロ計画(序章参照)は継続された。

一方、先住民に対する連邦政府の政策は、この時期に大きく後退した。三四年に制定されたインディアン再組織法は、先住民に対する同化政策を廃止し、連邦政府の支援による部族共同体の再編成を目指した。しかし、五三年に連邦政府と先住諸部族との協力関係は打ち切られ、連邦政府の支援も撤廃された。「ターミネーション」と呼ばれたこの政策は、同化政策の復活を意味した。しかし、保留地に残るにせよ、都市に移住するにせよ、先住民の生活は厳しく、蓄積した不満が六〇年代のレッド・パワー運動（第4章参照）に繋がっていく。

新たな核時代の到来

一九五四年三月一日にマーシャル諸島のビキニ環礁で行われた核実験は、核兵器をめぐる国際政治を大きく揺るがす事件になった。「ブラボー」と呼ばれた熱核兵器（水素爆弾）は、想定の二倍を超える一五メガトン（広島型原爆の一〇〇〇倍）もの威力を持ち、近隣の島々の住民や近くで操業する漁船が被ばくした。日本の第五福竜丸も放射性物質で汚染され、後に乗員一名が死亡している。この事件は、新たに開発された熱核兵器の膨大な破壊力とその危険性を広く知らしめる機会になった。その結果、世界各地で大衆的な反核運動が勃発し、国連でも新たな軍縮交渉が開始された。

核兵器の危険性に懸念が広がる一方で、原子力技術への期待は依然として高かった。核エネルギーを発電や動力に利用する原子炉の開発が進められ、アメリカ海軍は早くも五四年に原子炉を利用した潜水艦の建造に着手した。アイゼンハワーも「平和のための核利用」（Atoms for Peace）演説で、原子力エネルギーの利用を積極的に支持した。この演説は、国際的な原子力開発を促進する国際原子力機関（ＩＡＥＡ）設立の契機となる。

3　冷戦の「安定化」と変容

ヨーロッパにおける冷戦の「安定化」

一九五五年七月、およそ一〇年ぶりに米英仏ソ四カ国の首脳会談が行われた。ジュネーヴ東西首脳会談である。この会談によって国際関係が抜本的に変化したわけではないが、対立する東西両陣営の首脳会談は、冷戦が変化しつつあるという印象を与えた。五〇年代中ごろまでに冷戦が「安定化」し、その後も続く冷戦の諸特徴が出揃ったという議論がある。この議論を参考にしつつ、五〇年代中葉の変化をまとめてみよう。

最も注目すべき変化は、五四年にドイツ連邦共和国（西ドイツ）の再軍備が認められ、翌年にＮＡＴＯに加盟したことである。同じ五五年には、ソ連がドイツ民主共和国（東ドイツ）を含む東ヨーロッパ諸国とワルシャワ条約機構を設立した。さらに、東西両陣営の合意によってオーストリアの中立化が決定した。これらの措置によって、米ソの勢力圏によるヨーロッパの分断が決定的になり、相手陣営への干渉を控える相互尊重の機運が生まれる。

実際、ジュネーヴ首脳会談はヨーロッパの分断が完成したことで可能になった。それまでに首脳会談を求める声がなかったわけではなく、たとえばスターリンが死去した五三年に、イギリスのウィンストン・チャーチル首相が首脳会談を提案した。しかし、西ドイツの帰属が未解決のままで緊張緩和に舵を切ることには、イギリス政府内にも慎重論が強かった。ところが一度西ドイツの再軍備が決定すると、イギリス政府は一丸となって東西首脳会談の開催を呼びかけるようになる。ソ連の譲歩によってオーストリアの主権回復と中立化が決定したことも、首脳会談の実現に向けた大きな一歩になった。

勢力圏の相互尊重に至った一つの要因は、核戦力の拡大と、その結果として生じた相互抑止であった。五〇年代前半の熱核兵器の開発と米ソ核戦力の拡大によって、核戦争が米ソ双方に破滅的な被害をもたらすようになった。すると、米ソがお互いに相手の攻撃を抑止して核兵器を使えなくなる「核の手詰まり」（nuclear stalemate）が生じる可能性が浮上してきた。この状態では、核戦争の回避が安全保障政策の目標となり、相手の勢力圏を脅かさないようにしなければならない。

アイゼンハワー政権は「核の手詰まり」論を受容していくが、その経緯は単線的ではなかった。一方でアメリカ政府は、核兵器の使用を想定したニュールック戦略を変更せず、ＮＡＴＯにもこの戦略を採用するよう求め、五四年に採択させた。政府内の議論に際し、核兵器が「使えない」兵器であるという主張をアイゼンハワーやダレスが否定することもあった。その一方で、五五年までにアイゼンハワーは核戦争の危険性を理解するようになり、核兵器を抑止のための兵器と見なすようになっていた。実際にジュネーヴ首脳会談で、ソ連のニキタ・フルシチョフ共産党第一書記は、アイゼンハワーが核戦争を望んでいないという印象を受けたと述べている。

アメリカがソ連の勢力圏を尊重することは、五六年のハンガリー事件でもはっきりした。フルシチョフがスターリンによる独裁と個人崇拝を批判した結果、ハンガリーでは従来の共産党指導部に対する不満が広がった。ハンガリーの世論がソ連への批判に傾くと、ソ連は武力介入し、ハンガリーの勢力圏離脱を防いだ。ＣＩＡがラジオ放送で西側の支援を約束するなど、アメリカはハンガリーの反ソ暴動を煽動していた。しかし実際にソ連が介入すると、アメリカ政府は支援の約束を反故にして、ソ連の行動を黙認した。アイゼンハワーは、核戦争の危険を冒そうとはしなかったのである。

また、遅くともこの事件以降、非軍事的な手段によるニュールックに変化が生じた。アメリカ政府が、ヨーロッパにおける隠密行動を控えるようになったのである。東ヨーロッパにおけるソ連の支配を不安定化しても、ソ連が武力介入するならば、東西の緊張を高めることにしかならない。むしろ、アメリカの豊かさや文化的成果を喧伝して、ソ連や社会主義に対する信頼を徐々に揺るがす広報外交が強化された。冷戦が軍事力による争いというよりも、生活水準や工業化の度合い、文化の発展など社会経済的な成果をめぐる競争に変質していったのである。この新たな冷戦は「生活様式をめぐる争い」とも呼ばれる。

冷戦の新たな戦場

ヨーロッパの冷戦が「安定化」した結果、米ソの競争は勢力圏が確定していないアジア・アフリカなどの第三世界に移った。大戦勃発まで、アジア・アフリカのほとんどは西欧諸国の植民地であった。しかし、大戦後には各地で独立運動が盛んになり、時差はあったものの多くの国々が独立を達成したのである。米ソ両国は、大戦後に登場したこれらの新興独立国を、自陣営に引き入れることに精力を注いだ。植民地を支配する宗主国、これに対する独立運動、独立を達成した新興国の政府も、米ソの関心を引こうとした。植民地の維持、独立の達成、あるいは独立後の国内開発のために、米ソの協力を求めたのである。対立する勢力の一方がアメリカから支援を受ければ、他方はソ連に援助を求めた。このようにして、冷戦と脱植民地化が交錯していく。

「大西洋憲章」（序章参照）で民族自決の尊重を謳ったアメリカは、元来は植民地の独立に好意的だった。また、抑圧された独立運動がソ連に接近することを恐れたアメリカ政府は、宗主国に自治独立の要求を受け入れるように求め、親米独立派や、植民地の運営に協力した西側宗主国に協力的な勢力の下で独立することを望んだ。しかし、独立に至る過程で混乱が生じ、ソ連と手を結んだ勢力が権力を握るような事態は回避しなければならない。対ソ政策の一環として脱植民地化に対処したアメリカは、しばしば過剰に慎重であり、速やかな独立達成を求める独立運動と対立しがちであった。

ところで、第三世界における米ソ対立には、「生活様式をめぐる争い」の一面が認められる。新興独立国は、国内発展のモデルおよび資金・技術援助を必要としており、アメリカないしソ連がこれらを提供することを望んだのである。しかし、社会経済的な開発支援にアイゼンハワー政権は消極的だった。実際に政権発足当初、軍事以外の対外援助を大幅に削減している。五〇年代後半になると、アイゼンハワーは新興独立国への経済援助の必要性を認めるようになったが、財政支出の拡大に繋がりかねない対外援助への抵抗は根強かった。つまるところ、ニュールックの根幹を成した健全財政への固執が、アジア・アフリカ諸国に対する積極的な支援の足枷になったのである。

東南アジア・中東・ラテンアメリカ

第三世界におけるアイゼンハワー政権の政策を理解するために、東南アジア、中東、ラテンアメリカを取り上げたい。東南アジアでは、かつてのフランスの植民地で大戦中は日本が占領したベトナムが焦点になった。植民地支配の再建を目指すフランスは、トルーマン政権の支援を受けながら独立派と争ったが、一九五四年五月には北部のディエンビエンフーで大敗した。アメリカ政府は、インドシナの共産化が東南アジア全域の共産化に繋がるという「ドミノ理論」を用いて、この地域の重要性を強調していた。しかし、ディエンビエンフー敗北の際にフランスが軍事介入を求めると、アイゼンハワーはこれを拒否した。その一方で、同年七月にジュネーヴで締結された停戦協定をアメリカ政府は無視し、ベトナムへの関与を強めた。停戦協定ではフランス撤退後もベトナムの分断を維持し、二年後に統一選挙を行うことが決まっていたが、アメリカがベトナム南部に擁立したゴ・ディン・ジェム政権はこれを無視した。アイゼンハワーは、直接の軍事介入を控えたものの、多額な軍事・経済援助をゴ政権に提供した。

二次大戦後に混迷を深める中東にも、アメリカは関与を強めた。混迷の原因の一つは、イスラエルの建国である。イスラエルに対する周辺諸国の不満は強く、これに対抗するための近代化の希求や、それを実施できない既存の権力体制への不満、イギリスなど西欧諸国の既得権への反発などが相まって、急進的な改革を求めるアラブ・ナショナリズムが広がった。アメリカ政府は、アラブ・ナショナリズムがソ連と結び付くことを警戒し、アラブ・イスラエル間の対立を緩和しつつ、中東諸国をソ連に対抗する同盟網に取り込もうとした。五五年にはソ連と国境を接する中東北部の国々を中心に、バグダード条約機構が成立した。

しかしながら、中東における同盟網構築は失敗した。アラブ・ナショナリズムを掲げるエジプトのガマール・アブドゥル・ナーセル政権が、アスワン・ハイ・ダム建築の資金確保のためにスエズ運河の国有化を宣言し、これに反発するイギリスとフランスがイスラエルとともに軍事介入したのである。五六年一〇月に起こったこの紛争は、スエズ危機（スエズ戦争）と呼ばれる。アイゼンハワー政権はエジプトのソ連接近に反発していたものの、英仏の露骨な軍事介入がアラブ・ナショナリズムをいっそう刺激することを恐れ、両国に圧力をかけて撤退させた。しかしその後も、アラブ・ナショナリズムの拡大は止まらなかった。五八年にはバグダード条約の加盟国イラクでクーデタが起こり、親西側の王政が倒壊した。アイゼンハワー政権はイギリスとともにレバノンやヨルダンに派兵し、これらの国々に政権崩壊が広がるのを防いだが、中東における反ソ同盟の構築は後退を余儀なくされた。

東南アジアや中東と異なり、ソ連が喫緊の脅威と見なされなかったラテンアメリカに対して、アイゼンハワー政権の関心は低かった。大統領の実弟であるミルトン・アイゼンハワーは、この地域に関する大統領の私的顧問で、社会経済改革の必要を理解していた。しかし、彼が改革のために援助の必要性を訴えても、財政拡大を警戒する財務省の抵抗は根強かった。このような消極性を変えたのは、五八年五月に訪問したニクソン副大統領に対する、ヴェネズエラとペルーの反米デモだった。反米感情の広がりをまざまざと見せ付けられたアイゼンハワー政権は、ラテンアメリカに対する援助の拡大の必要性を認めるようになる。

東南アジア、中東、ラテンアメリカの事例から、次の点が明らかになる。まず、アイゼンハワー政権が米ソ対立の観点から第三世界に対処しており、現地の社会経済問題それ自体への関心は強くなかった。また連邦政府の拡大を嫌うアイゼンハワーの信条を反映して、とくに社会経済開発のための援助には積極的でなかった。同盟網の構築とそれに伴う軍事援助には比較的鷹揚だったが、対照的に米軍の介入には慎重であった。

人種問題の先鋭化

ブラウン判決が下っても、黒人の状況はなかなか改善されなかった。前述したように南部白人の抵抗は根強く、州や地方自治体の人種差別は撤廃されなかった。アイゼンハワー大統領がブラウン判決を公に支持しなかったことも、抵抗を助長した。このような停滞状況を打破したのは、黒人による直接的な抵抗であった。

なかでも注目を集めたのが、アラバマ州モントゴメリーにおけるバスボイコット運動であった。一九五六年一二月、市営バスの人種隔離を無視したローザ・パークスが逮捕された。抗議運動を組織したマーティン・ルーサー・キング牧師らが市営バスのボイコットを訴え、バス利用者の多数を占める黒人住民がこれに応じたのである。当初は非妥協的であった市当局は、ボイコットの継続による財政悪化やバスの人種隔離を違憲とする最高裁判決を受け、翌五七年一二月にバスの人種隔離を廃止した。

この事件は全国的な関心を集め、公民権運動における転機となった。投票権剝奪や人種隔離など、黒人にアメリカ市民としての権利（公民権）を認めない差別にまずは着目する公民権運動が、この時に始まったわけではない。しかし、黒人一般住民を巻き込んだ非暴力大衆運動であったこと、メディアを通じて全国的な関心を集めたこと、キング牧師が公民権運動の全国的な指導者の一人として注目されるようになったことなど、これ以降の公民権運動を決定づける要素が明確になったのである。五七年一月には、キングを中心に南部キリスト教指導者会議（ＳＣＬＣ）が結成され、非暴力大衆運動を南部に広げるネットワークが整備された。

公民権運動の盛り上がりにもかかわらず、アイゼンハワーは依然としてこの問題に消極的であった。彼が人種差別を法律ではなく道徳の問題と理解していたこと、差別撤廃に反対する南部民主党議員の反発を恐れたこと、共和党内にも州の権限の擁護を理由に消極論があったことなどが理由に挙げられるだろう。アイゼンハワー政権は、黒

コラム2-2　モントゴメリー以前の公民権運動

アメリカ黒人の権利獲得運動のなかで，モントゴメリーのバスボイコットは最も重要な出来事の一つではあるが，これが出発点になったわけではない。1909年に成立した全米黒人地位向上協会（NAACP）は，南北戦争後の憲法修正で保障されたはずの平等な権利の確保に焦点を当て，主に訴訟を通じてジム・クロウに対抗した。とくに50年以降，NAACPは公教育における「分離すれども平等」に焦点を定め，各地で法廷闘争を起こした。「ブラウン判決」は，このようなNAACPによる努力の頂点をなしていた。バスボイコットという戦術も，モントゴメリーで初めて実施されたわけではなかった。人種隔離の撤廃には繋がらなかったものの，53年にルイジアナ州バトンルージュでバスボイコットが行われている。また，キングが非暴力抵抗運動を具体化する過程で，他の黒人運動家などから影響を受けたことが明らかになっている。モンゴメリーを契機とする公民権運動の活性化は，それまでの様々な運動の蓄積の上に生じたと言えるのである。

人の投票権保障を中心にした公民権法の制定を目指したが、五七年に成立した法律は強制力を欠き、実質的な内容に乏しかった。

その一方で、アメリカにおける人種差別が注目を集めれば、アイゼンハワー政権の安全保障政策を損なう可能性があった。冷戦と脱植民地化が交錯し、冷戦がますます「生活様式をめぐる争い」の傾向を強めていく中で、人種差別の存在はアメリカの対外的なイメージを決定的に悪化させかねなかったのである。ソ連はアメリカの人種差別を厳しく批判し、「自由の国」アメリカが欺瞞に過ぎないと主張するに違いなかった。アジア・アフリカの新興独立諸国も、人種差別には敏感に反応するだろう。外交政策上の配慮から、アイゼンハワーは国内の人種差別を放置することもできなかったのである。

五七年のリトル・ロック事件は、典型的であった。アーカンソー州リトル・ロックで公立高校の人種融合が決定されたが、州知事は強く反発した。これに煽動された白人群衆が、入学する黒人生徒に暴力をふるいかねなかった。そこでアイゼンハワーは、空挺部隊を派遣して登校する黒人生徒を保護し、流血の惨事が起こって世界的なニュースになる事態を回避したのである。また、アイゼンハワー政権は広報外交の一環としてアメリカの芸術家などを海外に派遣したが、その際にジャズが重視されたことにも、人種問題が影響を与えていた。黒人音楽をルーツとしながら、白人の演奏家も参加するジャズは、アメリカの人種融合を示す格好の例になりえた。アメリカ政府は五六年から有名なジャズ奏者を各国に派遣したが、主な派遣先はアジアやアフリカ、ラテンアメリカであった。アイゼンハワー個人の見解がどうであれ、人種問題を無視できない状況が生まれていたのである。もっとも米国民には、ジャズが黒人音楽に起源を持つがゆえに、アメリカを代表する芸術としてはふさわしくないという批判もあった。

党派対立とアイゼンハワー

一九五四年の中間選挙で民主党が勝利し、共和党は上下両院で少数派に転じた。しかしアイゼンハワー政権の議会運営は、それほど難しくはならなかった。すでに見てきたように、党内穏健派を代表するアイゼンハワーと保守的な共和党議員は、同じ党に属しながらもしばしば対立し、大統領の議会運営は容易ではなかった。さらに、議会民主党は人気の高いアイゼンハワーとの対決を回避し、もっぱら議会共和党を攻撃した。民主党の上院院内総務リンドン・ジョンソンは、民主党をアイゼンハワーの「真の友」に見せようとしていた。この戦術の成果の一つが、五七年公民権法であった。共和党保守派と南部選出の民主党議員が法案に反対する一方、ジョンソンはリベラルな民主党議員をまとめて、公民権法の成立に貢献したのである。

五六年の大統領選挙を前に、アイゼンハワーは健康問題を抱えていた。五五年九月には心臓発作を起こし、約一月にわたってニクソン副大統領らに政務を任せなくてはならなかった。この事件を機に、共和党保守派の中には大統領選出馬を目論む動きが生じた。保守派から大統領候補を出さないためにも、アイゼンハワーは再選を目指すことを決意したのである。大統領の健康問題は、副大統領候補をめぐる軋轢に繋がった。アイゼンハワーが二期目をまっとうできなければ、副大統領が後任になるためである。ニクソンに懸念を抱く穏健派の影響で、アイゼンハワーは一時、副大統領候補の変更を検討する。しかし、共和党内のニクソン支持が強かったこともあって、結局アイゼンハワーはニクソンを副大統領候補にとどめた。

好景気と高い人気を背にアイゼンハワーは大統領選挙に勝利したが、共和党は上下両院でまたしても議席を失った。さらに、選挙中の公約を実現するために大統領が五八年度予算で政府支出の大幅増額を求めると、共和党保守派は強く反発した。アイゼンハワー再選の陰で、共和党内の亀裂はますます深くなっていたのである。なおこの頃の共和党には、南部における党勢拡大を目指す動きがあった。民主党支持ではあるが保守的な人々を、共和党が取り込もうとする政策である。七〇年代以降の共和党の転身を予見させる、重要な動きと言えるだろう。

スプートニク・ショック　一九五七年一〇月四日、ソ連が世界初の人工衛星「スプートニク」(Sputnik) 一号を打ち上げた。すでに同年八月、ソ連は長距離ロケットの発射実験に成功していた。今度は人工衛星を地球周回軌道にのせたことで、ソ連はアメリカに勝る宇宙開発技術力を誇示したのである。アメリカは明らかに、宇宙開発競争でソ連の後塵を拝していた。これは宇宙開発競争に留まらず、外交・安全保障にまで影響を与えた。人工衛星を正確に打ち上げることができるのなら、核爆弾を狙った場所に命中させることもできるだろう。スプートニクは、ソ連の核ミサイルによるアメリカ攻撃が現実的な脅威であることを知らしめたのである。

アイゼンハワー政権は、スプートニクの成功に冷静に対応しようとした。大統領はソ連に打ち上げ成功を祝うメッセージを送り、この出来事を科学技術の進歩として位置づけようとした。しかしながら、アメリカ内外の懸念は静まらなかった。一二月に行われたアメリカのヴァンガード・ロケット打ち上げ実験が失敗したことも、ロケット技術におけるアメリカの劣勢を示した。一一月にアイゼンハワーに提出された「安全保障資源パネル」の報告書(ゲイザー報告)は、民間防衛のためのシェルター建設の是非という大統領の諮問を超えて、ソ連の核戦力の劇的な拡大に対抗するための、アメリカの核攻撃力の拡充や全国的なシェルター建設、それらを賄う国防費の大幅増額を訴えていた。この報告が、米国内でミサイル・ギャップ論争の口火を切ることになる。しかし後述するように、アイゼンハワーは米国民の批判を、党派的なもので不必要に危機を煽っていると見なした。

アイゼンハワーが迅速に対応したのは同盟国、とくにNATO諸国への保障であった。ヨーロッパのNATO諸国には、ソ連の攻撃をアメリカの核攻撃の脅しで抑える拡大抑止に対する疑念が広がっていた。米ソが互いに相手を核攻撃できる「核の手詰まり」の下で、アメリカ政府は自国民を危険に晒してまで西欧諸国を守るだろうか。このような懸念を、「見捨てられ」の不安と呼ぶ。アイゼンハワー政権は、「見捨てられ」の不安を解消し、アメリカが必ず同盟国を守るという「信頼性」を立て直そうとした。スプートニクが初めて拡大抑止の信頼性を揺るがしたわけではないが、これを契機にアイゼンハワー政権は信頼性の立て直しに着手した。この年の一二月にはＮＡＴＯで初めての首脳会談を行い、アメリカがヨーロッパの安全保障に関与することを改めて確認し、「見捨てられ」の不安解消に努めたのである。

なぜアイゼンハワー政権は、ＮＡＴＯ諸国の動向にここまで懸念を抱いたのであろうか。「見捨てられ」の不安に駆られた西欧諸国にとって、選択は二つあった。一つはソ連に接近して攻撃の危険性を減らすことであり、もう一つは自ら核兵器を開発して独力で安全保障を確保することだった。どちらの選択をとっても、アメリカとの関係が疎遠になりかねない。ＮＡＴＯを維持するためには、信頼性の回復が急務だったのである。西欧諸国による独自の核兵器開発は、アイゼンハワー政権にとって現実的な問題であった。早くも五五年には、西欧における核兵器拡散が政府内で議論されている。実際に五七年秋には、フランスと西ドイツ・イタリアが核技術の共同開発で合意しており、アイゼンハワー政権はこの計画を不安視していたように見える。この共同開発は平和利用を掲げており、後にフランスのシャルル・ドゴール新政権によって破棄された。しかし、核兵器拡散へのアメリカ政府の懸念は解消されず、それが翌五八年に核実験禁止条約交渉に踏み切る一因になった。

4 新たな課題と対立

ミサイル・ギャップ論争

スプートニク打ち上げの衝撃は、米国民にも広がっていた。ソ連の核ミサイルがアメリカの喫緊の脅威と見なされる一方、ミサイル開発でソ連に後れを取ったアイゼンハワー政権に対する批判が高まったのである。いわゆるミサイル・ギャップ論争である。

前述したように、この論争に火をつけたのはゲイザー報告であった。ＮＳＣ六八（第1章参照）の作成を主導したポール・ニッツェが中心に執筆したこの報告は、アイゼンハワー政権の攻撃に利用された。批判の中心は一九六〇年の大統領選挙を睨む民主党であったが、一部の軍人や共和党関係者も加わった。彼らは、国防費の抑制によるミサイル開発の遅れや、通常兵力を軽視するニュールックの下で安全保障政策が柔軟性を欠いたとして、アイゼンハワーを批判したのである。

たとえば、大統領選挙への出馬を目論む民主党のステュアート・サイミントン上院議員は、五七年末からミサイル・ギャップを取り上げて政権を批判した。ジョンソン院内総務は、自ら委員長を務め、サイミルトンも参加する上院軍事委員会の軍備調査小委員会で公聴会を開き、アイゼンハワー政権の失策を明らかにしようとした。この公聴会では、ソ連の配備する核ミサイルがアメリカを圧倒しているとの証言がなされた。かつてアイゼンハワー政権に参加したニューヨーク州知事のネルソン・ロックフェラーも証言し、国防費増額の必要性を訴えた。ジョンソンやサイミルトンのように大統領選挙を睨んでいたジョン・F・ケネディ上院議員も、ソ連の優位を放置したアイゼンハワー政権を批判し、安全保障政策の抜本的な見直しを訴えた。

自らの失政を非難する声が広がっていたにもかかわらず、アイゼンハワーは抜本的な政策変更を認めようとはしなかった。彼がこの問題をまったく無視していたわけではなく、ミサイル配備の前倒しや国防費の増額を実施している。さらにアイゼンハワーは、宇宙開発に関わる政府組織を改革してアメリカ航空宇宙局（ＮＡＳＡ）を設置し、宇宙開発の遅れを取り戻そうとした。

その一方でアイゼンハワーは、ソ連の核ミサイル戦力が優位にあるとは認めず、アメリカの安全保障に自信を示した。彼は、ミサイル・ギャップ論争で政権を批判するジョンソンやサイミルトン、ケネディを、党派的な利益のために危機感を煽る政治家と見なした。またアイゼンハワーは、政府関係者がこの論争を利用して自分の部局の利益を拡大することにも不快感を示し、とくに機密情報の漏洩に立腹した。たとえば、ゲイザー報告は機密文書に指定されたが、その内容が早々に報道され、政権批判に利用されていた。

実際のところ、アイゼンハワーが主張するように、ソ連に有利なミサイル・ギャップなるものは虚像に過ぎなかった。フルシチョフは再三にわたってソ連の核戦力を誇示していたが、実際にソ連が配備したのはアメリカ本土に届かない中距離ミサイルがほとんどだった。アメリカ本土を攻撃できる大陸間弾道ミサイル（ＩＣＢＭ）の配備は、ようやく五九年に実現する。このような実態を、アイゼンハワーはよく理解していた。ＣＩＡは高高度を飛行するＵ２型偵察機を開発し、五六年からソ連本土を偵察していたのである。その一方でアイゼンハワーは、アメリカがソ連領空を侵犯しているとは公言できず、その結果として得られたミサイル戦力の情報も公開しなかった。したがって、アイゼンハワーが十分な根拠をもってソ連の優位を否定したにもかかわらず、その根拠を示さなかったために、ミサイル・ギャップ論争が続いたのである。

政府外の批判に対峙する一方、アイゼンハワー政権内ではニュールックの見直しをめぐる議論が起こっていた。スプートニク打ち上げによって「核の手詰まり」が顕在化し、アメリカの核抑止が十分な信頼性を持たなくなったため、通常兵力を拡充して信頼性を回復するべしとの声が上がったのである。この見直しを主張したのは、かつて「大量報復」のイメージを流布させたダレス国務長官だった。これに対してアイゼンハワーは、国防費の抑制を重視する従来の方針を変えず、ニュールック修正の声を退けた。国防費の抑制で一貫するアイゼンハワーを評価することもできるが、しかし一方で彼は、ミサイル時代に入った核戦力の整備に要する費用を軽視していた。実際、ニュールックが維持されたにもかかわらず、アメリカの国防費は徐々に増加していくのである。

国防費の抑制がなかなか実を結ばない中で、アイゼンハワーはアメリカ政治の構造的な問題に着目するようになった。六一年一月一七日の退任演説で指摘した「軍産複合体」（military-industrial complex）である。この演説でアイゼンハワーは、軍部と軍需産業が手を結んで国防費の維持・拡大を図っており、この軍産複合体の影響がアメリカの民主主義を揺るがしつつあると警鐘を鳴らした。ミサイル・ギャップ論争における直近の経験のみならず、就任当初からの「兵営国家」への警戒も、この演説に反映されたように見える。アイゼンハワーの安全保障観は、大統領就任から退任演説まで一貫していたのである。ただし、軍産複合体がアイゼンハワー政権によって助長された一面も否定できない。前述したように、核兵器への依存はミサイル兵器の研究・開発を必要とした。第三世界への軍事援助も、国内の軍需産業を成長させる一因であった。

共和党の分裂

一九五四年後半から好調だったアメリカの景気は、五八年になると後退した。民間投資などが減少して製造業の業績が悪化し、失業率も上昇した。翌五九年に景気は回復するも失業率は依然として高く、五七年以前のレベルまで下がることはなかった。この不景気は一時的なものだったが、その背後でアメリカ経済の構造的な変化が起ころうとしていた。アメリカ経済における製造業の重要性が徐々に低下し始め、サービス業が拡大し始めていたのである。

五八年の不況は、中間選挙に大きな影響を与えた。アイゼンハワー政権が効果的な景気対策をとれなかったこともあって、共和党は上院で一二議席、下院で四八議席を失って大敗した。この敗北で、アイゼンハワーに対する共和党内の不満が表面化した。大統領は依然として共和党改革の意思を捨てず、党内で今後の方針を検討させた。しかしこの検討作業は、社会経済問題への政府の介入の是非をめぐる議論を再燃させ、保守派と穏健派の溝はかえって深くなった。共和党保守派は、アイゼンハワーの中道路線こそが党勢を後退させたとして不満を強めた。

中間選挙の敗退と共和党内の分裂によって、アイゼンハワーの影響力は大きく損なわれた。政府内でも、アダムズ首席補佐官がスキャンダルで辞任し、ダレス国務長官が病気で退任するなど、アイゼンハワーを支えてきた側近たちが次々に政権を去っていた。アイゼンハワーの影響力低下は、大統領選挙に向けたニクソンの戦略も難しいものにした。アイゼンハワーの人気にあやかりつつ、保守派から対抗馬が登場するのも防ごうとしたニクソンは、穏健派と保守派の双方に目配りしなければならなかった。

社会の変容の兆し

前述した郊外住宅の拡大は一九五〇年代を通じて続いており、六〇年には人口の三分の一が郊外に住んでいたとも言われる。このような郊外住宅における「豊かな生活」を、アイゼンハワーは外交上の武器と見なした。五九年にソ連のフルシチョフ首相がアメリカを訪れた際、アイゼンハワーはワシントン近郊の郊外住宅をヘリコプターで案内し、「生活様式をめぐる争い」における優位を誇示した。

しかしすでに確認したように、郊外住宅は人種的・ジェンダー的に隔離された場であり、「豊かな生活」の裏側では緊張が高まっていた。女性や若年層は、自分たちを取り巻く社会規範と閉塞感に対して不満を蓄積させていた。

後にベティ・フリーダンが『女らしさの神話（原題）』という著作で概念化した、家庭を女性の居場所と見なす考え方が全盛を迎える一方で、「豊かな生活」を実現するために多くの女性が職を求めた。労働者人口における女性の割合は、六〇年までに三〇％に達していた。また、郊外住宅で生まれ育ったベビーブーマーが十代に達し、「ビート世代」と呼ばれる新たな文学やロック音楽の消費者となって独自の文化を生み出しつつあった。彼らは放射性降下物の恐怖や核攻撃に際して身を守る訓練を幼少期から経験し、世界の終末を意識させられていた。六〇年代になると、ベビーブーマーや女性が社会問題に目覚め、変動の担い手になっていく。

彼らに先例を提供したのが、公民権運動であった。白人専用のレストランやカフェに入り、サービスを受けるまで席に座り続ける座り込み運動が、六〇年初頭から南部各地で始まった。この運動を始めたのは、黒人の学生だった。彼らの自発的な抵抗運動は、六〇年四月に学生非暴力調整委員会（ＳＮＣＣ）として組織化された。座り込み運動を始めた学生の中には、ＳＣＬＣのワークショップへの参加経験者もいた。これらの自発的運動は、一面ではキングたちの活動の成果だったのである。

「核の手詰まり」の下での危機

スプートニク打ち上げの余波も収まらない一九五八年、アイゼンハワー政権は台湾海峡とベルリンで危機を経験する。核戦争の懸念を駆きたてたこの二つの危機は、実のところ、冷戦の大きな変化を示す事例になった。米ソ双方が、直接対決から核戦争に至ることを恐れ、武力衝突を避けようと努めたのである。

その一方でこれらの危機では、アメリカと同盟国の間に生じた軋轢も露わになった。慎重なアメリカ政府の姿勢に、同盟国からは自分たちの利害が無視されるのではないかとの反発が生じたのである。たとえば台湾の国民党政府は、本土からの攻撃に晒された大陸沿岸部の金門《きんもん》・馬祖《ばそ》に大軍を配置し、不退転の意思を示した。これは、共産中国との対立が米ソ対立に至ることを恐れ、金門・馬祖の放棄を求めたアイゼンハワー政権に対する、国民党政府の意趣返しであった。西ドイツ政府も、アメリカが提案するようなベルリンをめぐる交渉には消極的だった。交渉を進めれば、西ドイツが主張するドイツ再統一が犠牲にされると恐れたのである。

ただし、すべての同盟国が強硬な対ソ政策を支持したわけではない。たとえばイギリスは、アメリカと同じように西ベルリンの統治の一端を担い、ベルリン危機に対応する必要があった。しかしハロルド・マクミラン首相は、西ベルリンを守るために核戦争を起こすことはできないとして、自らソ連を訪れて危機の解決を図った。実のところ、西ドイツ政府も戦争に至るような強硬策は求めておらず、ソ連との妥協案をひそかに検討していた。アイゼンハワーは、意見のまとまらない同盟国と協力を維持しながら、武力衝突を回避し、しかもソ連に対して弱腰との批判を回避しなければならなかったのである。

この状況を打開するきっかけとして期待されたのが、五九年九月に実現したフルシチョフの訪米であった。ソ連指導者による初訪米となったこの出来事は、アメリカ政府内の意思疎通の失敗から生じた、いわば偶然の産物であった。しかしアイゼンハワーは、フルシチョフ訪米が近づくにつれて、この機会を利用して米ソ間の雰囲気を転換し、山積する外交問題を解決しようとした。実際に、この米ソ首脳会談を機に交渉の機運は一気に高まり、米ソ両国の間ではベルリン問題の解決や核実験禁止条約の締結が議題に上った。しかしながら、戦争の危機が遠のくと西ドイツ政府は交渉に消極的になり、フランスも同調した。結局、アイゼンハワーが提案した米英仏ソ四カ国首脳会談は、翌六〇年五月までずれ込んだ。

予定された首脳会談のわずか一五日前、米ソ関係はU2機事件によって一気に冷却化する。アメリカの偵察機がソ連上空で撃墜され、操縦士も逮捕されたのである。アイゼンハワーはこの事件の責任を認めたが、安全保障上の必要性を理由に、偵察飛行の中止は明言しなかった。四カ国の首脳はパリに集まったが、首脳会談前にアメリカの謝罪を求めるフルシチョフと、これを拒否するアイゼンハワーの意見対立は解決できなかった。結局、公式には首脳会談が開催されぬまま、首脳たちはパリを後にした。米ソ関係の改善は、次の大統領が解決すべき課題として残されたのである。

これまで見てきたように、アイゼンハワーは核戦争を避けるためにソ連との直接対決を回避し、国防費拡充に慎重な姿勢を貫いた。その一方で、ソ連を敵対的と見なす冷戦的な認識は変えなかった。その結果、ソ連に対抗する手段として、広報外交がいっそう重要になっていった。アイゼンハワー政権は、五五年のジュネーヴ首脳会談を機にソ連との文化交流を模索し、五八年には文化・技術・教育交流協定を締結した。さらに同年九月には、米ソ双方が相手国で国家博覧会を開催することに合意し、翌五九年夏に実現した。アイゼンハワーはこの博覧会を、アメリカの自由と繁栄を伝え、ソ連の統治体制への不満を広げる「鉄のカーテンの亀裂」と見なしていた。博覧会の会場でニクソン副大統領とフルシチョフが米ソの生活レベルを争った「台所論争」は、冷戦政策としての広報外交の一面をよく表している。

五〇年代末には、加速する脱植民地化と冷戦の交錯も重要性を増していた。六〇年が「アフリカの年」と呼ばれたように、脱植民地化は急速に進んでいた。脱植民地化がソ連の勢力拡大に繋がることを恐れたアイゼンハワー政権は、急激な変化を抑えようとしたが、かえって独立運動の急進化を促した。そして、アメリカに見切りをつけた新興独立国は、ソ連に接近して援助を得るようになる。五八年にフランスから独立し、アフリカにおける「共産主義のショーケース」と化したギニアは、その一例であった。さらに国内でも、新興独立国の神経を逆なでする事件が起こった。六〇年一一月、中央アフリカ共和国の国連代表が、首都ワシントンDC近郊のレストランで食事の提供を拒否された。アメリカの根深い人種差別が、新興独立国における冷戦に大きな影響を与えかねないことを示した事件であった。しかしながら、アイゼンハワーの公民権運動に対する冷淡さが解消されることはなかった。

脱植民地化の急進化を警戒してかえってソ連の影響力拡大を促してしまう、アメリカの政策の矛盾が露呈したのが、五九年のキューバ革命であった。革命の指導者フィデル・カストロは、国内改革をめぐってアメリカと衝突した結果、ソ連に支援を求めた。アイゼンハワー政権はキューバとの貿易を制限して圧力を強め、同時に反カストロ勢力を支援した。一九世紀末からアメリカと密接な関係を保っていたキューバにおける反米政権の誕生は、アメリカ外交が深刻な問題を抱えている証拠と見なされた。アイゼンハワーは、退任直前にキューバと断交し、ひそかに軍事介入計画も承認するが、これらは自らの手詰まりを象徴する行動であった。

アイゼンハワーは、大統領就任当時のアメリカが抱える問題に向き合い、ニュールックのような解決策を提示した。しかし彼の大統領就任直後から国内外の状況は大きく変化し、アイゼンハワーは新たな問題に直面する。「核の手詰まり」や脱植民地化、公民権運動などの新たな問題に、アイゼンハワーの政策は必ずしも対応していなかった。従来の問題に対する見解が明確であったゆえに、政策の抜本的な見直しも行われなかった。アイゼンハワーは個別の問題に柔軟に対応したものの、基本方針を転換することはなかったのである。

参考文献

石井修『国際政治史としての二〇世紀』有信堂高文社、二〇〇〇年。

小野沢透『幻の同盟——冷戦初期アメリカの中東政策』上下、名古屋大学出版会、二〇一六年
上村直樹『アメリカ外交と革命——米国の自由主義とボリビアの革命的ナショナリズムの挑戦、一九四三年～一九六四年』有信堂高文社、二〇一九年。

倉科一希『アイゼンハワー政権と西ドイツ——同盟政策としての東西軍備管理交渉』ミネルヴァ書房、二〇〇八年。

黒﨑真『マーティン・ルーサー・キング——非暴力の闘士』岩波新書、二〇一八年。

佐々木卓也『アイゼンハワー政権の封じ込め政策——ソ連の脅威、ミサイル・ギャップ論争と東西交流』有斐閣、二〇〇八年。

齋藤嘉臣『ジャズ・アンバサダーズ——「アメリカ」の音楽外交史』講談社選書メチエ、二〇一七年。

戸田山祐『ブラセロ・プログラムをめぐる米墨関係——北アメリカのゲストワーカー政策史』彩流社、二〇一八年。

西川賢『分極化するアメリカとその起源——共和党中道路線の盛衰』千倉書房、二〇一五年。

ハルバースタム、デイヴィッド『ザ・フィフティーズ——一九五〇年代アメリカの光と影』全三巻（峯村利哉訳）ちくま文庫、二〇一五年。

Ambrose, Stephen E., *Eisenhower*, 2 vols., New York: Simon & Schuster, 1983.

Hitchcock, William I., *The Age of Eisenhower: America and the World in the 1950s*, New York: Simon & Schuster, 2018.

Wagner, Steven, *Eisenhower Republicanism: Pursuing the Middle Way*, DeKalb: Northern Illinois University Press, 2006.

第3章　ニュー・フロンティアへの挑戦
——ジョン・F・ケネディ——

青野利彦

ジョン・F・ケネディ

ジョン・F・ケネディは、アメリカ史上初めてのアイルランド系カトリックの大統領である。ケネディが大統領に就任した一九六一年、アメリカは国内外で多くの問題に直面していた。冷戦対立が激化し、キューバ、ベルリン、ベトナムなどで数多くの国際危機が発生した。また、経済が低迷して貧困が大きな社会的争点となり、平等な権利を求める黒人や女性の運動も激しさを増していた。その一方で、アメリカ人の大部分は、こうした人々が求める社会の変革を望んではいなかった。多くの困難が待ち受ける、六〇年代という「ニュー・フロンティア」にケネディはどのように挑み、何をアメリカに残したのか。これが本章のテーマである。

1　アイルランド移民の一族に生まれて

裕福で病弱な青年政治家

ジョン・F・ケネディは、一九一七年五月二九日、マサチューセッツ州ボストンに生まれた。父方のケネディ家も、母方のフィッツジェラルド家も、一九世紀半ばのじゃがいも飢饉から逃れるためアイルランドから移住し、成功した一家であった。父方の祖父パトリックはボストンの港湾労働者から身を起こして酒場経営で成功し、後に下院、上院議員を歴任した。母方の祖父ジョンは、ボストン市会議員、上院議員を経て、ボストン市長を務めた。パトリックの息子ジョセフと、ジョンの娘ローズは一四年に結婚し、次男ジョンを含む九人の子供に恵まれた。その間ジョセフは経営者として頭角を現し、銀行業や映画産業、禁酒法時代の酒類販売で成功して巨万の富を築いた。

裕福な家庭に生まれ育ったケネディは、幼少期から数多くの病気に見舞われ、十代の頃も健康状態が芳しくなかった。三六年にハーヴァード大学に入学したケネディは、在学中に何度かヨーロッパを訪問し、国際関係や外交政策への関心を深めていった。この頃ヨーロッパでは、英仏両国がヒトラーの拡張的な政策に宥和政策で対応しようとしていたが、三八年に駐英大使となった父の人脈を利用して、ケネディはこうしたヨーロッパの情勢をつぶさに観察することができた。帰国後の四〇年に彼は、イギリスの宥和政策に関する卒業論文を提出したが、これは『なぜイギリスは眠ったか』と題する書物として出版され、ベストセラーになった。

四一年秋に海軍に志願したケネディは、四三年八月、配属先の南太平洋ソロモン諸島で、自らが指揮する魚雷艇と日本の駆逐艦の衝突事故に巻き込まれた。魚雷艇は沈没、彼は二人の部下を失ったが、残り一一人全員を率いて生還した。この事件は大々的に報道され、ケネディは一躍「英雄」となった。その後体調を崩して帰国し、将来を模索していた彼の人生を大きく左右したのは、長兄ジョセフ・ジュニアが戦死したことである。学力でも体格でも自身より優れ、両親の期待の星であった兄への劣等感は強かった。父ジョセフも長男を大統領にと考え、当人もまたそのつもりであった。しかし兄の死後、父の期待は弟へと向かった。そしてケネディ自身も政界への進出を決意する。

四六年秋、ケネディはボストンから民主党候補として下院議員選挙に出馬して当選を果たした。しかし下院議員になった直後から彼は、上院議員、そして大統領へのステップアップを目指して全国レベルの知名度を得たいと考えていた。自身が得意とする外交政策について積極的に発言していったのはそのためである。そして五二年の上院選挙でケネディは、共和党の現職ヘンリー・カボット・ロッジ・ジュニアを破って当選した。

五三年六月にケネディは、当時「社交界の花」であったジャクリーン・ブーヴィエと結婚したが、五三年から五五年にかけては再び体調不良に襲われた。たびたびの長期入院を余儀なくされながらも、この間、病床で『勇気ある人々』という著作の執筆に取り組んだ。大勢に流されないという政治的な「勇気」を示した八人の上院議員を取り上げたこの本は、五六年の全米ベストセラーとなり、翌年にはピュリッツアー賞の受賞作となった。また五六年にケネディは民主党の副大統領候補指名選挙に立候補し、敗れはしたものの、さらに知名度を上げることができた。こうしてケネディは六〇年大統領選における民主党の最有力候補と見なされるようになる。

大統領選への出馬

まもなくケネディは大統領候補指名を目指す活動を本格化させた。一九五七年には公民権法案をめぐる激しい論争も巻き起こったが、この時も彼はどうすれば大統領選に向けて有利になるかを考え、公民権法案を強く支持するリベラルと、反対する南部保守派の両方を慰撫するような態度をとった。またケネディは外交問題を重視していた。国内問題は扱い方を間違えば大きく支持を損なう恐れがあったし、冷戦が激化する中で実施された五二年、五六年の選挙でも有権者の関心が高かったのは安全保障だったからである。

議会での活動に加えて、ハンサムでウィットに富み、美しい妻と愛らしい娘を持つ政治家としてメディアで取り上げられたこともケネディ人気に拍車をかけた（五七年に生まれた長女キャロラインは、後にバラク・オバマ政権の駐日大使となった）。

こうして民主党で最も人気のある政治家となったケネディは、六〇年一月に大統領選への出馬を表明した。七月の民主党全国大会で大統領候補に指名されたケネディは指名受諾演説で次のように呼びかけた。「今日、私たちはニュー・フロンティアの縁に立っています。一九六〇年代というニュー・フロンティアです。（中略）皆さん一人一人がこのニュー・フロンティアの新しい開拓者になるようお願いしたい」。

ケネディと大統領の座を争ったのは、アイゼンハワー政権の副大統領であった共和党のリチャード・ニクソンであった。ともに福祉国家と封じ込め政策を支持する二人の間に、根本的な政策上の対立はなかった。しかし現職の副大統領として現政権を擁護したニクソンに対して、ケネディは、教育や科学技術、大陸間弾道ミサイル（ＩＣＢＭ）開発でソ連の後塵を拝し、第三世界でアメリカの威信を低下させたとしてアイゼンハワー政権を厳しく批判した。内政でケネディが重視したのは経済成長の鈍化や、高齢者・低所得層の貧困や福祉といった問題であった。また五〇年代末には公民権運動がさらに盛り上がり、南部諸州では、座り込み運動をはじめとする抵抗運動が活発化していた。そこでケネディは人種差別問題にも力を入れ、連邦住宅における人種差別は、ペンを「一走り」させて大統領命令にサインすれば終わらせられると強調した。

ケネディにとって大きな障害となったのは、彼がカトリック教徒だったことである。プロテスタントの人々を中心にアメリカでは、カトリック教徒にはローマ法王の権力が及ぶのではないかという懸念から、カトリックが大統領になることへの抵抗があった。事実、アメリカ史上カトリックの大統領は一人もおらず、大統領候補となったのも二八年のアル・スミスのみであった。こうした傾向は保守的な南部ではとくに強く、疑念を払拭するためにケネディは、政教分離の重要性を繰り返し主張した。

六〇年の大統領選挙では候補者によるテレビ討論が初めて行われた。第一回の討論会でケネディが、理路整然と議論を進め、若々しく理知的な候補と映ったのに対し、ニクソンは老獪な政治家という印象を視聴者に与えた。一般家庭にテレビが普及しつつある中で行われたこの選挙では候補者のイメージが重要な要素となったが、最初のテレビ討論でケネディは大きな得点を挙げたと言える。

一一月の選挙でケネディは薄氷の勝利を収めた。一般投票での得票率は、ケネディ四九・七％、ニクソン四九・

六％で、これは二〇世紀の大統領選のなかで最も僅差の勝利であった。黒人票を獲得したことでケネディは、イリノイなどの重要な州で勝利したが、前述した宗教問題が足を引っ張り、南部では民主党支持層の一七％を失った。

こうした選挙結果は、当時のアメリカ社会の保守的な雰囲気を物語るものであった。後述するように当時のアメリカは貧困や人種・ジェンダーに基づく差別など、数多くの問題を抱えていた。しかし大多数のアメリカ人はこうした問題をめぐって社会が大きく変化することを望んでいなかった。ケネディは、公民権や福祉といった論争的な問題についてリーダーシップを発揮するために必要な、国民の付託を欠いた状態でニュー・フロンティアへ踏み出すことになったのである。

2　ニュー・フロンティアへの挑戦

ケネディ政権の冷戦戦略

一九六一年一月二〇日、ケネディは大統領就任式に臨んだ。「アメリカがあなた方のために何をできるかを問うのではなく、皆さんがこの国のために何ができるのかを問うてください」。このフレーズで有名なケネディの就任演説は、外交に力点を置くものとなっていた。後で見るように、連邦議会で強力な保守勢力に直面していたケネディは、議論を呼びそうな国内政治問題に言及することを避けたのだ。

ケネディにとって外交政策上の最重要課題は、もちろん、冷戦であった。ケネディ政権の対ソ戦略は柔軟反応戦略（Flexible Response）と呼ばれる。これはＩＣＢＭの開発によって米ソ間に生じた「核の手詰まり」状況（第２章参照）に対応しようとするものであり、大規模な核戦争から東側の通常兵力による攻撃、さらには第三世界におけるゲリラ戦まで、敵の攻撃の規模や形態に応じて、柔軟に対応可能な戦力の構築を目指すものであった。そのためケネディは大規模な通常兵力の拡充を目指して、議会に対して国防費の増額を要求した。その結果、アイゼンハワー政権末期には大きく削減されていた国防費は再び上昇し、核弾頭とＩＣＢＭの配備数も大幅に拡大した。上院議員時代のケネディは、ミサイル・ギャップを招いたとして共和党政権を強く批判していたが、大統領就任後まもなく、実際のところアメリカの核戦力は大幅な対ソ優位にあるとの報告を受けていた。だが、彼は核戦力の増強を継続した。

冷戦戦略上、ケネディがとくに重視したのは第三世界であった。ケネディの就任直前、ソ連の指導者ニキタ・フルシチョフは、「植民地主義者」に対する第三世界の「民族解放戦争」を全面的に支援するとの演説を行った。これに危機感を覚えたケネディはグリーン・ベレーとして知られるゲリラ戦のための特殊部隊を創設した。また前政権に引き続き、第三世界の人々の「心と精神」を獲得する試みが行われ、その一つがアメリカの若者をボランティアとして発展途上国に送り、農業・医療・教育などの分野で援助活動に従事させる平和部隊であった。これによって、アメリカやアメリカ人が、第三世界ために利他的な行為を行う国家・国民であることを示そうとしたのである。

ケネディ政権はまた、対外援助を拡大する努力も行った。共産主義が伝播する温床は、第三世界の政治的・経済的な不安定さや貧困にある。だとすればアメリカが、経済援助や社会・政治変革に必要な技術支援を与え、発展途上国の「伝統的社会」をアメリカに類似した「近代国家」へと変革していけば共産主義の拡大を防ぐことができるはずであった。こうした政策の代表例が、六一年三月に発表された「進歩のための同盟」であった。これは中南米諸国に経済援助を提示する一方で、土地改革・税制改革などの実施を要求するものであった。こうすることで支配層に集中した富を解体し援助によって得られた利益を貧困層にも分配しようとしたのである。

ただし、後述するようにケネディは実際の軍事力行使にはきわめて慎重であった。また、彼は交渉を通じてソ連と現実的な合意を積み重ねることで東西緊張を緩和させたいとも考えており、とくに核実験禁止条約の締結を重視していた。米ソが同条約を締結すれば超大国間の核軍拡競争が緩和され、同時に、核兵器の拡散に歯止めをかけることができると考えられたからである。新たな核保有国の登場はアメリカの安全にとって重要な脅威であった。それは事故や誤認による核戦争の可能性を増大させ、また、西側同盟諸国が新たに核兵器を保有した場合、同盟の政治的な団結を損なう可能性があった。

第2章で見たように、すでにアイゼンハワー政権第二期には、核の手詰まり状況下でＮＡＴＯを維持するために

コラム3-1　フルシチョフ

アイゼンハワー，ケネディ政権期にソ連外交を主導したニキタ・フルシチョフは，1894年にロシア帝国クルスク県（ウクライナ地方）で炭鉱労働者の息子として生まれた。1918年に共産党に入党し，30年代の大粛清と第二次世界大戦を生き残ったフルシチョフは，スターリンが死去した53年に集団指導部の一員として共産党第一書記に就任した。まもなくフルシチョフは，ジュネーヴ東西首脳会談（55年）に参加して緊張緩和外交を推し進める一方，第三世界諸国との関係強化に乗り出した。また56年の第20回党大会ではスターリンを批判して党内での立場を強化し，58年からは首相を兼任する最高権力者となった。57年にソ連がICBMの開発に成功すると，フルシチョフはソ連が核戦力で優位に立っているという「幻想」を巧みに利用して積極的な外交を推し進めた。彼はベルリン危機やキューバ・ミサイル危機を引き起こすなど，強硬な外交で知られるが，その目的は，米ソ緊張緩和を達成して通常兵力と軍事費を削減して，民生部門の経済発展を図ることにあった。

はアメリカの信頼性を回復しなければならないと考えられるようになっていた。信頼性とは、アメリカが世界中のどこにおいても断固として共産主義に対して立ち向かい、同盟諸国の利益を——必要ならば核兵器を用いてでも——防衛するという決意を持っていることを同盟国と共産主義諸国の双方に示すことである。信頼性を維持することは、同盟国、とくに西ドイツによる核保有の防止するうえでも重要であった。

アイゼンハワー政権が一連の核兵器共有政策を展開したのはそのためで、NATO諸国がミサイルなど核兵器運搬手段を保有し、有事にはアメリカの管理下にある核弾頭を装着して使用するNATO核備蓄計画や、アメリカが提供する弾道ミサイルを配備した洋上艦や原子力潜水艦をNATO指揮下に置く多角的核戦力（MLF）構想などが推進された。さらに五〇年代末には通常兵力強化の必要性も唱えられるようになっていた。ケネディ政権もこうした同盟政策上の課題に取り組み、柔軟反応戦力をNATOの公式戦略として採択し、通常兵力を強化するようNATO諸国に求めた。さらに六一年五月には、前政権のMLF構想を踏襲することも発表された。

続発する冷戦危機

大統領就任直後からケネディは次々と冷戦危機に見舞われた。まず直面したのがキューバ問題であった。アイゼンハワー前大統領は一九五九年初めに登場したカストロ政権に対決的な姿勢を取り、六〇年にはＣＩＡに対してカストロ政権の打倒を命じていた。大統領就任後、ケネディは、米軍が直接関与しないことを条件にこの作戦の実施を承認した。六一年四月一七日、ＣＩＡに訓練を受けた亡命キューバ人部隊がキューバのピッグズ湾に上陸した。しかし、すぐに侵攻部隊はキューバ軍によって撃退されてしまう。このピッグズ湾事件は、ケネディにとって最初の外交的蹉跌となった。

六月初め、ケネディはオーストリアの首都ウィーンでソ連のフルシチョフとの首脳会談に臨んだ。この会談でケネディは、アイゼンハワー政権から引き継いだベルリン問題を先鋭化させないようフルシチョフを説得し、核実験禁止問題での合意を達成したいと考えていた。しかしピッグズ湾事件でのケネディの対応から、ケネディを外交経験の浅い、弱腰な指導者と見たフルシチョフは強硬姿勢をとり、ケネディもそれに屈しない態度を見せた。議論はベルリン問題をめぐる激しい論争へと陥り、二日間にわたる会談は、「寒い冬になるでしょうね」というケネディの一言で締め括られた。

ワシントンに戻ったケネディはベルリン政策の再検討を命じ、七月二五日には通常兵器を中心とした大規模な軍備拡大を行うと同時に、交渉によるベルリン問題の解決を目指すという方針を発表した。こうしてベルリンをめぐって危機が高まり、東ドイツ国民の流出が加速すると、八月一三日の深夜、ソ連と東ドイツは、東西ベルリン市の境界の遮断を決定した。東西ヨーロッパ分断を象徴する「ベルリンの壁」が構築されたのである。

その年の秋からはベルリン問題に関する米ソ間の接触と交渉が開始され、六二年の春には一八カ国軍縮委員会での核実験禁止条約交渉も始まった。しかし双方の立場は埋まらなかった。その一方で六一年八月末にソ連が、五八年以降自発的に停止していた核実験の再開を発表し、一〇月末からは約一年間にわたって大規模な熱核兵器実験を繰り返した。そのためケネディ政権も六二年三月に核実験を再開した。

ケネディ政権はまた、ベトナムへの介入を深めていった。五四年の南北分断以降、ゴ・ディン・ジェム大統領がアメリカの支援を受けて南ベトナムを統治していた。しかし、抑圧的なゴ政権への反発は強まり、六〇年に結成された南ベトナム解放民族戦線は反政府ゲリラ活動を開始し、六一年秋までに情勢はさらに悪化した。ケネディ政権内では、軍部や国防省を中心に、地上軍を二〇万人規模で派遣することを主張する声が上がった。他方、国務省は交渉を通じて休戦を模索すべきであると主張した。

ケネディはいずれの措置にも懐疑的であったが、アメリカの信頼性を維持するためにはゴ政権を防衛しなければならなかった。南ベトナムの崩壊が、アメリカの信頼性に計り知れないダメージを与えるのではないかと危惧していたのである。また、中国が共産化した際、保守派が激しくトルーマン政権を批判したことを知っていたケネディは、交渉すれば自身も同様の批判を受けるのではないかと恐れてもいた（第1章参照）。

結局、ケネディは中間的な方策を選択した。南ベトナム政府を経済的に支援し、同時に、米軍の軍事顧問を派遣して南ベトナム軍を強化するのである。その結果、軍事顧問の数は六一年末までには三〇〇〇人に、翌六二年末までには一万一〇〇〇人に増大した。

ニューディールの課題と保守的な議会

就任演説で外交に焦点を絞ったケネディは、一九六一年一月三〇日の一般教書演説では国内問題についても語り、経済回復の重要性を強調した。五〇年代のアメリカは豊かな生活を謳歌していたが、六〇年春には再び景気が後退し失業者も増大した。選挙期間中にケネディは景気回復と完全雇用の達成に向けて年五％の経済成長を公約していたが、大統領就任直後に失業率は八％に達していた。

国内政策についてケネディは、ニューディールのリベラルな姿勢を引き継いでいた。大統領就任直後、ケネディは、最低賃金引き上げ、教育改革（公立学校への連邦政府の補助）、高齢者医療保険（メディケア）、住宅の拡充、経済的に低迷する地域の再開発などに関する法案を議会に提出したが、これらはローズヴェルトが四四年の「第二権利章典」で示し（序章参照）、六〇年の民主党選挙綱領でも確認されたものであった。ケネディがこうした内政上の争点を対外政策との関連で考えていたことは、一般教書演説の次の一節が示している。「失業者を減少させ、遊休労働力を活用し、新たな生産力を刺激し、そしてより高い経済成長を促すために自由経済に何ができるか、私たちは世界に示さなければなりません」。

問題は連邦議会であった。六一年初め、下院では二六三対一七四、上院では六四対三六で、民主党が共和党に対して優位に立ってはいた。だが三〇年代の後半から、議会内部では南部民主党と共和党が保守連合を形成していた（序章参照）。その結果、下院では四三七議席のうち二八五議席が、上院では一〇〇議席のうち五九議席が保守勢力で占められていた。こうした議会の状況が、ケネディが立法措置を通じてリベラルな政策を実現することを困難にしていた。

たとえば六一年二月に提出された最低賃金法案は、最低賃金の引き上げとその対象となる労働者の範囲を大幅に拡大することを目指すものであったが、保守派は強く反対し、採択はされたものの、その効果は大きく減じられた。また同月には公立学校の建設・運営のための連邦補助金に関する法案も提出された。しかし選挙期間中、政教分離の重要性を強調したケネディがカトリック教区学校をその対象に含めなかったため、カトリック教徒はこれを強く批判し、保守派も反対して否決された。またケネディは、メディケア実現のために社会保障税を増額する法案も提出した。医療費が値上がりし、とくに高齢者とその家族の医療費負担が大きくなっていたから、世論調査はこの法案への高い支持を示していたが、アメリカ医師会や議会保守派が強く反対し、六二年七月にこの法案も否決された。

しかし、ケネディはいくつかの政策を実現することができた。六一年四月に議会は、ウェストヴァージニア州のような不況と失業に苦しむ地域の振興を図る地域再開発法を採択した。選挙運動の際に同州の貧困状況を目の当たりにしたケネディは、この地域の経済開発を公約していたのである。また、六月には低所得者・中間層向けの住宅法案も可決された。さらに六一年中にケネディは、社会福祉の最低給付額の引き上げ、失業保険受給期間の一時的延長、失業中の両親を持つ未成年者への補助などに関する法案も成立させた。

持続的な経済成長の模索

ケネディが実現しようとしたリベラルな国内政策は、福祉政策としてのみならず、財政支出を通じた不況対策としての意味を持つものでもあった。しかしこれでは選挙公約の年五％の経済成長は到底実現できなかった。大統領経済諮問委員会の委員長であったミネソタ大学のウォルター・ヘラー教授らは、大規模減税によって投資と消費を促し、経済活動を活性化させることで五％成長と完全雇用を達成することを提案した。この政策は、減税によって税収を引き下げるので、一時的な財政赤字は避けられない。しかし、中長期的には経済が成長し、税収が増えて財政は均衡すると考えられたのである。

ケネディは社会福祉や不況期の政府支出についてはリベラルな態度をとっていたが、政府の歳入と支出の均衡を重視する財政的保守主義者でもあった。議会も財政については保守的だったため、ケネディはヘラーの提案をなかなか受け入れなかった。六一年春から緩やかに景気が回復したこともあって、ケネディは経済政策をめぐって議会と対立することを避けることを望んだのだ。

六二年の鉄鋼危機は、ケネディ政権の経済政策にとって重要な意味を持った。同年春にケネディ政権は賃金ガイドラインを発表し、生産性の上昇率を超えて賃金と物価を引き上げないように労働組合と企業に要請した。鉄鋼や自動車といった重要産業の労働組合が賃上げを要求し、それが製品価格に転嫁されて物価を上昇させることを防ごうとしたのである。インフレ抑制とアメリカ製品の輸出競争力強化がその目的であった。しかし、六二年四月、USスチールなど大手鉄鋼会社八社が価格引き上げを発表する。これを政府への挑戦と見たケネディは断固たる態度をとった。四月一一日の記者会見でケネディは、価格引き上げは「公共の利益に対する無責任」であると批判し、国防省によるUSスチールへの発注中止といった圧力手段も用いて価格引き上げを撤回させた。

なんとか鉄鋼危機を乗り切ったケネディを次に襲ったのは、五月末に始まった株式市場の暴落であった。政府内では経済を刺激するため緊急減税を行う可能性も議論されたが、財政支出や減税に対する議会の反対が強く、結局、ケネディはこれを見送った。しかしこの経験からケネディは、持続的な経済発展のためには減税が必要だと判断し、八月一三日、翌六三年に包括的な減税法案を提出すると発表した。

女性の権利をめぐって

一九五〇年代末のアメリカ社会では、社会的に平等な権利を獲得しようとする女性や黒人の動きが活発になっていた。六〇年までには、賃金労働に従事する女性の割合は全女性の三四・八％に達し、六歳未満の子供を持つ勤労女性の数も五〇年のほぼ倍になっていた。しかしほとんどの女性労働者は同じ仕事に従事する男性よりもかなり低い賃金しか得ておらず、雇用慣行上も差別され、託児所などの整備も進んでいなかった。この頃までには多くの女性団体がこうした女性差別に対して声を上げ始めており、それは六三年にベティ・フリーダンの『女らしさの神話（原題）』が出版されたことでさらに強まった。

六〇年の大統領選でケネディは同一労働同一賃金などを支持する姿勢を示していた。しかし大統領就任後、しばらくの間ケネディはベルリン危機への対応などに傾注し、女性差別を是正する動きをほとんど見せなかった。ケネディ政権には女性の閣僚が一人もおらず、公務員に登用された女性の数もトルーマン・アイゼンハワー政権よりも少なかったから、ケネディ政権は強く批判された。六二年二月になるとケネディは、賃労働に従事する女性の地位向上に必要な措置について調査・勧告する「女性の地位に関する大統領委員会」を設置し、委員長にエレノア・ローズヴェルトを指名した。三〇年代にローズヴェルト大統領夫人として女性やマイノリティの差別や福祉の問題に取り組み、トルーマン政権期には国連人権委員会の委員長として世界人権宣言（第1章参照）の採択に大きな役割を果たした人物が指名を受諾したことで委員会の名声は大きく高まった。

翌六二年にケネディは能力と適性のみに基づいて連邦公務員の採用を判断するよう国家公務員任用委員長に命じ、また各州に託児施設の設置費用を支援するよう連邦議会に勧告して八〇万ドルの歳出が決定された。これは当初ケネディが勧告した五〇〇〇万ドルには遠く及ばなかったが、戦後初の託児施設への政府支出となった。

公民権運動と移民政策

公民権問題もケネディ政権期には重要な政治的争点となった。六一年二月にマーティン・ルーサー・キング牧師は、投票権に関する立法措置を講じるために戦い、大統領命令への「ペンの一走り」によってジム・クロウに「とどめを刺す」よう大統領に求める記事を発表した。しかし多くの世論調査は、アメリカ人の大半が公民権問題に関する政府の早急な対応を望んでいないことを示していた。ケネディも、保守勢力の強い議会で公民権法が可決される可能性は低く、無理にこれを推進すればメディケアや最低賃金法といった他の重要法案に対する南部議員の支持を失い、貧しい黒人への施策がかえって難しくなると考えていた。

ケネディが立法措置ではなく、大統領命令などを通じて漸進的にこの問題に取り組もうとしたのはそのためである。たとえば、就任パレードの際に沿岸警備隊員がすべて白人であることに気付いた彼は黒人隊員を雇用するよう命じた。また、連邦政府の雇用における人種差別解消に取り組んで多くの黒人を政府や省庁の高官に登用したほか、雇用機会の均等に関する大統領委員会を設置し、委員長にリンドン・ジョンソン副大統領を任命した。さらにケネディは、彼以前の大統領よりもはるかに多くの黒人ゲストをホワイトハウスに招待するなど、人種差別に反対する象徴的な行動を数多く行った。

六一年五月には「フリーダム・ライド（自由のための乗車）」と呼ばれる運動も始まった。その前年に連邦最高裁は、州をまたいで運行される長距離バスやそのターミナル施設での人種隔離を違憲とする判決を下していた。そこで人種平等会議（CORE）や学生非暴力調整委員会（SNCC）、キング率いる南部キリスト教指導者会議（SCLC）といった公民権運動団体は、黒人と白人の混成グループを長距離バスで南部に派遣した。バスの座席やターミナル施設の「黒人専用」「白人専用」の表示を無視することで、ケネディ政権が最高裁判決を守るかどうか試そうとしたのである。

五月四日にワシントン出発したフリーダム・ライダーズたちは、白人暴徒の襲撃を受けながら、五月二〇日にアラバマ州モントゴメリーに到着した。ここで彼らは一〇〇〇人もの暴徒に取り囲まれ、アラバマ州は秩序維持ができない状態となったため、ロバート・ケネディ司法長官は約六〇〇名の連邦保安官代理を派遣し事態を鎮静化させた。フリーダム・ライドはその年の秋まで続き、九月に州間交通委員会は州間交通バス施設での人種差別を禁止する命令を出した。ライダーズの身を挺した運動が結実したのである。

公民権をめぐる危機は翌年にも発生した。その発端は黒人であることを理由に州立のミシシッピ大学への入学を拒否されたジェームズ・メレディスが裁判闘争を開始したことであった。六二年五月に連邦高等裁判所はメレディスの入学を許可する決定を下したが、ロス・バーネット州知事はこの決定に抵抗した。九月にメレディスが入学手続きを試みると、バーネットは州警察を用いてこれを阻止しようとし、メレディス入学に反対するデモも発生した。九月三〇日夕刻、連邦保安官に警護されて大学に入ったメレディスが約二五〇〇人の暴徒に取り囲まれると、ケネディは連邦軍の投入を決断した。翌日早朝までに秩序は回復され、メレディスは無事に入学手続きを終えた。このミシシッピ大学危機では二名が死亡し、三七五名が負傷したが、ケネディはなんとか事態を収束させることができた。

こうした一連の事件が示すように、公民権問題は、その漸進的解決を求めていたケネディ政権の希望よりもはるかに早いペースで進展した。ケネディは、米国内の人種問題や人権侵害が東側による宣伝戦に利用され、第三世界における冷戦で不利な要素になることを恐れていた。しかし、保守的な議会と世論に直面していたため公民権問題に関して拙速な態度をとることには慎重であった。

しかし五〇年代後半から続いていた公民権運動は、アメリカ社会における人種問題の見方を少しずつ変化させ、それは移民をめぐる問題にも影響を与えていた。自身がアイルランド系移民の子孫であったケネディは、アメリカにおける移民の役割を高く評価していただけでなく、アイゼンハワーと同様、差別的な移民制限がアメリカのイメージを損なうことを懸念していた。上院議員時代から彼が、移民政策の改正を求める態度を示していたのはそのためである。またアイゼンハワー期には共産主義諸国からの難民受け入れが緩和されつつあったが、ケネディも香港からの中国人や、カストロ政権成立後に難民としてアメリカ入国を求めたキューバ人の入国を許可する大統領命令を出している。六〇年代初めまでには、二四年移民法で成立した国別割当制（序章参照）は徐々に崩れつつあった。だが、公民権運動に否定的な南部や保守派は、移民問題をめぐるこうした動きにも強く反発したのである。

核戦争の瀬戸際へ——キューバ・ミサイル危機

人種問題をめぐる緊張が高まった一九六二年夏には、東西対立も深まりつつあった。この頃までにはベルリン交渉も核実験禁止交渉も完全に行き詰まり、キューバをめぐる米ソの対立も激しくなっていた。ピッグズ湾事件後、ケネディ政権はカストロ打倒にさらに力を入れた。ケネディ司法長官を中心にマングース作戦という暗号名のキューバ政府転覆工作が進められ、米軍もキューバ上陸作戦の演習を繰り返した。米軍による侵攻が近いと考えたフルシチョフはカストロ政権への軍事・経済援助を拡大させ、六二年春にはキューバに米本土を攻撃可能な準中距離・中距離弾道ミサイルを配備する決定を下した。

ソ連によるキューバ支援の増大は、米国内におけるケネディの立場を悪化させた。一一月初めに中間選挙が迫るなか、八月後半からは複数の共和党議員が、ソ連は極秘裏にキューバにミサイルを配備していると主張してケネディ政権への批判を強めた。これに対処するためケネディは、複数の側近を駐米ソ連大使に接触させて事実関係を確認させた。しかし、ミサイル配備計画を知らされてなかった大使はこれを明確に否定する。これを受けてケネディは、九月半ば、キューバへのミサイル配備は容認しないとの声明を発した。

ソ連のミサイル基地建設は六二年秋には終わるはずであった。しかし完成間近になってアメリカの偵察機に発見されてしまう。一〇月一六日朝、ミサイル基地建設に関する報告を受けたケネディは極秘の最高執行委員会（エクスコム）を設置して対応を協議した。ここでは三つの選択肢が検討された。(1)基地を容認する。(2)キューバ周辺海域を封鎖し、さらなるミサイル搬入を阻止する。同時に、基地を撤去するよう圧力をかける。(3)空爆や侵攻による基地の破壊。最終的にケネディは(2)の海上封鎖を選択した。ミサイル配備を容認しない姿勢をすでに明確にしていたケネディが(1)をとることはできなかった。しかし、軍事行動をとれば、ソ連は、西ベルリンやアメリカの中距離核ミサイルが配備されている同盟国トルコに報復したり、米本土への核攻撃を実施するかもしれない。ケネディが中間の道を選んだのはそのためであった。

一〇月二二日夜のテレビ演説で、ケネディは対応策を発表し、ソ連側にミサイル撤去を要求した。その後の数日間、国連で米ソが外交戦を展開する一方、カリブ海では米海軍の封鎖作戦が実施された。またケネディとフルシチョフは書簡をやり取りし、互いに相手の意図を読み、外交的解決の可能性を探ろうと試みた。二七日午前の公開書簡でソ連側は、アメリカ側に(1)キューバを侵攻しないことを宣言し、(2)アメリカの同盟国トルコに配備した中距離核ミサイルの撤去を要求した。これに対してケネディは同日夜、(1)の条件のみに応じる用意があるとの回答を公表した。しかし、実際にはケネディは、その裏側で実弟のケネディ司法長官をソ連大使館に派遣し、ソ連がミサイル撤去に応じれば、アメリカはトルコのミサイル基地撤去の手続きをＮＡＴＯで進めるという提案を行っていた。核戦争回避のためケネディは、秘密裏にソ連に譲歩すると伝達したのだ。

翌日、ミサイル撤去を決断したフルシチョフは政府声明の口述を始めた。そこに駐米ソ連大使からの報告が伝えられ、ソ連政府がミサイル撤去を声明して危機は収束した。冷戦期最大の危機は、核戦争を恐れた米ソが互いに譲歩したことで幕が引かれたのである。

3　緊張緩和の模索と未完の国内改革

キューバ危機後の緊張緩和とベトナム情勢

キューバ危機の経験はケネディに東西緊張緩和の必要性を痛感させた。フルシチョフもまた交渉を望んでいたため、六三年初めからは、核実験禁止条約とベルリン問題に関する両国間の交渉が再開された。

すぐに交渉は停滞に陥った。核実験禁止条約はアメリカの安全を損なうのではないかという反対論が議会では強く、軍部も、ソ連が条約に違反して秘密裏に地下核実験を行うことを防ぐためソ連領内での現地査察が必要だと主張した。しかしソ連側は、査察を口実に西側がスパイ活動を行う可能性があるとしてこれに強く反発した。さらに同盟諸国の態度も障害となった。フランスのシャルル・ドゴール大統領と西ドイツのコンラート・アデナウアー首相は、西ドイツの利益を犠牲にしてアメリカが超大国間の緊張を緩和しようとしているのではないかと危惧し、米ソ間の交渉に強く反対した。一方ケネディは、これをきっかけに独仏両国が急接近し、最も重要な同盟国である西ドイツとアメリカの関係が大きく損なわれることを恐れていた。そこでケネディは、西ドイツが強く求めていたMLF構想への関与を強化していく決断を下した。

六月初め、停滞した米ソ交渉が再び動き出した。六月八日にフルシチョフが、核実験問題について議論するため米英首脳の特使を受け入れる用意があると発表した。その二日後、ケネディはアメリカン大学の卒業式で演説し、自身のソ連と冷戦に関する見方を変えるよう国民に呼びかけ、核実験禁止条約の必要性を訴えた。ケネディはソ連に関係改善のシグナルを送り、同時に、条約締結に向けて国民を説得しようとしたのである。

六三年秋までに米ソ間の緊張はある程度緩和された。キューバ危機の経験から、核戦争を防ぐためには米ソ首脳のコミュニケーション手段を確保しなければならないと考えられた。そこで六月二〇日、ホワイトハウスとクレムリン宮殿の間に直接通信回線を設置するホットライン協定が締結された。八月五日には、大気圏、水中および宇宙空間での核実験を禁止する部分的核実験禁止条約が締結され、さらに一〇月には、米ソ間の合意を受けて宇宙空間に核兵器などの大量破壊兵器の設置を禁止する国連決議が採択された。同じ頃には、ソ連に対するアメリカの小麦輸出も解禁され、米ソ間の文化交流協定も締結された。

こうして米ソ関係が改善する一方、ベトナム情勢は悪化の一途を辿っていた。六三年に入ると南ベトナムでは政府軍と解放民族戦線の衝突が頻発するようになり、五月には古都フエで「仏教徒危機」が始まった。カトリック教徒のゴ大統領が国民の九割を占める仏教徒を弾圧したため、仏教徒がデモ行進を行って警備隊と衝突したのである。さらにこうした動きは全土へと拡大していった。

地上軍派遣と交渉のどちらも回避しつつ、南ベトナム政府の安定化を図るというケネディ政権の方針に依然として変化はなかった。七月一七日の記者会見でケネディは「私たちにとって撤退は、南ベトナムの崩壊のみならず、東南アジアの崩壊を意味します。だから南ベトナムに留まるのです」と発言している。また八月二九日には、ドゴール仏大統領が交渉によるベトナム問題の解決を呼びかけたが、ケネディは否定的であった。アメリカと南ベトナム政府にとって不利な状況下で交渉するわけにはいかなかったのである。またこの頃ケネディは、南ベトナムでクーデタが発生した場合、これを容認する姿勢を示していた。新政権が改革を行って情勢の安定化を図ることを期待していたのだろう。事実、一一月にクーデタでゴ大統領が政権を追われるとアメリカはこれを黙認した。

減税法案と貧困問題

一九六二年夏に減税を公約していたケネディは、六三年一月二四日に大規模減税と税制改革を提案した。経済成長と完全雇用を実現するため、減税と計画的な赤字財政を実施する政策は、均衡財政への支持が根強い当時のアメリカではきわめて大胆なものであった。この法案は九月に下院を通過して上院に送付され、六四年初めの成立がほぼ確実となった。

減税の次にケネディが取り組もうとしていたのが貧困問題である。五〇年代後半からすでに、ケネディは、ハーヴァード大学の経済学者ジョン・ケネス・ガルブレイスの『豊かな社会』（五八年）や社会主義者のジャーナリストであったマイケル・ハリントンの論文などを通じて、アメリカ社会の貧困層の存在に気が付いていた。しかし就任後最初の二年間、ケネディはこの問題にきちんと取り組んでこなかった。しかしハリントンの著作『もう一つのアメリカ』が出版され、貧困に対する社会の関心が高まった六二年末、ケネディは経済諮問委員会に貧困問題に関する調査を命じた。六三年五月に提出された報告書では、貧困世帯の減少率が低下しつつあること、高齢者や障害者、女性を主たる家計の担い手とする世帯には経済成長の利益が最低限しか及んでいないことが指摘された。さらに同報告書は、「貧困の文化」が存在する可能性にも言及していた。貧困層の人々はそこから抜け出す気力を失っているため、貧困は次世代へと受け継がれる。こうした悪循環を断ち切るには、若年層教育や雇用訓練などのための新たな財政支出が必要だというのである。

しかし対策はすぐには実施されなかった。新たな財政支出が減税法案をめぐる議会審議に悪い影響を与えることを懸念していたケネディは、六四年に減税法案が成立した後に貧困問題に取り組むつもりだったのだ。

平等な社会を目指して——女性の地位、移民法改正、公民権法案提出

六三年には女性の地位と権利をめぐる問題で一定の進展が見られた。同年五月、ケネディ政権が提案した賃金均等法が議会で採択され、同一労働に従事する被雇用者に対して性別を根拠に賃金格差をつけることが禁じられた。実際には審議の過程で多くの妥協がなされ、法案の適用対象となる女性労働者の範囲は大きく狭められた。くわえて、「同一労働同一賃金」は、性別で分業された仕事に従事する大半の女性労働者にとってはほとんど意味のないものであった。それでも賃金均等法は、女性の権利を守るため民間雇用主を対象とする初めての連邦レベルの立法措置となった。

一〇月には女性の地位に関する大統領委員会が最終報告書を提出し、女性の地位向上のための政府レベルの施策を継続するよう大統領に勧告した。これに応じてケネディは、一一月一日、女性の地位に関する省庁間委員会と市民諮問委員会を設置した。前年に大統領委員会が設置されたことをきっかけに、全米の各州でも同様の委員会が設置され、より多くの女性が女性の地位向上の問題に取り組むようになっていた。そして省庁間と市民の二つのレベルで新たに設置された委員会は、こうした各州委員会が参加する全国会議を毎年開催するようになった。

その一方でケネディは、公民権問題をめぐってジレンマに直面していた。前年のミシシッピ大学危機以来、彼は、なんらかの措置が必要だと考えるようになっていた。南部で数多くの暴力が行使され、また公民権運動家の政府批判も強まっていたからである。だが同時に、減税法案に対する南部議員の支持も取り付けなければならなかった。

公民権問題をめぐってアメリカ社会の混乱は続いていた。四月にはアラバマ州バーミングハムでキングとSCLCが主導する大規模な抵抗運動が始まった。反対派の白人たちは座り込みやデモ行進を行う黒人たちに暴力をふるい、警察犬をけしかけた。ケネディ司法長官は現地に代理を派遣して黒人勢力と白人指導部の仲介を試み、最終的には公共施設での人種差別撤廃と黒人の雇用などが約束された。五月末にはアラバマ大学への黒人学生入学をめぐる危機も発生したが、六月一一日にケネディはアラバマ州兵を連邦軍に編入して対応し、学生たちは無事に入学を果たした。

六三年六月一一日は、ケネディが人種をめぐる問題について、さらに二つの大きな行動をとることを明らかにした日であった。まず同日午前、彼は移民法改正を議会に勧告することを表明した。事実、一カ月後の七月二三日に出身国別割当制の廃止が提案された。

また六月一一日の夕刻の演説で、ケネディは、公民権問題に関する自らの良心を省みるよう国民に訴えた。それは、アメリカン大学演説で国民に冷戦観を問い直すよう求めたその翌日のことであった。一週間後に提出された公民権法案はケネディ自身が作成に関与したものであり、それ以前の法案と比して最も包括的な内容を持っていた。

この法案を成立させるためケネディは、議会をはじめ各方面に働きかけた。彼が懸念していたのは、公民権運動の指導者たちが計画するワシントンでの大規模行進であった。様々な抗議行動が政府と議会を動かしたことを認めてはいたものの、ケネディは、行進が反対派を勢いづかせて法案が不成立に終わることを恐れていた。六月二二日にキングらと会談した際に彼は、公民権法成立に必要な票を議会で得るためには、暴力に繋がるようなデモに反対し、議会に十分に審議する機会を与える必要があると説いた。これを受けてキングらは計画を変更し、議会前広場ではなくリンカーン記念堂で集会を行うことに同意した。八月二八日の行進には数万人の白人を含む二五万人が参加し、暴力事件を引き起こすことなく整然と行進してリンカーン記念堂に到達した。そこで開かれた集会の最後に登壇したキングは、「私には夢がある」と語りかける歴史的な演説を行った。

このワシントン大行進は公民権運動の頂点をなすものであった。しかし、九月にはキングらが運動拠点としていたバーミングハムの教会が爆破されるなど、南部での暴力は続いた。公民権法案も審議が遅れ、下院司法委員会を通過したのは一一月二〇日のことであった。そしてその二日後、ケネディは帰らぬ人となる。

ケネディの死と遺産

一一月半ばにケネディは南部への遊説に出た。公民権問題に関する自身の態度が、南部での支持を低下させたと感じていた彼は、翌年の大統領選挙に向けてフロリダ州とテキサス州を重視していたのである。一一月二二日の午後一二時半、テキサス州ダラスでオープンカーでのパレードに臨んでいたケネディを銃弾が襲った。後頭部に当たった弾丸が致命傷となり、ケネディは四六年の短い生涯を終えた。

ニュー・フロンティアの時代は、厳しい、グローバルな米ソ対立とともに幕を開けた。それは核の手詰まり状況を背景とする西側同盟内部の軋轢を伴うものでもあった。対ソ封じ込めを継承したケネディは、六二年秋、キューバをめぐって核戦争の危機にも直面した。しかし、これをなんとか乗り切り、その後、限定的とはいえ米ソ間の緊張緩和を達成したことはケネディの大きな功績であろう。しかし、それが後の米ソ関係にマイナスの影響を残したことも確かである。キューバ危機で「敗北」した原因は核戦力における対米劣位だと考えたソ連は、六四年以降、大規模な核軍拡に乗り出し、米ソ軍拡競争は続いた。またケネディは米軍の派遣には反対し続けたものの、ベトナムへの関与を拡大し、それがジョンソン政権期の米地上軍の投入への一里塚となったことも否定できない。

内政面でケネディが生前に成し遂げたものは少なかった。保守的な議会によってメディケアや貧困対策に関する立法措置は実現を阻まれ、最低賃金法もその効力を大きく減じられた。しかし、もし生きてダラスから帰ってきていたら、彼は減税法案の成立を見届けていたはずである。ケネディの減税法案はジョンソン政権下の六四年初めに可決され、経済の成長を大きく後押しした。六三年末に五・五％だった失業率は六五年末には四・一％にまで下がり、経済成長率も六四年末までに六％を記録した。

ケネディが大統領就任から二年間、公民権問題について煮え切らない態度をとったことも間違いない。しかし公民権運動の波に押されての決断であったとはいえ、六三年には公民権法の提案に踏み切り、同法は六四年初めに採択された。また翌六五年には移民法の改正も実現した。ケネディはまた、女性差別解消のための施策を連邦レベルで行った初めての大統領であった。このように内政面においても彼は多くの遺産を残したといってよい。ただし、こうした措置によってアメリカ社会における人種やジェンダーに基づく差別が完全に解消したわけではない。これらの問題をめぐってアメリカは、ケネディの死後も葛藤を続けていくのである。

参考文献

青野利彦『「危機の年」の冷戦と同盟――ベルリン、キューバ、デタント　一九六一―六三年』有斐閣、二〇一二年。
明石紀雄・飯野正子『エスニック・アメリカ〔第三版〕――多文化社会における共生の模索』有斐閣、二〇一一年。
上杉忍『アメリカ黒人の歴史――奴隷貿易からオバマ大統領まで』中公新書、二〇一三年。
シュレジンガー、A・M『ケネディ――栄光と苦悩の一千日』上下（中屋健一訳）河出書房新社、一九六六年。
ダレク、ロバート『JFK未完の人生――一九一七―一九六三』（鈴木淑美訳）松柏社、二〇〇九年。
土田宏『ケネディ――「神話」と実像』中公新書、二〇〇七年。
中屋健一『ケネディとニューフロンティア』清水新書、一九八四年。
西山隆行『アメリカ政治入門』東京大学出版会、二〇一八年。
Giglio, James N. and Stephen G. Rabe, *Debating the Kennedy Presidency*, Lanham, MD: Rowman & Littlefield, 2003.
Giglio, James N., *The Presidency of John F. Kennedy*, 2nd ed., Lawrence: University of Kansas Press, 2006.
Harrison, Cynthia E., "A 'New Frontier' for Women: The Public Policy of the Kennedy Administration," *The Journal of American History* 67, no. 3（Dec. 1980）.
Logevall, Fredrik, *The Origins of the Vietnam War*, New York: Longman, 2001.
O'Brien, Michael, *Rethinking Kennedy: An Interpretive Biography*, Reprint ed., Chicago: Ivan R Dee, 2010.

第4章　戦後アメリカ自由民主主義の変容
――リンドン・B・ジョンソン――

水本義彦

リンドン・B・ジョンソン

本章では、ケネディ暗殺後に大統領に昇格したリンドン・B・ジョンソンの内政・外交面での足跡を辿る。政権発足当初、ジョンソンはケネディ政権の政策路線の継承を公言し、公民権法の制定などに取り組んだ。外交よりも内政面で大統領としての功績を残すことを目指したジョンソンは、「貧困との戦い」を中心とする「偉大な社会」計画を通じて経済格差の是正と社会福祉の拡充を推し進め、戦後アメリカのニューディール・リベラリズムはジョンソン政権期にその頂点に達することになる。他方、対外政策においては、ジョンソンは五〇万人を超えるアメリカ兵を派兵して南ベトナムに軍事介入し、戦後アメリカ外交の最大の悲劇となるベトナム戦争へと突き進んでいくのである。本章では、ジョンソン政権の内政・外交問題への対応を考察し、一九六〇年代後半におけるアメリカ自由民主主義の変容を概観することにしたい。

1　ジョンソンの政治経歴

南部テキサスの生まれ　リンドン・ジョンソンは、一九〇八年八月二七日、父サミュエル、母レベッカの第一子としてテキサス州の田舎町ストーンウォールで誕生した。当時南部諸州は北部に比べ経済発展に立ち後れ、貧困に苦しむストーンウォールの世帯には電気も水道もろくに通っていなかった。

政治家としてのジョンソンの歩みを振り返る際、テキサス州議会下院議員を数期にわたって務めた父の影響を無視できない。小中学校時代、ジョンソンは父の政治活動に同行し、その雄姿をいつも間近で見守っていた。社会の平等や他者への哀れみを重んじたサミュエルは女性参政権の熱心な支持者であっただけでなく、無償教育の実現を目指して農村部学校への財政支援の拡大を訴えた。父の社会正義、公共奉仕への関心を母のレベッカも共有していた。かつて弁論術の教員であったレベッカはその経験を生かし、放課後教育を通して地域コミュニティに貢献した。

ジョンソンの小学校時代の成績表を見ると、ほとんどの科目で比較的良い成績を収めたが「行儀」欄の評価は芳しくなかった。高校では野球などのスポーツを楽しむ一方で、政治や社会への関心を高め、仲間と裁判の傍聴に通うこともあった。高校卒業後は、自由を求めて友人とカリフォルニアに飛び出していったものの、ほどなく地元テキサスに戻り、道路建設の作業員として働いた。その後ようやく両親の勧めるように進学を決め、サウスウェスト・テキサス州立教員養成大学（現テキサス州立大学サンマルコス校）に入学した。在学中ジョンソンは学費を工面するためメキシコ系住民の暮らすコトゥーラの小学校で臨時教員として働くことになったが、そこで貧困と差別に苦しむ人々に接した経験がやがて政治家となったジョンソンに少なからぬ影響を及ぼすことになる。

大学卒業後はヒューストンの高校で正教員の道を歩み始めた。しかし、わずか一年で教育の現場を去って政治の世界に足を踏み入れることになった。選挙応援をきっかけに連邦議会下院議員リチャード・クレバーグの秘書になり、三一年末、ジョンソンはテキサスを離れてアメリカ政治の中心地ワシントンDCへと向かうのである。

連邦議会での活躍

世界恐慌の影響で未曾有の経済不況に喘ぐアメリカにあって、ジョンソンは一日十数時間、選挙区からの陳情対応など秘書の仕事に没頭した。連邦議会政治を直接観察するうち、ジョンソンは次第に自ら議員となる願望を抱くようになるが、その実現に向けて大きな弾みとなったのが、ローズヴェルト政権が推し進めるニューディール政策の一環として設置された全国青年局での活動であった。全米最年少の二六歳でテキサス支部長となったジョンソンは無職の若者への職業訓練と学業支援で大きな成果を上げ、一九三七年四月の補欠選挙で勝利して民主党所属の下院議員となった。

下院議員になると、農業補助金の獲得や道路・ダム建設の公共事業の斡旋など、地元テキサスへの利益誘導に努めた。ジョンソンは国民の生活・福祉の向上には連邦政府の介入が不可欠であると信じ、開発に後れたアメリカ南部を経済発展させることを自らの政治的使命とした。四一年一二月、日本軍の真珠湾攻撃によってアメリカが第二次世界大戦に参戦すると、ジョンソンは海軍省でテキサスと西海岸地域の武器生産の管理にあたったほか、大統領の特命で南西太平洋の戦況視察に赴くこともあった。私生活では結婚一〇周年の四四年に妻クラウディアとの間に長女リンダを授かり、四七年には次女のルーシーも誕生した。

戦後の四八年に上院議員に初当選すると、ジョンソンは民主党重鎮議員リチャード・ラッセルらの支援を得て出世の階段を駆け上がる。五〇年代前半に多数党院内幹事、少数党院内総務の要職に相次いで就いた。そして五五年一月には、ついに史上最年少の四六歳で多数党院内総務に上り詰め、「上院史上最も有力な院内総務」の名声を博すようになる。ジョンソンは徹底した法案の精査と主要議員への周到な根回し、委員会ポストの差配や同僚議員の冠婚葬祭への配慮など、多様な手段を駆使して議会の運営を取り仕切った。

ジョンソンが院内総務として手腕を発揮した法案の一つに五七年公民権法がある（第2章参照）。限定的な成果とはいえ、黒人の権利向上に資する法律が連邦議会で制定されたのは実に八二年ぶりのことだった。黒人差別を抱える南部出身のジョンソンは、これまで公民権法案には反対の姿勢をとってきた。しかし、上院を主導する立場になったいま、民主党内の南部保守派議員からの反対を受けながらも法案の可決に向けて動くことになった。ジョンソンは南部を経済発展させるには人種問題の改善が不可欠であると考えていただけでなく、次期大統領選への出馬を視野に入れ、全国レベルの知名度を得るためにも公民権法案に取り組む必要があったのである。

突然大統領に

一九六〇年七月、ジョンソンは大統領選に出馬するが、民主党全国大会の候補者指名で若きケネディに敗れた。ケネディは南部での得票を狙ってジョンソンを副大統領候補に指名し、一一月の本選で共和党候補のリチャード・ニクソンを接戦で破った。

アメリカ政治で「最もつまらない官職」と揶揄される副大統領職ではジョンソンの活動欲は満たされなかった。それでも大統領から雇用機会均等委員会と国家航空宇宙会議の議長を任され、黒人の就業機会の拡大や月面探査計画の推進にあたった。外交面では、一一回に及ぶ周遊で三三カ国を訪問した。六一年八月の「ベルリンの壁」建設開始直後には大統領の代理として西ベルリンに飛び、ドイツ連邦共和国（西ドイツ）に対するアメリカの揺るぎない防衛関与を誓った。

外国訪問の中でもジョンソンがその資質を存分に発揮したのが発展途上国への訪問である。第二次大戦後の脱植民地化の流れは六〇年代に最高潮に達し、アジア・アフリカの新興独立諸国は米ソの新たな勢力獲得競争の舞台となった。第三世界諸国の政府・民衆の人心を摑むことが重要になった時代にあって、テキサスの片田舎出身のジョンソンは不自由なく育ったケネディ政権の他の閣僚やスタッフたちよりも、生活に困窮する第三世界諸国の人々に思いを寄せることができた。ジョンソンはアメリカの親善大使として、政治指導者のみならず、アジア・アフリカの一般民衆との触れ合いを重視し、訪問した先々で直接民衆に語りかけ、握手を交わし、赤ん坊を抱擁したのだった。

六三年一一月二二日、あの悲劇がアメリカを襲う。ケネディが暗殺の凶弾に倒れたのはテキサスの北部都市ダラスであった。大統領夫妻に同行していたジョンソンは中部標準時間の午後二時三八分、ケネディの遺体を収容した大統領専用機エアフォースワンの機内で簡略な宣誓式を執り行い、第三六代アメリカ大統領に就任した。

2　公民権法の制定と「偉大な社会」計画

一九六四年公民権法と投票権法

大統領に就任するとジョンソンは内政・外交両面でケネディ政権の政策路線を継承し、主要閣僚を留任させた。大統領としてジョンソンが真っ先に取り組んだのは公民権法の制定であった。ケネディ政権時代に提出された公民権法案は共和党議員と南部民主党の保守派議員からの執拗な抵抗・議事妨害にあって、一九六四年六月に可決するまで「最長の論争」が議会で繰り広げられた。ジョンソンにとって公民権法の制定は南部との決別を覚悟しなければならない政治的リスクの高い決断だった。しかし、いまでは大統領として特定の地域や人種だけでなくアメリカ国家全体の利益を代表しなければならない立場に就き、これまで黒人を長らく苦しめてきた人種差別を撤廃していく覚悟を固めた。

六四年公民権法はアメリカ社会の人種差別を禁止する、これまでで最も包括的な法律であった。全一一編から成る公民権法は投票や公共施設・公立学校での人種、肌の色、宗教、出身国を理由とする差別・人種隔離を禁止した。また、平等な雇用機会の保障については前記の理由に加え、性別に基づく差別、すなわち女性に対する雇用差別が連邦政府の補助事業で禁止されることになった。

南部の黒人たちは公民権法で保証された参政権を享受するために有権者登録運動を強化した。たとえば、六四年夏にはミシシッピ州で北部有名大学の白人学生約一〇〇〇名が参加し、黒人の有権者登録を支援する「フリーダム・サマー」計画が実施された。しかし、これに激しく抵抗する白人によって大学生六名が殺害、三五名が銃撃され、黒人教会が多数放火・爆破された。

アラバマ州セルマでも白人保安官の指令によって有権者登録運動が暴力で阻止された。これに対抗すべく、六五年三月には黒人教会指導者によって組織される南部キリスト教指導者会議（ＳＣＬＣ）が投票権法の制定を訴える、セルマから州都モントゴメリーへのデモ行進を計画した。七日、行進がアラバマ川に架かるエドマンド・ペタス橋にさしかかると、地元警察は催涙ガスや棍棒を使ってデモ隊を弾圧した。この「血の日曜日」事件は全米に衝撃を与え、ジョンソンは投票権法の制定に本腰を入れるようになる。八月に制定された同法により、連邦政府の監視下で有権者登録が実施されることになった。それまで南部諸州で黒人の登録を阻んできた識字テストが禁止されたため（序章参照）、この後黒人の登録が一気に拡大することになった。黒人の権利向上に関してはさらに、異人種間の結婚を禁止する州法が六七年に連邦最高裁判決で違憲となったほか、六八年には住宅の売買・賃貸契約における人種差別を禁止する公正住宅法が制定された。

「偉大な社会」計画

ジョンソンにとって公民権法がケネディ政権の遺産であったとするなら、「偉大な社会」計画は自らの理想をより強く反映した構想であった。「偉大な社会」とは、貧困解消、医療といった社会福祉・教育から人種、都市問題、環境、運輸・交通に至る多様な問題の国内改革の総称である。ジョンソンは一九六四年一月の一般教書演説でアメリカ社会での貧困の撲滅を宣言し、「偉大な社会」建設の狼煙を上げた。ジョンソンは「貧困との戦い」を掲げ、低所得世帯に生まれたことで教育、保健衛生、栄養摂取の機会を奪われた子供たちによって繰り返される貧困の悪循環を断ち切ろうとした。五月のオハイオ、ミシガン両大学での演説でもジョンソンは、「貧困、疾病、文盲、紛争、偏見という人間社会の旧来の敵」との戦いを宣言し、アメリカを豊かで強大かつ偉大な社会へと発展させる理想を語った。

ジョンソンが「貧困との戦い」を進めるうえで大きな進展となったのが、六四年八月に成立した経済機会法である。同法は貧困削減を目的とした連邦政府による総合支援計画であった。その主な内容は、一六歳から二二歳の青年男女への教育・職業訓練と失業中あるいは低所得世帯の青年男女への就業就学支援のほか、貧困撲滅に取り組む地域団体への財政・技術支援、成人基礎教育、さらには農村部低所得世帯への貸付や、貧困撲滅活動を行うボランティアの育成・派遣などであった。また、こうした多様な支援計画を統括・監督する組織として連邦政府内に経済機会局が設置されることになった。

ジョンソンは米国内のみならず、「偉大な世界社会」の推進にも関心を持っていた。第一八回国連総会（六三年）

で演説したジョンソンは、戦争、侵略、暴力などの軍事的脅威に加え、貧困、疾病、文盲といった日常の苦難から世界の人々を救済することをアメリカ政府の重要な目標として掲げた。翌年六月のホーリー・クロス大学卒業式でも同様の趣旨を述べ、「偉大な世界社会」の構築を訴えた。ジョンソンが政権を担った六〇年代は貧困、飢餓、人口抑制、環境保全、人権擁護、保健衛生といった、今日でいうグローバル・イシューズへの国際的な取り組みが始まった時期であった。ジョンソン政権のこうした世界的問題への対応は第三世界をめぐるソ連との勢力争いを意識してのことであったのは間違いない。しかしそれでも、不遇な環境に暮らす人々に対するジョンソンの眼差しは国内の貧困層や黒人を超え、広く発展途上国の人々にも向けられていたのだった。

一九六四年大統領選挙

大統領選の年となった一九六四年に入ると、ジョンソンは国内での貧困撲滅と公民権の保護、国際社会での平和の推進を公約に掲げ選挙戦を戦った。対する共和党からはアリゾナ州選出の上院議員バリー・ゴールドウォーターが出馬し、内政・外交両面でジョンソンの政策を真っ向から批判した。ゴールドウォーターは内政では社会福祉支出の徹底的な削減と連邦政府に対する州権の強化を唱えて「小さな政府」を標榜し、対外政策では強硬な反共主義の立場から北ベトナムへの爆撃強化を訴えた。ニューディール政策以来の大胆な社会福祉の拡充を唱えるジョンソンと、連邦政府の役割を最小化しようとするゴールドウォーターの選挙戦は、アメリカのリベラルと保守の社会構想の違いを鮮明に映し出す対決となった。

一一月、ジョンソンは史上最高の六一％の一般投票と、大統領選挙人四八六人を獲得して歴史的大勝を収めた。同時に実施された連邦議会選挙でも民主党が一九三六年以来最多となる議席を獲得して上下両院を支配することになり、「偉大な社会」関連の法案を成立させる基盤が整った。ゴールドウォーターは大敗を喫したとはいえ、アリゾナと深南部五州で勝利を収め、南部における民主党優位の終焉を予兆する選挙となった。ゴールドウォーターの出馬は連邦政府の権限の肥大化に反対する保守主義の台頭を促し、七〇年代以降のリチャード・ニクソン、ロナルド・レーガン共和党政権の誕生に繋がる流れを生み出すことになった（第5・7章参照）。

「機会の平等」と「結果の平等」

晴れて選挙で国民の信任を得たジョンソンは、一九六五年に入ると「偉大な社会」関連の法案を次々に成立させていく。まず四月に初等中等教育法が成立した。自ら教師経験を持つジョンソンは、貧困の連鎖を断ち切るうえで必須の初等中等教育の改善を大統領選の主要公約に掲げていた。同法の制定によって、連邦政府が州政府を通じて低所得者地域の学校に財政支援を行うことが可能になった。すべての子供への教育機会の保障を訴えていたジョンソンは、「後にも先にも私が署名する法律でこれほどアメリカの将来にとって意義のあるものはありません」と喜んだ。医療面では、社会保障法の改正によって六五歳以上の高齢者を対象に入院費などを給付する高齢者医療保障（メディケア）と、公的扶助受給者を対象とする貧困家庭医療扶助（メディケイド）が創設され、連邦政府による医療保険制度が拡充された。

初等中等教育法に見られるように、ジョンソンは「貧困との戦い」と「偉大な社会」を実現するうえで「機会の平等」の保障に力を注いだが、同時に「結果の平等」の推進にも意欲を示した。六五年六月、ジョンソンは投票権法の制定を急ぐ中、南北戦争後に黒人大学として創設されたハワード大学で演説し、これまで長年自由を奪われてきた黒人には機会の平等を保障するだけでは不十分であり、法的権利の平等とともに「結果としての平等」も推進していく必要があると訴えた。伝統的に自由競争を重んじるアメリカ社会では連邦政府による機会の保障すら容易でない中で、ジョンソンの結果の平等への言及は非常に大胆な発言であった。九月にジョンソンは具体的な措置として、連邦政府との契約業者に対し、人種、宗教、肌の色、出身国を理由とする差別を廃して平等な雇用を図るための積極的な措置をとることを命じる大統領令を公布した。この大統領令は文字通りの結果の平等を求めたというよりも、機会の平等の着実な実現を目指したものと理解する方が妥当であろうが、ニクソン政権下で本格化する雇用・教育面での黒人、民族マイノリティ、女性に対する優先的措置、いわゆる積極的差別是正措置（アファーマティヴ・アクション）の嚆矢となるものであった。

黒人暴動と公民権運動の分裂

一九六四年から六五年にかけ、公民権や貧困対策、教育、医療に関する法律が次々に制定される中、北部や西部の大都市では黒人による大規模な暴動が多発した。前述の公民権法と投票権法は南部の黒人に対する差別是正には寄与したものの、黒人人口の約半分を占める北部および西部の黒人が抱える問題の解消には繋がっていなかった。北部の黒人は高い失業率と雇用差別に苦しみ、犯罪が横行するスラム街で警察の暴力にも怯える生活を送っていたのである。北部の黒人の多くは公民権運動の恩恵を実感できず、現状への不満を募らせていた。六四年七月のニューヨーク市ハーレムでの暴動をはじめに、投票権法が成立した直後の六五年八月にはロサンゼルス市ワッツ地区で大規模な黒人暴動が発生した。さらに六七年には、ニューアークやデトロイトなど全米一五〇を超える都市で暴動が起きた。デトロイト暴動は州政府のみでは対応できず、ジョンソンは事態の収拾に連邦軍の空挺部隊を派遣しなければならなかった。

こうした黒人層の不満を背景に広がりを見せるようになったのが、学生非暴力調整委員会（ＳＮＣＣ）の内部から沸き上がった「ブラック・パワー」運動である。委員長のストークリー・カーマイケルは、マーティン・ルーサー・キング・ジュニア牧師が説く非暴力直接行動を通じた白人との共生社会の創設ではなく、白人から分離した黒人独自の社会の創設を訴え、その実現に武装抵抗も厭わない構えであった。これまで非暴力運動を実践してきたＳＮＣＣは次第に急進路線を歩むようになり、黒人による公民権運動の分裂が露わになった。

一九六五年移民法

公民権運動による人種差別撤廃の流れは、移民法の改正に影響を及ぼした。一九六五年一〇月に改正された移民法は、従来軽視されてきた移民の人権により配慮した内容となった。まず、六五年移民法はこれまでの出身国別の移民割当制度（序章参照）を廃止した。そのうえで、年間の移民受け入れ総数を二九万人に設定し、東半球（ヨーロッパ、アジア、アフリカなど）からの受け入れ数を全体で一七万人に、一国あたりの上限を二万人に制限した。西半球（南北アメリカ）については一国あたりの制限を定めなかったものの、同地域からの移民総数を一二万人に初めて制限した。この新移民法の特徴は移民の受入れに優先順位が設定された点にある。人道面を考慮して家族の再会を図るためにアメリカ市民に親族を持つ移民が優先されたほか、技能・職能を有する者が優遇されるようになった。

六五年移民法の制定後、アメリカではアジア諸国と中南米諸国、とくにメキシコからの移民が急増することになる。メキシコ移民が急増した背景には、農場労働者の確保を目的にアメリカとメキシコ政府が一九四二年以来実施してきた「ブラセロ計画」が六四年に終了したため、移民としてメキシコ人がアメリカへの入国を希望するようになった事情もあった。六五年移民法によって西半球諸国からの移民数が制限されたことでメキシコからアメリカへの密入国者が増え、この後不法移民（書類不備移民とも呼ばれる。コラム7－2参照）の問題が深刻化する原因となった。

3　ベトナム戦争

「アメリカの戦争」へ

ジョンソンはケネディの外交路線を継承し、アメリカと同盟国の安全を守りつつ共産陣営との緊張緩和に努めていくつもりであった。しかし皮肉にも、東西関係の安定化を目指したはずのジョンソンが、五〇万人を超える兵士を南ベトナムに派兵して戦後アメリカ外交の最大の過ちと目されることになるベトナム戦争にのめり込んでいくことになるのである。

なぜジョンソンは、アメリカの死活的国益に関わらない南ベトナムの戦争にこれほどまでに拘泥したのか。ジョンソンは歴代大統領同様、共産主義の脅威から同盟国の安全を守るというアメリカの確固たる意志を示さなければならなかった。第二次大戦後アメリカは安全保障条約を通じて西欧、中南米、北東・東南アジアの四三カ国の防衛に責任を負っており、ジョンソンは政権発足早々に「南ベトナムから西ベルリン」に至る西側諸国を守る決意を表明していた。同盟とは締約国間の相互信頼があって初めて成り立つものであり、アメリカの防衛関与への疑念が同盟国に広まると西側世界の盟主たるアメリカの信頼性が揺らいで同盟が分裂する恐れがあった。くわえてジョンソンには、戦争で敗北するアメリカ初の大統領になりたくないとの思いや、南ベトナムの共産化を許せば中国喪失の責任を問われたトルーマンのように国内の猛烈な批判に晒されて政権運営が困難になることへの恐れがあった。

ケネディ暗殺の直前、南ベトナムではゴ・ディン・ジェム政権がクーデタで倒れ、ジョンソンはゴ政権崩壊後の南ベトナムの混迷を引き継ぐことになった。南ベトナムで解放民族戦線の武装闘争が拡大する中、アメリカがベトナム戦争の泥沼に陥っていく転機となる事件が一九六四年八月に起きる。ベトナム・トンキン湾で情報収集にあたっていた米駆逐艦が北ベトナム軍魚雷艇によって二日と四日の二度にわたって攻撃を受けたとするトンキン湾事件である。現在では二度目の攻撃は実在しなかったと考えられているが、ジョンソンは北ベトナムのさらなる挑発を阻止し、東南アジア条約機構（ＳＥＡＴＯ）の保護対象国である南ベトナムの安全を守るために「必要なあらゆる手段」をとる権限を議会から取り付けた。議会の承認を得たジョンソンは即刻北ベトナムへの報復爆撃を実施した。

当初爆撃は一時的なものとして計画されていた。しかし、六五年にはそうした限定的な対応から米軍の大規模介入へと転じていく。二月上旬、南ベトナムのプレイクとクイニョンの米軍基地・施設が解放民族戦線の襲撃を受け、多数の死者と負傷者が出た。南ベトナムを現地視察したマクジョージ・バンディ国家安全保障問題担当大統領補佐官は、アメリカの軍事介入なしには南ベトナム政府は解放民族戦線との戦いに持ちこたえられないとの見通しを示し、解放民族戦線を背後から支援する北ベトナムへの爆撃（北爆）を進言した。三月、ジョンソンは恒常的な北爆に踏み切り、七月二八日には南ベトナムに駐留する戦闘部隊を一二万五〇〇〇人に拡大する大規模介入計画を発表した。こうして元来南ベトナムの内戦として始まったベトナム戦争はアメリカ主体の戦争へと変貌を遂げることになったのである。

ジョンソンは南ベトナムに軍事介入するにあたって同盟諸国に支援を求めた。しかし、同盟国の反応は分かれた。南北ベトナムに地理的に近くインドシナでの共産主義の脅威をより切実に捉えた韓国、タイ、フィリピン、オーストラリア、ニュージーランドはアメリカの求めに応じて戦闘部隊や医療支援部隊を派遣した。また直接の参戦を避けながらも、国民党政府の中華民国（台湾）や当時アメリカの施政権下にあった沖縄は米軍の兵站・補給や保養地、また戦闘機の発進基地の役割を果たした。沖縄の返還を目指す日本の佐藤栄作政権は、憲法に抵触する軍事支援を控えつつもアメリカのベトナム政策への政治的な支持を表明した。他方、西欧諸国は自国の安全にとって直接の脅威ではない東南アジアの戦争に巻き込まれたくなかった。ベトナム戦争の拡大はヨーロッパへのアメリカの防衛関与を低下させる恐れがあったため、西欧同盟諸国は戦争の拡大を助長する危険のある軍事支援になおのこと慎重だったのである。

ベトナム戦争と議会

一九六五年末、南ベトナムの駐留米軍は一八万四〇〇〇人に達し、戦闘の拡大とともにジョンソン政権の内外から南ベトナムへの軍事介入に異論が上がるようになった。たとえば政権内では少数意見であったが、ジョージ・ボール国務次官はジャングルや農村地帯を舞台とする共産ゲリラとの長期戦にアメリカは勝利できないとし、外交交渉による解決を勧告した。ジョンソンは六五年末から翌年初めにかけ北爆の一時停止に踏み切ったものの、解放民族戦線の活動や北ベトナム軍の南ベトナムへの侵入が続いていることを理由に爆撃を再開した。

六六年に入ると議会でもベトナム戦争への批判が聞かれるようになる。一月下旬から二月中旬にかけJ・ウィリアム・フルブライト委員長主導の下、上院外交委員会でベトナム戦争に関する公聴会が開催された。政権側からはディーン・ラスク国務長官やマクスウェル・テイラー前駐南ベトナム大使が証言に立ち、ジョンソン政権のベトナム政策を擁護した。一方、封じ込め政策の立案者であるジョージ・ケナン元駐ソ連大使やジェームズ・ギャヴィン元陸軍中将はアメリカの死活的国益に関わらない南ベトナムへの過剰介入に懸念を示した。両者はベトナム戦争の悪化によってキューバ危機後の米ソの緊張緩和の機運が後退することを恐れ、南ベトナムへの介入を必要最低限に抑えることを説いた。さらに、ジョンソンからすれば身内の民主党所属の外交委員会委員たちも、ベトナム戦争を苛烈な反共イデオロギーに駆られた「間違った場所での間違った戦争」と批判した。公聴会の模様は一部テレビで生中継され、全米で約二二〇〇万人が視聴したとされる。公聴会後、ジョンソン政権のベトナム政策に対する世論の支持は六三%から四九%に急落した。

ただし、介入反対派が議会で多数を占めていたわけではなかった。議会では大統領のベトナム政策を支持する共和党と南部民主党議員から成る保守連合が影響力を持っていた。また強硬派議員の中には中ソとの全面戦争を恐れて弱腰な対応に出るジョンソンを批判し、戦争の早期終結を目指して北ベトナムへの無制限爆撃を唱える者もいた。

ジョンソンはベトナム戦争をめぐって議会が分裂し、自身が重視する「偉大な社会」計画への支持が得られなくなることを恐れていた。そのため、ベトナム問題の争点化を避けるため、議会に戦況の推移を十分に説明することなく、なし崩しに戦争を拡大していったのである。結局、外交的解決を唱える穏健派と軍事作戦の拡大を訴える強硬派の狭間でジョンソンはどちらの路線にも舵を切れず、戦争の膠着を招くことになった。

反戦運動の高まり

北爆開始後、市民による反戦運動も高まった。ベトナム反戦運動は反核・軍縮を唱道してきたリベラル派団体やアメリカ社会の変革を訴える新旧の左派系団体、さらには公民権運動、女性解放運動など、多様な思想・目的を持つ組織が参加し実施されていった。反戦の声を真っ先に上げたのは学生組織だった。北爆の開始とともにミシガン大学やカリフォルニア大学バークレー校で教員・学生による討論会（ティーチ・イン）や座り込み（シット・イン）が実施された。一九六五年五月一五日には一〇〇を超える大学で集会が開催され、反戦運動は全国的な広がりを見せた。学生によるベトナム反戦運動の組織・運営ではニュー・レフト系団体の「民主社会を求める学生組織」が大きな役割を果たした。

反戦運動はさらに、公民権運動と連動するようになる。六六年三月、ベトナム戦争終結全国調整委員会の呼びかけで反戦集会が全米各地で開催され、サンフランシスコでは黒人団体が初めて反戦集会に参加した。六七年四月にはキング牧師も反戦運動への共鳴を示した。四日、キング牧師はニューヨーク市リヴァーサイド教会での説教で、ベトナム戦争は公民権運動が実践してきた非暴力の精神に反するだけでなく、国内での貧困救済にとって貴重な資金と労力を浪費する「貧者の敵」であると批判し、良心的兵役拒否を呼びかけた。

こうした全国規模での反戦運動には新聞、テレビなどのメディア報道が大きな影響を与えていた。六〇年代半ばには米国民の半数以上がテレビを主な情報源とするようになっており、ベトナム戦争はテレビで本格的に放送された初めての戦争となった。ベトナム戦争では報道規制が敷かれなかったため、ＡＢＣ、ＣＢＳ、ＮＢＣの三大テレビネットワークや『ニューヨーク・タイムズ』、『ワシントン・ポスト』といった主要紙の記者が現地から戦況を報道した。戦争当初、視聴者の多い夕方のテレビ番組などはジョンソン政権の戦争方針や米軍の奮闘をおおむね好意的に報道していたが、六七年秋頃から終わりの見えない戦争への批判がメディアで高まっていった。六七年後半には戦争開始後初めてジョンソン政権のベトナム政策に対する世論の支持と不支持が逆転した。六七年七月のギャラップ社の調査では支持者は三三％に留まり、過半数を超える五二％が支持しないとの回答を寄せた。大統領が語ってこなかった戦争の実態や米軍の残虐行為を報道で知るにつれ、ジョンソン政権が自由と民主主義の擁護を掲げて突き進むベトナム戦争の残酷な実態に多くのアメリカ市民が幻滅するようになった。

ベトナム反戦運動はアメリカを越え、イギリス、西ドイツ、日本などの同盟諸国でも大規模な抗議集会が開催された。さらにトランスナショナルな市民の連帯による反戦運動も展開されたが、その代表例として挙げられるのがベトナム国際戦争犯罪法廷（ラッセル法廷）である。この国際市民法廷はイギリスの哲学者バートランド・ラッセルの呼びかけで六七年の五月と一一月にストックホルムとコペンハーゲンで開催され、世界各国から知識人やジャーナリスト、平和団体が参加した。フランスの哲学者ジャン＝ポール・サルトルが裁判長役を務めたストックホルム会議では、米軍による南ベトナムへの侵略と病院・学校などの民間施設への攻撃が国際法違反と裁定された。続くコペンハーゲン会議でもアメリカの違法兵器の使用と捕虜への虐待が糾弾され、米軍の戦闘行為をベトナム民族の生存を脅かす「ジェノサイド」と認定する判定が下された。

勝てない戦争　一九六七年一〇月二一日、ワシントンDCのリンカーン記念堂前で大規模な反戦集会が開かれた。午後にはポトマック川対岸にある国防総省ビル（ペンタゴン）に向かって五万人を超える市民がデモ行進を行った。ペンタゴンの広場の一角に陣取ったデモ隊が警察・州兵と睨み合いになり、深夜、警察と軍はデモ隊の強制排除に出て一〇〇〇名を逮捕した。このペンタゴン封鎖デモは米軍への市民の不信を象徴的に示した事件であったが、国防総省のトップであるロバート・マクナマラ国防長官自身、出口の見えないベトナム戦争に限界を悟り、政権の終了を待たずして六八年二月に辞任することになった。

戦況は六八年に入るとさらに悪化し、米兵の死者数は前年から五割増加した。一月末、南ベトナム全土で北ベトナム軍と解放民族戦線が一斉攻撃（テト攻勢）を開始し、サイゴンにあるアメリカ大使館が一時占拠される事態に

コラム４－１　ベトナム戦争における黒人・女性兵

米軍内での人種隔離はトルーマンの大統領令9981号（1948年）によって撤廃された。しかし，黒人が最も多く所属した陸軍での隔離撤廃が完了したのは朝鮮戦争後であったため，ベトナム戦争は人種統合された米軍が臨む初めての戦争となった。アメリカ社会で軍隊は人種平等を実現するうえでのいわば社会的実験場であったが，ベトナム戦争でも配属や昇進，懲罰において黒人兵への差別は残った。黒人兵の中には，いまだ米国内で自分たちが白人と平等な関係を実現できぬまま，なぜ自らの命をかけて外国である東南アジアの自由のために戦わなければならないのか疑問を抱く者もいた。

ベトナム戦争では女性兵も戦地に派遣された。ある統計によれば，看護部隊を中心に約１万1000名の女性が南ベトナムやタイで任務にあたった。戦時中の67年11月には，軍の強い抵抗にもかかわらず，これまで２％以下に抑えられてきた女性兵の比率制限や昇進制限が撤廃された。さらに，73年にニクソン政権が志願兵制度を導入すると，それ以降今日まで米軍の女性比率は着実に増加してきている。

なった。米軍の反撃によって北ベトナムのテト攻勢は軍事的には失敗に終わったものの、米国民に強い衝撃を与えた。ＣＢＳのニュースキャスターで「アメリカで最も信頼される男」と評されたウォルター・クロンカイトは現地取材を終えた帰国後の放送で、ベトナム戦争の膠着からアメリカが抜け出すには、もはや北ベトナムとの交渉以外に方法はないと訴えた。テト攻勢の衝撃が覚めない中、三月には米軍兵士が南ベトナム・クアンガイ省ソンミ村で無抵抗の女性、子供、老人など五〇四名の住民を虐殺する事件（翌年一一月に発覚）が起きていた。

国内の反戦運動や戦況の膠着、テト攻勢の衝撃を受け、ジョンソンは三月三一日、北爆の部分停止と北ベトナムとの和平交渉の提案を発表した。あわせて、現職の立場にありながら、この年の大統領選に出馬しない意向を明らかにして米国民を驚かせた。

ジョンソンの和平提案後も反戦運動は続き、その一部は暴徒化した。四月にはキング牧師がメンフィスで、六月には大統領選に出馬した前大統領の弟ロバート・ケネディがロサンゼルスで相次いで狙撃・暗殺され、アメリカ社会の騒乱は続いた。八月、大統領候補指名を行うシカゴでの民主党全国大会でも抗議者と警察が衝突し、多数の逮捕者と死者・負傷者が出た。民主党大会では現副大統領のヒューバート・ハンフリーが指名を勝ち取ったが、一一月の大統領選で勝利したのは共和党候補のリチャード・ニクソンだった。こうして終わりの見えないベトナム戦争の解決は次期共和党政権の手に委ねられることになる。

4　ベトナム戦争下の社会運動

文化的・社会的争点をめぐる市民運動

すでに見たように、ジョンソンは「貧困との戦い」を掲げ、経済的な不平等の是正を図るニューディール・リベラリズムを拡充したが、一九六〇年代のアメリカでは既存社会の価値と権威に異議を唱える運動や、ジェンダー、セクシュアリティといった文化的・社会的争点での自由・権利を求める市民運動も興隆した。

公民権運動とベトナム反戦運動は、アメリカ社会の既存の制度・価値や差別に対抗する他の社会運動を鼓舞した。若者の間では社会の主流をなす権威やモラルに反抗する「対抗文化（カウンターカルチャー）」が叫ばれた。また、黒人による「ブラック・パワー」に触発された先住民（ネイティヴ・アメリカン）たちが「レッド・パワー」を提唱し、経済的独立と民族自決、奪われた土地の返還などを求めて立ち上がった。六八年にはミネソタ州ミネアポリスで「アメリカ・インディアン運動」が組織された。設立当初の目的は、居留地から強制移動させられ都市のスラムで暮らす先住民の生活改善にあったが、その後、運動は包括的な権利の向上を求めて実力行使に訴えるなど過激化することもあった。

第二波フェミニズム

一九六〇年代後半にはさらに、女性参政権の実現（一九二〇年）に繋がった第一波フェミニズム（序章参照）に続く第二波フェミニズム運動が興隆した。第二波フェミニズムは、一般的にリベラル・フェミニズムとラディカル・フェミニズムの二つに大別される。まず、リベラル・フェミニズムは『女らしさの神話（原題）』の著者ベティ・フリーダンを会長として六六年に設立された全米女性機構（ＮＯＷ）の活動に代表される。ＮＯＷはその設立宣言に見られるように、女性の特権を要求するのではなく、男性との積極的な協力を通じて真に平等な男女関係を築くことを目的とした。リベラル・フェミニズムは立法活動や訴訟といった穏健な手法を用いて教育、雇用、政治での男女平等の実現を目指した。

他方、こうした男女平等を前提としつつも男性社会への統合を目指すリベラル・フェミニズムを批判し、女性を男性によって「抑圧された階級」と定義した上で、その支配からの解放を唱えて急進的な運動を展開したのがラディカル・フェミニズムである。急進的な直接行動に訴えた女性たちの多くは公民権運動やベトナム反戦運動で経験した男性優位の組織運営、女性への侮蔑的な態度に幻滅し、不満を抱いていた。ラディカル・フェミニズムは男性の支配を公的領域のみならず私的領域にも見出し、日常生活での「家父長制」による男性支配を争点化したことに特徴があった。ラディカル・フェミニズムが掲げたスローガン、「個人的なことは政治的なこと」は、私生活で常態化している男性の支配こそが男女の権力関係を根本的に変革するうえでの核心的問題であるとの認識を表したものであった。したがって、彼女らは男性が女性に強要する女らしさや役割分担を拒絶し、性的搾取や暴力の対象となっている女性の身体保護、女性性を商業化したポルノや売春の撲滅などを争点に運動を展開した。たとえば、ラディカル・フェミニズムの代表的な団体であるニューヨーク・ラディカル・ウィメンは、六八年九月にアトランティック・シティで開催されたミスアメリカ・コンテストで抗議運動を行って注目を集めた。

第二波フェミニズム運動の主要な成果としては、ロウ対ウェイド最高裁判決が挙げられよう。ＮＯＷは六七年に採択した「女性の権利宣言」で生殖を管理する女性の権利を主張し、各州法で規定されている人工妊娠中絶の禁止撤廃を求めた。こうした流れを背景に、七〇年当時妊娠中であった未婚女性ノーマ・マコーヴィ（仮名ジェイン・ロウ）が、堕胎を原則禁止とするテキサス州法はプライバシーを保障するアメリカ合衆国憲法に違反しているとして訴訟を起こし、最高裁で勝訴した。判決は、妊娠期間を三期に分け、最終第三期での中絶を禁止した。しかしその一方で、母体の保護に関する州の権限が医学的に不可欠になるのは妊娠三カ月末以降であるとの判断から妊娠三カ月末までの第一期には妊婦が中絶を選択できるとし、続く第二期では州法は中絶を禁止してはならないものの母体保護の観点から合理的な規制を加えることができると裁定した。この最高裁判決によって中絶を一律禁止する州法は違憲となり、人工中絶を選択する女性の権利が保障されることになった。

しかし、この判決をもってしても人工妊娠中絶の問題をめぐる意見対立は収束せず、出産するかしないかの決定は、女性が選択（チョイス）すべき問題だとするプロチョイス派と呼ばれる人々と、胎児の生命（ライフ）を重視して中絶の合法化に反対するプロライフ派の人々の間で論争はその後も続いていった。

同性愛者運動　黒人の公民権運動とフェミニズムの興隆に影響を受け、一九六〇年代後半には同性愛者（ゲイ、レズビアン）の解放運動も活発になった。ジョンソン政権誕生時、アメリカでは連邦政府による同性愛者の雇用は禁止されていた。同性愛者は州政府、地方自治体においても雇用上の差別や解雇に遭い、州法には同性愛行為を処罰する規定が盛り込まれていた。また一般の市民生活においても、たとえば商業施設での同性愛者の集会が禁止されていた。多くの州ではレストラン、バーでの同性愛者への飲食の提供が禁じられ、同性愛者が集う飲食店は日常的に警察の立ち入りを受け、閉鎖に追い込まれる店舗もあった。

性的倒錯者と見なされ、多くの差別を受けてきた同性愛者が市民としての自由や権利を求めて立ち上がるきっかけとなったのが「ストーンウォールの反乱」である。六九年六月、ニューヨーク市のゲイバー、ストーンウォール・インへの警察の立ち入りに反発して同性愛者の暴動が起きた。この事件を契機に同性愛者による解放運動が活発になり、翌年六月にニューヨーク市で「ゲイ・プライド行進」が開催された。同性愛者団体「ゲイ解放戦線」の創設者であるマイケル・ブラウンは、同性愛者を「歴史上最もいやがらせを受け虐げられてきたマイノリティ」と表現し、アメリカ市民としての平等な権利の獲得を訴えた。ゲイ解放運動は、既存社会への同化ではなくアメリカ社会の変革を目指した。同性愛者であることを「カム・アウト」し、同性愛者としての独自性を守りながら市民としての権利を求める直接行動を展開した。こうした運動により、アメリカ精神医学会が同性愛を精神障害の範疇から除外することを決定し、心理学会と医師会もこれに続くなど一定の成果が表れた。

5　米欧同盟関係の調整と東西緊張緩和の推進

米欧同盟関係の調整　国内に山積する問題を抱える一方で、ジョンソンは対外政策では西欧諸国との同盟関係の維持に苦慮した。米欧同盟は一九六〇年代に大きな試練を迎える。ジョンソン政権が北大西洋条約機構（NATO）諸国との間に抱えた最大の問題はフランス大統領シャルル・ドゴールによる対米自主外交であった。ドゴールは独自の対共産圏外交を展開し、一九六四年一月にはアメリカの宿敵である共産中国の外交承認に踏み切った。同時に、米ソ冷戦によるヨーロッパの東西分断を克服すべく「大西洋からウラルまでのヨーロッパ」の連帯を掲げ、六六年にはモスクワを訪問してソ連指導者と会談し、東欧のポーランドとルーマニアも訪問した。共産陣営への接近を試みる一方で、ドゴールは軍事力によるベトナム戦争の解決は不可能であるとしてジョンソンのベトナム政策を厳しく批判した。

ドゴールの自主外交は、米欧同盟の根幹であるNATOの結束を揺るがした。NATOをアメリカの西欧支配の象徴と見なすドゴールは六六年三月にNATO軍事機構からのフランスの脱退を発表し、フランス国外へのNATO本部の移転と米軍の撤退を要求した。同時にドゴールは、共通農業政策をめぐる対立から、西欧諸国が推し進める欧州経済共同体（EEC）の超国家的な統合にも反発し、EECの関連諸機関からフランス代表を撤退させ、いわゆる「空席危機」を引き起こした。続けて六七年一一月には、対米依存を脱却できないとの理由からドゴールはハロルド・ウィルソン英政権によるEEC加盟申請を拒否し、西欧統合の拡大を阻止したのであった。

このように米欧の連帯を突き崩す内部脅威となったドゴールに対し、ジョンソンは終始冷静に対応し、米欧関係の修復に努めた。まずケネディ政権から引き継いだ多角的核戦力（MLF）構想の実現に取り組んだが、核兵器と運搬手段の共同保有を目指すMLF構想にフランス、イギリスの協力を得られなかった。そのためジョンソン政権はMLFを断念し、代わりに核政策の共同立案を行う協議機関として一九六六年一二月に核計画グループを設立してNATOの結束強化に努めた。

核兵器問題とともに、ジョンソン政権はNATOの存続において経済・財政問題にも苦慮した。ベトナム戦費の増加によるドルの海外流出は、五〇年代末から問題化していたアメリカの国際収支をさらに悪化させ、国際基軸通貨としてのドルの信認を低下させていた。アメリカの国際収支赤字はベトナム戦費のみならず、在欧米軍の駐留費にも起因していた。それゆえ、この駐留費問題を解決すべく、六〇年代前半からアメリカと西ドイツの両国は西ドイツによるアメリカ製兵器の購入によって米軍駐留経費を埋め合わせる相殺協定を締結してきた。しかし、六六年には景気後退の影響から西ドイツ政府の予算編成が赤字になり財政支出の抑制が急務となったため、ルートヴィヒ・エアハルト政権はアメリカ政府に兵器の調達延期を求めた。ところが当時、米議会では在欧米軍の大幅削減を要求する決議案が上院に提出され、ジョンソンは国内の孤立主義的なムードを憂慮するようになっていた。議会の圧力に押されて在欧米軍を撤退させれば、ドゴールの挑戦によって動揺するNATOが崩壊する。しかし、NATOを存続させるには、その防衛負担を同盟諸国にも共有させて議会の不満を解消しなければならなかった。

同盟と国内政治のバランスを図りながらジョンソン政権は、アメリカからの兵器調達への対応をめぐって倒れたエアハルト政権を継いだクルト・キージンガー大連立政権と、アメリカ以上に深刻な国際収支問題を抱えていたイギリス政府とを相手に三国協定を六七年四月に締結した。その内容は、まず西ドイツが五億ドル相当の米財務省証券を購入し、さらに西ドイツが保有するドルを金に交換しないことを保証してアメリカの国際収支の改善に寄与するというものだった。対するアメリカは在欧米軍の一部を固定駐留から巡回駐留へ変更して撤退させつつも、西欧への防衛関与の継続を約束した。また英軍の西ドイツ駐留を維持するため、ジョンソン政権はイギリス製武器の購入を約束してイギリスの国際収支の改善を支援した。

ドゴールの挑戦や駐留経費問題で試練に直面したNATOであったが、六七年一二月には「アルメル報告書」を採択し、同盟の結束強化を図った。アルメル報告書は、NATOの従来からの目的である対ソ軍事「抑止」に加え、キューバ危機後の米ソの緊張緩和やヨーロッパ諸国間の接触拡大を反映して、ヨーロッパでの「デタント」を推進していくことを目標に掲げた。

さらに米欧関係の強化は貿易面にも及び、ケネディ政権期に始まった多角的貿易交渉のケネディ・ラウンドが六七年六月に妥結した。すでに見たように、深刻な国際収支問題を抱えていたジョンソン政権は、主要貿易相手であるヨーロッパ諸国への輸出拡大を狙って関税引き下げ交渉を主導し、工業製品の関税を平均三五％削減する内容の協定を成立させた。

ソ連・東欧諸国との接触拡大

ベトナム戦争や米欧同盟の修復といった難題を数多く抱えたジョンソン政権は、ソ連・東欧諸国との対立を回避してヨーロッパの緊張緩和を進めていく必要があった。

アメリカで大統領選が大詰めを迎えた一九六四年一〇月、ソ連でニキタ・フルシチョフが失脚し、レオニード・ブレジネフの新指導体制が始まった。ジョンソンは米ソ関係の劇的な改善よりも実務問題での着実な協力の積み重ねを目指した。文化技術交流協定や領事条約、ニューヨーク＝モスクワ間の定期便の就航を定めた民間航空協定など、ジョンソン政権がソ連政府と締結した協定の数は一九三三年の米ソ国交樹立以降三〇年間で締結されてきた協定の総数を上回った。ジョンソン政権はさらに東欧諸国に対して経済・文化面での交流拡大を図る「架橋」政策も展開した。輸出制限やアメリカ市民の渡航制限を緩和し、東欧で開催される商業見本市へのアメリカ企業の出展や文化芸術分野での交流事業を拡大していった。

こうした東西間の接触拡大を背景に、チェコスロヴァキアでは六八年にアレクサンデル・ドプチェク共産党第一書記が「人間の顔をした社会主義」を掲げ、チェコスロヴァキア独自の社会主義の実践を目指すようになる。これに文化人、知識人を中心とする市民が呼応して「プラハの春」と呼ばれる社会主義の改革運動が盛り上がりを見せた。しかし、自らの勢力圏内での社会主義体制の崩壊を恐れたソ連政府が八月二〇日、二〇万人のワルシャワ条約機構軍を動員してチェコスロヴァキアに武力介入したため、この改革の動きは封じられることになった。

第三次中東戦争

一九六七年六月五日、第三次中東戦争（六日間戦争）が勃発した。イスラエルと周辺アラブ諸国の間での国境をめぐる対立が続くなか、五月にエジプト大統領ガマール・アブドゥル・ナーセルが紅海の口元のチラン海峡を封鎖してイスラエルに圧力をかけると、イスラエル政府はエジプト領のシナイ半島へ侵攻して第三次中東戦争の戦端を開いた。イスラエル軍はエジプト側に立って参戦したヨルダン、シリア軍を瞬く間に撃破し、両国のヨルダン川西岸地区と東エルサレム、ゴラン高原を占拠した。

ジョンソン政権は戦争勃発前からイスラエル、エジプト両国に挑発行動の抑制を求め、いざ戦争が始まるとソ連による中東への軍事介入の防止に腐心した。六〇年代にソ連はイスラエルと敵対するエジプト、シリア、イラクなどの急進的なアラブ諸国と関係を深め、中東での勢力を拡大しつつあった。ジョンソンはもともと、米ソの衝突はベトナムよりも中東をめぐって起きる可能性が高いと考えていたが、イスラエルとシリアの停戦が難航すると、ソ連政府は中東への武力介入を示唆するようになった。

イスラエル軍の優勢によって第三次中東戦争は一一日に停戦を迎えるが、その間、米ソの衝突防止に大きな効果を発揮したのが、キューバ危機後に開設された直接通信回線（ホットライン）であった。停戦が発効するまで米ソ首脳はホットラインで頻繁に連絡をとり、相互の誤解に基づく軍事衝突の防止に努めた。停戦後にニュージャージー州グラスボロで開催された米ソ首脳会談でも中東戦争が主要議題となった。ソ連首相アレクセイ・コスイギンは中東和平の前提条件として、占領地からのイスラエル軍の無条件撤退を求めた。しかし、ジョンソンはこれを拒否し、中東問題の解決には国際社会によるイスラエルへの国家承認と安全の保障が先決であると譲らなかったために合意には至らなかった。

第三次中東戦争はアメリカの中東政策の転換点となった。これまでの歴代政権は中東紛争の助長を恐れてイスラエル、アラブ諸国いずれか一方への支援を避け、両者の軍事バランスの均衡を図ってきた。しかし、第三次中東戦争以降中東での米ソ対立の構図が鮮明になり、アメリカ政府はソ連のエジプト、シリア支援に対抗してイスラエルへの武器支援を強化していった。

核軍備管理交渉の模索

グラスボロ会談では、米ソの核兵器問題も主要議題となった。ジョンソンは政権発足当初から核戦争の防止に向け、米ソの核軍備管理協定を模索した。ソ連の急激な追い上げによって六〇年代後半には米ソの大陸間弾道ミサイル（ＩＣＢＭ）と潜水艦発射弾道ミサイル（ＳＬＢＭ）の戦力はほぼ均衡に達し、両国は相手を何度も破壊できる核戦力を保有するようになった。こうした軍拡競争を背景に、ジョンソン政権は「相互確証破壊（ＭＡＤ）」を念頭に米ソの核軍備管理交渉を目指した。ＭＡＤとは、敵からの核兵器による先制攻撃を受けても、相手に反撃する十分な報復能力を保有して共倒れの状況を作り出すことで核戦争の発生を防止する抑止戦略である。しかしジョンソン政権期には、ＩＣＢＭとＳＬＢＭの軍拡に加えて、これらの攻撃兵器を撃ち落とす弾道弾迎撃ミサイル（ＡＢＭ）の開発が米ソで進み、両国の核戦力バランスが崩れてＭＡＤが不安定化する危険が生じていた。ソ連では六〇年代中頃から首都モスクワを防衛するＡＢＭシステムの建設が始まっており、ジョンソン政権は議会の対ソ強硬派からの圧力もあってＡＢＭの開発でソ連に遅れをとるわけにはいかなかった。しかし、ソ連への対抗は、ベトナム戦争の財政的負担が重くのしかかるなか、ＡＢＭと新型攻撃ミサイルのさらなる開発競争へと繋がっていく恐れがあった。それゆえ、ジョンソンはＡＢＭの本格的な開発と配備を先延ばしにし、核ミサイルに関する軍備管理交渉をソ連政府に提案した。しかし、グラスボロ会談ではコスイギンから前向きな反応を得られず、ジョンソンはやむなくＡＢＭシステム「センティネル」の建設開始を決定したのだった。

六八年夏、ソ連政府はようやく交渉に応じる構えを見せ、ジョンソンのモスクワ訪問を提案してきた。ジョンソンはこれに歓喜し、ソ連への一〇月予定の訪問を八月二一日に発表する計画であった。ところがその前日に、ソ連のチェコスロヴァキアへの軍事介入が起きたのだった。こうして米ソ対話の絶好の機会が失われ、ソ連との核軍備管理交渉は次期ニクソン政権で再度模索されることになる。

ソ連との核管理交渉にはこぎつけなかったものの、ジョンソン政権は核兵器の拡散防止では大きな成果を上げた。中国の核実験成功（六四年一〇月）によって核兵器の世界的な拡散が緊急の課題として認識される中、ジョンソン政権はソ連や西側同盟諸国と交渉を重ね、核兵器不拡散条約（ＮＰＴ）の締結（六八年七月署名開放）を主導した。ＮＰＴの締結によって、六七年一月一日時点で核保有国となっているアメリカ、ソ連、イギリス、フランス、中国を除く加盟国の核保有が禁止されることになり、核拡散の流れに歯止めをかける国際制度が構築された。

共産中国への政策

ヨーロッパでソ連・東欧諸国との緊張緩和に取り組む一方で、ジョンソン政権はアジアの主要敵である共産中国とどのような関係にあったのだろうか。

一九六〇年代初頭から中ソ対立が悪化し、中国はアメリカとの関係改善を求めるソ連を「修正主義」として批判していた。毛沢東は中国を真の国際共産主義運動のリーダーと位置づけ、西側諸国の支配に抵抗する世界の民族解放運動を支援した。ベトナム戦争で中国は、六五年から七三年にかけて、のべ三二万人の兵士を北ベトナムに派遣して防空、通信、鉄道・道路建設などの支援にあたった。また、六四年一〇月の初実験以降、中国は六〇年代後半に原水爆とミサイルの開発実験を繰り返してアジアの国際的緊張を高めた。

このような状況から、ジョンソン政権期に米中の敵対関係に根本的な変化は見られなかった。ただしジョンソンは、米中の直接対決となった朝鮮戦争の轍を踏まぬよう、ベトナム戦争では中国への挑発行為を避けた。対する中国もプロレタリア文化大革命の最中にあって公式声明では辛辣なアメリカ帝国主義批判を繰り返しながらも、米軍が自国の安全に危害を加えない限り、ベトナム戦争に直接参戦することはないとのシグナルをアメリカに送っていた。このように米中両国はそれぞれ南北ベトナムへの支援を強化し基本的な敵対関係を解消できなかったものの、互いに相手との衝突を回避してベトナム戦争の拡大を防止しようとする危機管理意識を共有していたのであった。

ジョンソンの功績

一九六九年一月に大統領から退任すると、ジョンソンは故郷テキサスに戻って回顧録の執筆や所有する牧場の運営にあたって余生を過ごした。大統領時代の激務が災いしてか狭心症が悪化していたジョンソンは、七三年一月二二日、午後の仮眠中に心臓発作を起こし、そのまま息を引き取った。六四年の生涯だった。その五日後、アメリカと北ベトナムによってベトナム和平協定が正式に調印された。ジョンソンの死と時を同じくして、アメリカが建国史上最大の挫折を味わうことになった東南アジアでの戦争がこうしてようやく終わりを告げたのである。

大統領としてのジョンソンの功績はどのように評価されるだろうか。ジョンソンは数々の画期的な法律制定を通じて公正で平等なアメリカ社会の実現に果敢に取り組んだ。公民権法と投票権法によって、一九世紀末に南部諸州

コラム4-2 「第二のキューバ」の阻止

副大統領としてキューバ危機を経験したジョンソンは，社会主義路線を掲げ反米闘争を展開する，キューバのような国家の出現を西半球地域で二度と許さない決意だった。

政権発足早々の1964年1月，ジョンソンはアメリカが管理支配する運河地帯の主権回復を求めるパナマでの大衆暴動（国旗事件）に直面した。この反米ナショナリズムを緩和すべくジョンソンはパナマ政府との交渉開始を決定し，これによって後のカーター政権下で締結されるパナマ運河返還協定への道筋がつけられた。

これとは対照的に，65年4月，ジョンソンはキューバ近隣のドミニカ共和国への軍事介入に踏み切った。公式の発表では，クーデタで政権が倒れ内乱に陥ったドミニカから在留アメリカ市民を救援することが介入の主な目的として強調されたが，ジョンソンの胸中にはキューバのフィデル・カストロに感化されたドミニカの反米左派勢力による政権奪取をなんとしても阻止したいとの思惑もあった。ジョンソンがドミニカでの共産主義の脅威を強調し，その阻止に躍起になったのには，アメリカが自らの裏庭と称するカリブ海で共産主義の拡大阻止に失敗すれば，アメリカから遠く離れた南ベトナムでの共産ゲリラとの戦いに国民の支持など得られるはずがないとの焦りがあった。

でジム・クロウが確立して以来続いてきた黒人への法的差別が撤廃された。ケネディ暗殺の衝撃が追い風になったとはいえ、公民権法の制定は、南部出身の大統領で共和党のみならず民主党内部からも執拗な反対にあったジョンソンにとって容易な決断ではなかった。また、ジョンソンは「偉大な社会」計画を通じてトルーマンやケネディが達成できなかった公的医療制度の導入や連邦政府主導の貧困解消に努め、六〇年代にアメリカは福祉国家として一つの完成点に到達したのであった。

ただし、こうした計画に反対がなかったわけではない。たとえば、「貧困との戦い」は、支援計画から黒人がより多くの恩恵を受けているとする白人労働者の不満と反発を高めることになった。また、支援計画の非効率な運営や連邦政府の財政・権限の肥大化、州権の低下に対する保守派からの批判が高まり、「偉大な社会」計画はその後の保守とリベラルの対立を先鋭化させる要因となった。

外交政策では、キューバ危機後の米ソの緊張緩和の流れをさらに前進させるべく、ソ連・東欧諸国との実務協定の締結や経済・文化交流の拡大を推進した。ソ連とはさらに第三次中東戦争の紛争管理で協調し、核戦力の軍備管理を模索して、七〇年代初頭のニクソン政権期に到来するデタントへの足掛かりを築いた。しかし、こうした東西関係の安定化に努めたジョンソンであったがゆえに、そのベトナム政策で犯した過ちはいっそう悲劇的である。南ベトナムへの関与はトルーマン以降の歴代政権が段階的に拡大してきたものであるが、アメリカとアジアを戦後最大の地域戦争に巻き込んだ米軍の大規模介入はジョンソンの決断であって、その決定がもたらした甚大な被害に対する責任は免れない。ベトナム戦争によってアメリカでは南北戦争以来とも言われる混乱と分裂が生じ、ベトナム戦争で高まった連邦政府への国民の不信はジョンソン政権後も続くことになった。ジョンソンは国内でより公正で平等な社会の実現に力を尽くした反面、ベトナムでは軍事力によるアメリカ的価値の擁護に拘泥し、アメリカのリベラリズムの独善性や欺瞞を世界に露呈することになったのである。

参考文献

アメリカ学会訳編『原典アメリカ史　社会史史料集』岩波書店、二〇〇六年。

上杉忍『アメリカ黒人の歴史――奴隷貿易からオバマ大統領まで』中公新書、二〇一三年。

岡山裕・西山隆行編『アメリカの政治』弘文堂、二〇一九年。

亀井俊介・鈴木健次監修、古矢旬編『史料で読むアメリカ文化史5　アメリカ的価値観の変容　一九六〇年代―二〇世紀末』東京大学出版会、二〇〇六年。

川島正樹『アファーマティヴ・アクションの行方――過去と未来に向き合うアメリカ』名古屋大学出版会、二〇一四年。

菅英輝・初瀬龍平編著『アメリカの核ガバナンス』晃洋書房、二〇一七年。

チョーンシー、ジョージ『同性婚――ゲイの権利をめぐるアメリカ現代史』(上杉富之・村上隆則訳)明石書店、二〇〇六年。

西田慎・梅﨑透編著『グローバル・ヒストリーとしての「一九六八年」――世界が揺れた転換点』ミネルヴァ書房、二〇一五年。

藤本一美編著『ジョンソン大統領とアメリカ政治』つなん出版、二〇〇四年。

森聡『ヴェトナム戦争と同盟外交——英仏の外交とアメリカの選択　一九六四—一九六八年』東京大学出版会、二〇〇九年。

油井大三郎『ベトナム戦争に抗した人々』山川出版社、二〇一七年。

油井大三郎編『越境する一九六〇年代——米国・日本・西欧の国際比較』彩流社、二〇一二年。

吉原令子『アメリカの第二派フェミニズム——一九六〇年代から現在まで』ドメス出版、二〇一三年。

Dallek, Robert, *Lyndon B. Johnson: Portrait of a President*, London: Penguin Books, 2005.

第Ⅱ部　揺らぐ世界のなかのアメリカ

第二次世界大戦の終結から一九六〇年代末にかけてのアメリカにとって大きな課題になったのは、ニューディール的な福祉国家の建設と、ソ連に対抗する冷戦の遂行であった。第Ⅰ部で見てきたように、アメリカ政府は六〇年代中頃までに、この二つの課題をおおむね成功裏に達成した。冷戦という予想外の挑戦にもかかわらず、「アメリカの世紀」が実現したように見えたのである。五〇年代半ばから活発化したアフリカ系アメリカ人による公民権運動も、人種問題というアメリカの歴史的課題が解決に向かいつつある兆候と見えなくもなかった。

しかしながら六〇年代末までには、「アメリカの世紀」の輝きは失われてしまう。東南アジアの小国にすぎないベトナムへの介入が泥沼化し、アメリカの軍事的な優位や外交政策の適切性に疑問が呈されるようになった。西欧諸国や日本の復興もあってアメリカ経済の国際競争力は弱まった。「アメリカの世紀」を支えた軍事的・経済的な優位が揺らいでいたのである。

国内政治も、大きな混乱に直面していた。公民権運動はアフリカ系アメリカ人に留まらず、他のマイノリティによる権利要求やベトナム反戦運動の先例となってこれらの運動を活性化させた。「アメリカの世紀」の実態を問い直すこれらの動きに対して、変化を拒否する保守的な人々は反発した。変化を求める人々と変化を拒絶する人々の溝は、時を経るごとに深くなっていった。

国力の相対的な弱体化と国内の分裂という課題に直面したのが、第Ⅱ部で取り上げる五名の大統領であった。彼らの多くは共和党に所属し、新たな国内・対外政策を打ち出して経済的繁栄と国際的地位の回復を図った。第Ⅱ部で扱う時期の末期までには、アメリカ経済が競争力を取り戻し、さらにソ連圏が崩壊して冷戦がアメリカの勝利に終わったように見えたため、これらの新しい政策は成功として記憶されていく。

（倉科一希）

第5章　非民主的政治外交の展開とその限界

――リチャード・M・ニクソン、ジェラルド・R・フォード――

佐原彩子

ジェラルド・R・フォード

リチャード・M・ニクソン

問題が山積みであり不人気であったベトナム戦争を引き継ぎ、国内では反戦運動が盛り上がるなかで、リチャード・ニクソンは大統領に就任した。ニクソンは、ケネディのように人気があった政治家ではなく、アメリカのアニメや映画などにおいて今も邪悪な存在として表象される人物である。ニクソンが当選した背景には、当時の政治、経済、社会に対する不満があった。そして、その不満や不安がニクソンにとって政治的に有利に働き、大統領に当選させたと言っても過言ではないだろう。ニクソン政権期は、国内外で様々な困難に直面しながら、ベトナム戦争が終結し、中国やソ連とのデタントが展開していった時代であった。本章では、まずニクソンの生い立ち、および大統領就任から、ニクソン大統領による政治外交の取り組みを概観し、その複雑な政権期の政治を解きほぐしていく。そしてその後、短命に終わったジェラルド・フォード政権について説明する。

1　「サイレント・マジョリティ」によるニクソン選出

「反共政治家」への道

一九一三年一月九日、カリフォルニア州ロサンゼルス郊外、ヨーバリンダで五人兄弟の次男として生まれたニクソンは、経済的に恵まれたとは言えない環境で成長した。そのため、ハーヴァード大学への入学が認められたものの、地元のホイッティア大学へ進学した。三四年に大学を卒業し、奨学金を得て、デューク大学法科大学院に進学した。図書館で長時間勉強していたニクソンは周りから「鉄の尻」とのあだ名をつけられた。このような苦労した時代が、彼自身の性格だけではなく政治的信条に大きく影響したといえる。

三七年、デューク大学院を卒業後、連邦捜査局（ＦＢＩ）への就職を望んでいたが、大恐慌による予算縮小のため職を得ることができなかった。そのため、カリフォルニアへ戻り、地元ホイッティアの弁護士事務所で働き始めた。その一年後には、ラ・ハブラで彼の名前を冠した弁護士事務所を開設した。三八年一月、ニクソンは、ホイッティアでのアマチュア演劇で、当時ホイッティア高校の教師となったばかりのテルマ・「パット」・ライアンと出会い一目惚れをする。パットは何度かデートを断ったが、ニクソンの執拗な求愛は止むことはなかった。パットはその熱意に負け、二年間付き合った後に二人は、四〇年の六月に結婚した。

四二年一月、ニクソンが物価管理局（ＯＰＡ）での職を得たため、二人はワシントンＤＣに引っ越した。その四カ月後海軍に志願し、南太平洋の作戦などに参加した後、四四年七月に帰国した。そして、四六年に海軍少佐として除隊となった。

四五年当時、ホイッティア地区はカリフォルニア第一二選挙区であり、民主党のジェリー・ボーヒズが下院議員として活躍していた。共和党がその対抗馬を探しており、ニクソンに白羽の矢が立ち立候補を要請された。当時ボルティモアにいたニクソンとパットは、ホイッティアへ戻り、熾烈な選挙戦を戦うこととなった。この選挙戦でニクソンは、ボーヒズが労働組合から支援を受けている容共的な政治家であると攻撃した。これにより四六年、ニクソンは三三歳という若さで、カリフォルニア州連邦議会下院議員選挙に共和党候補として当選した。

四七年には下院非米委員会のメンバーとなり、四八年八月のアルジャー・ヒス事件で全米に注目されることとなる。この事件は、ニクソンら委員会の議員が、元共産党員ホイティカー・チェーンバーズから、「ヒスから国務省の秘密文書を手渡された」との証言を引き出し、ヒスはこれを否定したが、結局偽証罪に問われることになった。「反共主義」政治家として注目を得たニクソンは、五〇年連邦上院議会選挙に臨み、対立する民主党候補ヘレン・ガヘーガン・ダグラスに対して、当時のトルーマン大統領の対アジア政策を批判し攻撃することで、五九％以上の得票を得て勝利することができた。このように、ニクソンにとって反共主義は政治家としての成功をもたらしてくれたものであり、ニクソンは自伝でも、「反共主義は道徳的に深みのある大義である」と述べている。

五二年の大統領選挙で、共和党大統領候補となったアイゼンハワーの副大統領候補に、同年七月ニクソンが三九歳という若さで指名された。しかし、九月には選挙資金問題が取り沙汰され、ニクソンのイメージは悪化し、副大統領候補から辞退させようとする動きもでた。そこで、ニクソンはテレビ演説を行い、世論に自身の潔白を訴えた。「チェッカーズ演説」と呼ばれたこの演説によってニクソンへの支持は高まり、アイゼンハワーはニクソンを副大統領候補として残す決断をした。その決断は結果的に正しく、一一月の選挙でアイゼンハワーとニクソンは当選することとなった。

ニクソンは、副大統領として、五三年に極東地域を訪問しアメリカ外交にも大きく貢献した。また、五五年アイゼンハワー大統領が心臓発作で倒れた際も公務をカバーし大きな役割を果たした。二期目を狙うアイゼンハワーは、五六年四月に再び副大統領候補に指名し、同年一一月に再選を果たした。

アイゼンハワー政権下で副大統領として活躍したにもかかわらず、ニクソンは六〇年の大統領選挙でケネディに接戦で敗れた。地元および全米レベルの共和党指導者層の勧めもあり、六二年のカリフォルニア知事選挙に出馬したが、現職のパット・ブラウンに敗れた。そのため、ニクソンは六四年の大統領選挙には出馬しなかった。共和党は保守勢力のなかでも右派と中道派で分裂し、最終的にバリー・ゴールドウォーターが共和党大統領候補の指名を獲得したが、民主党大統領候補のジョンソンに大敗することとなった。

国内政治の混乱と一九六八年大統領選挙

ジョンソン政権による北爆の開始は、ベトナム戦争支持派のなかからも批判を噴出させることになった。そして、アメリカ戦闘部隊の規模が最大時で五四万人に達したにもかかわらず、一九六八年一月末に北ベトナム軍と南ベトナム解放民族戦線による「テト攻勢」によって大きな被害を受けたことを受け、ベトナム反戦はさらに盛り上がり、ジョンソン大統領は三月三一日北爆の大幅な縮小を発表することとなった。また、五月一三日には、アメリカと北ベトナムの和平会談がパリで開始された。

ジョンソン政権によるベトナム戦争の泥沼化が進行するなかで、反戦運動が出現すると主戦論が盛り上がり、ベトナム戦争をめぐる世論の分断が顕著となっていった。それに加えて、公民権法成立以降もさらなる人種間平等を求める運動が継続する一方で、それに対抗する反公民権運動との対立も激化し、国内での社会的分断および混乱が加速した。さらに急進的なブラック・パワー運動が盛り上がり、六六年秋に黒人の武装自衛権を主張するブラックパンサー党が結成されると、白人世論の間ではこれを白人に対する脅威であるとする否定的解釈も現れた。

社会的分断による白人層の保守化が、大統領選挙での共和党候補の勝利をもたらすと期待したニクソンは、六八年二月二日に、大統領選挙出馬声明を行った。共和党大統領候補への指名をニクソン、カリフォルニア州知事ロナルド・レーガン、そして、ニューヨーク州知事ネルソン・ロックフェラーの三人の有力候補が争ったが、終始ニクソンがリードした。社会的な混乱が続くなかで、彼は彼自身を「法と秩序」の救世主であるかのように振る舞ったからである。同年八月五日から八日にかけてフロリダ州マイアミビーチで開かれた共和党大会で、ニクソンは大統領候補者に指名された。副大統領候補にはメリーランド州知事スピロー・アグニューを指名した。

六八年大統領選挙戦は、民主党に対してニクソンが優勢の状況で始まった。六五年から六八年にかけては人種暴動が頻発していたことを受けて、彼は公民権運動や反戦運動が暴徒化したり、過激化したりすることが、社会の秩序の混乱を招いていると批判し選挙戦を展開した。このような言説が人々の支持を得たのは、同年四月四日に、キング牧師がテネシー州メンフィスで暗殺され、各地で人種暴動が発生したためだった。ニクソンが訴えた「『法と秩序』の回復」は、人種暴動に対する警察暴力行使を正当化するだけでなく、白人社会の安寧を第一とした社会秩序を示唆しており、黒人に嫌悪や反感を抱く白人に対する無意識的アピールを狙ったものであった。

さらにニクソンは選挙戦で、ベトナム戦争での「名誉ある平和」を主張し、これを実現する秘策があると語った。そして、ジョンソン政権の国内政策である「偉大な社会」計画を批判し、これまで民主党を支持してきた保守的な南部の有権者をターゲットにした「南部戦略」を推進した。六〇年代に起こった社会のリベラル化を嫌い、公民権運動や労働組合、反戦運動、東部エスタブリッシュメントへの反発を感じる層への共和党支持拡大を狙ったのであった。ニクソンは、後に自身が「サイレント・マジョリティ」と呼んだ、ヒッピーや反戦活動家などに代表されるカウンターカルチャーを嫌う、保守派支持層を投票層として開拓した。

選挙戦は、ニクソン、民主党候補ヒューバート・ハンフリー、そしてアメリカ独立党候補の前アラバマ州知事ジョージ・ウォレスとの戦いとなった。ウォレスは、州知事として人種隔離を正当化し、六四年の大統領選挙でも公民権への反対を訴えた人種差別主義者であった。ウォレスが人種差別を煽り保守層群衆に訴えかける選挙戦術は、ニクソンや共和党に影響を与え、三〇年代以降民主党の支持基盤となってきたニューディール連合（序章参照）を分裂させたと言われている。ウォレスは、人種隔離を「州の権利」であると訴えつつ「法と秩序」も主張し、深南部を中心に選挙人を獲得したが、一般得票数ではニクソンとハンフリーがともに四〇％を超える一騎打ちとなった。一％の僅差で勝利したニクソンは、北東部以外の多くで三〇一人の選挙人を獲得し大統領選挙に勝利した。そして、勝利演説において、ニクソンは分断された国家を統一することを誓った。

2　揺らぐアメリカの覇権をめぐるニクソン政権期の成果と課題

「ニクソン・ドクトリン」の展開

ニクソンは、ハーヴァード大学国際政治学の教授であったヘンリー・キッシンジャーを国家安全保障担当補佐官に任命し、ニクソン＝キッシンジャー外交を展開する。

ニクソン政権が発足し、ベトナム戦争での「名誉ある平和」を実現するためのアメリカの軍事的目標は、アメリカの即時撤退ではなく、南ベトナム軍を維持強化しながらの暫時的撤退となっていった。そのため、一九六九年六月、ニクソン政権は南ベトナムからの段階的撤退を発表した。駐屯兵力は七〇年一月までに四七万三〇〇〇人、七一年一月には三三万六〇〇〇人、そして七二年一月には一三万三〇〇〇人に縮減された。

この漸次的撤退は、ニクソン政権発足後に発表された方針に基づいていた。六九年七月二五日ニクソンはグアムにおいて、ベトナム戦争後のアメリカとアジアとの関係について説明した。アメリカは太平洋国家として今後もアジアで重要な役割を演じ、必要な援助も行うものの、米軍の投入については一線を引き、軍事援助を削減し、できるだけ多国間の経済援助を活用するというものであった。この会見を基礎としたニクソン政権の外交姿勢は、七〇年二月の外交教書で体系化されたため、これらの方針を「ニクソン・ドクトリン」と呼ぶ。

ニクソン・ドクトリンの三原則は、アメリカが同盟国に対する既存のコミットメントを守ること、同盟国は共産主義に対する自衛について自国の軍隊を供出すること、アメリカは同盟国に核の傘を提供することであった。この同盟国に対するコミットメントを守るために、ベトナム戦争の「ベトナム化」が必要だとされた。

「ベトナム化」という名称は、ベトナム戦争の「脱アメリカ化」のために生み出されたキーワードでもあった。米軍が担っている軍事行動を南ベトナム軍主導へと変更し、米軍を減少しても、北ベトナムに南ベトナム軍が対抗し南ベトナムが防衛できれば、アメリカはベトナムから名誉を汚さずに撤退できるという考えが反映されていた。

この「ベトナム化」の過程は、当初から大きな問題を抱えていた。南ベトナムが単独で自国を防衛できるまでにすること、北ベトナム側の軍事能力をできるだけ破壊すること、米国民の政治的圧力を軽減するために米軍を撤退することを同時並行的に行うことは困難であり、長期化することが明らかであったからである。そのため、「ベトナム化」と撤兵の関係は単純ではなく、残留の米軍が南ベトナム軍を習熟させるまで無期限に駐留する可能性が高かった。これは南ベトナム軍に対してニクソン政権関係者の期待が低く、実際には「ベトナム化」の軍事的成功を信じていなかったためであった。

米国内では、メディアによる報道が大きく影響し、ベトナムからのアメリカの撤退を求める声は高まるばかりであった。六九年一一月には、米軍によるベトナム民間人虐殺が報道された。それは、六八年三月一六日に米軍が五〇四人の無抵抗の人々をソンミ村で虐殺したというものであった。反戦グループは、ソンミ事件のようなベトナムの村々と住民の大量虐殺はベトナム戦争の特徴であり、ベトナム戦争が誤った戦争であることを示す根拠であるとして広く宣伝した。これによって、ベトナム戦争に対するイメージはさらに悪化し、米世論のベトナム介入への反対は最高潮に達した。戦争の長期化によって、社会的、経済的、政治的費用が拡大することへの懸念がそれまでの戦争支持層にも広がって行き、反戦感情が拡大していくこととなった。それには、『ニューヨーク・タイムズ』紙などの大手メディアが、ニクソン政権の真の意図は戦争を無期限に引き延ばすことだと断ずるに至ったことの影響が大きい。そして、ベトナム撤退が進まないことから、ニクソンは「嘘つき」であるとのイメージが世間一般に広がっていった。

長期化するベトナム戦争と反戦運動の高まり

実際、ニクソンはベトナムからの即時撤退を実行するつもりはなかった。むしろベトナム戦争の「ベトナム化」のために、ニクソン政権は、一九六九年三月からカンボジアへの戦争拡大を秘密裏に実行し、北ベトナムへの戦略爆撃機Ｂ52による絨毯爆撃をカンボジアから実行した。まもなくカンボジア政府は米軍によるカンボジア領内の爆撃を非難したが、アメリカの大手メディアは大々的に報道しなかった。例外的に、『ニューヨーク・タイムズ』紙が「ベトコンや北ベトナムの軍事物資集積所や基地への攻撃」と報道した程度であった。だが、爆撃を主導していたキッシンジャーは極秘事項であった爆撃が報道されたこと自体を問題視し、Ｊ・エドガー・フーヴァーＦＢＩ長官に対してその情報源を調べるように命令し、その後一年九カ月間、政府職員一三名とマスコミ関係四名に対する盗聴が行われることとなった。この盗聴を必要だと考えたニクソン大統領の猜疑心が、後のウォーターゲート事件を引き起こしたとも言える。

七〇年四月末にニクソン大統領が、テレビで、米軍と南ベトナム軍との共同で行うカンボジア作戦の内容を発表し、カンボジアへの侵攻を米国民が知ることとなった。それは、カンボジア西部国境地帯における、北ベトナム軍と南ベトナム解放民族戦線軍、およそ四万の軍に対する攻撃を行うというものだった。

このニュースは、全米各地で激しい反戦デモを引き起こした。とくに、オハイオ州のケント州立大学では数百人から数千人規模のデモが開催された。同年五月四日には、非武装であった学生四名が州兵に銃撃されて亡くなるという事態へと陥った。銃撃への抗議の声が高まり、数百万人の学生による全米規模のストライキへと拡大し、大学や高校などが一時閉鎖へと追い込まれた。このようにして、七〇年春には二人に一人のアメリカ人がベトナム派兵は間違いであったと考えるほど反戦意識が高まっていた。

この反戦意識を決定的なものにしたのは、七一年六月一三日、『ニューヨーク・タイムズ』紙による報道であった。政府の機密文書であり、それまでの四政権の対ベトナム政策がいかに間違っていたかについて分析した、「ペンタゴン・ペーパーズ」と呼ばれる研究報告書を入手し、その掲載を始めた。文書は、元国務省職員ダニエル・エルズバーグによってリークされたもので、「アメリカは不十分な手段（インドシナ半島への兵力の逐次投入）を用いて、過大な目的（共産主義のインドシナ半島全体への拡散の防止）を追求した」と結論づけていた。アメリカ政府が、終始北ベトナム政府の共産主義的性格を問題視し、フランスの植民地支配に喘いだベトナム人が持つ民族主義的側面および反植民地主義的側面を無視していたことが明らかになった。また連邦政府が、当初「二〇万人規模の軍隊が必要」とされた分析を議会ならびに国民に隠したことが明らかにされ、政府への信頼は失墜した（第3章参照）。

パリ協定調印へ

戦争の「ベトナム化」がうまく進んでいないことも、戦況の行き詰まりから明らかだった。一九七二年北ベトナム軍による南ベトナムへの「イースター攻撃」は、北ベトナム軍が南ベトナムの北側の省を制圧する勢いがあった。そのため、同年五月一〇日に、米軍が「ラインバッカー作戦」により本格的な北爆を開始することによって、北ベトナムからの攻撃はようやく停止した。

同時に、キッシンジャーは北ベトナムのレ・ドック・トと秘密裏に交渉を続けていたが、事実上の米軍の敗北となる平和協定締結に、ニクソン大統領は消極的になった。同年一〇月にはキッシンジャーとレが、アメリカが南ベトナムから撤退し基地を撤去すること、共産側が捕虜の米軍兵士を返還することなど九項目について合意に至ったが、一一月の大統領選挙後まで協定調印を引き延ばしたいニクソン大統領は調印を行わなかった。さらに北ベトナムへ軍事的圧力をかけるため、「ラインバッカー作戦Ⅱ」を命令し、同年一二月一八日から二九日の間にハノイおよびハイフォンへ一二万トンの爆弾を投下した。このクリスマス爆撃はメディアや議会から大きな批判を受けた。

空軍力を見せつけることによって交渉を有利に進めようとしたニクソン政権は、七三年一月二日に和平交渉を再開させた。そして、北ベトナム、南ベトナム解放民族戦線、南ベトナム政府、アメリカの四者間は、同年一月二三日パリ協定を調印し、六〇日以内の米軍の撤退、軍事要員や軍需物資の搬入禁止、捕虜の相互送還、民族和解全国評議会の設置と総選挙の実施、カナダ、ハンガリー、インドネシア、ポーランドによる国際管理監視委員会の設置などについて合意した。翌日、ベトナム全土で停戦が実現し、ニクソンは、この合意を「名誉ある平和をもたらす協定」と称した。同年三月二九日、七九〇〇人の軍事顧問を除いて米軍はベトナムから撤退、軍事援助司令部は一年あまりの歴史を閉じた。パリ協定は、アメリカにとって紛争を一時的に凍結させ、南ベトナムを維持している間にアメリカが撤退することを目的としていた。パリ協定調印を受けて、七三年のノーベル平和賞は、レとキッシンジャーに贈られたが、レは真なる平和はまだ存在していないと受賞を辞退した。

デタントの展開と限界——対ソ関係の進展と対中関係の打開

ニクソン大統領は泥沼化していたベトナム戦争を終結させるため、ソ連と中国両国との外交関係を利用することを模索した。共産主義国ということで一枚岩に考えられがちな両国が、単純な協力関係にないことを大統領やキッシンジャーが理解していたからである。一九四九年の中華人民共和国建国当初は、中国とソ連の関係は緊密であったが、徐々に両国のイデオロギー対立は深まっており、六九年三月には中ソ国境で武力衝突が起きていた。

このためニクソン政権は、ジョンソン前大統領の路線を引き継いで、ソ連政府との間で戦略兵器制限交渉（SALT）を開始した。同年一一月一七日に、フィンランドのヘルシンキで、弾道弾迎撃ミサイル（ABM）および潜水艦発射弾道ミサイル（SLBM）開発をめぐって話し合った。米ソ交渉中、ソ連側は中国の核施設に対する先制攻撃の可能性を示唆したことで、ニクソン政権はソ連側が中国を脅威として認識していることを理解し、対ソ関係での対中関係改善の戦略的意義を確信することとなった。

交渉を通じて進展した米ソ関係は、「デタント（緊張緩和）」と呼ばれた。「デタント」はフランス語で、六二年のキューバ危機を契機として、フランスのドゴール大統領が東西関係において達成されるべき発展過程をデタント、アンタント（相互理解）、そしてコーペラシヨン（協力）と表現して以来広く用いられるようになった。だが、ニクソンによるデタント政策は、世界的な協力関係構築を模索したものでなく、米ソ関係の緊張を緩和することでソ連を封じ込め、アメリカにとって有利な状況を生み出すために実施されたものであった。

中ソが友好関係にないことに確信を得たニクソン大統領は、さらなるソ連の牽制のために中国との友好関係も模索した。米中の歩み寄りを可能としたのは、ニクソンがすでに「反共の闘士」として知られていたため、新たに中国と接近することが国内世論から容共的であるとの批判を受けず、政治的にもダメージをもたらさないとの見方があったからであった。六八年大統領選挙以前から中国との国交については言及しており、その当時から政治生命を脅かすほどの強い批判がなかったことも影響していた。

米ソ中の三極構造は、戦後の米外交政策の基本であった米ソ二極対立を複雑化し、ソ連を封じ込めていくことを目的としていた。その上、この三極構造は、ベトナム戦争の進展にとって重要な鍵を握ると考えられていた。そのため、七一年初頭から、名古屋での世界卓球選手権において米中チームが交流し、米選手団が中国を訪問するなど、卓球を介した「ピンポン外交」により米中関係改善を促していった。また、ニクソン大統領は、キッシンジャーを極秘訪中させ、中国訪問を協議させた。同年四月にはニクソンが記者会見で米中関係の「正常化」と自らの訪中に意欲を示した。そして、同年七月一五日、ニクソン大統領は、翌年春に中国を訪問すると発表し、世界を驚愕させた。同盟国にさえ知らされていなかったために世界にショックを与えたことで、このことは「(第一次)ニクソン・ショック」と呼ばれた。七二年二月、ニクソンは夫人とエアフォースワンで訪中し、毛沢東や周恩来と対面したことを、テレビ局などに報道させ、世界を沸かせた。この訪問は米中関係の新たな幕開けであった。

米中関係の改善はニクソン政権が望んだような、さらなる米ソ関係の展開ももたらした。訪中発表の数カ月後の七一年一〇月、ニクソン大統領は、七二年五月にソ連を訪問することを公表した。そして、現職大統領として初めてソ連を訪問したニクソンは、ソ連共産党書記長レオニード・ブレジネフと会談した。同年五月二六日にモスクワで第一次戦略兵器制限条約(SALTⅠ)およびABM制限条約に調印し、米ソ協調関係が展開した。SALTⅠは、冷戦のなかにあって初めてアメリカとソ連が核兵器の数を制限することに同意したこと、ABM配備基地を首都と弾道ミサイル基地の二カ所に限定することになり、軍備管理に繋がる動きであった。七三年六月には、ブレジネフが訪米しニクソン大統領と合意し、核戦争防止協定が締結され、米ソ両国が核戦争を防止することを約束した。

米ソ関係における「デタント」は、ヨーロッパにおける東西陣営の関係改善にも影響を与えた。七〇年にソ連と西ドイツ間で武力不行使条約、ポーランドと西ドイツ間で国交正常化条約が成立し、東西ドイツ間にも七二年に国家関係基本条約が調印された。このようなヨーロッパでのデタントの展開は、東西冷戦を変質させた。ニクソン政権は、ヨーロッパ諸国の要請に応え、七二年一一月に開催されたヨーロッパ安全保障協力会議(CSCE)の準備会議に参加し、安全保障、経済技術協力、人の移動と文化協力の三つの分野での協議を進めた。

第二次ニクソン・ショックと環境問題への取り組み

一九七一年八月一五日にニクソン政権が発表した「新経済政策」は、アメリカの経済・金融力の低下という認識に基づくものであった。実際に、アメリカの金保有高は一〇〇億ドル以下へと減少し、企業の国際間競争力が低下し、七一年には二〇世紀で初めての貿易赤字を記録していた。そのため、この日の声明でニクソン大統領は、金とドルの兌換を一時停止し、ブレトンウッズ体制の根幹であった金ドル本位制の崩壊を認めた。ニクソンは、賃金と物価を凍結し、輸入課徴金を課すことで国際通貨体制にも自由貿易体制にも大打撃を与えたため、これを「(第二次) ニクソン・ショック」と呼ぶ。その後、七三年に起こった第四次中東戦争により、原油の供給逼迫および原油価格高騰という、いわゆる「第一次石油危機（ショック）」と言われる世界の経済混乱がもたらされた。

ドル危機や石油危機は、アメリカ経済に物価高、そして、インフレをもたらした。それにより、政府支出が削減され、金融引き締めなどの対応が取られ、失業率が急上昇することになった。こうした国民経済の停滞は、三〇年代以降ニューディール・リベラリズムの支持基盤であった労働者階級および南部白人層、人種マイノリティ層を直撃した。それによって「偉大な社会」計画のコスト、ベトナム戦争の戦費などの負担をめぐる社会的な分断が加速していった。

また、石油危機は、安価な中東の石油に依存してきたアメリカの「豊かな社会」のあり方に変更を迫るものとなった。国際的な経済成長が、大気、森林、水、土壌、海洋などの自然資源を乱用しており、地球環境全般に及ぶ危機として世界的に認識されるようになってきたことも影響していた。このような環境への認識は、六九年にユネスコが提起し、七〇年以降、アメリカ各地でも開催されるようになった「アース・デイ」の集会に見られるように、一般の人々が環境問題への関心を高めることに繋がっていった。そこには、六二年に出版されたレイチェル・カーソンによる『沈黙の春』が人々の環境問題への意識を変えた背景もあった。

そのため、ニクソン政権期には連邦政府レベルでの積極的な環境問題への取り組みが見られた。六九年一月一日、ニクソン大統領は、国家環境政策法（NEPA）を制定し、連邦政府の行動による環境への影響を監視する環境品質委員会を設立した。同年一二月、大統領行政命令によってニクソン大統領は環境保護庁（EPA）を設立し、様々な環境プログラムを扱う部署を一つにまとめた。この時期の環境問題は、大気汚染、水道および地下水の水質問題、ゴミ問題が主であった。当時、大気汚染を引き起こす粒子の規制および酸性雨や地球温暖化問題に繋がる問題への懸念が示され始めていた。五五年大気汚染規制法が初の連邦法として制定されて以来、六〇年代になり自動車からの排ガス規制や工場からの汚染規制などが進み、連邦および州の規制規則を定めた七〇年大気浄化修正法が成立した。水汚染は、四八年連邦水汚染規制法が初の連邦法として制定されていたが、人々の関心の高まりから、七二年連邦水汚染規制修正法が成立し、水への汚染物質の流入規制、水質基準の維持などが定められた。こうした法律は、連邦レベルでの環境基準を設定し、その基準達成へ州が取り組むこととなった。

3　進行する社会の分断

反動的福祉改革

ニクソン大統領は、ジョンソンによる「偉大な社会」計画の多くを廃止することを目指し、後で見るように、実際に連邦予算留保などの手段を用いていくつかのプログラムに予算をつけず廃止に追い込んだ。それらはたとえば、経済機会局（ＯＥＯ）、職業部隊（Job Corps）、モデル都市事業（Model Cities Program）といったものであった。そのため、ニクソンは公民権を敵視していたと考えられてきた。

一九六八年大統領選挙におけるニクソンの公約の一つは、「福祉の混乱（mess）」と呼んだ状況を片付けるものであった。そこには福祉受給者が「問題」視され始めていたことが関係していた。要扶養児童家族扶助（ＡＦＤＣ）の受給者は、六〇年の三〇〇万人から七〇年には八四〇万人に増加した。ニクソンをはじめ保守派の多くは、福祉事業が人々の就業意欲を削ぎ、福祉に依存する状況を作り出していると考えていた（コラム５‐１参照）。

政権発足後まもなく、ニクソン大統領は、ダニエル・パトリック・モイニハンを委員長として都市問題評議会を設立し、新たな福祉事業を提案させた。モイニハンの提案した計画は、福祉事業を、所得税を控除するものに置き換え、すべての米国民に最低保障収入を与えることだった。ニクソンは、ＡＦＤＣに代わるものとしてこのモイニハン提案を採用し、ニクソン政権の中心的政策に位置づけた。

六九年八月、テレビ演説でニクソンは、一八歳未満の子供を持つ四人家族で無職ならば、一年で一六〇〇ドル受け取れるという基準を定めた、家族支援プラン（ＦＡＰ）を発表した。世論は歓迎したが、提案そのものに議会の関与が欠如していたためにＦＡＰは議会で強い反対を受けた。また、保守派の多くは最低収入の設定に対して反対

コラム5-1　福祉「依存」という言説

ジョンソン政権期に成立したプログラムは，人々の福祉への権利を人権と結び付け，政府が福祉を提供しそれを受給することを，特権ではなく普遍的権利として位置づけるものであった。福祉に対する考え方の転換は，それまで福祉受給者として想定されていなかった黒人母子家庭の AFDC 受給を急増させることとなり，福祉制度が労働者の労働意欲を削ぎ，「福祉依存」と呼ばれる状況を生み出しているとの批判が高まっていった。それに加えてニクソン政権期には，社会保障，メディケア，メディケイドへの支出が激増した。たとえば，60年には273億ドルの支出額が，75年には674億ドルを記録した。この状況は「福祉爆発」と呼ばれ，福祉費用の抑制が課題とされるようになった。

しかし貧困率自体は，68年には12.8%，73年には11.1%へと低下していったのだが，ニクソンは，AFDC を継続せず，雇用の確保とそれを前提にした福祉からの脱却を目指し，福祉と労働を結び付ける方針転換を試みた。このためニクソン大統領による福祉政策は，当時盛り上がりつつあった「福祉権運動」のような，政府に「適切な保証所得」を求める動きを否定するものであったと言える。FAP 提案以降，就労可能な者が公的扶助を受給する際には見返りとして働かなければならないとの考えが世間一般に広がり，福祉受給状況から脱することができない人々を福祉「依存」状況にあるとする批判的見方が定着していった。

し、リベラル派はその最低基準が低すぎると反対したため、両派からの反対を受けることとなった。下院ではＦＡＰ法案は通過したが、七〇年五月には上院で廃案となった。

ニクソン政権によるＦＡＰ提案は、ＡＦＤＣを廃止するためであった。ＡＦＤＣは、働く父親が不在で被扶養児童がいる母子家庭への扶助給付であり、その受給者が増加していた。ニクソンは、ＡＦＤＣが受給者の労働意欲を阻害し、受給のために婚姻関係を選択しない母子家庭を増加させていると考えていた。ＦＡＰは給付対象を家族とし、給付家庭の労働を推奨し、世帯主が雇用されても所得の増分の一定割合だけが減額されるプログラムであった。これは家族の稼ぎ手を男性として想定し、男性こそが家計を支えるべきとする性的分業役割を改めて強化しようとするものでもあった。

ニクソン政権期のその他の福祉やマイノリティに対する政策も、ジョンソン政権期の福祉改革への反動として位置づけることができる。特定の人種への経済補償を求める動きに対して、ニクソン大統領は大統領選挙中から「黒人の資本主義」を訴え、民間事業によって黒人の抱える問題が解決されるべきであると主張した。そこには、基本的には黒人が自助努力によって富を摑むべきだ、との当時の世間一般的な考え方が反映されていた。経済機会局を廃止に追い込み、マイノリティ企業局（Office of Minority Business Enterprise）を設立したことも、マイノリティの人々へ企業の設立を支援するためであると同時に、黒人の自助努力を求める考えが表れている。また、黒人大学に連邦補助金を与え、職業支援プログラムを通して雇用を得られるようにし、黒人の経済的機会を拡大することを誓ったことも同様である。

このようにニクソンが強調した「黒人の資本主義」に関連したプログラムは、今まで経済的恩恵に浴してこなかった黒人層を、連邦の政策によりその経済的不利益を積極的に是正するためのものではなかった。むしろ、税の控除や経済的インセンティヴを付与する政策であり、すでに経済的基盤を拡大できる状況にある黒人にとっては自らの利益を追求することができるが、そうでない人々には利益がもたらされづらいものであった。

麻薬との戦い

一九六九年八月、およそ四〇万人の人々を集めたウッドストック近郊でのロック・フェスティバルが開催された。また、反戦運動も盛り上がり、同年一一月五日には二五万の人々がベトナム反戦を訴えたワシントンDC行進が行われた。ニクソン政権期には、このようにカウンターカルチャーが広がったが、麻薬が深刻な問題として認識されていった。

そこで、六九年七月一四日、ニクソンは議会で麻薬問題がアメリカ社会全体の問題であり、数百万人のアメリカ人の健康と安全の脅威となっていることを指摘した。そして、連邦政府での包括的法案を進めるなどの一〇の段階を提示し、「七〇年規制物質法」を制定した。

七〇年規制物質法は、乱用の危険があると考えられる薬物・物質をスケジュールⅠからⅤに分類し、とくにスケジュールⅠに指定したものについては、その危険が最も高いとして、医学的用途さえ一切認めず連邦政府によって製造が制約されることとなった。スケジュールⅡからⅤのものについてはⅠと比較して乱用の危険性が低いとされた。この分類に基づき、薬物・物質の製造・使用を政府により監視し制限したのである。

さらにニクソン大統領は、七一年に、麻薬乱用がアメリカの「公共の最たる敵（public enemy number one）」であると述べ、麻薬問題への取り組みを進めた。その成果として、七三年、アメリカ麻薬取締局（DEA）が、七〇年規制物質法の執行を職務とする司法省の連邦捜査機関として創設された。DEAは麻薬犯罪の厳罰化を進行させ、国内の収監人口増加を促す役割を果たした。

麻薬の監視・制限が政府の取り組むべき問題となることで、「麻薬との戦争（War on Drugs）」は八〇年代以降本格化していくこととなった。そのため、麻薬との戦いはニクソン政権期に開始されたと近年の研究では考えられている。当時、多くの若者たちに嗜好品として好まれていた大麻を、委員会答申を無視して、七〇年規制物質法でスケジュールⅠドラッグに指定したため、ニクソン大統領は自身の権限を最大限に利用し、「麻薬との戦争」を開始したと批判されてもきた。

この批判を裏づけるものとして、ニクソン政権内部からの証言がある。当時、内政問題責任者を務めていたジョン・アーリックマンは後の一九九四年に麻薬との戦いの本来の狙いは「反戦左翼と黒人」であったと告白していたことが二〇一六年になって明らかになった。ニクソン政権は、黒人を敵視しているのを公言できないことは分かっていた。麻薬との戦いを開始することによって、ヒッピーを大麻に、黒人をヘロインに結び付け、彼らへの監視を強化することができたことをアーリックマンの発言は示唆している。

「麻薬との戦争」により、麻薬所持の疑いを口実に左翼および黒人指導者を逮捕したり、彼らの自宅を捜索したりすることが容易になり、警察や政府の監視下に置くことができるようになった。このように、左翼や黒人の存在は違法薬物と結び付けられ、彼らの政治的主張の正当性は奪われていったのである。麻薬をめぐる政策も、ニクソン大統領が公民権を敵視していたと考えられるゆえんである。

女性の権利をめぐる議論

一九七一年に創刊された『Ms. マガジン』は、ニクソン政権期に第二派フェミニストを中心とする女性の権利を求める声が高まったことを象徴していた。女性による女性のための雑誌をという要求の結果生まれた、このリベラルなフェミニスト雑誌は、女性の地位向上を目指す動きが政治だけに留まることがなかったことを示している。

女性の権利に関する議論の高まりを受けて、ニクソン政権期には、立法上にも様々な試みがなされた。たとえば、公衆衛生法（Public Health Service Act）第十篇で知られる家族計画への連邦補助金の活用が六九年成立し、七〇年一二月二六日に家族計画法（Family Planning Services Act）が発効した。その背景には、家族計画へのアクセスが普遍的人権であるとの超党派の理解が存在していたからであると考えられている。このような一致した理解が崩壊していき、家族計画への女性へのアクセスが制限されていくのは、人工中絶が政治問題化していったことが大きく、家族計画の社会的意味が変容したためだと分析されている。

また、ニクソン大統領は、七二年六月二三日、スポーツや課外活動への補助金を含む高等教育プログラムにおける差別を禁止する「七二年教育改正法第九篇（以下、「第九篇」）」に署名した。この結果、主に大学におけるスポーツ競技への女性の参加者を増やすこととなり、女性アスリート育成が促進された。

公民権を敵視していたと言われるニクソン大統領だが、アイゼンハワー、ケネディ、ジョンソンと同様に、男女平等憲法修正条項（ＥＲＡ）の支持者だったことは知られている。ＥＲＡとは、二一年に初めて議会で提案され、国民の法的権利を性別の区別なしに平等に保障することを憲法に明記するための修正条項である。六九年一〇月にニクソンは、女性の権利に関するタスクフォースを任命し、これに関して連邦政府の取り組みを進めようとした。

しかしながらニクソン政権期にＥＲＡ成立はしなかった。七二年三月には議会両院でＥＲＡが承認されたが、各州が批准するかどうか、五〇州の四分の三、つまり三八州が批准するかどうかに、条項が憲法に加えるか否かが委ねられることとなった。そこで、フィリス・シュラフリー率いる反ＥＲＡ運動が展開し、ＥＲＡ成立により女性が持つ既存の権利が失われるとの言説が広がった。シュラフリーは、ＥＲＡはキャリア女性のためのものであり、ＥＲＡが成立すれば男性によって扶養されている女性は困窮するとの反論を展開した。それにより、ＥＲＡを批准したものの批准を撤回する州が現れるなど、批准した州が三八州に足りないまま現在に至っている。

さらに、貧困層および中産階級双方にとってより良い保育の充実を謳った公的保育支援に関する法案が成立しなかったことは、現在から振り返ると最大の機会を逸した出来事であった。それは、七一年、上下両院を通過したものの、同年一二月九日にニクソン大統領が拒否権を発動したため成立しなかった。彼は、法案が保育の決定権を家庭でなく連邦政府に握らせるものであり、家族のあり方を崩壊させてしまうとして反対した。その代わりに保育費を控除対象とする形で、いわゆる白人中産階級の女性の子育てを支援した。

保育支援に関する法律に関しては、ニクソン大統領自身の判断が問われるべきであろうが、家族計画法、第九篇、ＥＲＡなどの女性の権利をめぐる動きは、ニクソンを含む保守派とリベラル派の攻防戦の結果起こったものであった。つまり、公民権運動の成果として誰に利益を分配するのかと考えた際に、ニクソンが、黒人やその他の人種・エスニックマイノリティよりも白人女性を受益者として想定したと見るべきであり、女性全般の権利を推進したと手放しに称賛するべきではないだろう。

4　一九七二年大統領選挙とウォーターゲート事件の衝撃

ニクソン再選

一九七二年大統領選挙は、予備選挙のほぼ終盤で、民主党の本命だったエドマンド・マスキー候補が失速し、ジョージ・マクガヴァン候補が浮上して、共和党にとってはまず順調に選挙戦が戦える見通しとなった。マクガヴァンは、ベトナム戦争の激しい批判者であっただけでなく、最低収入保障の導入を訴え、麻薬や人工中絶といった問題にも寛容であったため、民主党の既成組織にも労働組合にもマクガヴァン支持には消極的な人々が多かったからである。

ニクソン大統領は現職候補として、強い経済と外交成果を強調することに加えて、マクガヴァンを極左候補であるかのように扱うことによって、事前調査では当選確実であると見られていた。また、マクガヴァンの副大統領候補トーマス・イーグルトンが鬱治療のため電気心理治療を受けていたことは、マクガヴァンの選挙戦にさらなるダメージを加えることとなった。イーグルトンが六〇年から六六年の間に身体的・精神的消耗で三回入院していたうえ、電気ショックを用いた心理療法を二回受けていたことなどが暴露され、そのような人物を副大統領候補としたことにマクガヴァンの責任を問う声が高まったからである。その結果、イーグルトンはサージェント・シュライバー候補に入れ替わることになった。

対立候補が苦戦する一方で、七二年大統領選挙戦はニクソンにとって順調に進んだ。そして、南部の票を基盤にして、一般投票の六〇％近くを獲得し、マクガヴァン候補に一八〇〇万票以上の大差をつけ、ニクソンは現職大統領候補として当選を果たした。

ウォーターゲート事件発覚とニクソン辞任　ニクソン再選という結果にもかかわらず、大統領選挙戦の最中であった一九七二年六月一七日に、民主党本部で盗聴侵入事件が起きていた。この事件は「ウォーターゲート事件」と呼ばれ、ニクソンを辞任に追い込むことになった巨大な政治スキャンダルへと発展した。

事の発端は、民主党本部があるワシントンDCのウォーターゲート・ビルに、何者かが盗聴器を仕掛けようと侵入し、警備員に発見され警察に逮捕されたことだった。現行犯逮捕された五人がニクソン大統領再選委員会の関係者であることが分かったが、当初ニクソン大統領とホワイトハウスのスタッフは事件とは無関係との立場を取った。しかし、『ワシントン・ポスト』紙などの取材から次第に政権内部が盗聴に深く関与していたことが明らかになった。七三年二月から上院ウォーターゲート特別委員会が設置され、公聴会のなかでホワイトハウスのシステムにより大統領執務室の会話が録音されていたことが分かると、その録音テープの提出を求める検察側と拒否する大統領側での攻防戦が戦われた。テープの提出を拒んだニクソン大統領に対して司法長官と副長官が抗議のために辞任したことで、大統領の支持率は大きく低下し世論から強い批判を受けることとなった。同年一〇月には録音テープの一部を提出したが、アグニュー副大統領がメリーランド州知事時代の収賄容疑で辞任したことが重なり、ニクソン政権が汚職政権であるとの印象が広がった。さらに七四年四月にニクソン大統領に過去の脱税問題が明らかになったことも、世論を大統領弾劾賛成へと大きく傾倒させた。

七四年七月に下院司法委員会は、司法妨害、権力濫用、議会侮辱を理由として、ニクソン大統領の訴追勧告を決定した。この勧告に従い、連邦議会下院本会議で弾劾裁判の発議が議決されると、上院での弾劾裁判が始まるところで、ニクソン大統領は辞任を表明した。同年八月八日夜テレビで辞任することを発表し、翌日九日にヘリコプターでホワイトハウスを去った。このことで、ニクソン大統領は在任期間中に辞任したアメリカ史上初めての大統領となった。

「議会の復権」

議会上下両院とも民主党多数の議会運営において、ニクソン政権は苦しい政権運営を迫られた。在任期間中、ニクソンは大統領の権限を拡大しようとし、国内政策を形成する権限をホワイトハウスに集中させようとした。前述したようにニクソン大統領は、予算の執行留保権限を全面的に行使することで、ジョンソン政権期に設立された経済機会局の予算執行を留保した。経済機会局を存続させるために議会は予算を割り当てたが、経済機会局臨時局長に解散命令を出させるなど、ニクソン大統領は経済機会局が立ち行かなくなるよう攻撃したのであった。このようなニクソン大統領と議会との対立が、ウォーターゲート事件による大統領弾劾に繋がる流れを作り出したと考える向きもある。

前述したように、ニクソンは、最高司令官としてカンボジアを爆撃し、侵略する権限を行使したが、それは議会の強い反対を引き起こした。そのため、世論の後押しもあり、議会は大統領権限を抑制する一連の法案を可決した。それらは、議会予算および執行留保統制法と戦争権限法である。前者は、議会の歳出権限の回復を図るものであり、大統領が執行留保を行うためには議会の承認が必要と定めた。また、上下両院に予算委員会が新設され、予算編成面で議会を補佐する議会予算局が設立された。これにより、議会はニクソンによる歳出予算法の執行に対する大統領権限に歯止めをかけた。戦争権限法は、一九七三年一一月七日にニクソンの拒否権を覆して成立した。ニクソン大統領は、同法が違憲であるだけではなく、国際的な危機に対応する国家の能力を損なうと主張して強く反対した。

すでに議会は、七〇年、トンキン湾決議の取り消しを行い、また七三年七月には八月一五日以降議会の承認なしにインドシナにおける軍事行動への財源支出を容認しない法案を成立していたが、さらに戦争権限法は、最高司令官として大統領が軍隊を投入する憲法上の権限を制限するものであった。議会による宣戦布告、法定権限、あるいはアメリカ領土や軍隊に対する攻撃によって生じた国家非常事態においてのみ、大統領が軍隊を派遣できると限定した。軍を投入する際は四八時間以内に大統領が議会に知らせることを定め、もし議会が宣戦布告を行う場合、軍隊の展開を続行する権限を認める場合、あるいは議会が武力攻撃によって開会できなくなった場合を除いて、軍隊が六〇日以上駐留することを禁じた。また大統領が軍隊を投入する場合、議会と協議が必要とされ、軍隊を撤退させるまで議会と定期的に協議しなければならないとした。同法は、ベトナム戦争の反省から、大統領が議会から正式に権限を得ることなく長期にわたって続行する戦争を再び起こさないようにするために制定された。

このように議会予算および執行留保統制法と戦争権限法が成立したのは、ニクソン大統領が大統領権限を拡大しようと試み、そうした動きに対抗し、行政府の対外政策を監視し制約を課そうとする議会の動きが活発化したからであった。

さらに、ニクソンへの権力集中を危惧した議会は、七四年通商法にジャクソン＝ヴァニク修正条項を加えることでニクソンの対ソ外交に制限を加えた。修正条項は、イスラエルへの移住を希望するユダヤ系市民に対する出国制限を解除しない限り、ソ連に最恵国待遇を与えないことを規定した。この背景には、ソ連国内での人権抑圧への関心が高まったこと、そして、デタントがソ連にとってのみ利益をもたらしているとの批判の高まりがあった。ソ連は修正条項を内政干渉と非難し、七二年米ソ通商協定を破棄した。このように修正条項はデタント崩壊に繋がる流れを生み出し、デタントを批判する対ソ強硬派によって利用された側面もある。

議会がその地位を取り戻そうとした動きはフォード政権にも継続した。議会の議事進行は改定され、常設委員会の権限が小委員会に移ることで、小委員会を通して新しい計画が発案されるようになった。たとえば、七五年一月にフランク・チャーチ上院議員（民主党）が議長を務める情報活動特別委員会が設立され、中央情報局（ＣＩＡ）など政府機関による海外での秘密工作についての調査を行った。そして同年一一月に報告書を提出し、ＣＩＡによるキューバのフィデル・カストロ首相への暗殺計画、チリのサルバドール・アジェンデ社会主義政権の崩壊への関与を明らかにした。

5　短命に終わったフォード政権

予期せぬフォード大統領就任

ニクソン大統領が一九七四年八月に辞任したことを受けて、副大統領のフォードが第三八代大統領に就任した。七三年にアグニュー副大統領が辞任した後、フォードは、大統領指名と上下両院の承認を得て副大統領に就任しており、その後の大統領就任ともに、選挙を経ずに副大統領および大統領に就任した初めてのケースである。また、大統領就任後、フォードは現職大統領として七六年大統領選挙に立候補するものの敗れたため、八九五日という在任期間を務めただけであり、在任期間中に亡くなった例を除いて最短期間である。

大統領就任中は、その誠実な人柄からウォーターゲート事件で失墜したホワイトハウスへの信頼回復に努めた。日米関係で見れば、フォード大統領は、七四年一一月一八日に初めて公式に来日した現職米大統領であり、日米関係の新たな幕開けを象徴する大統領であったとも言えよう。しかし、七五年六月にオーストリアを訪問した際、エアフォースワンのタラップから滑り落ちたことを、人気番組「サタデー・ナイト・ライブ」でネタにされ、不器用な大統領というイメージがつきまとうことになった。しかしフォードは、実際には高校時代からアメフト選手として有望視され、ミシガン大学にスポーツ奨学金で進学し、アメフト選手として全米学生選抜チームの一人にも選ばれた経歴の持主であった。

二年間の大統領在任期間中に、フォードは国内のインフレおよび失業による経済の弱体化に直面した。ウォーターゲート事件の影響で、七四年の中間選挙では民主党が上下両院で大幅に議席を増やした。そのため、フォード政権では、民主党が多数を占める議会との対立がさらに顕著となり、六六もの法案に大統領拒否権を行使した。

フォードの議員としての経歴

フォードは、父レスリー・リンチ・キングと母ドロシー・ガードナーとの一人息子として一九一三年ネブラスカ州オマハで生まれた。生まれた後、父が母に暴力を振るうようになり、母がミシガン州へ逃れ、その後離婚し再婚したため、フォード姓を名乗ることとなった。ミシガン大学卒業後、アメフトでのプロとの契約は結ばず、イェール大学の法科大学院に進み弁護士資格を取得し、卒業後、弁護士事務所を開いた。第二次世界大戦中は海軍に所属し、太平洋戦線での様々な作戦に参加した。四八年にエリザベス（ベティ）・ブルーマー・ウォーレンと結婚し、後に四人の子供を儲けた。

同時期にフォードは政治家としてのキャリアを開始し、通算一三回の当選を重ね、四九年から連邦下院共和党議員（ミシガン州）を七三年まで務め、親しみのある誠実で忠誠心の強い共和党員との評判を獲得した。六四年にはケネディ暗殺事件を調査するためのウォーレン委員会の委員も務めた。その翌年には下院院内総務にも選ばれた。

他の議員から人気があり尊敬もされていたフォードが、七三年に副大統領に就任してからは、ウォーターゲート事件の捜査が過熱するなかで、ニクソン大統領をかばい政権運営を支えた。ニクソンが辞任し、フォードが大統領に就任してからは、ベトナム戦争をめぐって分裂していた社会の混乱を収束させ、政治信頼への回復に努めた。

フォードが副大統領から大統領へと昇格し、副大統領が不在となるため、大統領継承について定めた憲法修正第二五条によって、元ニューヨーク州知事のネルソン・ロックフェラーを副大統領に選んだ。そして大統領就任演説では、「われわれの長い国家的悪夢が終わった」と述べ、大統領の威信を取り戻し、ウォーターゲート事件の影響を払拭しようと試みた。就任して最初の一週間でフォードは七一％の支持率を獲得した。

フォード大統領は、キッシンジャー国務長官の留任をはじめ、内外の政策面においてニクソン時代の路線を引き継ぐこととなったが、社会の分裂を修復するための試みも行った。それは、大統領に就任して一一日後の七四年八月一九日に発表された、五万人の徴兵忌避者とベトナム戦争からの逃亡兵に恩赦を与える計画であった。徴兵忌避者がアメリカに忠誠を誓い公共奉仕を二年間行えば、あるいは、逃亡兵がアメリカに忠誠を誓い二年間軍務従事すれば、それぞれ恩赦を与えるというものだった。退役軍人の関係団体は、これらの計画が寛大過ぎると批判したが、同年九月一六日に以上のような条件付き恩赦を大統領命令として宣言した。

その恩赦のおよそ一週間前の九月八日、フォード大統領は、ニクソン前大統領が行った犯罪行為に対し全面的な大統領特別恩赦を与えることを発表した。フォード大統領は、ニクソンに恩赦を与えることでウォーターゲート事件をめぐる国民との和解を望んでいた。しかし、大統領就任まもなくしてニクソンに恩赦を与えたことは、フォード大統領への国民の信任を大きく揺るがすこととなってしまった。同年九月末にはフォード大統領の支持率は五〇%に低下した。

さらに恩赦によって、ニクソンの辞任およびフォードの大統領就任には裏取引があったのではないかと疑念を抱く人々も現れた。同年一〇月一七日、フォード大統領は下院司法委員会で裏取引の存在を否定する宣誓を行ったが、これはウィルソン大統領以来五五年振りでの議会での証言となった。宣誓以後も、フォード大統領が秘密取引を行った卑怯な政治家というイメージは完全に消えることはなかった。

ニクソン恩赦に加え、当時のアメリカ経済の状況悪化がフォード政権への逆風となった。七三年の石油危機が影響し、エネルギー不足による景気後退とインフレの悪化に直面していた。そのため、そのなかで行われた七四年一一月の中間選挙は、共和党の議席を上下両院でさらに減少させ、民主党の躍進を招いた。

ニクソンへの恩赦により、フォード大統領が払った政治的犠牲は大きかった。それは、ウォーターゲート事件によって政治が負った傷を癒すのではなく、フォード大統領への批判とさらなる政治不信を引き起こした。

ベトナムからの撤退

フォード政権と議会との対立状況は、「名誉ある平和」のための米撤退を実行することを困難にした。フォード大統領は南ベトナムへの支援を強化するよう議会に求めたが、議会はその要請に応じなかった。米国内の政治状況を受けて、北ベトナムおよび南ベトナム解放民族戦線は、一九七四年末から南ベトナム側へ大攻勢を始めた。アメリカ連邦議会は対南ベトナム軍事援助を前年分の三分の一に削減しており、七五年初めには南ベトナム政府の戦況は悪化していた。さらに、同年三月一〇日から北ベトナム軍は、三〇万人近い兵力で総攻撃を仕掛けた。そのためフォード政権の予想をはるかに超える速度で南ベトナム政府は立ち行かなくなっていった。ラオス、カンボジアでも共産主義勢力が権力を握った。同年四月三〇日に南ベトナムの首都サイゴンは陥落・解放され、アメリカが望んでいたような撤退とは異なる形で、アメリカによる旧インドシナ三国への介入は終了することとなった。七六年北ベトナム政府はハノイを首都として南北ベトナムを統一し、サイゴンをホー・チ・ミンと改名した。ベトナム戦争に勝利したベトナムは、パリ協定成立の際にニクソン前大統領が約束した四七億五〇〇〇万ドルの戦時賠償をアメリカに求めた。

ベトナムからの完全撤退は、フォード政権期に最悪のシナリオと想定されていたような、アメリカ人が人質に取られるというような状況をもたらすことはなかった。しかし、それはカンボジアで起こった。カンボジアで誕生した共産主義政権クメール・ルージュは、七五年五月一二日に領海侵犯を理由として、駐タイ大使館への荷物などを運んでいたアメリカの民間船籍マヤグエス号を拿捕したのである。フォード政権は議会やタイ政府に相談することなく、マヤグエス号乗組員がカンボジア本土に移送されるのを防止して船を奪還するために、米軍派遣を決定した。米軍は、カンボジア軍が作戦を妨害しないようにカンボジア本土を爆撃し、カンボジアの艦船と戦った。最終的にマヤグエス号乗組員は解放されたが、計一八人の米軍海兵隊員が犠牲となった。世論は、フォード政権によるこの作戦を支持し、フォードへの支持率も上昇した。

フォード政権は、サイゴン陥落・解放後に大量に発生した南ベトナムからの「難民」を受け入れる一方、対ベトナム禁輸、金融取引などの全面停止、在米ベトナム資産の凍結といった措置をとった。そして、北ベトナム側が一方的な武力行使によってサイゴンを陥落させたと主張し、国交正常化に取り組むことを拒否した。

七五年一一月、フォード大統領は新太平洋ドクトリンを発表し、日本や韓国との協調関係の維持、対中関係改善、ASEANとの友好などを打ち出した。ベトナム戦争後のアジアにおいて、フォード政権が危惧したほど、アメリカの覇権は大きく揺らぐことはなかった。

米ソ・デタントの限界とフォードの大統領選敗退

米ソ間では、第二次戦略兵器制限条約（SALTⅡ）に関する交渉が七二年後半から開始され、七四年一一月のウラジオストックサミットでフォードとブレジネフはSALT

Ⅱに基本合意した。そして、ニクソン政権以降進められてきた、CSCE構想の最終合意文書であるヘルシンキ宣言に、フォード大統領は七五年七月に調印した。七二年のCSCE準備会議のなかで、検閲と政治犯の扱いについて批判されていたソ連は、国際的な人権の原則を遵守することを誓った。その代わりにアメリカおよび西側諸国は、ソ連が主張する東ヨーロッパの境界の現状を追認することとなった。フォード大統領はヘルシンキ宣言によってデタントがさらに進み、文化的・外交的交流が拡大され、国際協調が進展することを望んだ。

しかしながら、米国内ではデタント政策に対する批判が高まり、フォード大統領は、翌年の共和党全国党大会でヘルシンキ宣言を批判する綱領の承認を強いられた。国内のデタント政策に対する批判の高まりは、米ソ・デタントの限界が露呈してきたことを背景としていた。ニクソン政権二期目、七三年一〇月の第四次中東戦争をめぐって戦闘を継続しようとするイスラエル側に立つアメリカと、軍事介入も辞さないとするソ連側で対立が露わとなった。

米ソ戦争は回避されたものの、第三世界での勢力争いにおける米ソ・デタントの難しさが明らかとなった。ポルトガル植民地であったアンゴラにおける反植民地闘争においてもソ連側の支援を受けていたアンゴラ解放人民運動（MPLA）とアメリカが支援していたアンゴラ民族解放戦線（FNLA）との衝突が激化し、MPLAが新政府を樹立する展開となった。このような第三世界におけるソ連の勢力圏の拡大は、ニクソン・フォード両政権におけるデタント政策に対して米国内から強い批判をもたらすこととなった。

議会はフォード政権が求めた、南ベトナム崩壊に対する緊急支援、トルコ支援に対する輸出禁止の撤廃、アンゴラでのFNLAへの支援に応じず、フォード外交の遂行を不可能なものとした。

七六年大統領選挙に向けて、フォードは初期の予備選挙や党員集会で圧倒的な勝利を得たが、共和党の穏健派であり、ERA賛成派および人工妊娠中絶を認めるプロチョイス派であったため、ニクソン政権の支持層であった共和党保守派の支持を完全に掌握することができなかった。そのため、保守派を代表するロナルド・レーガン候補と大統領指名をめぐって接戦となっていった。

フォードは副大統領候補にボブ・ドールを指名したが、レーガンがリベラル派と中道派の支持を集めるために、副大統領候補に穏健派上院議員リチャード・シュウェイカーを選んだことで、レーガン支持層であった保守派の反発を招いた。これにより、フォードは共和党の大統領指名を接戦で獲得することができたものの、本選では、ジミー・カーター民主党大統領候補に僅差で敗北することとなった。

6　ニクソン・フォード政権期の歴史的な位置

ニクソン政権期、それに続く短期間で終わったフォード政権期は、ニューディール以来の民主党優位の政党制に大きな転換点をもたらした。一九七六年の大統領選挙は民主党勝利になったものの、それを除いては六八年から八八年まで共和党候補が勝利することとなったからである。これは、ニューディール・リベラリズムを支えてきた政治構造が大きく揺らぎ、ベトナム戦争に見られるような国際政治的状況、そしてそれに伴う国際経済の変化、そして国内経済の停滞により、民主党を支えてきた支持層が分裂・対立を先鋭化させたからであった。カーター大統領誕生は、とくにウォーターゲート事件以降のニクソン政権およびフォード政権が政治への信頼を失墜させたことによって、権力政治家を敬遠した世論を反映したものであった。

参考文献

ウェスタッド、O・A『グローバル冷戦史――第三世界への介入と現代世界の形成』（佐々木雄太監訳）名古屋大学出版会、二〇一〇年。

コルコ、ガブリエル『ベトナム戦争全史――歴史的戦争の解剖』（陸井三郎監訳）社会思想社、二〇〇一年。

藤本博『ヴェトナム戦争研究――「アメリカ戦争」の実相と戦争の克服』法律文化社、二〇一四年。

松岡完『ベトナム戦争――誤算と誤解の戦場』中公新書、二〇〇一年。

松尾文夫『ニクソンのアメリカ――アメリカ第一主義の起源』岩波現代文庫、二〇一九年。

山森亮『ベーシック・インカム入門——無条件給付の基本所得を考える』光文社新書、二〇〇九年。

Kornblush, Felicia, *The Battle for Welfare Rights: Politics and Poverty in Modern America,* Philadelphia: University of Pennsylvania Press, 2007.

Logevall, Frederik, *Embers of War: The Fall of an Empire and the Making of America's Vietnam,* New York: Random House Publishing, 2012.

Perlstein, Rick, *Nixonland: The Rise of a President and the Fracturing of America,* New York: Scribner, 2008.

Preston, Andrew and Frederik Logevall, *Nixon in the World: American Foreign Relations, 1969–1977,* Oxford University Press, 2008.

Quadango, Jill, "Race, Class, and Gender in the U. S. Welfare State: Nixon's Failed Family Assistance Plan", *American Sociological Review,* vol. 55, no. 1, 1990.

Tucker, Nancy Bernkopf, "Taiwan Expendable ? Nixon and Kissinger Go to China", *The Journal of American History,* vol. 92, no. 1, 2005.

Weems, Robert E. and Lewis A. Randolph, "The National Response to Richard M. Nixon's Black Capitalism Initiative: The Success of Domestic Détente", *Journal of Black Studies,* vol. 32, no. 1, 2001.

第6章　未完の物語
――ジェームズ・E・カーター――

上　英明

ジェームズ・E・カーター

ジェームズ・カーター、すなわちジミー・カーターは、南北戦争後初めてアメリカ深南部から登場した大統領である。カーターは、ベトナム戦争やウォーターゲート事件の混迷に幻滅したアメリカに新しい風を吹き込み、高い期待を集めた。就任後、国内経済の再建やエネルギー問題に取り組みつつ、人権や対話、軍縮を唱え、失墜したアメリカの道徳的権威の回復に努めていく。ところが、政治、経済、外交、移民、エネルギーの相次ぐ危機に直面したカーターは、国民からの支持を失い、ついには再選失敗へと追いこまれた。カーターは七〇年代という世界史的転換期において、山積する課題にどのように挑んだのか。本章では、失敗した大統領という当時の政治的評価を汲みつつも、近年における実証分析の結果も踏まえ、彼の治世を振り返る。

1　カーターの登場とその歴史的背景

カーターの生い立ちと思想

カーターは、一九二四年一〇月一日、アメリカ深南部ジョージア州のアーチェリー村で生まれている。一家の他に村で暮らしていたのは二組の白人家族と一、二組の短期滞留する白人家族、それに二五組の黒人家族ぐらいであった。三マイル離れた近郊の町プレインズでさえ人口五五〇人程度である。カーター家はここで農場を経営し、自給自足の生活を送っていた。

カーターの勤勉かつ真面目な性格は、この生活環境において育まれた。電化以前の農村では、水を汲むにも、火を焚くにも手作業であり、住み込みの黒人労働者たちと同様に、砂塵や病苦との闘いも強いられた。不作や恐慌にも備えなければならない。カーターも、五歳の時から仕事を手伝い、早朝から日没まで働いた。雨の日は自宅で本を読んだ。

外部との接触に乏しい田舎町では、子供が両親から受ける影響は相対的に大きくなる。少年時代のカーターにとって、農場経営で成功を収めた父アールは憧れであった。地元の名士として地域の慈善活動に尽力した父は、晩年には郡教育委員を経て、州議会議員にも選出されている。熱心なバプティスト信者でもあり、日曜の朝には必ず教会に息子を連れ、聖書を説いた。カーターは一一歳の時に「生まれ変わり」の体験を経て、洗礼を受けた。

一方、看護師の母リリアンは、南部の男性優位の規範にも人種差別の慣行にも従わなかったことから、「風変わりな人」として通っていた。外出の度に息子を小作人の黒人家族に預け、黒人少年たちと一緒に時間を過ごさせ、自らも進んで黒人患者の看護を引き受けた。黒人初のメジャーリーガーとなったジャッキー・ロビンソンをラジオで応援し、公民権法案を通したジョンソン大統領を支持した母は、年老いた後も平和部隊（Peace Corps：第3章参照）に志願し、非白人国家のインドで貧者を助けた。

カーターは一七歳の時にプレインズを離れている。アナポリスの海軍士官学校に進むと、将来を嘱望され、当時において極めて重要な任務であった原子力潜水艦の建造・操作に携わった。失敗が命取りとなる過酷な状況において、彼が付き従ったのはハイマン・リッコーバー提督である。提督は高い自己規律と上官への忠誠、そして迅速かつ合理的な解決策を常に求めた。後年、回顧録のタイトルに「なぜベストを尽くさないのか」という提督の訓令を選んだカーターは、両親に次いで人格形成に影響を与えた人物として彼の名を挙げる。海軍時代には妻ロザリンと結ばれ、子供にも恵まれた。

一九七〇年代の南部アメリカ政治

カーターを理解する上でとくに重要なのが、深南部出身だという点である。南北戦争の禍根が残る当時のジョージア州では、北部社会への反感がきわめて強く残り、加えて南部民主党の地盤である同州農村地帯では、ニューディールへの不満も渦巻いていた。とくに父アールは、大量の農作物の廃棄と家畜の屠殺を強いられた農業調整法を恨み、それを政府による勤労家庭への不当な介入、および大地の恵みをもたらした神への冒涜と捉えていた。

代わりにアールが支持したのは、長くジョージア州知事として君臨したユージン・タルマッジである。反大企業、反都市、反ワシントンを掲げ、地方の貧しき民衆との直接的繋がりを求める立場は、人種差別を是認する点を除き、後年のカーターの政治姿勢にも通じるところがある。それはカーターに言わせれば、「貧しい者と老いた者を助け、教育を改善し、職を与える」という南部農村地帯の政治的伝統なのだという。

しかし、南部社会は公民権運動によって動揺を強めていた。カーターが海軍を辞し、ジョージア州に戻る頃、連邦最高裁は公共施設における人種隔離について、違憲判決を下した（ブラウン判決、第2章参照）。これより人種問題はますます重大な社会問題として浮上し、人種統合に反対する白人大衆は、白人市民会議という人種差別団体を結成して抵抗した。団体への加入を固辞したカーター家も彼らに睨まれ、経済的報復を受けている。一方、一九六二年にはベーカー対カー判決という別の動きもあった。都市居住者や非白人有権者に不利な選挙区割りを違憲とみなす同判決によって、それまで州民主党を牛耳ってきた旧来型の地方ボスたちにも逆風が吹き始めた。

カーターはこのような南部政治の転換期において頭角を現した。地元サムター郡の教育委員を経て、六二年にはジョージア州議会上院議員に当選している。それも、生存していない人物の票を数えるなど選挙不正を図った地方ボスとの法廷闘争の末であった。登院後は周りの議員との馴れ合いを避け、利益団体の頭越しに有権者に直接アピールする政治手法をとった。とくに地元のジョージア・サウスウェスタン大を四年制大学にすることを説き、好評を博している。

しかし、カーターは六六年州知事選では民主党予備選で敗退し、辛酸を舐めた。ここで致命傷となったのは人種問題であり、「穏健派」と目されたカーターを破ったのは、飲食店経営者レスター・マドックスである。マドックスは、人種隔離に抗議する黒人学生にピストルを突きつけたことを豪語し、法的・政治的に平等な地位を黒人に認める六四年公民権法案、および六五年投票権法案（第4章参照）に反発する南部ジョージアの白人大衆の支持を集めた。敗北したカーターは大変なショックを受け、信仰の危機に陥る。

カーターはその後、貧しきラティーノ家庭の伝道に努めるキューバ系牧師に感化されて信仰を徐々に取り戻し、七〇年州知事選での逆転勝利を経て政界にも復帰している。このときカーター陣営は六八年大統領選挙で人種差別主義者ジョージ・ウォレスに投票した白人大衆の票を意識し、なりふり構わず対立候補の前州知事カール・サンダースを攻撃した。サンダースを金持ちで州民を顧みず、ワシントンに近く、「黒人好み」であると喧伝した。

ところが、カーターは州知事に就任すると、一転して「人種差別の時代は終わった」と宣言した。人種の差異を問わず、恵まれない境遇にいる人々への慈愛を唱え、「新しい南部」の幕開けを謳ったのである。警察、州軍、公務員への黒人の登用が積極的に進められる一方、マーティン・ルーサー・キング・ジュニア牧師を含む州出身の三名の黒人功労者が称えられ、州議事堂に彼らの肖像を掛けることも提案された。キングの盟友で、後にカーター政権下で黒人初の国連大使を務めるアンドリュー・ヤングとの友好も深まっている。

ワシントンへの不信とカーター旋風

カーターが州知事として登場する頃、アメリカ社会では、一九三〇年代の大恐慌を機に芽生え、第二次世界大戦の勝利によって確立されたリベラルな政治秩序（序章参照）が大きく揺らぎ始めていた。ベトナム戦争の泥沼化を機に、冷戦政策に対する超党派的合意が崩れていく一方、連邦政府による福祉・軍事への支出増大に伴う財政的負担の増加は、「偉大な社会」構想を頓挫させ、ドル危機を引き起こしつつあった。

経済が落ち込むと、親の世代よりも豊かな消費生活を得られるというアメリカン・ドリームも霞み始めている。一般家計はインフレと失業率の上昇に苦しみ、実質国民所得は五％も低下した。問題は産業生産性の停滞や日欧諸国の復興に起因するアメリカ製造業の国際的競争力の低下に留まらない。エネルギー危機の勃発や環境問題の深刻化など、ニューディール型消費経済の限界も露呈しつつあった。

さらに、男女平等を唱えるフェミニスト運動の台頭を受け、アメリカ社会は、家庭やジェンダー、信仰の問題をめぐり、政治的亀裂を深めていた。男女平等に関する憲法修正案（ＥＲＡ：第5章参照）や人工妊娠中絶を認める最高裁判決（七三年ロウ対ウェイド判決：第4章参照）は、世俗派と保守派の論争を焚きつけた。くわえて、六五年移民法の成立では想定していなかった非白人難民の大量流入についても、強い反発がくすぶりつつあった。

こうした内憂外患の状況において、ニューディール政治を牛耳ってきたはずの民主党は分裂状態に陥った。その象徴となったのが七二年大統領選挙で民主党指名を勝ち取ったジョージ・マクガヴァンである。マクガヴァンは北部都市の活動家たちの支持を得たものの、現職ニクソンの「南部戦略」を前に成す術がなく、本選で大敗した（第5章参照）。民主党大会でジョージア州選挙人団を率いていたカーターは、この結果を見越し、マグガバンの指名獲得を阻止しようと画策したものの、失敗している。

一方、カーター自身は「保守的な革新主義者」を自認し、大統領候補として注目を集めつつあった。州知事として財政「保守」路線をとったカーターは、徹底した行政改革と政府組織の再編を進め、利権事業の削減を図った。と同時に、「革新」派を標榜し、社会的弱者への配慮から福祉プログラムを拡張し、教育制度や刑務所の改革も進めたのである。あらゆることに同時に、かつ全力で取り組むという姿勢から、石油危機の際には独学でエネルギー問題を学び、省エネや日欧との協力を呼びかけている。

こうした活動がどれほどの成果を上げたのかは不明であるものの、常識を疑い、保守と革新の二項対立に囚われ

コラム6－1　『プレイボーイ』誌インタビューをめぐる論争,「正直者は馬鹿を見る？」

1976年大統領選挙戦を優位に進めていたカーターには，思わぬ落とし穴が投票の数週間前に待ち構えていた。『プレイボーイ』誌9月20日号に掲載された自身のインタビューをめぐる論争である。カーターは，若者の支持を求め，政治問題から私生活に至るまで，自らの考えを丁寧に説明していた。そして姦淫を例に人間の優劣を否定したカーターは，マタイ5章27～28節を引き，たとえ実際の行為に走らずとも，「淫らな思いで女を見るものは誰でも，既に心の中でその女を犯したのです」と説いたのである。このとき記者に問い詰められたカーターは，「私も淫らな思いを抱いたことがあります」と正直に自らの「罪」も認めてしまった。これがスキャンダルとして報じられると，カーターの支持率は急落し，大統領選挙は再び接戦となる。なお，カーターは高名な牧師や批評家たちが挙って自身の「罪」を否定したことを欺瞞とみなしていた。

ない姿勢を真面目に貫いたことは、当時の南部社会において目新しかった。全国紙においても「新しい南部の顔」として紹介されたぐらいである。七四年中間選挙では、民主党選挙対策本部の共同本部長に抜擢され、党の勝利に貢献した。

カーターには強烈な追い風も吹いていた。ベトナム戦争やウォーターゲート事件によって深まった既成政治への不信は根強く、共和党で現職大統領のフォードは、前大統領ニクソンへの恩赦によって人気を落としていた。また民主党でも、同伴女性の交通事故死をめぐるスキャンダルにより、ケネディ元大統領の弟で、本命候補と目されたマサチューセッツ州選出上院議員エドワード・ケネディが早々と不出馬に追い込まれていた。メディアの監視が強まるなか、スキャンダルがほとんど報じられなかったカーターは優位に立った。単純に「私は嘘をつきません」と誓うことが、当時のアメリカでは重要な意味を帯びていた。

七六年、勢いに乗るカーターは、民主党指名選で数々の大物候補を破り、その勢いで、本選でも現職の大統領を僅差で破った。もちろん、この番狂わせの勝利は、当時の政治潮流や相手候補の敵失によるところがある。しかし、あえて積極的な評価を下すならば、カーターは徹底した草の根型選挙を行い、分裂傾向にあった当時の民主党をまとめあげ、本選でマクガヴァンが失った南部、および北部工業州を再び取り込んだのである。

また同じく見逃すべきでないのが、南部白人であるカーターが黒人票を集め、民主党予備選で人種差別主義者ウォレスを南部諸州で破ったことである。それは紆余曲折に満ちながら、南北戦争から「公民権」運動に至るアメリカ南部の歩みを是認するかのようにも見えた。まもなく彼が唱える「人権」の訴えも、こうしたアメリカの歴史的経験に根差していたという説もある。

2　アメリカの「限界」とカーターの挑戦

カーターの大統領就任

一九七七年一月、大統領就任演説に立ったカーターは、混迷を深めるアメリカ社会に「アメリカの限界」を告知した。聖書を引き、基本的原則への回帰を説き、国民に内省を迫ったのである。人権、環境保全、軍縮を唱え、「地球上からすべての核兵器をなくすという最終目標」を掲げたあと、「物事には限界がある」という「政治的にも不評な問題」を取り上げた。「われわれのような大国にも限度はある」。

事実、カーターが回顧録で振り返ったように、彼の四年間そのものが「限界との闘い」であった。カーターは実直にも、倹約に努め、誠実を唱え、仕事に打ち込んだ。農場で過ごした少年時代と変わらず、毎朝六時半に起床し、仕事の合間を縫っては、祈りを捧げた。彼が残した歴史文書を見るかぎり、大統領は膨大な書類に目を通しては、その都度自らペンを走らせて細かく指示を出している。しかし、こうした努力も空しく、カーターは多くの場面で自身の力が及ばないことを思い知らされる。

大統領の両脇を固めたのは、選挙参謀を務めたハミルトン・ジョーダンや報道官ジョディ・パウエルら、「ジョージア・マフィア」と呼ばれる州知事時代からの側近であった。「アウトサイダー」を自認する彼らは、ワシントンの慣習や伝統を毛嫌いし、議会やメディアを特権的利益集団とみなしては、その頭越しに民意に訴えようとした。こうした傾向はカーター以降の州知事出身の大統領にも見られたが、とくにカーターの場合はその先鞭をつけるものであったがゆえに際立った。結局、連邦議会やメディアとの対立は、内政面におけるカーターの行動を強く束縛することになる。

一方、憲法の規定により、行動の自由が比較的に許されていたはずの外交でも、別の制約が働いた。すなわち、ベトナム戦争やドル危機を経て、アメリカの国力が著しく低下し、同盟国との信頼関係に亀裂が生じていたことである。南北問題や環境問題、エネルギー問題も切迫するなか、外交経験に乏しいカーターは、州知事時代に知り合った日米欧三極委員会のメンバーを頼る。この私的委員会は、相互依存を深める世界において、日欧と協力してグローバルな問題に取り組むことを唱えていた。

委員会の事務局長ズビグネフ・ブレジンスキーは、ポーランドから亡命した国際政治学者であった。国家安全保障問題担当の大統領補佐官に抜擢されると、ソ連やキューバの動きを追うだけでなく、国内政治の動向に警鐘を鳴らす役割も担っていく。一方、国務長官に選ばれたのが、伝統的な民主党・国際派の流れを汲むサイラス・ヴァンスである。大局から突拍子もない考えを大胆に提示するブレジンスキーに対し、実務経験が豊かなヴァンスは慎重で、東側諸国との対話を厭わず、国際情勢の安定を図ろうとする。カーターはこの対極的な二人の意見を戦わせながら、自らを中心に外交を運営することを望んだ。

なお、副大統領に選ばれたウォルター・モンデールは、国家安全保障問題を含め、すべての政策立案への参画が許されている。議会に精通していたことから、中央政界の経験がないカーターを内政外交の両面で補佐することが期待されていた。国防長官にはハロルド・ブラウンが起用された。このほか公民権活動に加わった黒人たちも登用され、国連大使には前述のヤングが、新設の人権・人道担当の国務次官補には女性の公民権運動家パトリシア・デリアンがそれぞれ就いている。

経済・エネルギー問題と「道徳的戦争」

カーター政権が就任当初から苦しんだのは、経済問題である。これは前任者から引き継がれ、世界史でいうところの戦後パクス・アメリカーナの危機、国内史でいうところのニューディール型福祉国家の危機であった。アメリカ人家庭を襲った不景気とインフレの悪循環は、もはや政権一期だけで解決しうる問題でも、アメリカ一国だけで処理できるものでもなく、カーターもそのことを痛感させられることとなる。

カーターはまず雇用政策に力を入れた。失業者を減らすことは、貧民救済という例の南部農村地帯の政治的伝統に従うものであった。ところが、雇用増に成功すると、物価が上昇し、今度はインフレが悪化した。すると、カーターは金融の引き締めを迫られ、予定していた税還付を取りやめ、無駄の多い水利事業を削り、聖域とみなされた軍事予算にも切り込んだ。連邦政府の財政出動、および地元選挙区への利権誘導を期待した族議員たちの当惑は言うまでもない。

以上にも増して論争を呼んだのが、エネルギー政策である。カーターは州知事時代よりこの問題に関心を寄せ、アメリカ市民による石油の浪費に苦言を呈していた。石油産出国への依存こそ、原油価格の高騰とドルの国外流出、ひいては（不景気にもかかわらずインフレが進むという）「スタグフレーション」の元凶であると考えたのである。大統領は外国産石油への依存を減らす試みとして、まず省エネを奨励し、次に国内での石油と天然ガスの産出を増やすことを模索した。と同時に、将来における燃料価格の安定のため、石油に代わる代替エネルギー源の開発も計画している。

こうして一九七七年四月、カーターは包括的なエネルギー法案を米国民に提示し、国民の協力を呼びかけた。一連のエネルギー保全プログラムを「道徳的戦争」（moral equivalent of war）と呼び、挙国一致で問題に取り組むことを促したのである。とはいえ、新たに発足したエネルギー省は、生産規制の撤廃を求める石油業界と規制強化を求める環境団体の間で身動きが取れない。石油価格の高騰を嫌う消費者の反発も激しく、連邦議員との論争も長引いている。天然ガスの価格規制の緩和や省エネ促進の税控除を含め、関連法案五件が連邦議会で可決されたのは、提案から一年六カ月も後である。

カーターがこうした経済・エネルギー政策を国内で推し進めたのは、他の先進諸国との足並みを揃えるためでもあった。前述の日米欧三極委員会によれば、石油危機にしろ、貿易摩擦にしろ、問題はもはや一国で処理できるものではなかった。ブレトンウッズ体制が崩壊したあと（第5章参照）、膨大な資本の動きをアメリカだけで管理することも不可能であった。アメリカを含め、それぞれの国家は単独行動を自制し、共通の利益のために、短期的には痛みを伴う改革も行わなければならない。カーターはこうした問題意識を持ち、前政権が始めた先進国首脳会議（G７）を引き継ぐと、ドルの不安定化の要因となっていた石油輸入とインフレの抑制に励んだのである。

とはいえ、カーターは常に財政出動をためらったわけではない。ことさら難民の支援に関しては、その境遇に同情し、一転して財政の紐を緩めている。サイゴン陥落以来、インドシナ難民は毎年数万人の単位で押し寄せていた。カーターは信仰を説き、慈善団体の力を借り、入国管理から再定住の手配、諸々の社会福祉サービスの提供など、社会的弱者となった人々に手を差し伸べた。そして、ここでは「人権」という大義も掲げられたのである。

冷戦外交への部分的挑戦

アメリカは第二次世界大戦以後、圧倒的な力を誇り、グローバルなリーダーシップを発揮してきた。ソ連と対決しつつ、恒久的平和を唱え、国際経済を牽引したのである。

ところが、民主党リベラル派が進めたベトナム戦争は泥沼化し、中央情報局（CIA）による要人暗殺作戦など、醜い秘密作戦の過去は暴露された。また、共和党主流派のニクソンやキッシンジャーが進めたデタント外交は、ソ連・中国との緊張緩和を進めたものの、世界各地の独裁政権による人権弾圧を黙認するものであり、物議をかもしていた（第5章参照）。

カーターが冷戦外交の「常識」に疑義を呈したのは、このような状況においてであった。「人権」という道義的要請を重視し、それまでの政権が棚上げしてきた地球社会の諸課題と向き合いつつ、対話を説き、国際紛争の難題にも積極果敢に取り組むことによって、世界における指導力の回復を目指したわけである。圧倒的な軍事力の誇示よりも、国際社会において傷ついた道徳的権威の回復が望まれたのである。

とはいえ、カーターが追求したのは、後に彼の批判者たちが強調したような現実主義から理想主義への「転換」ではない。そもそも冷戦下において、共産主義圏との対決を完全に避けることは不可能であった。カーターが一九七七年五月二二日の有名なノートルダム演説で批判したのは、あくまで共産主義の「過度の脅威」に囚われるあまり、人権、南北対話、核軍備管理、環境、エネルギーといった地球規模の課題を先送りにすることであった。

こうしてカーターの人権外交は、それ自体が普遍的な原則を掲げつつも、実際には選択的に運用されることになった。たとえばチリやアルゼンチンといった南米の軍事政権に対しては、連邦議会の後押しを受け、軍事支援を見直し、非人道的な状況を改めるよう圧力をかけた。事情がそれぞれ異なるとはいえ、後にインドネシアやキューバでも、数千名規模の政治囚解放を実現させている。

ところが、地政学上より重要なイランや中国では、人権外交は徹底されていない。また超大国ソ連に対しても、科学者アンドレイ・サハロフら反体制派への人権弾圧を批判したものの、ソ連の猛反発を受けたあとは後退している。米ソ関係でより重視されたのは、第二次戦略兵器制限交渉（SALTⅡ）であった。フォード政権期にソ連との間で結ばれた合意内容を「不十分」とみなしたカーターは、性急にも核兵器のさらなる削減を求め、かえってソ連側の不信を高めてしまう。とはいえ、米ソは交渉の決裂を望まず、核軍備管理をめぐる協議は再開される。

人権外交よりも具体的な成果を上げたのは対話外交である。この点、太平洋と大西洋をまたぐ要衝にありながら、アメリカ帝国主義の象徴となったパナマ運河の返還は、最も重要な成果となった。一九〇三年に軍事干渉によって獲得したパナマ運河では地元住民との紛争が絶えず、歴代政権が、パナマを支持する米州諸国の意向を酌み、返還を模索しても、国内の反対運動によって進展を阻まれていた。カーターは、着任早々、自らが唱える対話外交の試金石として、この問題に取り組んでいる。

それでも運河の返還に伴う政治的代償はあまりに重すぎた。まず七七年九月にパナマとの間で返還に関する条約が交わされたものの、連邦上院の承認が大きくくずれ込んだ。憲法の規定では条約の批准には上院の三分の二の支持をとりつける必要があり、大統領の説得工作にもかかわらず、審議の長さは国際連盟加入をめぐる論争に次いで、史上二番目のものとなる。翌春、六八対三二の僅差で条約が批准されると、今度は下院議会における条約施行法の審議が難航した。最終的にカーターが署名にまで辿り着いたのは七九年七月である。

こうして運河の返還に目途が立ったわけだが、カーターの説得に応じて賛成票を投じた連邦議員たちの多くは、運河はアメリカのものだと頑なに主張する保守派の怒りを買い、激しい逆風に晒された。七八年中間選挙（上院は三分の一ずつ改選）では、批准に賛成した上院議員二〇名のうち、六名が出馬を断念し、七名が落選した。次の八〇年選挙では、さらに一一名が落選した。

国内に不人気な対話外交は、他の地域においても試みられている。中東では、カーターはイスラエル・ロビーの反対もいとわず、パレスチナの「祖国」樹立を支持し、和平交渉に乗り出した。キューバ、ベトナム、アンゴラといった社会主義国に対しても、反共主義者たちの反発をよそに、関係改善を模索している。

さらにアフリカ南部では、人種隔離政策（アパルトヘイト）の堅持に努める白人政権への圧力を強めた。なかでも貴重な鉱物を有し、地政学的に重要な友好国であった南アフリカに対し、カーターは南部の有力上院議員たちの意見を斥け、人種的平等の必要を説き続けている。こうした場面では、政治的都合よりも道義的な要請を積極果敢に引き受けようとするカーターの姿勢が際立っていた。

3　カーターの「限界」と新たな危機

逆　風——中間選挙前後

政権一年目を終えるまでに、カーターを取り巻く政治環境は厳しくなった。政権発足時こそ、庶民感覚を重視し、国民との距離を縮めようとするカーターの姿勢は好感を持たれた。この世論の支持こそ、利益団体やロビーの力に抗い、ワシントンの政治体制を刷新し、アメリカと世界の公共利益を追求するために不可欠なのである。

ところが、エネルギー政策から対話外交まで、カーターが着手した政策の多くは、先見性があったとはいえ、国民や連邦議会の理解が追いつくものではなかった。それに加え、行政管理予算局長バート・ランスの「不正」報道が過熱化すると、カーターの清廉潔白なイメージにも傷がついた。一九七七年六月に銀行家時代の融資不正疑惑が報じられて以降、メディアの追及に晒されたランスは、九月、職務不能を理由に辞任に追い込まれている（なお、ランスは後に無罪判決を得た）。

カーターへの逆風はその後も強まり、政権運営は厳しさを増した。前述の通り、パナマ運河交渉では反対派が烈火の如く怒り、利権事業の削減には民主党内のリベラル派も辟易していた。大統領が自ら必要と認めれば、個別の選挙民や利益団体に不人気な政策も次から次へと講じられた。このカーターの独善的な性急さについては、「もし私が正しく投票し続けたら、次の選挙では落選してしまいます」と共和党上院院内総務のハワード・ベーカーに忠告を受けるぐらいであった。

そのカーターでも、国内の政治環境の変化を受け、徐々に日和見的な外交運営を見せていく。アフリカ冷戦（第5章参照）では、新興独立国アンゴラをめぐり、南アフリカの侵攻軍とキューバの防衛軍が対峙した。くわえて、係争地オガデン地域の併合を狙ったソマリアがエチオピアに軍事侵攻し、アフリカ北東部でも緊張が増した。エチオピアの救援要請に応じたキューバが一万二〇〇〇人の兵士を派遣し、ソ連も一〇〇〇名程度の軍事顧問に加え、大量の軍需物資を輸送した。すると、ソマリアはソ連との関係を断ち、アメリカに支援を求めたのである。カーターは、ソ連への「報復」を説くブレジンスキーの意見を排し、より慎重なヴァンスの進言に耳を傾けた。

ところが、アメリカ社会ではソ連への「報復」を控えたカーターの指導力不足を問う声が出た。ソマリアの領土侵犯は明らかであり、地政学的に見ても、ソ連は貧しきエチオピアを救うことによって、戦略的により重要なソマリアの基地を失ったにすぎない。それでも情勢を「ソ連優位」と見る議論が大勢を占めると、カーター政権もソ連の介入を執拗に糾弾し始めた。大統領はソ連とのＳＡＬＴⅡ交渉を進めつつも、六月七日の海軍士官学校卒業式演説では、協力か対決かの選択を猛然とソ連に迫っている。

アフリカにおける親ソ勢力の拡大を恐れたカーターは、アジアでその牽制を試みたのだろうか。この時期には、同じくソ連を敵視する中華人民共和国への接近が模索されている。カーターはソ連との間で進めていた核軍備管理交渉への影響を懸念するヴァンスの反対を押し切り、対ソ強硬派のブレジンスキーを中国に送り、国交正常化の意向を伝えさせた。逆に中国の意向に配慮し、それまで順調に進んでいた親ソ国ベトナムとの国交正常化は見送られている。

その後もブレジンスキーが旗振り役となり、七九年一月には、米中の国交回復、および中国が領有を主張する台湾との断交に至った。カーターは、訪米した中国の最高指導者である鄧小平《とうしょうへい》を迎え、対ソ封じ込めの継続と強化で意見を一致させた。なお、このときカーターはベトナムを侵攻する旨を鄧から伝えられたものの、強硬には反対していない。逆に中国には貿易上の最恵国待遇を認め、経済関係の拡大を図っていく。

カーター外交は中東においても活性化した。七八年九月、カーターはエジプト大統領ムハンマド・アンワル・サーダートとイスラエル首相メナヘム・ベギンを大統領保養地キャンプ・デーヴィッドに招き、一三日間にわたる説得交渉に乗り出した。ここで米・イスラエル・エジプトの三国が合意に達したことは、対話外交の成果として特筆に値する。そこには国連安保理決議二四二号に則り、ヨルダン川西岸およびガザ地域からイスラエル軍が撤退し、パレスチナ自治政府樹立を目指すこと、およびエジプトがイスラエルとの平和条約締結に動くことが盛り込まれた。

しかし、政権がこうした成果を喧伝しても、国内での逆風はその後も止んでいない。とりわけ目立ったのは、非白人集団への積極的差別是正措置（アファーマティヴ・アクション）に対する人種隔離主義者の反発、ソ連やキューバに対する「弱腰姿勢」を批判する新保守主義者（ネオコン）たちの不満、そして長引く不況に苦しむ白人労働者の反感である。カリフォルニア州では、政府不信に根づく減税運動も盛り上がっており、いわゆる中産階級の間でも、連邦政府への異議申し立てが始まっていた。

さらに付け加えるべきは、若者の無信仰や人工妊娠中絶の普及を警戒する宗教右派の反発である。人種隔離を続ける私立学校への制裁措置として、内国歳入庁が非課税資格の剝奪を示唆したことも、信仰の自由を説く福音派（evangelicals）の保守派指導者たちを激怒させた。彼らの一部は同じく福音派に属するカーターに失望し、大統領の「裏切り」を唱えていく。

後に宗教右派団体モラル・マジョリティを設立する、ジェリー・ファルウェル牧師の説教は辛辣であった。彼によれば、カーターは教育省を設置して幼児教育を台無しにしたうえ、人工中絶や同性愛を推進し、アメリカ人「家庭」を破壊したはずなのである。こうした批判はとくにカーターを苛立たせた。敬虔なキリスト教徒であることを誇りにしながらも、大統領は政教分離の原則に従い、自らの信仰と政治の問題を切り離すべきであると信じていた。

一方、彼の批判者も納得することはなかった。ソ連や中国など、無神論国家を毛嫌いするファルウェルらは、イデオロギーを超えて対話を試みるカーターの外交姿勢を道徳に反するものとして非難している。こうした経済、政治、文化の様々な展開を前に、七八年の中間選挙で下院一五議席、上院三議席をそれぞれ減らしたカーターの民主党は、内部分裂をさらに深めていく。

危機の頻発

一九七九年に入ると、カーターは相次ぐ危機に直面し、ますます苦しい立場に追い込まれた。一月には中東の同盟国イランで革命が起き、親米政権が倒された。この政変を機にイランからの石油輸出が止まり、石油輸出国機構（OPEC）が再び石油価格を釣り上げると、第二次石油危機も続いた。アメリカでは史上初めて、ガソリンの小売価格が一ガロンあたり一ドルを超えている。三月にはスリーマイル島原発事故も起きた。カーターは第二次エネルギー計画を発表し、再びエネルギーの保全や石油関連課税の必要を唱えたものの、痛みを伴う改革ゆえに、連邦議会の反応は冷ややかであった。また連邦議会は、国交回復したばかりの中国がベトナムに侵攻したことにも反発し、台湾防衛の強化を目的とする台湾関係法を制定し、カーターにこれを認めさせている。

五月には元首席スピーチライターによる政権批判の記事が登場し、大統領の指導力を疑う見方が広められた。六月にはイラン・イラク戦争が勃発し、石油価格のさらなる高騰に釣られて国内のインフレが悪化した。東京で開かれた先進国首脳会議でも、経済・エネルギー政策について各国の足並みが揃っていない。公約の一つに掲げられていた在韓米軍の撤退も、連邦議会の支持が得られず、延期を強いられた。支持率が三割を下回り、危機感を募らせた大統領は、七月、キャンプ・デーヴィッドに閣僚を緊急召集し、善後策を協議した。

こうして打ち出されたのが、七月一五日の「信頼の危機」演説である。カーターは度重なる危機の原因について、アメリカの国力低下ではなく、米国民の信頼の低下に力点を置いた。「泣くのをやめて汗を流すことを始めよう。おしゃべりをやめて歩きはじめよう。人の悪口を言うのをやめて祈りをはじめよう。われわれが必要としている力はホワイトハウスから届くのではなく、アメリカのすべての家庭から生まれるのです」。

カーターはこのように国民の団結を説いたうえで、消費社会とエネルギーの浪費を批判し、節約・倹約への協力を約一億人の視聴者に呼びかけた。演説それ自体は冷厳たる内容にもかかわらず、多くの国民に好意的に受け止められた。とはいえ、演説の直後に大統領が再出発を意図して全閣僚に辞表の提出を求めたことが波紋を呼び、世論はカーターの味方とはならなかった。実際に辞任したのは五名に留まったものの、国民には政権の混乱が印象づけられた。

国内の支持基盤が揺らぐなか、カーターの外交運営も難局を迎えた。米ソはソ連のアフリカ支援、アメリカの対中接近、さらに中国のベトナム侵攻をめぐって意見を対立させながらも、核軍備管理交渉を粘り強く進めていた。六月には久しぶりにウィーンで米ソ首脳会談が実現し、ＳＡＬＴⅡの調印に至っている。とはいえ、カーターはブレジンスキーの提案を呑み、対ソ強硬派の懐柔を図るため、その直前にＭＸミサイルという新たな核兵器開発計画を承認していた。

七月には中米ニカラグアの革命を機に、ラテンアメリカの冷戦が激化した。カーターは当初、人権を重視し、独裁政権を率いるソモサ一族への圧力を強めたものの、周辺各国の支援を受けた左派革命が起きると、その懐柔を試み、反共保守派の怒りを買った（第7章参照）。また、この革命を支持したキューバへの警戒が高まったことを背景に、国内ではキューバに駐留するソ連軍旅団をめぐる政治危機も起きた。六二年のキューバ・ミサイル危機以来、ソ連旅団はキューバとの同盟の象徴として留まっていたが、パナマ運河返還反対派の落選運動に直面した一部の民主党連邦議員たちは、不確かな情報を基に旅団の「増派」を疑い、撤退を要求した。圧力を受けたカーターは軽率にもソ連の譲歩を求め、失敗している。再選選挙を迎える連邦議員たちは態度をますます硬化させるばかりであり、上院におけるＳＡＬＴⅡの批准にも黄信号が灯る。

そして米ソのデタントは、七九年一二月二四日、ソ連のアフガニスタン侵攻によって完全に消滅した。突然の軍事介入に衝撃を受けたカーターは、ソ連がとうとう領土拡張に乗り出したと考え、懲罰措置として対ソ穀物輸出の停止、高度技術の輸出禁止、漁業合意の廃棄、文化交流の中断、駐ソ米大使の召還、そしてモスクワ五輪のボイコットに訴えた。SALTⅡの批准も停止され、翌年一月の一般教書演説では、「ペルシャ湾岸地域の支配を目指す企ては、アメリカの死活的利益への攻撃とみなす」という警告（カーター・ドクトリン）も発せられる。五年間継続的に五％ずつ国防費を増加していくことや、中国への軍事技術支援を拡大することも決定されていく。

国際情勢の急変が、一時的にでも現職大統領に有利に働くことは珍しくない。対外脅威を前に、カーターは再び世論の過半数の支持を集め、民主党予備選の対立候補であるエドワード・ケネディの勢いを止めた。とはいえ、その後も経済問題の悪化には歯止めがかからず、ガソリン不足のために、米国民のスタグフレーションは加速した。財政均衡と国際協調を重視するカーターは、八〇年三月に再びインフレ抑制計画を公表し、政府プログラムの削減に動いた。翌月には石油産業への過剰利益税を課している。連邦準備制度理事会の議長に就いたポール・ヴォルカーは、目先の成長を諦め、徹底した金融引き締め策を採った。銀行が最優良企業に融資する金利（プライム・レート）も一五％にまで引き上げられた。

高金利政策は、やがて国外からの資本の還流を助けたものの、当面は有権者の失望を深めるものであった。すでに悪化したインフレによって、一般労働者の実質賃金、および年金生活者の生活水準は下降していた。そこに追い討ちをかけるかのように、高金利政策の副作用として、住宅や車のローン返済額が実質的に上積みされたのである。一般家計は逼迫し、先行きを不安視する世論調査の結果も目立ち始めた。とくにカーターが七六年大統領選で勝利を収めた北東部の工業州では、資金繰りに苦しむ工場の閉鎖や移転も相次ぎ、失業率が伸びていた。

一九八〇年大統領選挙

このような状況において、一九八〇年大統領選挙に立候補したカーターのライバルたちは現職大統領を厳しく批判した。財政均衡と国際協調を説くカーターに対し、カリフォルニア州知事を務めた共和党のロナルド・レーガンは大規模減税と国防費の大幅増加を求めた。また民主党党内でも、現職のカーターに挑むエドワード・ケネディは、雇用や社会福祉の拡充など、大幅な財政出動を主張した。六月、連邦議会では、カーターの拒否権も空しく、石油輸入税の導入を禁ずる法案が可決される。

コラム6-2　隣国ゆえの難しさ？　米・キューバの対話とその決裂

カーターの登場にいち早く注目した外国首脳の一人が，隣国キューバの最高政治指導者フィデル・カストロである。アイゼンハワー政権期から続いたCIAによる要人暗殺計画や幾多の政権転覆作戦，さらには史上最も厳しいと言われた経済制裁を耐え忍んだあと，カストロはフォード・キッシンジャーとの交渉をまず試み，そのあとにカーターとの対話の発展に期待を寄せていた。カーターの人格，およびその外交姿勢を高く評価したカストロは，ソ連の指導者たちと異なり，カーターの人権外交を念頭に，数千人規模の政治囚の釈放と出国に応じている。しかし，米・キューバの対話は，アフリカ冷戦や中米紛争によってつまずき，ソ連旅団駐留事件を経て，ついにはマリエル移民危機を引き起こしてしまう。対話を望む両国の間でなぜ新しい危機が次々と発生したのか。当時の秘密交渉の記録が開示され，この過程を追う研究も登場しつつある。

ただし、経済問題にも増して重要な争点となったのは、七九年一一月四日にイランの首都テヘランで発生したアメリカ大使館人質事件である。五三年にアイゼンハワー政権が主導したクーデタの記憶が残るイランでは、長年にわたって王政独裁を支持してきたアメリカへの反感がきわめて高かった。にもかかわらず、カーターはキッシンジャーやブレジンスキーらに執拗に迫られ、病に伏した前国王の訪米を治療目的で受け入れた。怒りを爆発させた学生たちは、アメリカ大使館に乱入し、大使館員たちを監禁した。

この人質事件は、カーターの力の限界を象徴する出来事となる。メディアが連日のように関連ニュースを流すなか、多くの国民が人質の無事を祈り、黄色いリボンを街路樹や街灯に括りつけ、連帯の意思を表明した。カーターは自らの威信をかけて人質解放を求め、イランへの経済制裁を発動し、在米イラン資産を凍結した。ところが、イラン当局との交渉は難航し、苦し紛れに行われた救出軍事作戦も頓挫する。砂嵐で墜落したヘリコプターの残骸は虚無感を漂わせ、国民は幻滅し、救出作戦を事前に知らされなかったヴァンス国務長官は辞任した。

そこに降りかかってきたのが「難民」問題である。東南アジアからの人の流入に辟易した連邦議会は、新たな難民法を可決し、受け入れ数に年間五万の上限を定めた。ところが、その直後にキューバを震源とする移民危機が発生し、わずか半年で一二万五〇〇〇人ものキューバ人たちが一斉にフロリダ州へと押し寄せている。このマリエル移民の集団的評判は悪く、危機の収束に手間取ったカーターは、ここでも指導力不足の印象を悪化させた。収容施設の基地では暴動が相次いで起こっている。

カーターの再選はますます困難となった。カーターの財政「保守」路線に不満を抱き、金融引き締め策の痛みに堪える労働者階級は、民主党から離反しつつあった。積極的差別是正措置を「逆差別」と反発する白人たちもいれば、大統領の人権外交や対話外交を批判する「ネオコン」と呼ばれる反共知識人たちもいた。長引く不況に頭を悩ませ、発展途上国からの非白人の移民や難民の大規模な流入に反感を募らせた納税者の間では、反移民運動も盛り上がりを見せつつあった。

党内基盤が崩れるなか、カーター陣営は本選で対峙したレーガンを「好戦主義者」と批判し、巻き返しを試みた。しかし、最後まで足を引っ張っていたのは、やはりイランのアメリカ大使館人質事件であった。結局、人質の解放は大統領選挙に間に合わず、カーターの回顧録によれば、「われわれは無能力者だという認識を広がらせてしまった」。有権者たちは、「ＯＰＥＣによる石油の値上げや人質事件、アフガニスタンに対するソ連の侵攻、キューバ難民、高金利など、われわれがどうしようもできないことの責任が、われわれにあるのだと考えるのだった」という。

一一月四日、カーターは六つの州を除くすべての州で敗北を喫した。民主党は連邦下院で三三議席を失ったうえ、連邦上院でも一二議席を失い、共和党に過半数の座を譲り渡している。なお、イラン当局により、人質が解放されたのはカーターの大統領退任の直後であった。

カーターの業績と歴史的評価

大統領選に敗北したカーターは、ジョージア州プレインズに戻り、回顧録の執筆に勤しんでいる。ゴーストライターに頼まず、一字一句すべて自分の手で書き上げたというのはなんとも彼らしい。回顧録を締め括ったのは、第三代アメリカ大統領トマス・ジェファソンの次の言葉である。「私にとってのなぐさみは、私が政権を担当していた間、米国民の血がただの一滴も、戦争のために流されなかったということだ」。平和を願い、在任中に大規模な軍事介入を行わなかったことを強調したわけである。

たしかにベトナム戦争後のアメリカだからこそ、カーターは大統領になりえた。ウォーターゲート事件が起きなければ、ブレトンウッズ体制が崩れなければ、南部の田舎町に育ち、中央政界の経験に乏しいカーターが、新星のごとく登場することはなかった。カーターが引き継いだアメリカは、国民が政府への信頼を失い、スタグフレーションに苦しみ、対内的には分裂し、対外的には力はあるが、道徳に欠ける社会であった。カーターはこのアメリカを前に「限界」を説き、国民に内省を迫る一方、自らは「ベストを尽くす」よう努めた。

結局、カーターは自らの「限界」を悟る。人権という新しい道徳原則を掲げたものの、アメリカ外交の刷新には至らなかった。財政規律を重視し、独善的に水利事業や公共事業の削減に着手したことは、連邦議会の抵抗を招いた。石油価格が上がり、一般家計が逼迫するなか、難民を受け入れ続けるカーターの姿勢も、有権者の共感をさほど生んでいない。イランのアメリカ大使館人質救出作戦の失敗は指導力の欠如を印象づけ、パナマ運河条約という外交成果もカーターから票を奪った。政策が揺れ動き、説明が足りず、世論を必要以上に混迷させたこともある。

こうした政治的「失敗」は再選選挙の大敗に結実した。とはいえ、この結果のみによって、カーターの歴史的評価を下すべきだろうか。たとえば、「カーターがアメリカを弱くした」という当時の論評は間違いである。実際、アメリカは当時思われたよりもはるかに強く、ソ連は当時考えられていた以上にはるかに弱体化していた。ソ連のアフガニスタン介入が泥沼化する一方、アメリカの軍拡は進み、カーターの人権の訴えは次の政権に引き継がれ、ソ連・東欧諸国への圧力を内側から増幅させていく（第7章参照）。

またカーターは、そもそも冷戦と向き合いながらも、冷戦を超えた世界を展望していたはずである。彼が取り組んだ南北対話、脱植民地化、エネルギー問題などは、当時の国民の歓心をほとんど得られなかった。しかし、解決が困難でグローバルな課題を積極的に取り上げたことの意義は、長期的視点から見て初めて正当な評価を下せるものである。

さらに、深南部出身のカーターが、人種を超えた人間の平等を信じていたことも強調に値する。前任者たちがあまりに安易に力に任せ、数々の非白人国家に軍事介入を行ったのに対し、カーターは国内の反発を抑え、実直にもその不愉快な帰結と向き合っていた。帝国主義の遺産であるパナマ運河の返還に道筋をつけ、ベトナム戦争に由来するインドシナ難民を受け入れ、南部アフリカに残る人種隔離制度に強硬に反対したことは、狭義におけるアメリカの「国益」に鑑みるだけではなく、世界史の文脈において検証されるべきである。

このようにカーターの業績については、歴史史料が揃い次第、今後も再解釈されていく可能性がある。なお、彼が後に設立したカーター・センターは、恒久的な平和と民主主義の定着を目指し、現在も活動を続けている。とりわけラテンアメリカやアフリカでは、対話による紛争の解決に取り組み、ポリオやメジナ虫など、疫病撲滅活動にも尽力した。こうした活動が認められ、二〇〇二年、同センターがノーベル平和賞を受賞したことも付記されたい。

参考文献

カーター、ジミー『なぜベストをつくさないのか――ピーナッツ農夫から大統領への道』（酒向克郎訳）英潮社、一九七六年。

カーター、ジミー『カーター回顧録』上下（日高義樹監修）日本放送出版協会、一九八二年。

カーター、ジミー『少年時代』（飼牛万里訳）石風社、二〇〇三年。

上英明『外交と移民――冷戦下の米・キューバ関係』名古屋大学出版会、二〇一九年。

古矢旬「概説」アメリカ学会編『原典アメリカ史8　衰退論の登場』岩波書店、二〇〇六年。

Balmer, Randall, *Redeemer: The Life of Jimmy Carter*, New York: Basic Books, 2014.

Farber, David R., *Taken Hostage: The Iran Hostage Crisis and America's First Encounter with Radical Islam*, Princeton, NJ: Princeton University Press, 2005.

Godbold, E. Stanly, *Jimmy and Rosalynn Carter: The Georgia Years, 1924-1974*, New York: Oxford University Press, 2010.

Mitchell, Nancy, *Jimmy Carter in Africa: Race and the Cold War*, Stanford, CA: Stanford University Press, 2016.

Sargent, Daniel J., *A Superpower Transformed: The Remaking of American Foreign Relations in the 1970s*, New York: Oxford University Press, 2015.

第7章　新保守主義の内政と外交

——ロナルド・W・レーガン——

兼子　歩

ロナルド・W・レーガン

一九八一年から八九年の二期八年間にわたって大統領職を務めたロナルド・ウィルソン・レーガンは、アメリカではきわめて人気が高い。ギャラップ社が二〇一一年に行ったアンケートでは、「史上最も偉大な大統領」としてレーガンの名を挙げた者が最多（一九％）であった。レーガンの人気と高い評価は主に、映画俳優・テレビタレント出身の大統領という異色の経歴に裏打ちされた容貌の良さと明快なコミュニケーションの力、アメリカに長期的な経済成長をもたらしたとされる経済政策、そして米ソ間で初めて核戦力削減合意を達成し冷戦を「勝利」へと導いた外交政策に由来する。だが、レーガン政権の政策は外交においても内政においても、実際には輝かしい光のみならず、様々な濃い影をもたらすものでもあった。本章では、レーガン政権期の内政と外交政策がいかなる遺産を残したのかを、多角的に検討する。

1　ハリウッドからホワイトハウスへ

田舎町からお茶の間の人気者へ

レーガンは一九一一年、イリノイ州の田舎町タンピコで父ジャックと母ネリのもとに次男として生まれた。ジャックはアイルランド系アメリカ人で靴のセールスマンとして働いていた。ロナルドが幼い頃は家族でイリノイ州各地を転々と移住し、やがて同州の地方都市ディクソンに落ち着いた。ジャックの仕事は順調ではなく、アルコールを多量に消費し、母や兄やロナルドに対して横暴にふるまった。父と対立したロナルドは、心の内をあまり他人に見せないようになったという。他方で彼は、希望と信仰と楽観主義の大切さを、キリスト教ディサイプル派の信仰に熱心なネリから学んだという。

高校を卒業したレーガンは、イリノイ州のディサイプル派の私立大学であるユーリカ大学に入学し、主に経済学を学んだ。家が裕福ではなかったため、彼は奨学金と学費免除を受けつつアルバイトする苦学生だった。成績は平凡だったが、スポーツや学生演劇で活躍し学生会長を務めるなど、活動的な学生生活を送った。

レーガンが大学を卒業した三二年のアメリカは深刻な不況下にあり、彼は就職に苦戦しながら、どうにかアイオワ州デモインのラジオ局に職を得た。やがて同局のスポーツアナウンサーとして人気を博し、三七年には俳優としてワーナー・ブラザーズと契約をする機会を得た。当初は主にB級映画に出演していたが、徐々に本格作品でも役を得るようになる。四〇年には、最初の妻で女優のジェーン・ワイマンと結婚した。第二次世界大戦が勃発すると彼は召集されたが、視力が弱かったために陸軍航空隊の動画撮影部門で映画制作等に携わった。

映画俳優としてのレーガンの人気絶頂期は四二年頃で、大戦後は仕事も私生活もうまくいかなくなる。俳優の仕事は減り、私生活では四九年七月にワイマンと離婚した。この離婚は、レーガンにとって大きな心理的打撃となった。

離婚の原因の一つは、彼が俳優業の代わりにのめりこんだ組合活動にあった。彼は四一年に映画産業最大の労働組合「映画俳優ギルド（ＳＡＧ）」の理事に選出され、四七年からは会長として映画会社と折衝した。組合活動に多大な時間とエネルギーを割き、家庭生活を疎かにしたことに、ワイマンは不満を抱いたのである。

組合活動を通じて、レーガンは政治への関心を深めていった。彼はニューディール政策に共鳴する民主党支持者だったが、同時に個人の自助努力を信奉し、共産主義に否定的であった。当時ＳＡＧは組合員の一部に急進的政治傾向があり、他方、映画制作会社は共産主義者と疑われる映画人を業界から追放しようとしていた。レーガンは、共産党員ではないかと彼が疑った映画関係者の情報を連邦捜査局（ＦＢＩ）に提供した。またＳＡＧ会長としては、急進的な他の映画労組との共闘を拒否し、ＳＡＧ役員に対しては共産党員でないという宣誓供述書の提出を義務づけるなど、組合活動を通じて反共主義を積極的に推進した。

レーガンの転機は五〇年代前半に訪れた。私生活では五二年に女優のナンシー・デイヴィスと再婚し、精神的充足を得られるようになった。仕事面では、彼は新たな娯楽であるテレビの世界に転身し、五四年にゼネラル・エレクトリック（ＧＥ）社提供番組「ＧＥシアター」のホスト役を得て成功を収め、お茶の間の人気者となった。

もとより反共主義者であったレーガンは、五〇年代に政治的保守化傾向を強めていく。五二年と五六年の大統領選挙ではアイゼンハワーに投票、六〇年選挙ではニクソンを支持、そして六二年には正式に共和党員として登録した。その頃には彼は、連邦政府の巨大化や政府による市場への介入を積極批判するようになる。

レーガンの保守化の原因としては、ＳＡＧ会長として急進的組合員と対決する中で反共主義を強めたこと、市場活動への規制や課税を嫌うＧＥの幹部たちとの交流を通じて影響を受けたこと、さらに、妻ナンシーや義父が信奉した保守イデオロギーの影響などが指摘されている。また、テレビ司会者として成功し高収入がもたらされると、当時の所得税の累進性の高さに不満を抱くようになったとも言われる。

テレビタレントから政界の新星へ

政治的に右傾化したレーガンは各所で政治的演説を行うようになるが、その内容がＧＥを憂慮させるようになり、一九六二年にはＧＥとの番組契約更改を拒否される。とくに彼がテネシー渓谷開発公社（ＴＶＡ）を政府の金の無駄遣いとして非難したことは、ＴＶＡを重要取引先とするＧＥを怒らせた。だが、レーガンは連邦政府がＧＥに圧力をかけたために契約を切られたのだと思い込んだという。

以降、レーガンはさらに政治活動に熱心になり、共和党内でも右派の運動に積極的に関与していく。六四年大統領選挙の共和党予備選で彼はバリー・ゴールドウォーターを支持した。ゴールドウォーターは本選で惨敗したが、レーガンが党大会で行った応援演説の巧みさが注目され、保守派の新星として脚光を浴びるようになる。

六六年、レーガンは保守派の支持を受けてカリフォルニア州知事選挙に共和党から出馬し、民主党の現職パット・ブラウン知事に挑戦した。彼は州財政の危機を取り上げ、政府の支出と介入ではなく個人の創意と努力を重視する立場を力説した。また、当時カリフォルニア大学バークレー校などで盛んだった学生運動やベトナム反戦運動、ブラック・パワー運動（第4章参照）などを激しく非難した。

レーガンはブラウンを得票率五八％で破って当選した。彼はその後、六七年から七五年まで二期八年間、カリフォルニア州知事を務めることになる。州知事としてのレーガンは当初、州予算の全種目の一律一〇％カットを提案して州議会で両党から否決されるなど、政治的現実への無理解が目立った。だが徐々に経験を重ね、保守イデオロギーを掲げつつ妥協を通じて政策を実現する政治家へと成長する。彼は州財政再建のためにある程度の増税にも応じ、公民権や女性の権利に対しても公には敵対的な姿勢を控えた。環境政策ではドスリオスダム建設の中止など、環境破壊が懸念された計画を数件撤回させた。

後のレーガン政治に繋がる改革としては、七一年の州福祉改革法と、七三年の住民提案一号が挙げられる。カリフォルニア州で要扶養児童家族扶助（ＡＦＤＣ）の受給者は六〇年代を通じて激増していたが、州福祉改革法は扶助の不正受給の可能性を抑える条項を導入すると同時に、小さい子供がおらず身体が健常な受給者に公的セクターでの就労を義務づける、いわゆるワークフェアを導入した。この政策は後のクリントン政権における「福祉改革」のモデルの一つとされていく。

一九七三年には、州政府の課税と支出に制限を課す州憲法修正案である住民提案一号が州民投票に付された。この提案は政府規模の縮小を目指していた。レーガンはこの提案の成立を目指したが、州民投票で否決された。短期的にはレーガンの政治的敗北だったが、この住民提案は全米の保守派に注目され、各地で「納税者の反乱（tax revolt)」と呼ばれる減税要求運動を喚起することになった。

一九八〇年大統領選挙

新しい保守政治家として注目されたレーガンは州知事の地位に甘んじるつもりはなく、大統領選への野心を抱いていた。一九六八年には共和党予備選挙に出馬し、ニクソンに敗れた。七六年には共和党で現職のフォード大統領に予備選挙で挑戦したが、フォードが予備選挙を制した。この年の本選では民主党候補のカーターが勝利し、レーガンは八〇年選挙での再挑戦を期してその後も政治活動と資金集めに取り組んだ。

カーター政権の四年間における国内外の情勢は、レーガンに追い風となった。国内では脱工業化、日本や西ドイツの工業製品との競合、原油価格の高騰などの影響により、不景気とインフレーションが同時進行するスタグフレーションが深刻化したが、カーター政権の対策は十分な成果を出せなかった。

財界は減税と公的セクター縮小と規制緩和を求める声を強めた。中産階級層はインフレによって累進課税の負担の重さを経験し、税負担への不満を深めた。さらに民主党は票田であった白人労働者階級の支持を失っていった。公民権改革や性差別の是正政策は、白人男性がその属性によって独占していた就労や昇進等の機会を非白人や女性にも開くことを意味していたが、これを自分たちのための機会が不当に奪われるとして反感を抱く労働者階級の白人が増加し、七〇年代の景気後退のなかでこの反感がさらに高まったのである。

くわえて七〇年代には、福音主義と呼ばれる保守的プロテスタントを中心として、反中絶・反同性愛・反フェミニズムなどの保守的な社会的価値に基づく宗教右派の政治運動が活発化した。これらの運動は熱心な投票によって共和党内に保守派勢力を拡大させ、穏健派を衰退させた。

対外的には、七九年にソ連のアフガニスタン侵攻とイラン米大使館人質事件が起きると、対外強硬派がカーター外交への批判を強めていった。

こうした状況はレーガンに有利に働いた。彼は八〇年の予備選挙でジョージ・H・W・ブッシュを破ると、本選ではブッシュを副大統領候補にして、現職のカーターと対決した。テレビ討論会でのレーガンは保守強硬派イデオロギーを掲げ、カーター外交を悲観主義の弱腰と批判して強い指導者像を印象づけつつ、俳優およびテレビ司会者としての経験を活かして、温和でポジティブな楽観主義者というイメージも有権者に売り込んだ。

本選でレーガンは総得票数でカーターに一〇％近い差をつけて勝利した。彼はインフレによる実質的な増税を嫌悪した郊外中産階級や、規制緩和と減税を求める財界の支持に加え、宗教右派票も固めた。そして伝統的な民主党支持層の一部、とくに白人の労働者階級や、かつてジョージ・ウォレスを支持した南部白人からも票を獲得することに成功した。このようなレーガン支持に切り替えた従来の民主党支持層は、レーガン・デモクラットと呼ばれた。だが彼は黒人有権者には不人気であり、八〇年・八四年選挙いずれも黒人票の一割前後しかレーガンには投じられなかった。彼の選挙戦は人種による支持政党の二極化という流れを加速した。

八一年一月の大統領就任式におけるレーガンの演説には、彼の政治的立場が端的に表れていた。彼は、アメリカの経済問題は「必ずなくなります」と断言する。アメリカ人は「この最後の偉大なる自由の要塞」を守るために必要な能力を有しており、現在の「危機」と立ち向かうためには「政府は問題の解決にはならず、政府こそが問題なのです」と述べ、連邦政府の規模縮小に取り組むことを宣言した。この演説は明白な「小さな政府」志向が反映されていると同時に、彼の楽観主義、とくにアメリカの力と正義と自己回復能力への絶対的信頼が表れていた。これはレーガンの美点であり、欠点でもあった。

2　保守革命の始まり

レーガノミクスの財政・金融政策

レーガン政権の主要な内政改革は、第一期に進められた。彼の保守主義の基本原則は、連邦政府の権限と規模を縮小し、市場における活動の自由を拡大する新自由主義であり、そして一九六〇年代から七〇年代の公民権改革・フェミニズム改革より以前に支配的であった社会的価値体系を正当なアメリカ的価値と見なすというものであった。ただしレーガンは六〇年代以降のアメリカ社会の変化に合わせて、多くの争点で現実的な妥協を行ったため、あらゆる制度や政策が劇的に変革されたわけではなかった。とはいえ、その後の改革へと連なる政治的潮流を連邦政治レベルで定着させたことが重要である。

そのレーガン政権が最初に直面した経済面での最重要課題は、インフレを抑えつつ景気を浮揚し失業率を改善することであった。レーガノミクスと呼ばれたレーガンの経済政策は、この課題に「小さな政府」の理想をもって対処するものであった。彼が依拠したのは当時のアメリカ経済学界では非主流だったサプライサイド経済学である。この経済理論は、経済成長は供給力強化によってもたらされるとし、企業や富裕層に対する減税により供給側のインセンティヴを高めることで経済成長がもたらされると主張した。

この経済理論を反映させた法律が、八一年に議会に提出され同年八月に成立した経済復興税制法であった。同法は、所得税の最高税率を七〇％から五〇％、最低税率を一四％から一一％へ、法人税の最高税率を三三％から四・七％へ、株式譲渡所得への課税であるキャピタルゲイン課税を二八％から二〇％へと引き下げ、相続税も減税した。これはアメリカ史上最大規模の減税である。

なお、この減税法案が審議されている最中の八一年三月三〇日にレーガン暗殺未遂事件が起こり、緊急手術によって一命を取り留めるという事態が発生した。

大幅減税に伴い財政支出の削減が必要とされた。保守派のなかでも財政均衡志向の政治家や論客は社会保障や国防費も含む大胆な支出削減を期待したが、後述するようにレーガンは対外政策において軍備増強を最重視したため、国防費は逆に大幅に増加した。しかも彼は議会を説得するために、基幹的な社会保障費の大幅削減を避けた。

それでも減税法と同時期に成立した包括的予算調整法によって国防費以外の支出がある程度削減された結果、低所得者世帯に支給される食料品購入券であるフードスタンプの受給資格を一〇〇万人近くが失い、またメディケイドや全国学校給食プログラムの予算が削減された。学校給食の予算縮小の中で規定の栄養基準を形式的に満たすため、農務省はケチャップとレリッシュを「野菜」と計上することを許可しようとしたが、保守派評論家にまで「ケチャップは調味料だ」と批判され、撤回した。

金融政策の分野では、七九年にカーターに連邦準備制度理事会（ＦＲＢ）議長に任命されたポール・ヴォルカーが引き続き指揮を取り続けた。ヴォルカーは強力な金融引き締め政策を遂行し、その結果フェデラル・ファンド金利とプライムレートは大幅に上昇した。これは「ヴォルカー・ショック」とも呼ばれ、八二年に起こる一時的な景気後退の原因になったという指摘もある。レーガンは金融政策についてほぼ無見識だったが、批判を浴びていたヴォルカーを信任し続けた。その結果、八一年に年一三％以上であったインフレ率は、八三年には三％強まで低下し、激しいインフレの抑制に成功したのである。

アメリカ経済は、レーガンが精力的に推進した大幅減税政策とインフレ抑制が一定の効果を発揮し、八三年以降は景気回復と長期的な経済成長を享受した。ただし景気回復の主な要因は、サプライサイド経済学の想定とは異なり、減税で可処分所得が増加し中産階級以上のアメリカ人の消費が大幅に拡大したことが大きかった。つまり供給側より需要側の変化こそが、経済成長をもたらしたのである。

レーガン政権の大幅減税政策はまた、大きな財政赤字も生み出した。財政支出の削減には失敗したが、大幅に下げられた所得税・法人税率がその後大きく戻されることはなかった。財政難から八〇年代を通じて数度の小規模増税が行われたが、その規模は赤字を埋め合わせるにはほど遠く、レーガン政権の八年間で連邦政府の累積債務は約九〇〇〇億ドルから約二兆ドルに拡大した。

しかもレーガン政権の財政・税制政策は富の不平等を拡大した。減税の恩恵は圧倒的に富裕層に偏り、しかもその後の増税は連邦タバコ税・空港税・通信税など、所得や資産の多寡による累進性の乏しい税が中心であった。さらに、税収の減少によりその後の連邦予算は社会保障費を削減していくことを余儀なくされ、結果として福祉制度の縮小が進展したが、このことも富の不平等を拡大した。

規制の緩和、保護の無力化、反労組の姿勢

減税と並ぶレーガン政権の経済政策の軸は、企業活動に対する規制緩和であった。カーター政権期からすでにエネルギーや航空・鉄道産業などの分野で規制緩和が進んでいたが、レーガン政権はさらなる規制緩和と市場競争の拡大を推進した。

一九八一年に長距離電話を自由化し、八二年には預金金融機関法により貯蓄貸付組合の預金商品金利を自由化、さらに住宅以外の商業用モーゲージローンや商工業貸付も可能になった。レーガン政権は他にも金融業の規制緩和を進め、株式・不動産市場は活況を呈した。また、司法省の反トラスト部門は八二年と八四年にガイドラインを改定し、企業合同・買収へのハードルを引き下げた。くわえてレーガン政権は、企業活動に対する新たな規制の導入には高いハードルを課してこれを制限した。

労使関係や環境への規制緩和は連邦議会における民主党の抵抗も激しかったため、レーガン政権は法改正よりも予算と人事を通じて連邦政府の行政的な保護・規制機能を実質的に弱体化させることで、企業にとって有利な市場環境を創り出していった。労働関係委員会議長や、連邦公有地を管轄する内務長官には、企業寄りの姿勢で知られた弁護士を任命した。さらに環境保護庁や労働衛生安全管理局の予算と人員を大幅削減することで、これらの官庁による監視・監督能力を著しく減退させた。

レーガン政権は労働者の権利を縮小する積極的な法改正は行わなかった。だが同政権の雇用主寄りの態度は、航空管制官組合のストライキに対するレーガンの対応に鮮明に表れた。同組合は連邦航空局に対して待遇改善を求めていたが、八一年八月、交渉が決裂すると全米でストを決行した。レーガンは公務員のストライキ権が承認されていないことを根拠に、ストを止めなければスト参加者を解雇すると宣言し、実際にストに参加し続けた管制官を全員解雇した。レーガンの劇的な処断と、これに対する世論のおおむね好意的な反応は、企業経営者たちの反労組的対応を後押しすることになった。

企業活動への規制緩和、市場競争の余地拡大、そして労使関係におけるレーガン政権の雇用主寄りの態度は、八〇年代における経済構造の変容を促進した。市場競争の激化という環境のもと、反トラスト法違反の可能性が低下したことで企業合同や買収が盛んになり、生産性を高めて競争に打ち勝つための労働力再編と効率化が推進された。

くわえて、情報革命時代に突入したアメリカでは、最新通信技術とコンピュータの職場への導入が進んだ。より高度な技能や高学歴を持つ従業員が求められるようになり、他方で派遣・契約労働者の活用が拡大していった。技術革新の結果、企業はよりコストの安い地域へと生産拠点等を分散させることが可能になり、工業都市の中心部から郊外や南部、そして海外へと工場が移転するようになった。オートメーション化による生産の効率化も図られた。その結果、八〇年代を通じてアメリカ企業の生産性は向上した。また、金融・株式市場は活性化し未曾有の成長を享受することになった。企業による投資に加え、中産階級層による個人投資も伸びを見せた。デリバティブなど新しい金融商品が次々と開発されるようになったのもこの時期である。

だが、働く人々の間の格差は拡大し続けた。高度技能者や高学歴の労働力の需要が高まった反面、下層ホワイトカラーや低学歴の労働者階級の仕事は減少し、レーガン政権期を通じてアメリカは製造業雇用を二〇〇万人分失った。代わりに著しい成長を遂げたのは消費者に奉仕する小売業や外食産業、清掃業などのサービス産業であったが、これらの仕事は低学歴でも就労可能な反面、待遇は劣悪かつ不安定であった。

そして長年の教育・住宅・雇用差別により不利な立場に置かれてきた黒人労働者への打撃は、とくに大きかった。都市中心部周辺に所在する、住宅差別によって歴史的に黒人低所得層が集中してきた地区はゲットー、あるいは婉曲的にインナーシティと呼ばれるが、工業都市から生産拠点が撤退するとこのインナーシティの雇用が劇的に減少して失業は大幅に増加し、基本的サービスも撤退していった。

レーガン政権とマイノリティ・女性

レーガン政権は、連邦政府の権限を通じて人種差別や人種間不平等を是正することを、可能な限り忌避した。マイノリティの権利保護や機会拡大を拒否するとき、彼は露骨な人種差別的表現を用いず（コラム7-1参照）、代わりに連邦政府による介入を否定する「小さな政府」論や、少数派を「優遇しない」ことが「公平さ」だという論理を用いた。レーガン政権はカラーブラインド主義、つまり「平等」を形式的な同一ルールの適用と狭く定義し、それによって人種を考慮に入れた政策や制度を否定することをアメリカ保守主義の政治文化に定着させた政権であった。

レーガンは積極的差別是正措置（アファーマティヴ・アクション）を、政府による悪しき人種クォータ（数の割当の強制であると非難したが、既存の積極的差別是正措置や公民権法を積極的に廃止・縮小することは避けた。しかし、雇用機会均等委員会（ＥＥＯＣ）の予算と人員を削り、一九八二年にはその議長に保守派の黒人法律家クラレ

コラム7－1　レーガンの選挙と人種

レーガンが，1971年にニクソン大統領（当時）との電話でのやりとり中に，中華人民共和国の国連加入を支持するアフリカ諸国政府を罵倒して「まだ靴を履くのに慣れていないような，アフリカ諸国の猿ども」と述べていたことが，2019年の国立公文書館の史料公開により明らかになった。もっともレーガンは若い頃から大統領時代に至るまで，公に露骨な人種差別語を用いることはなかったと言われる。しかし，白人の人種意識への働きかけは，彼の選挙戦術の本質的構成要素であった。

1966年カリフォルニア州知事選で彼は，都市部の黒人住民を避けて郊外移住した白人の人種意識に訴えた。65年のワッツ暴動や66年のブラックパンサー党結成を念頭に，「ジャングル」が「文明」を乗っ取ろうとしていると煽り，警察の強圧的取り締まりを擁護した。また，住宅取引における人種差別を禁止する州法を攻撃し，「自由な社会」では所有者に自由な財産処分権があり「ある人が自分の家屋を売る，あるいは貸すときに，黒人を拒否したいならそうする権利があるのです」と述べた。

大統領選挙時には，レーガンはより抑制された表現を用いるようになったが，その内容は当時のアメリカにおいては黒人攻撃だと解釈できる，人種的にコード化されたものであった。たとえば，76年選挙ではシカゴのあるアフリカ系アメリカ人女性が福祉受給詐欺容疑で逮捕されたという直近の事件を念頭に，福祉を不正受給して豪遊する「福祉の女王」なる架空の人物を，実在するかのように語って物議を醸した。80年選挙ではミシシッピ州ネショバ郡で選挙キャンペーンを開始し，その地で連邦政府に対し「州権」を擁護する演説を行って喝采を浴びた。同郡は，64年に3名の公民権活動家が殺害され，FBI の捜査により地元のクー・クラックス・クラン（KKK）の関与が判明したが，地元検察が起訴を拒否したという地である。

白人有権者は，人種を明示せずとも，「福祉の女王」とは「白人」の税金が「黒人」に食い物にされていることの象徴であり，「州権」とは南部白人による人種問題の処理が連邦政府に介入されない権利のことだと理解した。レーガンは形式的には人種中立的な言葉を通じて，白人有権者の人種意識に巧みに訴えかける選挙戦を展開したのである。このように，特定の有権者にはその隠れた含意が理解できるような表現を駆使する手法を，人間には聞こえないが犬には聞こえる高周波の音を出す笛になぞらえて，犬笛政治（dog-whistling politics）と呼ぶことがある。

ンス・トマスを任命することで、公民権法違反を是正するＥＥＯＣの機能を大幅に低下させた。また、積極的差別是正措置に否定的な保守派判事を積極的に連邦裁判所に任命し、司法の保守化を進めた。一九六五年投票権法が八二年に期限切れとなると、当初レーガンはそのまま同法が撤廃されることを欲したが、共和党を含む連邦議会の圧倒的多数が延長を支持したために、妥協して延長に応じた。第二期の八七年に、連邦政府の支出を受ける機関に公民権法の遵守義務を課す公民権回復法が議会で成立すると、レーガンは拒否権を発動したが、議会両党の賛成多数によって乗り越えられた。

レーガンの麻薬政策は、人種マイノリティに対して最も持続的に負の影響をもたらした政策である。彼は八二年一〇月のテレビ演説で麻薬の蔓延の深刻さを訴え、連邦政府が一丸となって「麻薬との戦争」に取り組む旨を宣言した。レーガン政権は人種への直接的言及を避けつつ、インナーシティが麻薬の巣窟であると想像させるステレオタイプを喚起し、麻薬取り締まり強化への世論の支持を取り付けていった。なお、クラックと呼ばれる純度の低いコカインが蔓延し、インナーシティの深刻な問題となったのは、「麻薬との戦争」宣言から数年後のことであった。「麻薬との戦争」以降、連邦麻薬取締局やＦＢＩ、国防総省の麻薬関連部門の予算は急増した。その一方で、麻薬依存症治療や予防教育に向けられる予算は削減された。「麻薬との戦争」は、麻薬の害を減らすより、麻薬に関与する傾向があると仮定された集団を取り締まる政策として展開したのである。麻薬使用者が非白人中心であるという証拠がないにもかかわらず、取締機関が非白人に偏重して車内検査や身体検査などを行う人種プロファイリングの影響もあり、とくに黒人やヒスパニックが集中的に逮捕・起訴・投獄された。アメリカの刑務所人口は八〇年代以降急増し、二一世紀に入ると全収監人口が二〇〇万人を超えて世界最多になった。近年、法学者のミシェル・アレグザンダーは、レーガン政権が開始した「麻薬との戦争」は投獄を通じて多数の黒人を主流社会から疎外された二級市民へと転じていく「新しいジム・クロウ」と呼ぶべき状況をもたらしたと警告し、注目を集めた。

レーガン政権は性差別を禁じる多くの連邦法を積極的には撤廃しなかったが、前述したＥＥＯＣの弱体化は、女性労働者に対しても不利に働いた。しかしアメリカ企業は高学歴女性の採用を拡大し続け、サービス産業でも多数の女性労働者が雇用された結果、八〇年代を通じて女性の職場進出は進展し、男女賃金格差も徐々にではあるが縮小した。またレーガンは八一年に、連邦最高裁判所判事に初の女性となるサンドラ・デイ・オコナーを指名した。

他方でレーガンは、合衆国憲法修正第一四条によって十分に女性の平等は保護されているとして、性差別を禁じる男女平等憲法修正条項（ＥＲＡ）を支持しなかった。レーガンの態度のみが原因ではないが、ＥＲＡは改憲に必要な数の批准州を得られずにレーガン政権期に廃案となり、いまだに合衆国憲法に男女平等の条項は存在しない。

また、レーガンは人工妊娠中絶についてはプロライフ派を公に自認し、ロウ対ウェイド判決を覆すための積極的施策こそとらなかったものの（第4章参照）、中絶をホロコーストになぞらえて非難した。八四年には家族計画の手段として中絶を実施・推奨する国内外の非政府組織には連邦政府の助成を認めないとした。当時国連の国際人口開発会議が開催されていた都市にちなみ、この方針はメキシコシティ政策と呼ばれる。

3　新たな冷戦の時代へ

レーガンの世界認識

レーガンは自由市場と私有財産制への信奉と反共主義を軸にして、世界を二元的に認識していた。アメリカおよび反共親米諸国に対して敵対的な、世界中の国家およびテロリスト等の非国家アクターは、すべて一枚岩のように相互に連携しており、背後からソ連が操っている、とする世界観である。さらにレーガンは、共産主義が失敗することは歴史の必然であり、ゆえにソ連は崩壊する運命にあるという確信を抱いていた。この世界観に則ると、世界のあらゆる地域――地政学的には「周辺的」と見なされる地域も――において反米的と見なされる勢力を打倒することは、ソ連に対抗する上で意味を持つ。そのための支援や介入は正当化されることになる。

しかし他方で、レーガンは核兵器の存在を嫌悪しており、米ソ間の核戦争を抑止しているとされた相互確証破壊（ＭＡＤ：第4章参照）という概念そのものを非道徳的だと考えていた。核戦争が勃発すれば人類滅亡の危機になりうること、ＭＡＤのもとで事故から最悪の事態になりうることを、彼は真剣に恐れていた。そこでレーガンは核なき世界を目指すことを外交上の究極目標の一つとし、この目標を達成するためにはソ連指導者との交渉も必要だと考えていた。だが、軍事力においてアメリカはソ連に遅れを取っているとの認識に立っていたため、彼はアメリカが核戦力も含めてソ連に対する軍事的優越を確立することで「強さの立場」からソ連と交渉することを目指した。

以上のような姿勢が、レーガン政権の基本的な外交戦略を規定した。すなわち、ソ連に対する軍事的優越を達成するための軍備増強と同時に、世界各地でソ連の勢力拡大と見なされる動きを封じ込め、さらに巻き返すための、積極的な介入政策であった。

なお、対外政策に関するレーガンのリーダーシップは、しばしば混乱をもたらした。彼は明確な指示を与えないことも多く、そのため閣僚やスタッフは、対ソ交渉を忌避する強硬派と、「強さの立場」からの対ソ交渉を肯定する相対的穏健派に分かれ、派閥争いが絶えなかった。両者の間のバランスの変化がレーガン政権の外交を形成していくが、政権発足当初は強硬派が中心となって外交政策を形成した。

軍拡と対ソ圧力の強化

第一期レーガン政権は、発足当初からソ連に対する強硬姿勢を鮮明にした。デタントを否定し、ソ連の指導者を非難する発言を公に繰り返し、カーター政権が締結した第二次戦略兵器制限条約（SALTⅡ）に代表されるソ連との軍備管理協定を批判し続けた。

レーガンは、偽りのデタントの下でソ連がアメリカに対して軍事バランスで不当に優位を確立したと信じており、軍備の増強によって軍事バランスを回復しソ連に対して優勢に立つことを追求した。レーガンは強硬派のキャスパー・ワインバーガー国防長官とともに米軍のあらゆる分野における軍備の増強を推進した。軍事費の多くは、新兵器の開発や配備に投じられた。

また、ソ連が一九七〇年代に配備し始めた中距離核ミサイル「SS20」に対抗するために、西ドイツに中距離核ミサイル「パーシングⅡ」を配備する計画を進めた。この計画はカーター政権期に始まり、西ドイツ政府もパーシングⅡ配備の意向を決定していた。だがレーガンが大統領に就任すると、彼のタカ派イメージと軍拡政策ゆえに、レーガン政権は核戦争を引き起こすのではないかという西ドイツ市民の懸念が高まった。

軍事面だけでなく経済面でも、レーガン政権はソ連に対する圧力強化を推進した。レーガンは経済的圧力が共産主義の崩壊を早めうると考え、ソ連による西側諸国の資本と技術へのアクセスを遮断しようとした。ソ連経済は天然資源、とくに原油の輸出に依存していたため、アメリカは西側諸国にソ連への原油掘削技術やパイプライン技術の輸出を撤回させる経済制裁を発動した。また、サウジアラビアに兵器を輸出する代わりに原油増産を要請したが、これは原油価格を低下させてソ連の外貨獲得を妨げる目的であったという指摘がある。

サウジアラビアの原油増産により原油価格が低下したことで、ソ連経済には打撃になったと言われる。だが、原油安は米石油産業にも打撃となった。さらに対ソ輸出を希望する西側諸国がアメリカの姿勢に不満を表明し、レーガン政権は一九八四年には制裁を緩和せざるをえなくなった。また、カーター政権はソ連のアフガン侵攻に抗議して対ソ穀物輸出を禁止したが、レーガン政権は農民票を確保するために輸出の再開を余儀なくされた。このように経済面での対ソ圧力は、レーガンが期待したようには進まなかった。

第三世界を新たな冷戦の舞台に

レーガン政権の対外政策の特徴は、ソ連に対する巻き返しのために、とくに中米や中東において軍事的な支援や介入を積極展開した点にもあった。この第三世界に対する積極的介入姿勢は、レーガン・ドクトリンと呼ばれるようになった。レーガン政権初期の外交は、安全保障問題担当のウィリアム・クラーク補佐官らホワイトハウスの保守強硬派が主導権を握った。

中米では親米勢力と反対勢力の争いが内戦化していた。ニカラグアでは一九七九年に親米独裁のソモサ政権とこれに抵抗するサンディニスタ民族解放戦線の間に内戦が勃発し、世論の支持を失ったソモサ政権が失脚してサンディニスタ政権が成立した。同じ頃、エルサルバドルでは独裁政権に対するファラブンド・マルティ民族解放戦線（ＦＭＬＮ）が武装蜂起し、内戦になっていた。

レーガン政権はサンディニスタ政権を打倒しエルサルバドルの独裁政権を支えるための政策を熱心に推進した。ニカラグアに対してはソモサ政権時代まで行っていた経済援助を停止し、中央情報局（ＣＩＡ）がウィリアム・ケイシー長官の指揮の下で旧ソモサ派の残党を中心とした反共反革命勢力であるコントラに資金を提供した。八一年三月、レーガンは中米での秘密工作を許可する機密文書に署名し、ケイシーは連邦議会に対して報告することなく作戦を進めていった。

しかし議会では民主党を中心に、ニカラグア反政府勢力支援への反対が強かった。とくにコントラが民間人大量虐殺に関与したことが判明すると、八二年に議会は「ニカラグア政府を転覆させる目的」で連邦政府が資金を支出することを禁止する歳出法修正案を全会一致で可決した。さらに八四年、CIAとコントラがニカラグアの港に違法に機雷を敷設したことが明るみになると、議会はコントラ支援のための支出を一切禁止する法案を可決した。こうして、コントラ支援のための支出に議会の承認を得ることはできなくなり、このことが後のイラン・コントラ事件の背景となる。

レーガン政権はエルサルバドルの独裁政権にも援助を行った。同国の独裁政権はレーガン就任直前の八〇年一二月にアメリカの人権活動家たちを共産主義者と目して国家警備隊が拉致・虐殺する事件を起こしたが、レーガン政権は同国政府を擁護し、八一年から八三年にかけて総額三五〇億ドル以上の軍事援助を提供した。エルサルバドル政府は、軍部および「死の部隊」と呼ばれる右派テロ組織によってFMLNのみならず多数の民間人を虐殺し続けた。また、レーガン政権はグアテマラの反共軍事独裁政権にも議会の承認なしに軍事援助を行い、ハイチの独裁者ジャン＝クロード・デュヴァリエ政権とも良好な関係であった。

人権団体はエルサルバドルやグアテマラで多数の民間人虐殺や人権侵害が発生していると警告したが、レーガン政権はこれらの独裁国の人権状況は改善傾向にあると擁護し、援助を正当化した。結果、中米・カリブ海地域の独裁政権や反共的反政府勢力が関与する虐殺・人権侵害はさらに激化し、迫害や虐殺を逃れるために多くの中米の人々が故郷を逃れざるをえなくなった。

彼らは難民としての保護を米政府に求めたが、レーガン政権は反共主義の正しさではなく親米独裁政権の不正義を象徴しうる中米出身者の難民認定を拒否し、彼らの多くはアメリカに入国して書類不備移民化した。米国内の人権活動家や一部のキリスト教会は、彼らを実質的難民として救済しようと試み、シェルターなど各種サービスを提供した。これが今日に連なるサンクチュアリ運動（政府の取り締まり方針に逆らって、書類不備移民や難民申請者に保護を提供しようとする運動）の源流である。

中米以外でも、レーガンは様々な秘密工作を許可した。アフリカではアンゴラやモザンビークの内戦に対して、ソ連とキューバが支援する社会主義政権に対抗する反政府ゲリラへの軍事援助を南アフリカ政府とともに実行した。南アがアフリカにおける親ソ勢力拡大阻止の要であると考えたレーガンは、アパルトヘイトを維持する南アに対する制裁を求める世論が国内で高まっていたにもかかわらず、南アへの「建設的関与」を主張し続けた。他方、彼はネルソン・マンデラ率いるアフリカ国民会議をテロリスト組織だと非難した。八六年に連邦議会が南アへの制裁法を可決すると、レーガンは拒否権を行使したが、議会は拒否権を乗り越えて法案を成立させた。

レーガン政権はアジアでも、カンボジアの反ベトナムゲリラに武器を援助し、韓国の全斗煥《チョンドゥファン》やフィリピンのフェルディナンド・マルコスなどの親米反共政権と良好な関係を維持し、その独裁体制と人権侵害を容認し続けた。

中東においては、レーガン政権は親イスラエルを基軸とした政策を展開し、パレスチナ解放機構（ＰＬＯ）をソ連の道具でありテロリスト集団だと断定した。また、ムアンマル・カダフィ率いる独裁国家リビアを親ソかつテロ輸出国として危険視したレーガン政権は、八一年三月、シカゴで反カダフィ派のリビア人活動家が殺害されたことを契機にリビアと断交した。同年八月にはリビアとアメリカの戦闘機が遭遇し、リビアの戦闘機がミサイルを発射、これに対して米軍機がリビア軍機を撃墜する事件が発生した。レーガンはこの撃墜を擁護した。

親ソ的なシリアと反米のイランをともにテロリズム支援国家と断定していたレーガン政権は、両国に対抗するためサウジアラビアに最新式の早期警戒管制機（ＡＷＡＣＳ）等を提供した。この決定はイスラエル政府や米国内のイスラエル・ロビーに反対されたが、レーガンはこれを中東でのソ連の影響拡大を阻止するためにはやむをえない措置だと考えていた。

他方、もとより親イスラエルであったレーガンは、同国の好戦的姿勢に対して寛容であった。イスラエルとの和平を進めていたエジプトのムハンマド・アンワル・サーダート大統領が八一年一〇月に暗殺されると、イスラエルは占領下に置いていたシリアのゴラン高原の正式併合を宣言し、レーガン政権はこれを容認した。さらに翌八二年六月、イスラエルがＰＬＯの拠点を攻撃するためと称してレバノンに侵攻し、駐留していたシリア軍を攻撃すると、レーガンとアレグザンダー・ヘイグ国務長官はこれを擁護した。しかしイスラエル軍が当初の作戦目標より深く侵攻し始めると、レーガンはメナヘム・ベギン首相に抗議したが、その間にもイスラエル軍の爆撃でレバノンの民間人が多数殺害され、また親イスラエルのキリスト教系党派がイスラエル軍の黙認のもとパレスチナ難民キャンプを襲撃、数百人を虐殺した。ヘイグは八二年七月に突如、国務長官を辞任したが、これはレバノンをはじめとする対外路線をめぐる他の閣僚との対立が背景にあったと推測されている。彼の後任にはジョージ・シュルツが任命された。

イスラエルとシリアの介入によって深刻化するレバノン内戦に対し、米仏伊からなる多国籍軍がベイルートに進駐した。アメリカはこれを平和維持行動であると主張したが、アメリカは親イスラエルのキリスト教系諸党派による政府を支援しており、この作戦行動にはＰＬＯをレバノンから駆逐する目的があった。このことはとくにレバノンのシーア派勢力を憤慨させた。

八〇年にイランとイラクがペルシャ湾岸地域の覇権と石油資源をめぐって戦争に突入していたが、レーガン政権はイランに湾岸の覇権を握らせないためにイラクへの秘密軍事援助を許可し、イラクのサダム・フセイン政権が国内のクルド人およびイラン軍に対して毒ガスを用いることも黙認した。イラン・イラク戦争の犠牲者は、八八年の終結までに二〇〇万人にまで拡大した。

ソ連軍のアフガニスタン侵攻に対して、レーガン政権は反ソ連のイスラーム原理主義武装勢力への支援を劇的に拡大し、同時に反ソ勢力を支援するためにアフガニスタンと隣接する中国およびパキスタンに接近し、両国に対して融和的姿勢をとった。結果、パキスタンの核開発は黙認され、やがて同国は核技術をリビアや北朝鮮に輸出するようになる。

レーガン政権の積極的干渉政策は、アフガニスタンでは親ソ勢力の弱体化という点では一定の成果を上げたが、「共産主義からの自由」は多くの地域で反共独裁政権による人権侵害、虐殺、内戦の激化を意味した。これらの悲劇をレーガン政権が無から生み出したわけではないが、悪化させたことは否定できない。

一九八三年の危機

対ソ強硬姿勢とレーガン・ドクトリンに基づく第三世界での新しい冷戦は、一九八三年に米ソ関係を危機的状況に導くことになった。三月八日、レーガンは全国福音主義協会の会合における演説で、ソ連との核軍縮交渉の可能性を示唆しつつも、核兵器の実験・製造・配備を全面禁止する「核凍結」案を非難し、「歴史の事実と、悪の帝国の攻撃的な衝動」を警戒すべきだと語って、ソ連政府首脳を憤慨させた。

さらにソ連の反発を招いたのは、三月二三日にレーガンがシュルツにもワインバーガーにも事前に諮ることなく発表した戦略防衛構想（ＳＤＩ）であった。宇宙に配置したＸ線レーザー砲やレールガンで大陸間弾道ミサイルを迎撃し、アメリカ全土を核攻撃から防衛するという構想である。レーガンはＳＤＩが核戦争を防ぎ、ＭＡＤを過去のものとできる画期的な計画だと考えていた。

連邦議会はＳＤＩ研究のために一定の支出を可決したものの、軍部をはじめ政府関係者の多くは、技術的困難と必要な予算の莫大さゆえに近未来に実現する見込みは乏しいとみていた。メディアも、当時ヒットしていたＳＦ映画シリーズになぞらえて「スターウォーズ計画」だと揶揄した。

だがソ連首脳は、ＳＤＩ計画に真剣に反発した。ソ連政府は、ＳＤＩは七二年に米ソ間で締結された核軍拡抑制のための弾道弾迎撃ミサイル制限条約（ＡＢＭ条約）に違反すると指摘した。レーガン政権はＳＤＩが迎撃ミサイルではなくレーザー兵器であるため条約違反ではないと主張したが、ソ連はＡＢＭ条約を形骸化させるものと認識した。そして当時のソ連の技術力・経済力では、対抗システムの開発はほぼ不可能であった。ＳＤＩによるＭＡＤ否定の追求は、ソ連政府にとってはアメリカによる一方的なソ連への核攻撃計画に他ならないと映ったのである。

八三年前半には、米ソの対立激化が核戦争の引き金になることを懸念した反核運動が世界中で活発化した。アメリカでも地方議会で核凍結を求める決議が相次ぎ、五月には連邦上院では否決されたものの、下院では核凍結決議が可決された。レーガンは反核運動を「アメリカを弱体化させ、誠実な人々を操ろうとしている」者たち、つまり暗にソ連の手先だと非難したが、後に「核戦争には勝利はなく、そして核戦争を行うことはできない」と述べ、核戦争を起こすつもりはないことを世論に訴え、沈静化を試みた。

九月一日にはさらに米ソ関係を緊張させる事件が起こる。バンクーバー発ソウル行きの大韓航空機が航路を誤ってソ連領空に侵入し、緊急出動したソ連空軍機によってサハリン沖で撃墜され、六一名のアメリカ人を含む乗員乗客二六九名が全員死亡したという惨事である。アメリカはソ連軍の行為を厳しく非難した。

この悲劇には前史がある。事件の数カ月前、ソ連政府は領空侵犯機に対する対応指針を厳しく改めており、大韓航空機を民間機と確認できなかったソ連空軍機はこの新指針に従って同機を撃墜した。この指針が導入された背景には、八一年以降アメリカ海空軍がソ連軍に対する心理戦の一環としてソ連領空・領海ぎりぎりの地域で挑発行動を繰り返しており、反発したソ連側がアメリカによる先制核攻撃の可能性への警戒を高めていたのである。

緊張が高まる中、九月二六日にはソ連のミサイル警戒システムが誤作動を起こし、アメリカによる大陸間弾道ミサイル攻撃が始まったと認識する事件が起きていた。ミサイル警戒システムの担当者が誤作動に気づかなければ、米ソ全面核戦争に発展していた可能性もあった。

さらに八三年は、中東情勢の緊張が高まった年でもあった。前年夏にベイルートに進駐した米軍に対して反発したシーア派武装勢力のヒズブッラーが同年四月に同市のアメリカ大使館を爆破するテロ事件を起こし、多数の死傷者を出した。翌月にはベイルート空港に駐屯していた米軍が砲撃された。これに対してアメリカは艦砲射撃と米海兵隊の攻撃によって報復し、レバノンの民間人にも多数の犠牲者を出すことになった。一〇月二三日、爆弾を積んだトラックによって海兵隊が攻撃され、二四一名の死者を出した。レーガンはワインバーガーと統合参謀本部の助言に従い、一カ月後に海兵隊に撤退を命じた。

レバノンでの失態を繕ったのは、人口一〇万人弱のカリブ海の小国であった。グレナダでは七九年に社会主義政権が成立したが、当初はレーガン政権も無関心であった。八三年一〇月一二日に、より急進的なマルクス主義勢力がクーデタを起こすと、同島の医科大学に在籍する数百人のアメリカ人学生の安否が世論の注目を集めた。ベイルートで海兵隊がテロ攻撃を受けた翌日、レーガンは米軍にグレナダ侵攻を命じ、アメリカ人学生「救出」の必要性を主張してグレナダへの攻撃を正当化した。米軍はグレナダ軍および同島に派遣されていたキューバ人労働者の武装抵抗を排除して同島主要施設を占領、アメリカ人学生たちを保護した。アメリカに帰還した学生の一人がひざまずき滑走路にキスした写真は、アメリカ世論を熱狂させた。ベイルートの失敗を払拭するために、侵攻に参加した米兵にメダル授与を大盤振る舞いするなど、レーガン自身がアメリカの軍事的勝利を派手に演出したこともあり、グレナダ侵攻は世論の高い支持を得た。またレーガンは、ベイルートとグレナダの事件をともにソ連の支援によるものと非難することも忘れなかった。

一一月初旬にはNATO軍による、ソ連との核戦争勃発を想定した大規模演習「エイブルアーチャー（弓の名手の意）」が一〇日間にわたって展開された。ソ連首脳はこの演習が米軍による攻撃準備の可能性を示唆していると認識し、反撃のために核兵器を即時使用できるよう準備して対応した。この情報は二重スパイを通じて、ケイシーCIA長官にもたらされた。一一月二三日には、最初のパーシングⅡが西ドイツに到着し、これに対してソ連は進行中であった中距離核ミサイルをめぐる交渉を打ち切った。

レーガンの対ソ姿勢の変化

以上のような一九八三年を通じた緊張激化は、反共主義に基づくレーガン政権の強硬姿勢に原因の一部があったことは確かである。ソ連に対し軍事的優越を確立する目標と、MADに依拠せず核戦争を防止したいという目標の同時追求は、SDI計画に結実し、ソ連の警戒と不信感を深めることになった。だが八三年は同時に、レーガンが対ソ政策に関する見解を見直していく時期でもあった。明確な時期は確定し難いが、彼は同年を通じて徐々にその立場を修正したという。一一月二〇日に米テレビ局ABCが核戦争を描いた番組『ザ・デイ・アフター』を放映し、レーガンもこれを視聴して衝撃を受けたこと、またシュルツ国務長官や、新たに安全保障担当補佐官となったロバート・マクファーレンらがより穏健なアプローチをとるようレーガンに助言したことが指摘されている。

八四年一月の演説でレーガンは、今年は「合衆国がここ数年で最も強力な立場にあり、ソ連と建設的かつ現実的な実務的関係を確立する年になる」であろうと述べ、「イヴァンとアーニャ」のような普通のロシア人が「ジムとサリー」のような普通のアメリカ人とともに語らい、「恐怖も戦争もない世界」で働き子供を育てることができる日を想像することは「あらゆる国境を越える」人類共通の関心であると訴えた。同年九月には、国連で演説し、ソ連との「建設的交渉」の準備があると語った。

八四年の大統領選挙では、レーガンはソ連非難のトーンを弱めて平和構築者イメージを普及することに務めた。第一期でインフレ抑制に成功し、景気も好転していたことが功を奏し、レーガンは民主党候補のウォルター・モンデールを破って再選を果たした。

大統領就任以来ソ連に対して強硬な発言と政策をとり続けてきたレーガンを、ソ連首脳部は不信をもって見続けた。しかもソ連では八二年に死去したレオニード・ブレジネフの後継者ユーリー・アンドロポフが八四年二月に病死し、その後継者であるコンスタンティン・チェルネンコも八五年三月に病死した。この間、米ソ間の交渉は実質的に進展がなかった。

しかし次節で見るように、膠着した米ソ関係は、チェルネンコの後任として登場した新たなソ連共産党指導者によって急速に変化することになる。

4　第二期レーガン政権の内政と外交

移民制度改革

一九八五年一月から始まるレーガン政権の第二期では、第一期と比して、目立った内政上の改革は少なかった。政権第二期に実施された最重要政策としては、八六年の移民改革統制法の制定が挙げられる。六五年移民法制定後、主にメキシコからの移民を中心に書類が不備な状態で米国内に滞在している移民が急増し、「不法移民」問題が激しい政治的論争の的になっていた。連邦議会が七八年に設置した移民・難民政策に関する特別委員会は、八一年に最終報告書を提出した。この報告書をもとに、いくつかの法案が議会に提出され、最終的には八六年にレーガンの署名を得て成立することになった。

一九八六年移民法の主な特徴は、雇用主に移民従業員の合法身分を確認することを求め、「書類不備移民」（「不法移民」とも呼ばれる。コラム7‐2参照）であると知りながら雇用した場合の罰則を導入したこと、国境管理を強化したこと、他方で一時的な季節農業労働者のための規定を盛り込んだこと、そして八二年一月一日以前に入国したことを証明できる場合には書類不備移民に合法移民身分を認めるアムネスティ制度を導入したことである。一方で「不法移民」排除を強化し、他方で書類不備移民の合法化も推進するこの移民法は、移民制限強化を求める世論、低廉な労働力の安定供給を求める農業関係者、ヒスパニック系の移民およびアメリカ市民に対する雇用差別の悪化を懸念するヒスパニック系人権団体などの間の利害対立を調停した、妥協の産物とも言える改革であった。

レーガン自身は「不法移民」の取り締まりと国境管理の強化を支持していたが、同時に彼は「移民の国」としてのアメリカという国家像を損なわないことも重視してもいた。事実、八四年の選挙戦においても、彼はアムネスティの支持を明言していた。

一九八六年移民法の結果として、二〇〇万人以上の書類不備移民がアムネスティによって合法身分を獲得した。もっとも、書類不備移民を含む移民労働力への需要が存在し続けたため、「不法移民」を減らすという移民法改革の目的は果たされることはなく、その後も書類不備移民は増加した。ただし、アムネスティが書類不備移民をかえって増加させたのか否かという点は、依然として議論の的となっている。

「小さな政府」政策の帰結としての金融スキャンダル

レーガン政権第二期には、彼の経済政策の正当性を傷つける事態が頻発した。前述のように一九八二年に貯蓄貸付組合への規制が大幅に緩和され、しかも連邦住宅貸付制度理事会による貯蓄貸付組合に対する監督が緩和された結果、貯蓄貸付組合は収益拡大のために株式・不動産市場への無軌道な投資を拡大した。八六年、原油価格の下落によって不動産市場が冷え込むと、貯蓄貸付組合の多くは多額の不良債権を抱えて破綻に追い込まれ、さらに預金保険制度である連邦貯蓄貸付保険公社も多数の組合の破綻に伴って多額の負債を抱えて破綻・機能停止した。

また、八〇年代後半は金融業界のスキャンダルが世論に衝撃を与えた時期でもあった。投資銀行ドレクセル・バ

コラム7-2　「不法移民」と「書類不備移民」

近年のアメリカ政治において「不法移民（illegal immigrant）」と「書類不備移民（undocumented immigrant）」という2つの言葉が競合しているが，実はどちらも同じ存在を指している。移民関連の法律が要求する条件を満たす書類をすべて揃えてはいない状態で米国内に滞在している，非正規の移民のことである。だが，どちらの言葉を用いるかによって，この人々の存在をいかなる「問題」として捉えるかは異なってくる。

1965年移民法は国別の移民数割当を廃止する一方で，西半球からの移民の総数には制限が新たに導入された。だが，その後も米墨国境を越える移民の数はさらに増加した。そして，ビザの期限が切れたあとも米国内に滞在（オーバーステイ）して就労し続け，家族を形成し定着する移民も増えていった。

非正規移民を「不法移民」と呼び，重大な社会的・政治的問題として扱う流れは，1986年の移民改革統制法へと至る論争から生じた。「不法移民」という言葉には，非正規に米国に滞在するという行為，ひいては彼らの存在自体が，社会秩序に対する本質的な脅威であり犯罪的であるという含意を持ちうる。

だが「不法移民」という呼称の批判者は，こう指摘する。移民が「不法」であるとは，殺人や強盗のように人間社会が本質的に反倫理的であるとしてきた行為ではなく，主権国家（連邦政府）が定めた条件を満たしていないという意味であり，この条件設定自体には刑法のような倫理的根拠はない。つまり非正規移民とは政策によって恣意的に構築された存在である。いかなる人間もその存在そのものが「不法」であることはない。実際には非正規を含む移民の犯罪率は低く，非正規移民労働力はアメリカ経済にとって不可欠であり，とくにアメリカに貢献しうる非正規移民には正規移民への道が開かれるべきだと。

そのため，非正規移民を刑事上の「犯罪者」と混同させる可能性があるとして「不法移民」の語を批判する人々は，より中立的表現として「書類不備移民」あるいは「未承認移民（unauthorized immigrant）」の語を用いる傾向がある。こうした人々は民主党支持者に多く，逆に「不法移民」の語を用いるのは共和党支持者に多い傾向がある。取り締まり強化とアムネスティを含んだ86年移民法は，両方の次元が混在した法律であり，その後の論争の分岐点でもあった。

ーナム・ランバート社の企業買収専門家デニス・レヴィーンがインサイダー取引容疑により起訴され、八六年六月に有罪となった。同年、裁定取引専門の大物投資家アイヴァン・ボースキーもインサイダー取引容疑で逮捕され、一二月に有罪となった。彼はかつて「貪欲さは健全である」と公言し、八七年公開の映画『ウォール街』の主人公ゴードン・ゲッコーのモデルにもなった人物である。八七年には、様々な大手投資銀行が捜査対象となった。ジャンク債を用いたレバレッジ買収専門の投資家として知られたドレクセル社のマイケル・ミルケンも起訴され、八九年に有罪となった。

これらの金融スキャンダルは、規制緩和と市場に対する政府の監督機能の縮小を推進した「小さな政府」政策が少なからず影響したものであった。こうした状況に対して連邦議会でレバレッジ買収に対する規制論が噴出すると、八七年一〇月に多数の投資家が株式市場から撤退し、同月一九日の月曜日には大幅な株価の下落（一日の下げ幅としては史上最大であった）が起こり、この日は「ブラックマンデー」と呼ばれるようになった。

レーガン・ドクトリンの帰結——イラン・コントラ事件

市場に対する規制・監督の縮小が金融スキャンダルを引き起こしたように、レーガン・ドクトリンに基づく第三世界への介入はイラン・コントラ事件と呼ばれる重大なスキャンダルを引き起こした。しかもこの事件には、レーガン自身が積極関与していた。

前述のように、ニカラグアのコントラへの支援が連邦議会によって禁じられると、レーガンはシュルツ国務長官の忠告を無視し、部下たちにコントラを「一つにすることを助けるために、あらゆるすべきことをせよ」と指示した。こうしてケイシー、マクファーレン、安全保障担当補佐官のジョン・ポインデクスター海軍少将、そして国家安全保障会議（NSC）スタッフのオリヴァー・ノース海兵隊中佐らが中心となって立案した方針は、歴史家マイケル・シャラーの言葉を借りれば、コントラ支援の「民営化」であった。

ノースはスイス銀行に口座を開設し、保守派富裕層からの寄付や、イスラエル・サウジアラビア・ブルネイ・韓国・台湾・南アフリカなどの反共主義国家から提供された資金をその口座に集め、コントラ支援の資金源とした。これらそしてコントラ支援を円滑に遂行するため、パナマの独裁者マヌエル・ノリエガ将軍との関係を強化した。これらの活動は、レーガンに報告されていた。

さらにレーガンの承認のもと、もう一つの違法の作戦が展開された。当時、ベイルートで七名のアメリカ人が拉致され、イランと関係の深いイスラーム主義の民兵の人質にされていた。イラン米大使館人質事件の際に徹底的にカーターを攻撃したレーガンは、人質解放の達成に強い関心を示し、八六年にはイランに武器を売却しその引き換えに人質を解放させることを許可した。そしてノースは財務省に納められるべき武器売却益をコントラ支援に流用することを考案し、実行に移した。このときノースは、コントラへの「貢献（contribution）」という意味で、この計画はイランによる「コントラビューション」だと冗談を述べたという。

この違法なコントラ支援は、八六年一〇月、ＣＩＡのチャーター機が武器を輸送中にサンディニスタ側勢力により撃墜され、乗員が捕虜にされ支援活動について自白することで発覚する。さらに一一月初頭に、イランが米との秘密武器取引を暴露した。レーガンは公には、イランとの取引もコントラ支援も知らなかったという立場をとり、ケイシーやノースらとともにスキャンダルを取り繕おうとした。だが議会・メディア・世論の風当たりは厳しく、ジョン・タワー元上院議員を長とする調査委員会を設置せざるをえなくなる。

タワー委員会が開催した公聴会で、レーガンは証言を二転三転させた。八七年二月に公表された委員会報告書は、違法な武器取引およびコントラ支援の存在を認定したが、レーガンについては違法工作に利用されたという結論に落ち着き、レーガンはスキャンダルを乗り切ることに成功した。世論はこの事件に関しては彼に批判的だったが、レーガン個人は善意の人としてのイメージを決定的に失うには至らなかった。そのため彼は、焦げがこびりつきにくい加工をされたフライパンになぞらえて「テフロン大統領」とも呼ばれた。

なお、ノースは起訴され八九年に有罪判決が下ったが、証言台での態度が非常に堂々としていたことで、保守派からは悲劇の愛国的英雄と見なされた。九一年に有罪判決が覆されると、ノースは共和党から上院選挙に出馬して敗退した後、二〇〇一年から一六年まで保守系ニュース局のＦＯＸニュースで歴史番組のホストを務め、一八年五月から翌年五月まで全米ライフル協会（ＮＲＡ）の会長を務めた。

レーガンがイラン・コントラ事件のスキャンダルをしのぐことができた理由の一つは、米ソ関係の大幅な進展に成功したことにある。だが米ソ関係の好転は、レーガンというよりはむしろ、ソ連側の変化によってもたらされた。

ゴルバチョフの登場と米ソ関係の新展開

一九八五年三月、チェルネンコの病死に伴い、当時五四歳のミハイル・ゴルバチョフがソ連共産党書記長に選出された。彼は外相にエドゥアルド・シェワルナゼを起用するなど、ソ連首脳部の人事を一新するとともに、共産主義体制を守るために大幅な改革の必要性があるという認識に基づいて経済の立て直しに取り組んだ。八六年から開始された一連の改革政策であるペレストロイカ（ロシア語で「再建」の意）は、一定の市場経済の導入に加え、報道規制の緩和（グラスノスチ）、政治犯の釈放・名誉回復などを進めた。

ゴルバチョフはソ連経済の立て直しのために、冷戦の緩和によって、軍事費を削減し西側との経済関係を強化する必要性を認識していた。ゆえに彼が求める国内改革は、必然的にソ連外交の転換と不可分であった。八六年二月のソ連共産党大会で演説したゴルバチョフが、世界は相互に依存しており、軍事的優越を競うことは無益であると断言したことは、その表れである。

前任者たちに比べて若く活力に溢れ、教条的でない語り方をする新指導者は、彼と会談した西側指導者に肯定的な印象を与えた。とくにシュルツ国務長官や、レーガンの盟友であったマーガレット・サッチャー英首相は、ゴルバチョフを信頼しうる指導者であると評価し、レーガンに彼との対話を促した。

八五年一一月、ジュネーヴで米ソ首脳会談が開催された。レーガンとゴルバチョフは互いに個人として好印象を抱いたが、実際の核軍縮をめぐっては見解の隔たりが大きく、この会談では核軍縮交渉を継続していくことや両国首脳の相互訪問を行うことなどで合意したが、それ以上の具体的成果はなかった。

最大の対立点はＳＤＩであり、ＳＤＩはその後も米ソ核軍縮交渉の進展にとって障害となり続けた。レーガンはあくまでもＳＤＩ研究継続に固執し、ゴルバチョフはアメリカがＳＤＩによる一方的な核攻撃能力の獲得に固執していることが核軍縮を妨げていると主張した。レーガンはＳＤＩ技術をソ連にも供与することによってＭＡＤの必要のない世界を実現できると提案したが、ゴルバチョフはこの申し出には懐疑的であった。レーガンはアメリカの正しさと善意の絶対性を信奉しており、そのため彼はアメリカ側からの善意の申し出は当然信用されるはずと仮定していたが、その信念はゴルバチョフには共有されていなかった。

八六年一〇月にはアイスランドの首都レイキャビクで両者が会談した。米ソは核なき世界を目指すという大きな目標では合意したが、具体的な核軍縮のための進展はなかった。ゴルバチョフは戦略核兵器の五〇％削減に加えて大幅な軍縮案を提示し、代わりにＡＢＭ条約の維持とＳＤＩ研究の制限を要求したが、この提案をレーガンは拒絶した。レーガンは全核兵器の廃絶を提起したが、ゴルバチョフはその条件として最低一〇年間は対ミサイル防衛システムを配備しないことを求めた。これに対しレーガンは、ＳＤＩ計画継続は「米国民との約束」であると述べて、議論を打ち切った。

しかし両国の政治状況が、翌八七年にレーガンとゴルバチョフの交渉を促すことになった。レイキャビク会談から三週間後にイラン・コントラ事件が発覚し、中間選挙で民主党に連邦上院の多数派の地位を奪われると、レーガンは政権浮揚のために対ソ強硬派の側近を解任して穏健派をスタッフに迎えた。その結果、シュルツは対ソ交渉をより進めやすくなった。ソ連では、保守派の抵抗によって改革が遅れていることに国民の不満が高まっており、ゴルバチョフとしては状況を打開する必要があった。くわえて、八六年四月に発生したチェルノブイリ原子力発電所の重大事故は、ゴルバチョフにとって衝撃であった。原発事故の惨事を知った彼は、核の恐怖を取り払う必要性を改めて痛感した。

米ソ核軍縮交渉の進展のために、積極的に立場を変化させたのはゴルバチョフであった。彼によって解放されたアンドレイ・サハロフ博士は、ゴルバチョフに対してＳＤＩの実現可能性の低さを説き、ＳＤＩは核軍縮の妨げにならないと助言した。そこでゴルバチョフは八七年春に、アメリカ側に対して長距離・中距離核ミサイルの大幅削減を提案し、かつＳＤＩについては限定的な研究を容認する立場を示した。だがレーガンは、ＳＤＩ研究推進に対するいかなる譲歩もしないという立場に固執し、再びゴルバチョフの提案を拒否した。

ゴルバチョフはこれに対して、さらなる譲歩を重ねることを決断した。彼はＳＤＩの中止や制限を求めることを放棄し、また七月にはアフガニスタンからのソ連軍の部分撤退を発表した。こうして八七年一二月、ゴルバチョフがワシントンを訪問し、中距離核戦力全廃条約（ＩＮＦ条約）が米ソの間に締結された。これは両国の全核戦力の四％にすぎなかったが、米ソが合意に基づき現存核戦力を削減する、初めての条約であった。

ゴルバチョフはホワイトハウスでレーガンと会談した際、さらなる核軍縮の推進と第三世界における米ソ協調を提案したが、これにレーガンは消極的であった。八八年には米ソの核軍縮は進展を見せなかったが、ゴルバチョフ外交はさらに冷戦の終結に向かう変化を容認していった。ソ連はアフガニスタンからの完全撤退を決定し、一二月にはゴルバチョフが国連での演説で「体制選択の自由」を容認する発言を行った。事実、翌八九年に東欧が脱共産化し、九〇年に東西ドイツが再統一した際も、ソ連はこれに介入することなく追認していった。

他方レーガン政権は、ソ連がアフガニスタンからの撤退を前倒しで実行していった後も、同地のイスラーム原理主義武装勢力への支援を継続した。この原理主義勢力の中からターリバーンが登場し、やがてアフガニスタンを支配することになる。

保守革命がアメリカと世界に遺したもの

レーガンは二期八年の任期中に、減税と規制緩和による新自由主義的経済政策を推進し、その後の脱工業化時代の経済成長を促す一因となった。だが同時に、この政策は富の格差を拡大させていった。レーガンは福祉国家や、公民権改革・フェミニズム改革によって導入された制度を、抜本的に解体することはなかったが、新保守主義的な政治文化を定着させることに成功し、その後の新自由主義的改革の推進や、社会的保守運動の活性化を促す重要な歴史的転換点を作り出した。また彼は、新しい人種問題の語り方としてのカラーブラインド主義をアメリカ保守政治に定着させることに貢献した。それは、すでに人種差別は解消されたとする言説によって、人種間不平等を公的問題化し公権力を通じて積極的に是正することを妨げ、結果として非白人にとくに不利益となる政策が正当化される潮流を強化した。

外交政策では、レーガン・ドクトリンのもと第三世界の紛争に積極的に介入し、各地で膨大な数の民間人を含む犠牲者を生み出していった。レーガン政権が紛争を勃発させたわけではないが、紛争を激化させたことは否定できない。レーガン政権が積極的に軍事的支援・介入を行った地域がいずれも非白人世界であったことは、外交史家マイケル・ハントがかつて指摘したアメリカ外交のイデオロギーとしてのレイシズムや植民地主義が、レーガン外交にもまた内在していた可能性を示唆している。

レーガン政権期に、米ソ関係は劇的に改善した。レーガン自身や彼を信奉する保守派は、これをレーガン政権による徹底した圧力がソ連を屈服させたのであり、レーガンが冷戦をアメリカの「勝利」に導いたのだと主張する。アメリカによる圧力がソ連の苦境を深めたことは確かだが、米ソ関係の変革はゴルバチョフの決断によるところが大きく、ゴルバチョフ登場後はレーガンの頑なな態度が変化を阻害する場面も多かった。

仮に冷戦終結をアメリカの「勝利」だとしても、その「勝利」の代償は大きかった。減税の一方で国防費が爆発的に増大したことにより財政赤字は深刻化した。経済的不平等の拡大は、徹底した新自由主義の信奉者以外の目には、アメリカ社会に深刻な問題をもたらしたと映る。そしてレーガン・ドクトリンによって悪化した中米やアフリカや中東の紛争の傷は、癒えていないどころか、その多くは現在進行形なのである。

参考文献

ゴルバチョフ、ミハイル『ゴルバチョフ回想録』上下（工藤精一郎・鈴木康雄訳）新潮社、一九九六年。

渋谷博史『20世紀アメリカ財政史3　レーガン財政からポスト冷戦へ』東京大学出版会、二〇〇五年。

ホフマン、デイヴィッド・E『死神の報復――レーガンとゴルバチョフの軍拡競争』上下（平賀秀明訳）白水社、二〇一六年。

村田晃嗣『レーガン――いかにして「アメリカの偶像」となったか』中公新書、二〇一一年。

村田晃嗣『銀幕の大統領ロナルド・レーガン――現代大統領制と映画』有斐閣、二〇一八年。

レーガン、ロナルド『私は許さない――中絶と国民の良心』（中山立訳）データハウス、一九八四年。

レーガン、ロナルド『わがアメリカンドリーム――レーガン回想録』（尾崎浩訳）読売新聞社、一九九三年。

和田修一『レーガン、ゴルバチョフ、ブッシュ――冷戦を終結させた指導者たち』一藝社、二〇一四年。

ワプショット、ニコラス『レーガンとサッチャー——新自由主義のリーダーシップ』（久保恵美子訳）新潮選書、二〇一四年。
Chidester, Jeffrey L. and Kengor, Paul, eds., *Reagan's Legacy in a World Transformed,* Cambridge, MA: Harvard University Press, 2015.
Coleman, Bradley Lynn, and Longley, Kyle, eds., *Reagan and the World: Leadership and National Security, 1981–1989,* Lexington, KY: University Press of Kentucky, 2017.
D'Haeseleer, Brian, *The Salvadoran Crucible: The Failure of US Counterinsurgency in El Salvador, 1979–1992,* Lawrence, KS: University Press of Kansas, 2017.
Evans, Thomas, *The Education of Ronald Reagan: The General Electric Years and the Untold Story of His Conversion to Conservatism,* New York: Columbia University Press, 2008.
Fischer, Beth A., *The Reagan Reversal: Foreign Policy and the End of the Cold War,* Columbia, MO: University of Missouri Press, 1997.
Fischer, Beth A., *The Myth of Triumphalism: Rethinking Reagan's Cold War Legacy,* Lexington, KY: University Press of Kentucky, 2019.
LeoGrande, William M., *Our Own Backyard: The United States in Central America, 1977–1992,* Chapel Hill: University of North Carolina Press, 1998.
Longley, Kyle, et al., *Deconstructing Reagan: Conservative Mythology and America's Fortieth President,* London: Routledge, 2007.
Pee, Robert, *Democracy Promotion, National Security and Strategy: Foreign Policy under the Reagan Administration,* London: Routledge, 2016.
Rossinow, Doug, *The Reagan Era: A History of the 1980s,* New York: Columbia University Press, 2015.
Troy, Gil, *Morning in America: How Ronald Reagan Invented the 1980s,* Princeton: Princeton University Press, 2005.
Wilentz, Sean, *The Age of Reagan: A History, 1974–2008,* New York: Harper Collins, 2008.
Wilson, James Graham, *The Triumph of Improvisation: Gorbachev's Adaptability, Reagan's Engagement, and the End of the Cold War,* Ithaca: Cornell University Press, 2011.

第8章　冷戦終結と分裂するアメリカ社会
――ジョージ・H・W・ブッシュ――

吉留公太

ジョージ・H・W・ブッシュ

ジョージ・ハーバート・ウォーカー・ブッシュが大統領職を務めたのは、一九八九年一月から九三年一月までの一期四年にすぎない。けれども、ドイツ統一を交戦なく実現させたことやペルシャ湾岸戦争を早期に終結させたことなどは、多くの識者から高く評価されている。ブッシュは外交政策を主な公約として政権を担ったわけではなかったが、「双子の赤字」に対処する手段として、また国際情勢の大変動に直面して、外交を重視した政権運営を行った。しかし、湾岸戦争の直後にブッシュへの支持率は九割近くに達していたものの、アメリカの有権者は急速に国内問題へと関心を移してゆき、ブッシュの続投を求めなかった。本章はブッシュの生い立ちから大統領就任までの経緯を簡単に振り返った上で、外交政策の展開を軸としてブッシュ政権の四年間を振り返ってみる。

1　テキサスを経由した大統領への道

「東部エスタブリュッシュメント」の実像

ジョージ・H・W・ブッシュは「東部エスタブリッシュメント」だと評されることがある。東部エスタブリュッシュメントとは、アメリカの伝統的エリート層に北東部の諸州に地縁を持つ旧家の出身者が多く、有象無象のネットワークを通じて他地域の出身者よりも優位な社会的地位を継承しやすいことを指した表現である。またこの用語は、伝統的エリート層に多い「ＷＡＳＰ」（白人、アングロサクソン、プロテスタント）が価値観を相伝して、アメリカ社会のあり方に影響を及ぼしてきたことを含意することもある。

ブッシュ一族は、実際にはどのような経歴を辿ってきたのであろうか。本章末に記した伝記類の記述を手掛かりにして振り返ってみよう。ブッシュ家の祖先は一七世紀にメイフラワー号でアメリカに渡ってきたと伝えられており、曾祖父は米国聖公会の牧師、祖父はオハイオ州の鋳鋼会社の経営者であり、父プレスコットは投資信託銀行の幹部であった。

プレスコットはイェール大学で学び、学内結社「スカル＆ボーンズ」を通じて同窓生のローランド・ハリマン（アヴェレル・ハリマン元商務長官の弟）と親交を結んだ。ハリマン家は鉄道会社や投資銀行などを経営する大富豪であった。さらにプレスコットは、資産家ジョージ・ハーバート・ウォーカーの娘で敬虔なプロテスタント（長老派）のドロシーと結婚した。ウォーカー家も一七世紀にアメリカに渡ってきたとされる旧家であった。こうしてプレスコットは社会的上昇のチャンスを摑み、義父が社長を勤めていたハリマン家の経営する投資信託銀行の幹部に登用された。

プレスコットとドロシーは、一九二四年にマサチューセッツ州のボストン郊外で誕生した次男にドロシーの父の名（ジョージ・ハーバート・ウォーカー）をそっくり貰い受けた。この次男が後の第四一代アメリカ大統領となるわけである。次男を授かってから間もなく、プレスコットとドロシーはニューヨーク郊外のコネチカット州グリニッジに居を定めた。第二次世界大戦後にプレスコットは連邦議会上院議員（共和党 コネチカット州選出、在任五二～六三年）として政界に進出し、当時政権を担っていたアイゼンハワー大統領のゴルフ仲間となった。

ここまでに記した伝記的事実は、ブッシュ一族の経歴と東部エスタブリュッシュメントのイメージとがある程度重なっていることを示している。ただし、ブッシュ家は莫大な財産を有していたわけではなかった。プレスコットの実業界における地位は大学の同窓生であったハリマン家や姻族となったウォーカー家との関係があってこそのものであり、後にジョージ・H・W・ブッシュが購入するメイン州ケネバンクポートの邸宅もかつてはウォーカー家の資産であった。また、同家の家長であったジョージ・ハーバート・ウォーカーは気性が激しいうえにボクシングで体を鍛えており、家庭の内外で威圧感を放っていたという。プレスコットにとってハリマン家や義父の言動は気がかりなものであったであろう。しかもプレスコットの事業は順調というばかりではなく、投資先の企業がナチとの関係を疑われて資産凍結されるなどの問題にも直面した。諸々のストレスとの因果関係は詳らかではないが、伝記作家キティ・ケリーによればプレスコットはしばしば痛飲して家族を悩ましたという。

このようにジョージ・H・W・ブッシュは経済的に困窮するようなことはなかったものの、家庭内にはやや複雑な事情も抱えていた。かくして青年期に差し掛かったブッシュは「自立」に向けた模索を始めた。著名な全寮制学校のフィリップス・アカデミーを卒業後、四二年に志願入隊し、一年弱の訓練を経て艦上雷撃隊の航空士官として太平洋戦線に配属された。硫黄島上陸作戦に先立つ父島空襲のために出撃した際には搭乗機が日本軍の砲撃により撃墜された。ブッシュは救出されたものの、他の二人の乗組員は戦死した。

四四年末に一時休暇の許可を得たブッシュは、翌年一月、入隊前より付き合いのあったバーバラ・ピアースと結婚した。四五年九月に名誉除隊すると曾祖父や父親に倣ってイェール大学で学び、「スカル&ボーンズ」の一員となった。四八年に同大学を卒業した後、ブッシュは父の友人の紹介でテキサス州の石油産業に活路を見出し、五三年に「ザパタ石油会社」の共同経営者となり成功を収めた。この成功を足掛かりとして、六〇年代に入ると共和党に所属してテキサス州を地盤に連邦議会での議席獲得を目指すのである。

しかし、当時のテキサス州は民主党が強い土地柄であった。また、同州出身のジョンソン大統領（当時）が、公民権法の成立を前提としてニューディール的な社会経済政策を拡充する立法戦略をとっていたため、公民権法に消極的であった共和党に属するブッシュは支持獲得に苦しんだ（第4章参照）。ブッシュは一九六〇年代後半に公民権法容認へと立場を修正したものの、今度は反共と公民権法反対を唱えていた右派団体「ジョン・バーチ協会」などから攻撃された。ブッシュは六四年の上院議員選挙に落選した後、ようやく六六年の下院議員選挙に当選した。テキサス州の共和党支持者は徐々に増加しつつあったものの、ブッシュは七〇年の上院議員選挙に鞍替え出馬して再び落選した。

一九六〇年代後半から七〇年代末の政治社会状況と中央政界への進出

七〇年の上院選挙出馬はブッシュ本人の野心もさることながら、ニクソン政権（当時）の展開していた「南部戦略」の一環を担うという事情もあった。この戦略は、南部諸州の白人票を共和党が獲得することで、民主党の支持基盤であった「ニューディール連合」の弱体化を目指すものであった。ブッシュは落選したものの、一定の票数を得たことでテキサス州における共和党の党勢を盛り上げた。ニクソンは報労としてブッシュを国連大使に任命し（在任七一～七三年）、共和党全国大会委員長への就任も助けた（在任七三～七四年）。ブッシュは連邦議会でのキャリアを失うことと引き換えに政界の中枢に接近する機会を摑んだのである。

その後、フォード政権期にブッシュは駐中国連絡事務所所長に任命され（在任七四～七六年）、大統領訪中の準備を整えた。この頃からブッシュは将来の大統領選挙出馬を本格的に意識するようになり、七六年の大統領選挙でフォード大統領から副大統領候補に指名されることを目指して活動した。ところが、フォードは副大統領候補ではなく中央情報局（CIA）長官職をブッシュに打診してきた。当時CIAの非合法活動は連邦議会の「チャーチ委員会」から批判に晒されており、有力政治家はCIA長官への任用を忌避していた。しかし、ブッシュは公務への奉仕を重視すると公言していたため、渋々CIA長官への就任を受け入れた（在任七六～七七年）。

この人事は、フォードの首席補佐官であったドナルド・ラムズフェルドが立案したと考えられている。著名なジャーナリストのジェームス・マンらによれば、ラムズフェルドは将来の大統領選挙に出馬する野心を抱いており、その際に対抗候補となりうるブッシュにＣＩＡ長官を押しつけて身動きを取りづらくさせるという狙いがあったという。しかもラムズフェルドはいわゆる「ネオコン（neoconservative）」の影響を受けた政策専門家たちと気脈を通じ、ブッシュの関わったデタント政策にも立ちはだかっていた。ブッシュを含むデタント推進派とラムズフェルドやネオコンをはじめとする反デタント派との確執は、人事と政策の双方で七〇年代以降のアメリカ政界に影響を及ぼしたのである。

ここでネオコンについて少し紹介しておこう。ネオコンの思想には複数の源流が存在するとしばしば指摘される。たとえば、その一つとしてロシア革命期の東欧やソ連にルーツを持つユダヤ系知識人を中心にした反スターリン運動が挙げられる。これらの知識人の多くは、ニューヨーク市立大学シティカレッジを拠点としてトロツキー思想に影響を受けていたとされる。他にも、ナチから逃れてきて戦後にシカゴ大学で教鞭を取ったレオ・シュトラウスらによるヨーロッパ古典研究を土台とした理性への懐疑論などが挙げられる。このように、必ずしもネオコンに統一的な信条が存在するわけではないが、その影響を受けた政策専門家たちは、アメリカ的な資本主義と民主主義制度を他よりも優位なものと見なし、その擁護のために必要であれば軍事力を用いるべきと考える傾向がある。こうした政策専門家たちは、国防総省の政策企画部門やＣＩＡのソ連分析部門、あるいは民主党タカ派の代表格であったヘンリー・ジャクソン上院議員の政策スタッフなどとして六〇年代後半から七〇年代にかけて頭角を現すようになり、米ソデタントを批判して対外強硬論を唱えた。

ネオコンの主張した対外強硬論は、自分のものと信じる土地や身の回りの生活を守ろうとする感覚を刺激し、白人中心的な共同体への憧憬を抱いて保護貿易や移民規制を求める主張とも共鳴するようになった。これを一種のナショナリズムと表現してもよいであろう。こうした論調は、疲弊した工業地帯の白人労働者、畜産・穀物価格の変動や機械化コストに苦しむ農家、国際的な価格競争に晒された自営業者などに影響力を持ったのである。当時の世論動向に注目した民主党系の選挙分析家スタンレイ・グリーンバーグは、民主党支持層であったミシガン州デトロイト郊外に在住する白人労働者が、経済的苦境の中で既存政治への疎外感を抱いて共和党のレーガン支持者へと変化していった状況を追跡し、このような集団を「レーガン・デモクラット」と表現した。この用語は次第に様々なメディアで用いられるようになり、かつての民主党支持者でレーガンを支持した人々を指し示す表現としても使われるようになった。

前記の動向が七〇年代に起こった政党支持層の変化を示すとすれば、宗教と政治との関係にも変化が起きていた。この変化はキリスト教系諸団体の信者数の増減と関係していた。つまり、伝統的なキリスト教諸宗派の信者数が全米レベルで減少したことと対照的に、「福音派」と自称する教派・教団の信者が主に南部諸州に居住する白人に増加したのである。福音派の教派・教団はキリスト教への「回心」(Born Again)」を重視しており、福音派の多数はそれを乳幼児期よりも自我を確立した後の洗（浸）礼（バプテスマ）などを通じて儀礼化する点に特徴がある。このような教派・教団のなかには聖書が道徳律としてだけではなく科学的真理としても誤りがないと説教するものもあり、それに感化される人が増加するに伴って、宗教的価値観を政治や社会生活の領域で実践することを求める「宗教右派」も勢力を拡大したのである。七〇年代末に設立された宗教右派組織の代表例が「クリスチャン・ヴォイス」や「モラル・マジョリティ」などである（第6章参照）。これらの組織にはそれぞれ盛衰があったし、主な支持基盤は南部諸州の福音派を信奉する白人であった。それでも宗教右派はカトリックやその他の宗派・宗教の信者とも争点ごとに連携を模索するようになり、やがてアメリカ各地に居住する様々な社会階層に属する人々に対しても一定の政治的影響力を及ぼしてゆくのである。

宗教右派の台頭は既存政党にも変化をもたらした。共和党では宗教右派との関係の構築を主張する「ニューライト（New Right）」と呼ばれる勢力が出現した。また、民主党支持者を含む多様な社会階層の白人のなかには宗教右派の主張に共鳴するものもいたから、民主党の支持基盤であった「ニューディール連合」の結束を弛緩させた。当初、ブッシュを含む既存の共和党有力者は宗教右派の主張に懸念を抱いていたが、次第に集票組織の一つとしての影響力を認めるようになってゆくのである。

ただし、一九七六年の大統領選挙では、ネオコンや宗教右派の動向が共和党に有利な形で働かなかった。米ソデタントを批判したレーガンは共和党予備選挙で敗れ、現職のフォードも本選挙で敗北した。当選したのは民主党のカーターであった。カーターの素人らしさをアピールした政治のあり方に不満を抱いていた有権者から好意的に受け止められたし、「人権外交」の主張はアメリカと海外の権威主義体制との癒着を断ち切ることへの期待を高めさせたのである。そして、キリスト教への回心体験を率直に語るカーターに共感を覚える有権者もいた。

しかし、カーター政権は七九年のイラン・イスラーム革命への対応に失敗し、経済政策でもインフレの制御に苦しんだ。内政と外交の両面で政権内の不協和音も目立った。アメリカの世論は、政権運営を安定させて外交と経済両面で「強いアメリカ」を回復させることを期待するようになった（第6章参照）。

この状況は、対ソ強硬論を唱えていたレーガンだけでなく、政府の要職を務めた経験が豊富なブッシュにもチャンスをもたらした。ブッシュは一九八〇年大統領選挙の共和党予備選挙に出馬し緒戦で善戦した。共和党予備選の競合相手となったレーガンの主張した法人税と高所得者への減税、規制緩和、社会保障費圧縮を組み合わせた経済政策に対して、それを「まじない経済政策（voodoo economic policy）」と揶揄するなど、ブッシュは実務経験に裏打ちされた論客ぶりも発揮した。もっとも、ブッシュへの支持は旧民主党支持層（「レーガン・デモクラット」）や宗教右派まで拡がることはなく、結果的に共和党予備選挙を制して大統領候補となったのはレーガンであった。

レーガン政権の副大統領

レーガン候補は大統領に就任した際の政権運営の堅実さを伝統的な共和党支持層や財界にアピールするため、フォード元大統領を副大統領候補とすることを検討した。これでブッシュの政治的上昇に終止符が打たれたと思われた。しかし、レーガンは副大統領に大幅な権限を与えるように求めるフォードと折り合えず、政権運営の堅実さをアピールできてテキサス州などの南部諸州で一定の集票も期待しうるブッシュを副大統領候補に指名したのである。レーガンとブッシュは八〇年一一月の大統領選挙に勝利した（第7章参照）。

副大統領としてのブッシュは共和党予備選での態度を一転させてレーガンの黒衣に徹した。八一年三月にレーガンが狙撃されて緊急手術を受けた際にはあくまでも臨時の代理職として目立たぬように振舞い、イラン・コントラ事件ではレーガン政権の弁護に努めた。こうしてブッシュはレーガンの事実上の後継者としての地位を獲得し、八八年の大統領選挙に出馬した。

2　ブッシュ政権の発足

「新しい多数派連合」の錯綜した利害関係

一九八八年の大統領選挙戦において、ブッシュは、イラン・コントラ事件への批判を避けるために外交政策よりも国内政治を重視した選挙運動を展開した。国内問題についても体系化された政治構想の提示を回避して、必ずしも統一性があるわけではない主張を列挙することでレーガン政権を支えていたいわゆる「新しい多数派連合」を繋ぎとめることに腐心した。

新しい多数派連合は実在の党派ではなく、「ニューディール連合」などと比較することを念頭に置いて創出された分析概念である。新しい多数派連合を構成していたのは、伝統的な共和党支持者や法人・所得減税を求める中高所得層に加えて、ネオコンや宗教右派の言説に影響を受けて対外強硬論、移民規制、貿易保護を支持するようになった様々な社会階層の白人であった。

レーガンと当時の共和党執行部は、新しい多数派連合を組織してニューディール連合から連邦レベルの政治的ヘゲモニーを奪ったと評されることがある。もっとも、先に触れた、世論分析専門家のグリーンバーグやアメリカ政治学者の砂田一郎らが指摘するように、レーガンが掌握したとされるヘゲモニーの持続性や政党支持基盤再編への影響などについては学界で議論が存在する。本章の論旨に即して指摘すべきことは、新しい多数派連合を構成していたそれぞれの集団の利害が多様なものであり、本質的には融合しえなかったという実態である。そこでレーガンは、「冷戦コンセンサス」を意識しつつメディアを通じて対ソ脅威論を派手に演出し、対ソ強硬論者と「小さな政府」信奉者を核として新しい多数派連合を束ねていた。冷戦コンセンサスとは、アメリカがソ連や社会主義陣営という異質なイデオロギーを信奉する「敵」と対峙しているという情勢判断の共有を前提として、それに基づく政策や行為を正当化する集団意識である。第二次大戦後のアメリカ諸政権は、冷戦コンセンサスに依拠して様々な国内・対外政策をしばしば正当化してきた。

しかし、ブッシュのメディアを通じた演出は抑制的であり、中核となる支持層を固めていたわけでもなかった。また、冷戦の論理で正当化した対外政策の虚構性がイラン・コントラ事件で暴露されたり、レーガン政権の後半に米ソ首脳会談が毎年開催されたりしたことで冷戦コンセンサスも弛緩しつつあった。そのため、レーガンの支持基盤を継承しようとしていたブッシュは、新しい多数派連合を維持するために努力をする必要があった。

そこでブッシュは次のように選挙戦略を組み立てた。まず、当時最も注目されていた経済問題であった経常収支（主に貿易やサービスなどの国際収支）赤字と財政赤字からなる「双子の赤字」問題に取り組む姿勢を示した。ただし、八八年八月の共和党大会での大統領候補受諾演説で「しっかり聞いてくれ、増税はしない（Read my lips, no new taxes）」と語り、増税なき「双子の赤字」解消を最大の選挙公約とした。レーガン政権期の減税により利益を受けていた「小さな政府」を志向する中高所得者や企業経営者が大統領選挙の行方を規定すると見定めて、これらの集団に配慮したのであった。人種問題については、特定の立場を取ることを避けた一方で、「より親切で、より紳士的な」アメリカをスローガンにして家庭の結び付きの大切さを強調し、かつての「プロチョイス」（人工妊娠中絶容認）の立場から転じて「プロライフ」（人工妊娠中絶反対）への支持を表明した。さらに宗教右派とネオコンの双方のとの繋がりを持つダン・クエール上院議員を副大統領候補に指名した。また、幅広い有権者にアピールするため、ボランティア精神、社会的寛容、教育への投資、環境対策の拡充などを訴えつつ、マイケル・デュカキス民主党大統領候補の死刑制度懐疑論を執拗に攻撃した。

こうした選挙戦略が功を奏し、ブッシュはレーガン政権を支えていた新しい多数派連合をひとまず継承することに成功し、南部諸州に加えてミシガン州やオハイオ州などの中西部の工業州を制し、さらにカリフォルニア州でも選挙人を獲得して大統領の座を手にした。

ただし、新しい多数派連合の裾野はそれほど広いわけではなかった。新しい多数派連合を支えた有権者の大半は白人であったと見られており、連邦議会の上下両院で民主党が多数を占める状況も八六年の中間選挙から継続したままであった。また、八〇年代を通じて大統領選挙の投票率は約五〇％台に留まっており、相当数の無党派、無関心層も存在した。しかも新しい多数派連合の内部における利害関係は錯綜としていた。そのため、諸集団の利害が衝突しがちな国内政策に関するブッシュ政権の施策や判断は、民主党支持層や無党派層の反発を招いただけでなく、新しい多数派連合にしばしば亀裂を生じさせた。

その一端を見ておこう。ブッシュは九〇年七月、一定数の障害者雇用を企業に求める「一九九〇年障害を持つアメリカ人法（ＡＤＡ）」に署名した。環境問題についても八九年三月に発生したエクソン・ヴァルディーズ号による石油の海洋流出事故を契機として高まった環境保護の世論に押される形で、九〇年一一月に大気浄化法の修正条項に署名した。共和党内にはこれらの立法に反対する意見も存在していたが、ブッシュは民主党支持層を含む幅白い世論へのアピールを重視したのであった。

しかし、世論へのアピールを気にかけていたブッシュの意図に反して政権高官が性的マイノリティやエスニックマイノリティへの差別的発言を繰り返したため、主要メディアは社会的多様性に関するブッシュ政権の姿勢を批判するようになった。また、大気浄化法の改正に署名した一方で、ブッシュはクエール副大統領を責任者とする「競争力諮問委員会」を設置し、同委員会は競争力を維持するとの論理で環境規制の実施にブレーキをかけた。これらの矛盾は批判を受けることになり、社会的多様性の擁護や環境問題はブッシュの再選をかけた九二年大統領選挙の争点の一つに発展してゆくのである。

最高裁人事に関するブッシュの判断も論争を招いた。ブッシュは最高裁判事に「プロライフ」（人工妊娠中絶反対）寄りと見られていたデービット・スーター（九〇年着任）とクラレンス・トーマス（九一年着任）を指名した。両者の指名は人工妊娠中絶容認派を刺激した。しかも、トーマス判事の議会承認手続きの際にセクシャル・ハラスメント疑惑が持ち上がると、連邦議会の共和党議員団は被害者側の人格を攻撃して強引に承認に持ち込んだため、女性や民主党リベラル派の強い反発を招いた。このように、ブッシュは大きな政治的コストを払って宗教右派や伝統的家族観の信奉者に配慮したはずだったが、九二年六月のプランド・ペアレントフッド対ケーシー判決では、ブッシュが任命した二人の判事とも妊娠中絶を容認するロウ対ウェイド判決（七三年）を支持した。結果的に、宗教右派もブッシュ政権の司法政策に不満を抱くようになったのである。

外交政策重視の政権運営

前項で概観したように、ブッシュは必ずしも外交政策重視を公約として大統領選を戦ったわけではなかった。しかし大統領就任後は外交政策に関わる比重を次第に高めていった。単にブッシュ政権の任期が冷戦終結と重なったから比重が変化したわけではなく、以下に記す二つの要因から一定の自由を確保して政権運営の主導権を確保する手段として外交政策を重視したからであった。

一つ目の要因は、政府と議会多数派との党派のねじれである。一九八六年一一月の中間選挙以来、民主党が上下両院の多数を握っており、八八年の議会選挙で民主党の議席数がさらに増えたため、ブッシュ政権は民主党とその支持層にも配慮する必要があった。レーガン政権期に着手された米ソ間の軍縮交渉の推進や社会主義国の体制転換への支援は超党派の合意を得やすい政策であった。ただし、これらの政策は米国内で冷戦コンセンサスを弛緩させる効果をもたらすから、新しい多数派連合の結束を難しくする。また、国際的には米ソの軍事的覇権を相対的に弱めるから、西側諸国との貿易交渉などで、アメリカが「核の傘」を提供していることを暗示して妥協を迫る交渉手法を使いにくくするというデメリットを伴っていた。

二つ目の要因は、八〇年代を通じてアメリカ社会の分極化が進んでいたことである。アメリカの地域的・階層的な経済格差は拡大しており、エスニック・マイノリティだけではなく様々な階層の白人も社会経済的な不確実性に直面していた。こうした状況下で人々の抱いた不安を吸収する形で、宗教右派が南部諸州に留まらず各地で一定の支持を集めるようになっていた。宗教右派はいわゆるカウンターカルチャーへの攻撃に留まらず、特定のキリスト教派の教義に沿った学校への公的支援、公立学校における進化論教育の廃止や祈禱の復活、人工妊娠中絶反対、同性愛への法規制、積極的差別是正措置（アファーマティヴ・アクション）の適応範囲縮小や廃止などを訴えて、多元主義的なアメリカ社会の根幹に関わる分野で政治運動と法廷闘争を展開した。宗教右派と多元主義的な社会を支持する勢力との緊張は高まり、この状況は次第に「文化戦争」と表現されようになった。

ブッシュは、先述のように多元主義的なアメリカ社会の根幹に関わる人種問題について特定の立場を取ることを避けた一方で、人工妊娠中絶反対の立場を支持し、宗教右派との繋がりを持つクエールを副大統領に指名した。ただし、安定した政局運営を行うためには、宗教右派の主張と多元主義的なアメリカ社会の実状とのバランスを保つ必要があった。そこでブッシュは、米ソ関係改善を先送りすることで冷戦コンセンサスを延命させたり、強気な姿勢で国際貿易交渉を展開したりすることによってアメリカ社会内部の価値観に関する論争から一定の距離を置くことを試みた。

さらに外交政策重視の姿勢は、「双子の赤字」に関するブッシュ政権の方針によっても補強されていた。その方針とは、双子の赤字のうち、財政赤字への対策には税収の自然増を促すような景気刺激を行う程度に留め、経常収支に関する国際交渉を重視するというものであった。

ブッシュがこのような方針を採用した背景には、財政政策の手段が限られていたという状況があった。財政支出削減については、八九年八月、貯蓄貸付組合（S&L）の破綻処理のために大規模な公的資金の投入を決定したことや、後述するように九〇年八月にペルシャ湾岸危機が発生したことに伴って大規模な派兵をしたことなどによって困難になっていた。税収についても九〇年一一月に「一九九〇年包括財政調整法」が成立して、財政支出の削減目標と一定の歳出を伴う新規立法への財源確保が定められた。これらの事情から、大統領選挙で増税をしないと公約をしたにもかかわらず、ブッシュ政権は増税実施に踏み切らざるを得なくなっていた。

双子の赤字のもう一方である経常収支の赤字については、八〇年代後半から一定の改善傾向が見られており、後述する湾岸戦争の戦費約六一一億ドルの大半を日本や中東産油国から調達したために九一年には一時的に黒字になった。ただし、アメリカは世界最大の消費市場を抱えており、しかも従来の製造業を中心とした産業構造から金融、情報、サービス業などを中心とした構造へと変化していた。そのため、外国製商品がアメリカ市場に流れ込みやすい状態は持続していた。また、当時の連邦準備制度理事会（FRB）議長アラン・グリーンスパン（在任一九八七〜二〇〇六年）が回顧録で指摘しているように、アメリカは七〇年代の変動相場制移行後も、基軸通貨ドルの地位を利用して海外の資金を吸収することで財政収支や国際収支の帳尻を合わせてきた。もちろんブッシュ政権もその例外ではなかった。つまり、既存の国際金融体制と産業構造を与件として、アメリカ歴代政権の行動様式を踏襲する限り、自律的な市場メカニズムを通じてアメリカが財政赤字や経常収支赤字を抱えやすい体質を克服することは困難であった。

しかしブッシュは、双子の赤字への対応を大統領選挙の最重要公約とした以上、目に見える成果を上げる必要があった。そこでブッシュ政権は、主に次の三つの手段で双子の赤字の改善を試みた。第一に、連邦議会の最低賃金値引き上げの要求に表面的には従って政治的緊張を回避しつつ、実質的には行政権力を駆使してアメリカ企業の収益率向上のために国内賃金水準の高騰を抑制した。賃金問題は次のような展開を辿った。まず、ブッシュ政権の発足前後から連邦議会で最低賃金引上げ論が勢いを増していたため、一九九〇年一一月にブッシュは最低賃金の限定的引き上げを受け入れた。その一方で、ブッシュは人種や性別による雇用や賃金差別に対する訴訟を容易にする「一九九〇年公民権法」に拒否権を発動した。また、移民とその家族を呼び寄せる枠を増加させる条項を含んだ「一九九〇年移民法」に署名した。つまり、最低賃金の限定的引き上げで生じうる雇用主の負担増加を被雇用者側の法的権利を制約することで緩和し、さらに移民数を増加させることで実質的な賃金水準の抑制を試みたのである。

第二に、アメリカ企業の生産コスト削減と商品やサービスの販売市場を確保するために、アメリカが主導的に地域統合を推進するとともに世界レベルでの市場統合も推し進めた。具体的には、北米自由貿易協定（NAFTA）、アジア太平洋経済協力会議（APEC）、関税および貿易に関する一般協定（GATT）ウルグアイ・ラウンド交渉を推進した。また、軍需産業の民需進出を促したり、社会主義国の体制転換や被援助国の制度改革などを後押ししたりすることで、ブッシュ政権は世界経済の「グローバル化」を推進したのである。

第三に、日本や欧州共同体（EC）加盟諸国との貿易交渉を通じて国内雇用の確保を試みた。前記した二つの手段は米国民の中低所得者の賃金水準を低下させる可能性を伴っていたが、それを公共事業や社会福祉で救済する財源は限られていた。そこで各国ごとに異なる市場規制や関税率を均一化するように圧力をかけることでアメリカ企業の競争優位を維持しようとしたわけである。また、間接的に各国に圧力をかけるためにアメリカが同盟・友好国に対して持つ軍事的優位性を手放すわけにもいかなかった。

このように、ブッシュ政権が主導的に国際関係を統御することは、経済貿易政策を円滑に進めるために、そして国内の支持基盤を繋ぎとめるために不可欠の条件となっていた。そこで本章は、以下、外交政策の展開を軸にブッシュ政権期のアメリカ政治外交史を振り返ってみる。

3　「ベルリンの壁」崩壊前の政策展開

対ソ連政策の修正

一九八九年一月の政権発足からしばらくの間、ブッシュはブレント・スコウクロフト国家安全保障問題担当大統領補佐官の主張に同意して、ソ連と積極的に交渉してきたレーガン前政権の方針を見直し、米ソ首脳会議の早期開催よりも軍事的な対ソ均衡の確保を重視する姿勢を取った。

スコウクロフト補佐官は、八七年に米ソが調印した中距離核戦力（ＩＮＦ）全廃条約には問題があると考えていた。同条約は射程五〇〇キロ以下の短距離核戦力（ＳＮＦ）を対象外としていたため、アメリカよりも多くの短距離核戦力をヨーロッパに配備していたソ連の軍事的優位を固定化する可能性があった。またヨーロッパ配備の通常兵力についても兵員数や戦車数などの上ではソ連が優位にあった。そのため、数量を問題にしたとき、アメリカの同盟国である西欧諸国にソ連の軍事的圧力がかかりやすかった。そこで、スコウクロフトは短距離核ミサイルの機種更新という形で事実上の軍拡を行い、東西ヨーロッパ間の軍事的均衡を再確立するよう求めていた。

しかし、ゴルバチョフとの対話よりも軍拡を優先した政策は、ソ連の反発を招くとともに反核運動を刺激し、短距離核戦力を接受する西ドイツ政府の協力も得られなかった。ブッシュ政権発足後、初の大統領訪欧の機会となった八九年五月の北大西洋条約機構（NATO）首脳会議は短距離核ミサイル機種更新の決着を先送りし、米ソ関係改善の見通しも立たなかった。

ベーカー国務長官はこの状況に不満を抱き、軍事的均衡の再確立よりも米ソ首脳会談を早期に実現し、東欧・ドイツの情勢変動を加速させるべきと主張した。しかし、ブッシュは政府中枢における路線相違を深刻に捉えず調整を先送りにした。そのため後のドイツ統一交渉では、ベーカーがNATOを東方拡大しないとソ連に明言したにもかかわらず、スコウクロフトの献策によってブッシュがベーカー発言を事後的に骨抜きにするなど、米ソ（ロシア）関係に禍根を残したのである。

パナマ侵攻と「麻薬との戦争」

ヨーロッパ情勢に関するブッシュ政権発足当初の迷走とは対照的に、第三世界情勢についてはアメリカにとって有利な変化が起こっていた。ゴルバチョフは一九八七年四月に「ブレジネフ・ドクトリン」の撤廃を宣言し、アフガニスタンからソ連軍を撤退させた。ブレジネフ・ドクトリンとは、社会主義陣営全体の利益のために各社会主義国の主権を制限することはやむを得ないというもので、ソ連が六八年のチェコスロヴァキアへの侵攻を正当化するために主張した理屈であった。この理屈を否定したことの含意は、ソ連の政策を他の社会主義国に力づくに押し付けないだけでなく、ソ連が自国の国益を社会主義陣営全体の利益よりも重視することも意味していた。他の社会主義国にもこの動きは波及し、ベトナム軍はカンボジアから、キューバ軍もアンゴラから撤退し始めた。

ソ連やキューバの対外軍事関与の縮小は、ラテンアメリカ諸国の外交努力と相まって、いわゆる「中米紛争」を鎮静化させた。八七年七月にグアテマラ和平が成立し、ニカラグアでも八八年三月に暫定停戦合意が成立したことで内戦終結の見通しが立ちはじめた。

ブッシュは大統領に就任した直後からニカラグア和平の実現を試みた。アメリカ連邦議会でも八九年三月にニカラグア和平を支持する超党派合意が形成された。アメリカはコントラへの支援を中止し、ニカラグア新政府の構成は国連監視下の選挙に委ねられた。さらにブッシュは、ニカラグア和平と連動してパナマのノリエガ政権との関係清算も試みた。アメリカはパナマ運河とその周辺を軍事利用するためにノリエガ政権を支えてきた。しかし、中米紛争の主戦場であったニカラグア和平実現に目途が付き始めると、米国内ではノリエガによる権力私物化や麻薬密売への関与疑惑などに批判が集まるようになったからであった。

ただし、関係清算は一筋縄ではいかなかった。ノリエガ政権は八九年五月のパナマ大統領選挙の結果を無効化し、アメリカの支援した軍部のクーデタも未遂に終わった。同年九月五日、ブッシュは「麻薬との戦争」のための戦略を発表するとともに、ノリエガがコロンビア産の麻薬をアメリカへと中継することで利益を得ているとの批判を展開した。同年一二月、アメリカはパナマへの軍事侵攻に踏み切り（「ジャスト・コーズ作戦」）、ノリエガの身柄を拘束して同政権を打倒した。

国際政治史家の柳沢英二郎が指摘したように、パナマ侵攻は冷戦終結後にアメリカが軍事介入する際の先駆例となった。内政不干渉原則を超越した「大義」を掲げ、それをハイテク兵器で装備された軍事力で強制したことによって。既存政策に行き詰まり、それを打開するために軍事力を行使したという過程において。アメリカの都合によって、これまでの協力者との関係を一方的に清算したという手続きにおいて。そして、軍事介入が現地情勢の安定を保証しないという帰結においても。

パナマ侵攻の帰結は「麻薬との戦争」の問題点も浮き彫りにした。麻薬の流通を抑制するためにブッシュ政権が重視したのは、生産地である中南米諸国の統治能力を力づくに回復させることであり、消費地アメリカでの法規制の強化であった。

しかし、中長期的に麻薬生産を低減させるためには生産地の経済を立て直す必要があり、財政措置が欠かせない。ところが、アメリカが発言力を持つ国際通貨基金（ＩＭＦ）や世界銀行は「コンディショナリティ」の名のもとに中南米諸国に緊縮財政を強いており、経済的機会を求める移民がアメリカへと押し寄せる現象も継続した。また、中長期的に麻薬消費を減らすには、米国内の地下経済を縮小させて安定した雇用を提供する必要がある。しかし社会福祉制度を充実させるための財政出動が不足し、人種的な偏見を是正する措置も不十分なまま厳罰化を推し進めたことで、法執行機関の一部職員が移民やアフリカ系アメリカ人に対して強圧的に権力を行使する事例もしばしば発生した。当然、人種と社会階層間の緊張は高まっていった。

「（六四）天安門事件」

ブッシュ政権発足からの数カ月間をレーガン前政権期と比較したとき、対ソ政策が「硬化」し、対中南米政策が限定的に「変化」したとすれば、対中・対アジア政策は事実上「現状維持」であった。大統領に就任してから間もない八九年二月末、ブッシュは東京を経由して北京を訪問した。しかしその後、同年四月に中国共産党の胡耀邦《こようほう》総書記が死亡し、同氏への追悼集会が反政府デモに発展すると中国政府は北京に戒厳令を布告し、八九年六月四日、人民解放軍を動員して天安門広場やその周辺のデモ隊を力づくに排除した。

この「六四天安門事件」に抗議して、アメリカを含む西側諸国は経済制裁を課した。ただしアメリカは、八九年七月と一二月にスコウクロフト補佐官を極秘訪中させるなど対中関係の維持にも留意した。もっとも、密使の訪中によって中国の民主化が進展するわけもなく、米中関係の本格的な発展の糸口は摑めなかった。

アメリカと対照的に日本と韓国は対中関係を深化させた。日本は天安門事件後も閣僚レベルでの交流を継続し、九〇年七月に対中円借款の供与を再開した。さらに九一年八月の海部俊樹首相訪中を経て、九二年一〇月には史上初となる天皇訪中までも実現させた。韓国も「北方外交」の一環として九〇年九月にソ連との国交を樹立したのに続き、九二年八月に中国との国交も樹立した。韓ソ・韓中関係が発展したことで北朝鮮は孤立感を抱き、核開発を加速させていった。

次節以降で見るように、ブッシュ政権はヨーロッパ、中東、ソ連情勢への関与を次第に強化していった。しかし、アジアの情勢変動への対応は先送りされがちになり、時間の経過に伴って北朝鮮核問題をはじめとする軍事的課題もより複雑さを増すことになった。

4　ドイツ統一とペルシャ湾岸戦争

「ベルリンの壁」崩壊とドイツ統一

一九八九年の夏、ブッシュはポーランドとハンガリーを訪問し、東欧民主化の進展に自信を抱いた。その一方でヨーロッパ各国の首脳が求めていたように、東西両陣営間の意思疎通を図ることで情勢流動化を防ぐ必要性も高まりつつあった。こうして、八九年一二月初旬に米ソ首脳会談（マルタ会談）が開催されることとなった。

マルタ会談開催を目前にした八九年一一月八日、ベルリンの壁が崩壊し、チェコスロヴァキア、ルーマニア、ブルガリアなどでも体制転換や権力者の交代が起こった。とりわけドイツ民主共和国（東ドイツ）では民主化に伴って東西ドイツ統一への期待も高まることが想定されたから、ゴルバチョフはアメリカとの意見調整を通じて事態を鎮静化させることを切望していた。そのためにも、米ソ共同で冷戦終結を宣言することによって秩序再編に向けた影響力を残すことを期待した。

しかし、マルタ会談でゴルバチョフの期待は叶えられなかった。ブッシュは表向きに冷戦勝利を誇示する言動を避けていたが、本音では勝敗を明確にすべきと考えており、米ソ共同ではなくアメリカ主導で国際秩序再編を進める意思を固めていた。それゆえブッシュはマルタ首脳会談で「冷戦終結」を明言しなかった。同会談でブッシュは、ドイツ人の自決を尊重するとの言質をゴルバチョフから取った上で、軍縮交渉、中南米、アフリカ情勢などについてもソ連側の妥協を要求したのである（Savsanskaya and Blanton 2016 : 531-564）。要するに、ブッシュにとってマルタ会談の目的は、ソ連が冷戦に敗北しつつあることをゴルバチョフに自覚させることにあった。

ゴルバチョフはドイツ統一問題に関する米ソ連携を構築できず、在欧米軍の将来、ヨーロッパ統合の性質、英仏の核戦力への国際的制限の必要性などに関する見解の相違から、ドイツ統一に懸念を抱いていたはずのイギリスやフランスとも効果的に連携することができなかった。しかも、東ドイツでは九〇年三月の総選挙で早期統一を主張する「ドイツ連合」が政権を獲得したため、東西ドイツ間の交渉も事実上形骸化された。

こうしてドイツ統一の行方は、東西ドイツと米英仏ソの四カ国からなる「二＋四」の交渉枠組みよりも、アメリカ、ドイツ連邦共和国（西ドイツ）、ソ連それぞれの二国間交渉を通じて規定されることになった。この交渉は一九九〇年の春から夏にかけて進展し、同年一〇月にドイツは統一された。さらに同年一一月一九日、NATOとワルシャワ条約機構加盟国首脳がパリに集結して「欧州通常戦力（CFE）条約」に調印した。同年一一月二一日には欧州安全保障協力会議（CSCE）首脳会議も開催され、ヨーロッパ分断の終結を宣言した「新しいヨーロッパのためのパリ憲章」に調印した。

しかし、ドイツ統一の実態は西ドイツによる吸収合併であり、統一ドイツはNATOとECの一員に留まった。また、兵員数は減少したものの米軍はドイツに留まり、西ドイツに配備されていたアメリカの核兵器も維持された。ドイツ統一とそれに伴うヨーロッパ秩序の再編は米ソ（ロシア）・東西間の融和を実現したわけではなく、米欧間の利害調整をする仕組みを導入したわけでもなかった。しかも、東西ドイツ間の地域格差は今に至るまで克服されていない。ドイツ統一とヨーロッパ秩序の再編は各国の権力者間の交渉を通じて進められたため、ドイツ内外で新しいヨーロッパの形に不満を抱く勢力はエリート批判を共通項として政治運動を展開するようになった。このようにポピュリズムが台頭する底流も生まれたのである。

ペルシャ湾岸危機

ドイツ統一交渉の山場を越えてから間もない、一九九〇年八月二日、ペルシャ湾岸危機が発生した。サダム・フセインの統治するイラクがクウェートに侵攻して同国を占領したのである。フセインを軍事的に増長させた一因はそれまでのアメリカの政策にあった。七九年のイラン・イスラーム革命でイランの親米王制が打倒されるとアメリカはイラクとの軍事的関係を深めた。しかも八〇年九月にイラン・イラク戦争が勃発すると、アメリカはイランとも秘密裏に接触して、ペルシャ湾岸地域の緊張を高めながら軍事的均衡を図ってきた。一九八八年に同戦争が終結した後もアメリカはイラクとの友好関係を継続し、イラクが軍事力を温存することを容認してきた。

ブッシュ政権が八九年一〇月に決定した、ペルシャ湾岸情勢に関する国家安全保障命令（NSD）二六号もこうした政策基調を継続していた。その後イラクの核開発疑惑が報じられたため、国務省内部で政策変更が検討されたものの、イラクが核開発よりも周辺国との係争で優位に立つことに重点を置いているとの結論に達すると、アメリカの対イラク政策は事実上の現状維持に落ち着いた。アメリカはイラクと他国との二国間関係には直接関与せず、利害調整役としてイラクとの関係も維持するということであった。この方針は「新たな政策指針」と名づけられ、九〇年七月に中東各国駐在の大使に伝令された。

九〇年七月二五日、イラク駐在のエイプリル・グラスピー米大使はフセインと会談し、「新たな政策指針」に従ってアメリカはイラクと他国との二国間関係に直接関与しないとの原則を伝えた。フセインはこの会談に満足して、アメリカが介入しないと判断してクウェートに対する軍事行動に踏み切った。ブッシュ政権はイラクの意図を読み誤ったのであった。

アメリカの対応

ただし、イラクもアメリカの反応を読み誤っていた。アメリカは兵力をペルシャ湾岸地域に展開してイラクとの対決姿勢を鮮明にし、しかも米ソの連携まで実現させて国連を利用して世界的なイラク包囲網を張ったのである。

ブッシュがこの問題に国連を媒介させたことは、アメリカの同盟国にとっても驚きであった。イギリスのサッチャー首相は、国連を媒介させずに迅速に反撃するようブッシュに促していた。サッチャーは、英米がクウェートを守るために「集団的自衛権」を行使すれば武力行使を正当化できると主張したのである。しかしブッシュは、迅速な対応の必要性についてサッチャーに同意したものの、次の四点に留意して国連を通じて武力行使を正当化する方針を変えなかった。

第一に、米ソ連携を実現するための大義名分が必要であった。米ソ連携は中東だけでなくヨーロッパ情勢を安定させる上でも重要であった。ドイツ統一交渉に目途が付いていたとはいえ、ソ連軍はまだ東ドイツを含む東欧諸国に駐留していた。

第二に、各国に戦費を負担させるための論拠を必要としていた。アメリカの「双子の赤字」を悪化させないよう、日本、西ドイツ、そして中東産油国に戦費を支払わせる算段であった。

第三に、米国民の開戦慎重論を克服する理屈を必要としていた。とくに連邦議会の多数を占めていた当時の民主党主流派は開戦に慎重であった。しかも一九九〇年一一月に連邦議会の中間選挙が予定されていたため、民主党の立候補者が反戦をアピールして支持拡大を試みる可能性があった。

第四に、アラブ諸国から軍事行動への同意を取り付ける必要があった。とくにサウジアラビアの同意は重要であった。アメリカは当時ペルシャ湾岸地域に大規模な軍事基地を持っておらず、地上での軍事作戦を展開するためにはクウェートと国境を接するサウジアラビアに米軍を展開する必要があった。しかし、サウジアラビアの王家サウド一族は、厳格な教義解釈で知られるイスラム教スンナ派のハンバリー学派（ワッハーブ派）神学者を庇護することや、聖地メッカとメディナの守護者を自認することで権力独占を正当化してきた。そのためサウジアラビアは「異教徒」であるアメリカの軍隊を接受することに慎重であった。ブッシュはサウジアラビアが受け入れられるような論理で米軍駐留を正当化する必要があった。

ブッシュは、「法の支配」を大義に掲げて武力行使を容認する国連安保理決議を採択すれば前述した四点の課題を克服できると判断したわけである。パナマ侵攻や湾岸危機に関する国連安保理の審議方法など、ブッシュ政権による国際法解釈には様々な問題が存在した。しかし、ブッシュは冷戦後の秩序として法の支配を大義とした「新世界秩序」を形成すべきと主張し、開戦準備を加速させた。

パレスチナ問題とのリンケージ

アメリカの動きに対抗して、フセイン政権はイラクに滞在する外国人を「人間の盾」として人質に取るとともに、イラク軍のクウェートからの撤退とイスラエルによるパレスチナ占領地からの撤退とを交換するリンケージ提案を行った。イラクとイスラエルの行為は国連安保理決議違反という点で共通しており、リンケージ案はイスラエルによるパレスチナ不法占領を放置してきた「国際社会」の欺瞞に不満を抱いてきたアラブ諸国の人々の琴線に触れた。

ゴルバチョフも一九九〇年九月にヘルシンキで開催された米ソ首脳会談で、まず湾岸危機を解決し、その後にパレスチナ問題を含む中東和平問題を国際的に討議するという「二段階リンケージ」案を提示し、ブッシュに受け入れを迫った。ブッシュは密かにこれを受け入れ、サウジアラビアに派遣した米軍を湾岸危機解決後のしかるべき時期に撤退させることも約束した。さらにブッシュは、西ドイツやサウジアラビアに対ソ経済支援を行うように促し、欧州復興開発銀行による対ソ融資を容認した。その代わりにゴルバチョフは、イラクを非難する米ソ共同声明の発表に同意し、国連安保理で対イラク制裁について審議することを容認したのである（Savranskaya and Blanton 2016: 732-747）。

ブッシュ大統領によるソ連説得工作と並行して、ベーカー国務長官は戦費を調達するための「托鉢外交」を展開し、中東産油国、日本、西ドイツなどから戦争に必要な資金をかき集めた。さらにブッシュ政権は、アラブ諸国に対してイラクと距離をおくように要求し、イスラエルに対しても軍事行動を自制して中東和平会議に応じるように説得した。

こうして、九〇年一一月二九日、クウェートの「原状回復」を求める国連安保理決議六七八号が採択された。同決議は、九一年一月一五日までにイラクがクウェートから撤退しなければ「必要なあらゆる措置」を取ることを国連加盟国に認めた。さらに九一年一月一二日にアメリカ連邦議会も武力行使の容認を決議した。同年一月一七日、ブッシュはイラクに対する武力行使に踏み切った。

湾岸戦争とその帰結

アメリカの率いる「多国籍軍」は、一カ月余りにわたってハイテク兵器を駆使してイラク軍や関連施設に猛爆撃を加え（「砂漠の嵐」作戦）、一九九一年二月に地上戦を開始した（「砂漠の剣」作戦）。湾岸戦争の戦況の一端はCNNなどによって中継され、アメリカのハイテク兵器の威力を世界中に印象づけた。地上戦開始から間もなくイラクはクウェートからの撤退を表明し、九一年二月末にブッシュ大統領はイラクに侵攻することを回避して戦闘停止を命じた。こうしてクウェートの「原状回復」が実現した。

湾岸戦争の終結直後、米国内でのブッシュ政権の支持率は九割近くに達した。九一年一〇月末には湾岸戦争開戦

コラム8-1　ペルシャ湾岸危機と日本

1989年8月14日（アメリカ東部時間13日午後），日米首脳がペルシャ湾岸危機への対応を電話で協議した（文中の「…」は省略を意味し，傍線は筆者による）。

ブッシュ大統領「…多国籍海軍に直接貢献することを考えてほしい。…多国籍平和維持活動は国連軍事参謀委員会で調整され，おそらく日本はこの調整に参加することができるであろう。これからさらに協議を要するが，ひとまず検討していることは魚雷掃海とサウジアラビアへの物資運搬だ…。」

海部俊樹首相「…日本国憲法の制約と国家政策をほぼ規定するとも言ってよい国会決議とによって，軍事的な部分に参加することはほとんど考えられない…。」

ブッシュ「分かった。私は日本の憲法上の問題をきちんと認識していなかった。しかし，国会決議との緊張を抱えない形で，兵站（Logistic）部門について何かできないか，探ってみてくれないか。運搬は兵站の中でも最も助かる…。」

海部「…私が日本の制約について触れたのは，正確には『国会答弁』だ。ペルシャ湾岸についての過去の答弁では，日本はペルシャ湾岸を通過する船舶の安全な航行のために金融・経済的に貢献するとしてきた。この答弁内容と現在の状況とに鑑みて，私は何ができるのか探ってみたい。」

ブッシュ「それで構わない。…私たちはあなたが迅速に経済制裁に踏み切ったことにとても感謝している…。」

（GBPL: Memocon; Japanese Prime Minister Kaifu Toshiki, August 13, 1990）

日本の政官界関係者は，この時ペルシャ湾岸に派兵していれば国際的に尊敬されたであろうし，十分に情報が得られたに違いないとの「教訓」を語りがちである。しかし，上掲の解禁史料から明らかなように，政治経験の豊富なブッシュほどの人物であっても日本国憲法第9条の制約を知らなかったわけである。それゆえ，本来このことから汲み取るべき「教訓」は，日本の制度と立場を根気強くアメリカの有力者に周知させる努力と知的体力が日本の政治家や外交官に欠けていたということにある。

もう一つ考えておくべきことは，派兵のリスクである。一例を挙げておこう。イギリスのブレア首相（当時）は，ブッシュ（子）の求めに応じてイラク戦争に加担したことで「ブッシュのプードル犬」と揶揄された。ブレアは179人のイギリス兵と夥しい数のイラク市民を犠牲にしたにもかかわらず中東情勢の混迷を収拾できず，2005年7月にはロンドンでも同時多発テロが発生した。ブレアは退陣したが，中東情勢は安定とは程遠く，イギリス市民の抱いた深刻な政治不信も払拭されていない。

前の米ソ間の約束に従ってマドリードで中東和平会議が開催され、メディアではパレスチナ国家樹立に向けた議論が活発になった。国連の集団安全保障機能を拡充させることへの期待も高まり、九二年六月、国連は平和維持活動の積極的展開を提言する『平和への課題』をまとめた。

ただし、湾岸戦争の戦後処理はブッシュにとって頭の痛い問題を残した。第一に、イラク国内で蜂起したイスラム教シーア派住民やクルド人勢力をアメリカが本格的に支援しなかったため、イラク国内における潜在的な親米勢力を弱体化させ、結果的にフセイン政権の継続を許すことになった。

第二に、パレスチナ住民やアラブ諸国はパレスチナ解放機構（ＰＬＯ）のヤーセル・アラファト議長を中東和平会議に参加させなかったことに反発し、イスラエルはパレスチナ問題を国際会議の場で取り上げたことに不快感を隠さなかった。

第三に、湾岸戦争後もサウジアラビアへの米軍駐留が続いたため、イスラーム神学者の一部やその教説に共鳴した若者たちは不満を抱いた。そうした若者の一人がサウジアラビア国籍を有していたウサーマ・ビン・ラーディンであった。後にラーディンらは「アル・カーイダ」と呼ばれるネットワークを形成し、世界各地で反米武装活動を展開するようになる。

第四に、国連の集団安全保障機能拡充の動きは、アメリカも多角主義的な合意によって拘束されうることを意味していた。後にソマリア、旧ユーゴスラヴィア、ルワンダなどで国連活動への期待が高まるとアメリカは対応に苦慮することになった。

第五に、湾岸戦争の戦後処理は米国内でも反発を招いた。宗教右派は聖書を字義通り受け止めてエルサレムをはじめとするパレスチナの地がユダヤ人に帰属すべきと信じるから（『旧約聖書』創世記第一五章一八〜二一節など）、パレスチナ国家建国の可能性を高めかねない中東問題に関する国際会議を警戒した。「強いアメリカ」を信奉する人々も湾岸戦争の戦後処理や国連機能の強化に疑念を抱き、ネオコンを中核としてブッシュ政権の政策と距離を置くネットワークを形成し始めた。こうしてブッシュの立脚していた新しい多数派連合に亀裂が生じていったのである。

5　ソ連の崩壊と西側諸国間対立

クーデタ未遂事件とソ連崩壊　湾岸危機が勃発した頃、ソ連の連邦制も危機に直面していた。一九九〇年三月にリトアニア共和国最高会議はソ連からの「独立」を宣言し、同年六月にはロシア共和国人民代表大会も「主権宣言」を採択した。連邦中央と連邦構成共和国との対立は、ソ連の民主化と市場経済化を目指す勢力（いわゆる「急進改革派」）と現状維持を目指す勢力（いわゆる「保守派」）との対立とも結び付き、ゴルバチョフ政権を揺さぶった。

ゴルバチョフはひとまず急速な市場経済化（通称「五〇〇日計画」）の実行を先送りし、また、先鋭化する連邦中央と連邦構成共和国との利害対立を緩和する手段として、九〇年一一月に「主権国家連邦」構想を提唱した。しかし、急進改革派や連邦離脱・再編勢力は市場経済化の加速や連邦構成共和国への権限委譲を求め、保守派は全面的な市場経済化に抵抗して連邦中央の持つ統制権限の維持を主張した。

政局運営に行き詰まったゴルバチョフは次第に保守派に軸足を移した。九〇年一二月、シュワルナゼ外相がそれを批判して辞任したものの、ゴルバチョフを制することはできなかった。専門家の間でゴルバチョフの関与の度合いについての解釈は定まっていないが、九一年一月一三日、ソ連軍はリトアニアの放送局占拠を試み、それに抵抗した市民を殺害した（「血の日曜日事件」）。同月二〇日にはソ連内務省特殊部隊がラトビア内務省を襲撃した。

湾岸戦争開戦と時期が重なったため、ブッシュはソ連への直接的な批判を控えた。しかしブッシュ政権の幹部たちは、九一年春になるとソ連崩壊がもはや時間の問題であると想定するようになっていた。ブッシュはソ連との交渉を核兵器の管理問題に絞り込み、九一年七月末のモスクワ米ソ首脳会議で「第一次戦略兵器削減条約（ＳＴＡＲＴＩ）」の締結にこぎつけた。また、ソ連を構成する共和国との関係構築を本格化させた。

こうした中で九一年八月一九日、ソ連保守派がクーデタを起こした。クーデタは数日で瓦解したが、その後に政治的実権を掌握したのはロシアのボリス・エリツィン大統領であった。同年一二月初めに行われたウクライナ国民投票で圧倒的多数が完全独立を支持したことを受け、エリツィンは連邦制再編の主導権を握るためにソ連解体の決断を下した。一二月八日、エリツィンはウクライナ、ベラルーシ首脳と会談し、ソ連を解体して「独立国家共同体（CIS）」を結成する合意を取り付けた。さらに一二月二一日には、すでに「独立」を宣言していたバルト三国とグルジア（現ジョージア）を除く、ソ連を構成する各共和国の代表をカザフスタンのアルマアタに集め、CIS結成を受け入れさせた（グルジアは九三年にCIS加入）。一二月二五日、CISが発足してソ連はついに崩壊した。

アメリカは旧ソ連構成国との関係を構築する条件として、核兵器をロシアに移管して核兵器不拡散条約（NPT）に加盟すること、既存の国際合意を遵守すること、一定の市場開放を行うことなどを提示していた。このアメリカの条件を反映して、前述したCIS設立に関するアルマアタ会議で、参加各国の代表は核兵器管理をロシアに移管する方針を確認した（「アルマアタ宣言」）。さらに旧ソ連の核保有四カ国は九二年五月二三日にSTARTI付属協定（「リスボン議定書」）に調印し、核兵器を廃棄またはロシアに移管してNPTに加入することに合意した。同協定の実施に関するウクライナとの交渉は九四年一月までもつれ込んだが、最終的には核兵器の移管が実現した。

また、九二年一月にはロシアで価格自由化が始まり、同年二月には、国際通貨基金（IMF）とロシアが市場経済へと移行させるためのいわゆる「ショック療法」を実施する合意文書に調印した。しかしロシア経済はハイパーインフレに陥って政治的緊張も高まった。ブッシュ政権の旧ソ連諸国に対する政策は、核拡散の防止に一定の成果を上げたものの、旧ソ連諸国を資本主義経済に混乱なく包摂することには失敗したのであった。

ユーゴスラヴィア連邦の崩壊と米欧対立

一九九一年夏にはユーゴスラヴィア連邦も崩壊過程に突入した。九一年六月、スロヴェニアとクロアチアが独立を宣言し、それを契機として武力衝突が発生した。スロヴェニアと旧ユーゴスラヴィア連邦軍（ユーゴスラヴィア人民軍）は間もなく停戦に合意したものの、クロアチアでは少数民族としての権利保護を求めていたセルビア系住民が武装蜂起し、それに旧ユーゴスラヴィア連邦軍も加勢する形で大規模な武力紛争に発展した。さらに九二年三月にはより民族構成の複雑なボスニアにも戦線が拡大し、九五年末の停戦までに約一〇万人の戦死者と多数の難民を伴う深刻な紛争に発展した。

当初アメリカは旧ユーゴスラヴィアの連邦制維持を期待していた。しかし、連邦制崩壊が避けられないと判断すると、湾岸戦争後の中東情勢やソ連崩壊への対応を優先するとの名目で旧ユーゴスラヴィア情勢への取り組みをECに主導させた。EC側には経済面だけでなく安全保障面での統合も深化させようとする動きが存在していたから、旧ユーゴスラヴィア情勢への取り組みはそのような動きを加速させるものとして注目された。

それでもブッシュ政権はヨーロッパ統合をはじめとする地域統合を支持すると公的に表明していたから、ECと正面から対立しないように振る舞った。そこには冷戦後の秩序維持にアメリカの費やすコストを圧縮するために、アメリカ以外の西側諸国の能力向上を必要とするという事情があった。また、各地の地域統合を推進することで生産物の消費機能をアメリカ市場以外にも分散させ、アメリカ国内産業に負荷をかけずに資本主義全体の規模を拡大させたいという思惑も存在していた。ブッシュ政権は九二年一一月にECと農業関税に関する合意を成立させ（「ブレアハウス合意」）、GATTウルグアイ・ラウンド交渉妥結への目処を付けた。NAFTAについても九二年一二月一七日に関係各国と署名した。

しかしその反面、地域統合の動きに付随した対米自立傾向にアメリカは警戒感を抱いていた。ベーカー国務長官の回顧録によれば、アメリカが旧ユーゴスラヴィア紛争への初期対応をヨーロッパ諸国に委ねた本音も、ヨーロッパ諸国の実力を試すことにあったという。ヨーロッパ秩序再編に関する米欧対立は根深く、旧ユーゴスラヴィア紛争を長期化させる要因となった。

この頃、アメリカが警戒していたのは米欧対立だけではなかった。アメリカは、九二年一月のブッシュ訪日で日米貿易交渉が期待したようには進展しなかったことや、西側諸国が天安門事件への制裁を中国に課していたなかで日本が九〇年一〇月に対中円借款を再開し、九二年一〇月には史上初の天皇訪中まで実現させたことなどにも神経を尖らせていた。

九二年三月八日付の『ニューヨーク・タイムズ』紙にリークされた「一九九四〜一九九九会計年度 国防計画指針」草稿は、このような米欧、日米双方の利害対立を意識して、アメリカの軍事力を背景に西側各国の市場開放を迫るものであった。最終的に無難な表現に改められたものの、この草稿は、「東西」対立に代わり「西西」対立を重視する見方がアメリカ政官界に浸透しつつあることを示していた。

一九九二年大統領選挙

ブッシュは湾岸戦争の直後にアメリカ世論の圧倒的な支持を得ていた。しかし、一九九二年一一月の大統領選挙を制したのは民主党のウィリアム（ビル）・クリントン候補であった。外交政策を重視したブッシュの政治姿勢は冷戦終結過程をアメリカ主導で組織することにある程度役立ったが、その半面、アメリカ国内政治については様々な蹉跌をきたし、ブッシュがレーガンから引き継いで政権基盤としていた新しい多数派連合の分裂を招いたのである。

一つ目の蹉跌は、ネオコンに代表される対外政策強硬派が湾岸戦争や旧ユーゴスラヴィア紛争を契機としてブッシュ政権と距離を置いたことであった。その背後には、ブッシュ政権が湾岸戦争終結を受けて九一年半ばから国防予算の見直しを本格化させたため、軍産学複合体が危機感を抱いていたという事情も存在していた。先に紹介した国防計画指針草稿はこの危機感を代弁するものであった。しかし、その主張が斥けられたことでブッシュ政権とネオコンの間に溝が生まれていた。そこでクリントン陣営はネオコンとつながりを持つジーン・カークパトリック元国連大使やエリオット・エイブラム元国務次官補らに接触し、旧ユーゴスラヴィア紛争への積極的な関与を示すことなどと引き換えに支持獲得を試みた（*Anthony Lake Papers*: Box 11, Fol.1）。クリントンはブッシュ政権の中国、ロシア政策も批判し、最恵国待遇の更新や経済支援を民主化や人権問題と連動させるべきとの主張を展開した。さらに米欧、日米関係を念頭に一定の数値目標を据えて貿易交渉を推進することも訴えた。

二つ目の蹉跌は、宗教右派もブッシュ政権に不満を募らせていたことであった。その要因は、ブッシュ政権が二人の最高裁判事を任命したにもかかわらず人工妊娠中絶を容認する「ロウ対ウェイド」事件の判例が維持されたことや、湾岸戦争やパレスチナ問題でイスラエルに一定の妥協を求めたことにあった。九二年八月の共和党大会はブッシュ再選に向けた党内結束を演出するはずであったが、宗教右派と結び付きの深いパトリック・ブキャナンが登壇し、共和党が宗教右派とともに「文化戦争」を戦うように煽り立てて聴衆の喝采を浴びた。その後、ブッシュは選挙対策を強化する名目でベーカー国務長官を大統領首席補佐官に横滑りさせたが、政局運営の主導権を取り戻すことは困難になっていた。

三つ目の蹉跌は、政府高官や共和党指導者の言動や政策上の不作為が女性や様々なマイノリティの反発を招いたことであった。先に述べたように、トーマス最高裁判事の承認過程や「プロライフ」寄りの姿勢に多くの女性の権利擁護団体が反発した。また、ブッシュ政権はヒト免疫不全ウイルス（ＨＩＶ）とその感染後に発生しうるエイズ（ＡＩＤＳ）対策への公的支援に消極的であったため、「アクトアップ（ＡＣＴ ＵＰ）」をはじめとする性的マイノリティの権利擁護団体の強い反発を招いた。

四つ目の蹉跌は、白人低中所得層の支持離れであった。ブッシュ政権が推進したメキシコとカナダとのＮＡＦＴＡは、米国内における工場労働の雇用を主にメキシコに移転させる可能性を孕んでいた。このような白人低中所得層の生活に対する不安感とネオコンや宗教右派によるブッシュ政権批判とが共鳴し合い、かつて「レーガン・デモクラット」と呼ばれた集団もブッシュ政権から距離を置くようになったのである。

そして五つ目の蹉跌は、冷戦終結に伴う「平和の配当」を米国民の多数が享受できなかったことにあった。アメリカ経済は九一年三月から緩やかな成長を続けていたが、経済学者の河村哲二らが指摘するように景気拡大の恩恵を主に受けていたのは高所得層であり、高所得層と低中所得層の格差は拡大し続け、失業率改善も見られなかった。このことは人種や社会階層にかかわらず多様なアメリカ市民にブッシュ政権への不満を抱かせることになった。

こうした社会経済状況を背景として、先に麻薬問題で触れたような社会問題と人種間関係の緊張との複合的連鎖も深刻化し、ついに九二年四月末に「ロサンゼルス暴動」が発生した。暴動を鎮圧した後もクエール副大統領らの高官が失言を繰り返したことで、人種、社会階層間の亀裂はますます深まった。

前述した様々な蹉跌とブッシュの立脚してきた新しい多数派連合の分裂は、九二年の大統領選挙で再選を目指していたブッシュの選挙戦略に打撃を与えた。九二年の大統領選挙で民主党のクリントン候補は「（問題は）経済だ、愚かもの！」とのスローガンでブッシュ政権を批判した。具体的には、低中所得層の雇用創出や公的医療健康保険制度の整備を主張し、海外の人道問題に対する積極的関与や強硬な国際貿易交渉を主張することでレーガン・デモクラットの奪還を試みた。また、人工妊娠中絶容認を支持し、人種間の格差是正や性的少数派の権利擁護に配慮する姿勢を示すことで、共和党が取りこぼしてきた支持層の獲得を試みた（第9章参照）。

しかも九二年大統領選挙には富豪のロス・ペローも独立候補として出馬していた。ペローは対外関与の縮小、財政支出削減と税制改革、ＮＡＦＴＡ反対などを訴え、ブッシュの増税に反発した「小さな政府」信奉者や自由貿易拡大に危機感を抱く低中所得層を狙い撃ちにした選挙戦を展開した。

クリントンとペローが新しい多数派連合の分裂を巧みに利用したことで、ブッシュは苦しい選挙戦を強いられた。九二年一一月の大統領選挙でペローは全州で選挙人を獲得できなかったものの、有効投票数の約一九％を獲得した。ブッシュは有効投票数の約三八％の得票で一六八人の選挙人を獲得したに留まり、約四三％の得票で三七〇人の選挙人を獲得したクリントンに敗れた。ブッシュが敗北した後、宗教右派やネオコンの支持を取り戻し、低中所得層の白人を支持基盤として再組織化することが共和党選挙戦略の一つの特徴となっていくのである。

参考文献

会田弘継『追跡 アメリカの思想家たち』増補改訂版、中公文庫、二〇一六年。

青木保憲『アメリカ福音派の歴史――聖書信仰にみるアメリカ人のアイデンティティー』明石書店、二〇一二年。

秋元英一・菅英輝『アメリカ二〇世紀史』東京大学出版会、二〇〇三年。

奥田宏司『ドル体制と国際通貨――ドルの後退とマルク、円』ミネルヴァ書房、一九九六年。

河村哲二『現代アメリカ経済』有斐閣、二〇〇三年。

グリーンスパン、アラン『波乱の時代』上下（山岡洋一・高遠裕子訳）日本経済新聞出版社、二〇〇七年。

ケリー、キティ『ブッシュ・ファミリー――ブッシュ一族 虚飾の源流 一九〇八年～』（仙名紀訳）ランダムハウス講談社、二〇〇四年。

砂田一郎『新版 現代アメリカ政治――二〇世紀後半の政治社会変動』芦書房、一九九九年。

高橋進『歴史としてのドイツ統一』岩波書店、一九九九年。

堀内一史『アメリカと宗教――保守化と政治化のゆくえ』中公新書、二〇一〇年。

ベーカーⅢ、ジェームス・A『シャトル外交――激動の四年』上下（仙名紀訳）新潮文庫、一九九七年。

ノートン、メアリー・ベスほか『アメリカの歴史6 冷戦体制から二一世紀へ』（本田創造監訳）三省堂、一九九六年。

マン、ジェームス『ウルカヌスの群像――ブッシュ政権とイラク戦争』（渡辺昭夫監訳）共同通信社、二〇〇四年。

柳沢英二郎『戦後国際政治史Ⅳ 一九八一―一九九一』柘植書房新社、二〇〇二年。

吉留公太「ドイツ統一とアメリカ外交――NATO東方拡大に関する『密約』論争と政権中枢の路線対立」上下、『国際経営論集』五四、五五号、二〇一七年、二〇一八年。

Anthony Lake Papers, The Library of Congress Manuscript Division.
Bush, George H. W. and Brent Scowcroft, *A World Transformed*, New York: Knopf, 1998.
George Bush Presidential Library and Museum (GBPL): https://bush41library.tamu.edu/files/memcons-telcons/1990-08-13-Kaifu.pdf [Accessed on April 1, 2019].
Greenburg, Stanley B., *Middle Class Dreams: The Politics and Power of the New American Majority*, New York: Times Books, 1995 (Revised ed., Yale University Press, 1996).
Hunter, James D., *Cultural Wars: The Struggle to Define America*, New York: Basic Books, 1991.
Hurst, Steven, *Foreign Policy of the Bush Administration: In Search of a New World Order*, London: Pinter, 1999.
Meacham, John, *Destiny and Power: The American Odyssey of George Herbert Walker Bush*, New York: Random House, 2015.
Savranskaya, Svetlana and Thomas Blanton eds., *The Last Superpower Summits: Gorbachev, Reagan, and Bush: Conversations that Ended the Cold War*, Budapest: Central European University Press, 2016.
Taubman, William, *Gorbachev: His Life and Times*, New York: W. W. Norton & Company, 2017 [『ゴルバチョフ――その人生と時代』上下（松島芳彦訳）白水社、二〇一九年].

第Ⅲ部　グローバル化の奔流のなかで

第二次世界大戦後、自由と民主主義陣営の盟主として君臨したアメリカは、軍事的にも経済的にも他の国々を先導する立場にあった。しかしながら、公民権運動の展開は、こうした理念に完全に対立する米国内の差別を露わにし、ベトナムからの撤退は、自由と民主主義国のリーダーとしてのアメリカの立場を危うくした。さらに国際的な貿易戦争の激化は、「アメリカの世紀」の根本となる「豊かさ」の維持をますます困難にしていた。

自信を失ったアメリカだが、レーガン大統領の登場で強さと誇りを回復させたかのように見えた。ブッシュ（父）政権時には、ソ連は自壊し、冷戦はアメリカの「勝利」で終わった。さらに彼はクウェートに侵攻したイラクに多国籍軍を率いて反撃し、華々しい成果を収めてもいた。

だが、アメリカを待ち受けていたのは激動の二一世紀転換期であった。冷戦の終焉は、国と国との関係の流動化を進めた。社会の保守化、経済の新自由主義化のなかで、共和党、民主党ともに路線転向を迫られ、政府の役割は変わっていった。インターネットの普及は、海外の国の人々との交流や金融取引、商品の売買を劇的に容易にした。「豊かさ」を実現し、表現する方法が急速に変化していった一方で、生産拠点の海外展開が進み、産業の空洞化が加速し、気候変動に拍車がかかった。医学、生命科学、医療技術の発展は、健康の増進や長寿化など、生命や身体の自由を促進したものの、社会保障や生命倫理のあり方の再検討を促すことになった。

こうしたなか大統領となったのは、クリントン、ブッシュ（子）、そしてオバマであった。二一世紀転換期は、同時多発テロ、世界経済・金融恐慌など予期不能な災禍を経験した時代でもあるが、三人の大統領はこれらにいかに対応し、どのようにアメリカを導いていったのだろうか。以下、見ていきたい。

（宮田伊知郎）

第9章　中道路線と冷戦後秩序の模索
――ウィリアム・J・クリントン――

西山隆行

ウィリアム・J・クリントン

一九九〇年代のアメリカは、内政、外交ともに変革期にあった。内政においては、いわゆるニューディール・コンセンサスが揺らぎ、二大政党ともにその性格の再定義が求められていた。また、九〇年代は、しばしば文化戦争と呼ばれるほどに社会的価値や文化的争点をめぐって対立が激化した時代だった。そして外交については、冷戦が終焉しグローバル化の進展する中で、アメリカがどのような国際秩序を作り、また世界でどのような役割を果たすべきかをめぐって議論がなされていた。その困難な課題に大統領として取り組んだのが、初の第二次世界大戦後生まれの大統領、ウィリアム（ビル）・クリントンだった。

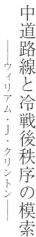

1　クリントン政権の誕生

クリントンの生い立ち

ウィリアム・ジェファソン・クリントンは、一九四六年に深南部のアーカンソー州で、ウィリアム・ジェファソン・ブライズ三世として生まれた。当時のアーカンソー州は最貧州の一つであり、人種分離が行われて人種差別が強く残っていた。クリントンの実父はクリントンが生まれる前に死亡し、母親は看護師としての技能を身に付けるために離れて生活したため、クリントンは祖父母によって育てられた。

クリントンの祖父が経営する小さな食料品店は黒人居住区にあり、祖父は人種に拘ることなく顧客に平等に接していた。クリントンも幼少期から黒人と親しく関わっていた。九三年にノーベル文学賞を受賞した黒人女性作家のトニ・モリスンがクリントンを「アメリカ史上初の黒人大統領」と評した背景には、彼のこのような生い立ちが関係していた。

クリントンの母ヴァージニアは、五〇年にロジャー・クリントンと再婚した。ロジャーは重度のアルコール依存症であるとともに、賭博癖があり、女癖も悪かった。やがて、母とロジャーの間に異父弟が生まれたが、義父の暴力に耐えかねた母親は離婚した。復縁を迫る義父に絆されて母親は再度義父と結婚したが、仕事で留守がちの母親に代わり、クリントンは異父弟の世話をした。父による虐待から心を病んだ異父弟は、後に賭博や薬物に手を染め収監されることになる。クリントンは、このような家庭環境の中で、私生活上の困難や自分の思いを隠すようになり、利害の異なる人々の間で立ち回る術を見つけていった。この経験こそが、後に暗い影となって、クリントンが女性スキャンダルを引き起こすきっかけになったと推測する人もいる。

地元のホット・スプリングス高校に入学したクリントンは、成績優秀で真面目だった。二年の時に米国在郷軍人協会主催の高校生キャンプに参加し、そこでアーカンソー州代表二名のうち一人に選出され、ワシントンDCに赴いた。当時のケネディ大統領は彼らをホワイトハウスに招待したが、クリントンはケネディと握手する幸運に恵まれた。その経験が、クリントンが大統領を志すきっかけになったのではないかと言う人もいる。

ジョージタウン大学在学中、クリントンはアーカンソー州知事選挙出馬中のフランク・ホルトの選挙戦に参加した。その際、同州選出の連邦上院議員のJ・ウィリアム・フルブライトを紹介された。そのインターンを務めた。また、大学卒業後、ローズ奨学生に選ばれ、それによるオックスフォード大学留学中に、後にクリントン政権で労働長官となるロバート・ライシュ、労働法務官となるトマス・ウィリアムソン二世、国務副長官となるストローブ・タルボットらと知遇を得る。クリントン政権の閣僚には、他にもローズ奨学生出身者が多い。

政治の世界へ

留学終了後、クリントンはアーカンソー州の徴兵委員会に選抜され、徴兵されることになった。だが、クリントンは前線に派遣されることを回避するべく、州兵か予備役への入隊、あるいは、アーカンソー大学の法科大学院に進学してそこの陸軍予備役将校訓練課程（ROTC）に参加することなどを検討した。だが、そうするうちに、ニクソン政権下で選抜徴兵法が制定され、地方徴兵委員会による選抜をやめて誕生日を基準とするくじ引きで徴兵者を決める方式が採用されることになった。そのため、クリントンは徴兵を免れる可能性が高くなり、ROTCを辞退した。かくしてクリントンは徴兵を免れたが、手の込んだやり方で徴兵を逃れたのではないかとの疑惑が以後クリントンについて回ることになった。

クリントンはその後、イェール大学の法科大学院に進学したが、そこではジョージ・マクガヴァンなど、民主党の政治家の選挙運動に積極的に関わるようになった。だが、一九七二年大統領選挙で、反戦運動など左派系の活動家によって支持されたマクガヴァンがニクソンに大敗したのを目の当たりにして、クリントンは、ニューディール以後のリベラリズムが有権者の支持を得られなくなっていると痛感する。

イェール大学でクリントンは、後に結婚することになるヒラリー・ロダムと出会った。法科大学院卒業後、クリントンはアーカンソー大学法科大学院の教員となったが、政治への野心が強く、七三年に連邦下院議員選挙に出馬し敗北している。七五年にヒラリーと結婚した後、クリントンはアーカンソー州司法長官選挙に立候補し、当選した。そして七八年にアーカンソー州知事選挙に出馬して当選し、三二歳で全米で最も若い知事となった。だが、クリントンは、側近を知人で固めたこと、ヒラリーが旧姓を名乗り続けたのが保守的な州民に受け入れられなかったこと、道路整備のために自動車免許登録税の値上げに踏み切ったこと、キューバ難民問題への対応を批判されたことなどによって、八〇年選挙で再選に失敗した。なお、キューバ難民問題とは、キューバのカストロ政権が追放した難民を、カーター大統領がアーカンソー州内の米軍基地に一時的に停留させると決定したことに端を発する。カーターが停留は一時的で、以後難民を送らないと約束したため、クリントンは受け入れを認めた。にもかかわらず、カーターはさらに難民を送り込んできたのだった。

クリントンは捲土重来を目指し、選挙参謀にディック・モリスを迎え入れた（モリスについては後述）。また、ヒラリーもクリントン姓を名乗るようになった。それらの効果もあり、八二年の州知事選挙で勝利し、九二年まで州知事を続けた。クリントンは、教育改革を推進した。また、州政府に黒人を積極的に登用したり、州最高裁判所の判事に黒人を任命したりするなど、新たな試みを行った。

八〇年大統領選挙で民主党候補が敗北し、レーガン・デモクラットと呼ばれる、伝統的に民主党に投票していたもののレーガンに投票した有権者が増大したのを目の当たりにして、民主党内で党の新たな姿を模索する人々が登場した。従来のリベラルな路線だけでは中間層や浮動票の支持を獲得することができないとの認識から、党の中道化を模索する民主党指導者会議（ＤＬＣ）が結成された。そこでは、富の再分配ではなく、市場の積極的活用が強調され、個人責任、機会の平等、共同体重視が基本理念とされた。ＤＬＣは、財政均衡、福祉改革、規制緩和、自由貿易推進などを掲げ、ニュー・デモクラットと自称した。クリントンはその旗手と目され、九〇年には議長に選出されている。

一九九二年大統領選挙

一九九二年大統領選挙では、八九年にレーガンから政権を受け継いだブッシュ（父）の再選が確実視されていた。ブッシュ在任中に冷戦が終わり、ソ連が瓦解した。アメリカは湾岸戦争で大勝し、唯一の超大国としての強さを世界に見せつけ、ブッシュの支持率も九〇％に達しようとしていた。その中で、民主党の有力者は敗北によって自らの経歴に傷がつくのを恐れ、早い時期から大統領選挙への不出馬を宣言していた。だが、湾岸戦争終結後、アメリカ経済は低迷し、増税をしないという八八年選挙での公約を破ってブッシュが増税を行ったことにより、ブッシュの支持率は急落した（第8章参照）。

九二年選挙への出馬を宣言していたクリントンは、ポピュリスト的な姿勢を打ち出して、中間層の心を捉えることを重視した。人工妊娠中絶への支持や同性愛者の軍隊への入隊解禁、国民皆医療保険制度創設などのリベラルな姿勢を打ち出すだけではなく、保守でもリベラルでもない、忘れられた中間層の利益を代表するための政策として、福祉改革（受給期間制限導入と受給者への労働義務化。この立法上の成果については後述）や行財政改革（新公共経営）、死刑制度支持を含む犯罪対策強化などの姿勢を強調した。クリントンは対外政策などについては予備選挙段階からあまり発言をしなかったが、副大統領候補に、国防、環境、情報などの分野で造詣が深い、政策通のアル・ゴアを指名するなどして、弱さを補っていった。

選挙期間中、モデルで歌手のジェニファー・フラワーズらとの不倫や徴兵逃れ疑惑などが噴出し、クリントンは幾度も困難に直面した。ブッシュが、クリントンの人柄と資質を問題とし、対外政策を前面に打ち出したのに対し、クリントンは、冷戦終焉後のアメリカの問題は国内にあり、経済こそが問題だとの立場をとって選挙戦を展開した。

九二年選挙には、ロス・ペローという台風の目の候補が存在した。海軍軍人を経てデータ処理会社を創設して巨額の富を得た後、私財を投じてベトナム戦争時の捕虜や行方不明者の帰還に取り組んでいた。ペローは圧倒的な資金力を背景に第三党を組織して、ブッシュを徹底的に非難していた。改革派を自称し、第三極の立場から中道派の支持獲得を目指すペローはクリントンにとっても大きな脅威だったが、最終的にクリントンは五〇州中三二州で勝利し、三七〇人の大統領選挙人を得て選挙で勝利した。ただし、ペローが一般投票で一九％の支持を得たこともあり、クリントンが獲得した一般投票での有権者票は四三％にすぎず、これは一八六〇年のエイブラハム・リンカン、一九一二年のウッドロー・ウィルソンに次ぐ、一般投票の点で低い得票率での勝利だった。

ニュー・デモクラット　クリントンは中道の立場に立つＤＬＣの中核メンバーであり、中間層減税を大きな公約として掲げていた。教育への投資や、グローバル経済に対応するための労働者再訓練支援、公共事業などの経済活性化政策も提唱していた。犯罪対策強化なども含め、クリントンの公約には民主党リベラル派と一線を画すものが多かった。

クリントンはワシントンに変革をもたらすアウトサイダー大統領として登場したこともあり、ワシントンの政界との関係は決して良好ではなかった。クリントンは、統治をする基盤を十分に整えることができなかったのである。

政権チーム　クリントン政権の組閣は、時代の変化を象徴していた。クリントンは「アメリカのように見える政権」を作ると宣言し、多様な背景を持つ人々を閣僚に任命した。閣僚一四名中、女性が三名、アフリカ系が四名、中南米系が二名任命されており、史上初めて、白人男性の比率が半数を下回った。

クリントンは、外交や経済の担当者にも法律専門家を任命するなど、法律家重視の組閣を行った。民主党内の路線対立に関連して、正副大統領に加えて内務長官などにもニュー・デモクラットが選ばれ、リベラル派はライシュ労働長官など少数に留まった。

経済チームと外交チームについては、閣僚とホワイトハウス・スタッフの間に統一性が見られなかった。経済面では、財務長官にロイド・ベンツェン、財務次官（後に財務長官）にローレンス・サマーズ、行政管理予算局長にレオン・パネッタ、国家経済会議（ＮＥＣ）議長にロバート・ルービンが任命されるなど、大物の起用が目立った。外交チームはカーター政権からの再登板が多く、国務長官にウォレン・クリストファー、中央情報局（ＣＩＡ）局長にロバート・ウルジー、ドイツ大使にリチャード・ホルブルックが登用された。国家安全保障担当補佐官のアンソニー・レイクも加えて、カーター政権からの再登板が多かったことは、カーター期に強調されていた人権重視の外交姿勢がクリントン政権の外交政策も特徴づけることを意味した。国連大使にはマデリン・オルブライト、国防長官にはレス・アスピンが任命された。

閣僚に有力者が任命される一方、ホワイトハウスのスタッフには、「ビルの友達」と呼ばれる、アーカンソー州時代からの知人や選対スタッフが多く任命された。首席補佐官のトマス・マクラーティ、ホワイトハウス報道部局責任者のジョージ・ステファノポロス、大統領上級顧問のラーム・エマニュエルらは、その例である。彼らは聡明であったが、ワシントンの政界勢力と関わりが薄く、政権運営を行うのに十分な協力をエスタブリッシュメントから得ることができなかった。

全体として、経済や安全保障の主要ポストに外部から招聘された経験豊富な政治家や専門家が就任したため、選対出身者は主要政策過程から排除されているとの意識を持った。他方、閣僚級の人々は「ビルの友達」や選対本部から任命されたホワイトハウス・スタッフを素人集団と見て軽んじた。

経済面では、ベンツェン、パネッタ、ルービン、サマーズらは財政赤字削減と財政均衡を優先する傾向が強かったが、選対出身者やライシュは伝統的リベラル派の立場に近かったため、対立を免れなかった。これらの対立を調整するのは首席補佐官の仕事だが、ワシントン経験のないマクラーティの調整力は十分でなかった。

このように、人事面において、連邦政界と関わりの薄い州知事出身者としての弱みが出た。その問題を修正すべく、一九九四年にはマクラーティが解任されてパネッタが後任の首席補佐官に就いたり、ステファノポロスが移動させられて、ニクソン、フォード、レーガンに仕えたデイヴィッド・ガーゲンが報道部局の責任者となるなど、人事が大幅に刷新された。

政策決定スタイルとヒラリー

行政部内での政策決定スタイルとして、クリントンは多くの人々が自由に意見を表明することを好み、重要課題について数時間にわたり討論することが多かった。この方式は多様な視点をもたらすものの、まとまりを得られないこともしばしばだった。

ヒラリーの処遇も問題となった。ヒラリーはそれまでのファースト・レディーとは異なり、ホワイトハウスのウエスト・ウィングにオフィスを構えた。またクリントンは、関連省庁の長官に相談しないままに、医療改革のタスクフォースの議長にヒラリーを任命した。ヒラリーが選挙を経た公職者でないにもかかわらず、自らの意思に基づいて物事を進めようとしたことが、決定過程における民主的正統性を欠くとして強い批判を浴びた。

また、ヒラリーが司法長官に女性を任命するよう強く迫ったことが、その人選を難航させたとも言われる。クリントンが犯罪対策強化を重要公約に掲げていたことを考えれば、司法長官の人選は重要な意味を持つはずだった。最初、そして、二人目に指名しようとした人物は、ともに不法移民（「書類不備移民」と呼ばれることもある。コラム7-2参照）を雇っていたことが判明して断念された。三人目にイェール大学法科大学院時代からの友人であるラニ・ギニアーを任命しようとしたが、それも取り下げた。結果的にジャネット・リノを任命するまでに二カ月を要することとなった。

2　一期目の内政と外交

政権初期の内政

クリントンはブッシュの経済政策を批判して当選した経緯もあり、経済最優先の立場をとった。それを象徴的に示すのが、国家安全保障会議（NSC）に倣って国家経済会議を設立したことである。政権移行期間中に財政が予想以上に深刻な状態にあることが判明したため、クリントン政権は財政赤字削減に取り組まざるをえなくなる。

クリントンは、連邦準備制度理事会（FRB）議長のアラン・グリーンスパンが財政赤字解消を最優先するべきと助言したこともあり、財務長官のベンツェン、国家経済会議議長のルービン、行政管理予算局長のパネッタらと協議の上、それまでの政権とは一線を画する経済政策の方針を定めた。ニューディール以後の経済政策を特徴づけていた行政府主導のケインズ主義的財政政策から、FRBが主導する金融政策に移行すると決断したのである。

クリントンは二月に発表した予算教書で、四年間で財政赤字を半減させると表明し、中間層の減税を行わないと決定した。これは民主党リベラル派の不評を買った。同様に、クリントンはポピュリスト的なレトリックも用い続けたため、穏健派からの信頼も得られなかった。また、さらなる支出削減を要求する共和党は、上院院内総務のボブ・ドールの下、議事妨害（フィリバスター）を連発してクリントン政権に対抗した。

財政再建策として提案された包括的予算調整法は、五年間で五〇〇〇億ドル近くの赤字削減を目指すとしていた。財源として高額所得者への増税と法人税増税、ガソリン税増税が含まれたものの、民主党リベラル派が好む様々なプログラムの規模縮小も提案されていた。同法案成立に際し、上下両院ともに共和党からの賛成は皆無であり、民主党からも反対者が出たため、両院ともにあと一人でも反対が出れば否決されるという僅差での法案通過となった。この法律は、今日では、財政赤字削減に取り組むことにより長期金利の引き下げを図り、それによって景気を刺激しようとするものであって、財政健全化への道筋をつけるとともに、後の経済成長を促したと評されている。

財政赤字削減以外にも、クリントンは政権初期から論争的政策に着手した。たとえば、議会民主党とともに家族疾病休暇法を定め、病気や出産などに際し一二週間の休暇を認めるよう義務づけた。また、レーガン、ブッシュ政権期に医療研究時における胎生組織の使用が大統領令で禁止されていたのを撤回した。また、連邦政府からの補助を得た医療機関が人工妊娠中絶手術に関する助言を行うのを禁止した措置（ギャグ・ルール）も覆した。

クリントンは同性愛者の軍隊での活動を可能にすることを公約に掲げており、大統領就任後の早い時期に大統領令で同性愛者の入隊禁止措置撤廃に踏み切る予定だった。だが、軍から予想以上に強い反発を買ったため、「聞くな、語るな」という曖昧な方針を示すに留まった。軍は兵士に同性愛者か否かを尋ねてはならないとするとともに、軍内部の同性愛者は同性愛者であると公言したり行為に及んだりしない限り除隊されないというのである。同性愛者の権利の問題は重要である。だが、国家安全保障の優先課題として政権発足直後にそれを表明することの妥当性についての検討は不十分だった。この対応は、同性愛者の加入を嫌う軍人のみならず、同性愛者の権利擁護団体からも批判されたのである。

また、クリントンと民主党議会は、有権者登録法（通称モーター・ボーター法）を通過させた。アメリカでは、選挙で投票を希望する者は事前に有権者登録をする必要があるが、マイノリティや貧困者の有権者登録率が低かった。そこで、自動車免許の更新や福祉受給申請の際に有権者登録を行うことを可能にした。また、アメリカ教育法を制定し、教育水準を向上させる州のプログラムに補助金を与えることを定めた。

クリントン政権は最初の一〇〇日間で必ずしも重要な成果を上げたとは言えず、五月末の時点では支持率が第二次世界大戦後の大統領の中で最大の下げ幅を示し、三六％だった。だが、支持率はその後徐々に上昇し、一年目終了時には六三％に到達した。

スキャンダルと独立検察官の任命

クリントンは大統領就任後もスキャンダルに悩むことになった。一九九三年一二月にアメリカン・スペクテーター誌がアーカンソー州の職員だったポーラ・ジョーンズとの不倫問題を取り上げた。九二年大統領選挙時に問題となったアーカンソー州知事時代の土地開発・不正融資疑惑（ホワイトウォーター疑惑）も存在した。また、大統領次席法律顧問のビンス・フォスターが自殺した際、警察によって事件性が認められなかったにもかかわらず、ラジオ番組の司会者である保守派のラッシュ・リンボーが、フォスターはクリントン夫妻について多くのことを知りすぎたためにヒラリーが所有するアパートで殺害されたと根拠なく発言するなど、クリントン批判を強めた。これに対し、ヒラリーが、夫は「右翼による大きな陰謀」のターゲットになっていると発言する事態となった。

このうち、ホワイトウォーター疑惑についての批判が強まったのを受け、九四年一月にクリントンは、司法長官のリノに特別検察官を任命するよう求めた。リノは、フォード政権期に連邦検事に任命され、公正な人物として知られた共和党員のロバート・フィスクを任命した。その後、大統領は特別検察官を廃止し、その代わりに独立検察官を任命する権限を裁判所に与えた。そして八月、リノはフィスクを独立検察官に任命するよう求めたものの、ロバート・レーンキスト最高裁長官らが選任したパネルはそれを拒否し、ケネス・スターを任命した。

このような醜聞もあり、九四年の時点で、世論調査で政府を信頼すると答えた割合は一五％に低下した。この信頼度の低さは、クリントン政権が諸々の政策を実施する上での大きな制約となった。

外交方針の模索

冷戦期の大統領はソ連と対峙して自由主義圏を守ることが求められ、世論もアメリカには積極的に対外政策を果たす責任があると認識していた。米ソ両大国によって維持されていた秩序が失われた冷戦終結後の世界は、不安定性が増して多くの地域紛争が発生した。グローバル化が進展する世界で、アメリカがどのような役割を果たすべきかについての合意は存在しなかった。

クリントンは、人権、民主主義、市場主義経済、多国間主義などの理念を強調した。このような姿勢は、クリントン自身の方針でもあったが、カーター政権で人権外交を展開した人々が政権スタッフに入っていたことも大きな要因となっていた。初期のクリントン政権の外交方針を提示したのは国家安全保障担当補佐官のレイクだった。彼は、封じ込めに代わるビジョンは民主主義と市場経済の拡大だと宣言した。クリントンも一九九三年九月の国連総会で民主主義の拡大を主張した。ただし、その具体的な内容は不明確だった。また、アメリカの世論も内向きになり、外交に対する関心を失っていて、対外政策についてどれほどの負担が認められるかも不明だった。クリントン政権は、グローバル化が進展する、冷戦後の世界におけるアメリカの役割を規定することができないまま、様々に発生する問題への対応を迫られたのである。

政権初期の最大の試練は、ソマリア問題への対応だった。アフリカの角に位置するソマリアでは部族対立に起因する内戦が発生していた。クリントンは積極的な関与を望んでいなかったが、「平和への課題」という壮大な構想を打ち上げていたエジプト出身のブトロス・ガリ国連事務総長は、食糧支援などの対症療法ではなく、国家建設という壮大な対応を求めた。クリントン政権はその要請に応じる形で米兵を派遣したが、その結果、現地で米兵は敵視されるようになり、首都モガディシュでの作戦失敗に伴い、米兵一八名が死亡し、八〇名以上の負傷者を出す惨事となった。米兵の遺体が鞭打たれて引きずられる映像が世界で中継されたこともあり、世論は政権批判を強めた。そして、国益に密接に関係するのではない地域への関与を最小化し、米兵の犠牲を出さないようにするべきとの認識が強まり、国連平和維持活動への参加などの多国間主義の方針も影を潜めることになる。

クリントンは大統領選挙時、ブッシュ政権がハイチからの難民を公海上で追い返していたのを非人道的と批判していた。クリントンが大統領選挙で勝利したのを知ったハイチの人々は、アメリカに受け入れてもらうことを期待して難民として出国しようとした。すると、クリントンは方針を撤回し、ハイチ難民の受け入れ拒否を表明した。その背景には、アーカンソー州知事時代にカーター政権の要請に応じて難民を受け入れたことが、自らの州知事再

コラム9－1　対中政策

対中国外交において，クリントン政権は一貫した立場をとることができなかった。人権問題重視の立場からは中国に批判的にならざるをえないが，通商拡大重視の立場からは中国と協調するのが賢明だったからである。クリントンは大統領選挙中人権問題の改善を最恵国待遇更新の条件と主張しており，1993年５月には人権状況改善を条件に最恵国待遇を認めた。だが，クリントン政権は大きな市場である中国を国際経済システムに組み込むべく，94年には最恵国待遇と人権問題を切り離す方針を表明した。これは，議会における対中強硬派と人権擁護派の両方から批判を受けることになる。

米中関係は，台湾問題をめぐり最も緊迫した。95年に連邦議会が台湾の李登輝《りとうき》総統の訪米を認める決議をしたのが発端だった。また，96年に，台湾民主化後最初の総統選挙期間中に中国がミサイル発射などの軍事演習を台湾海峡で行い，それに対抗してアメリカが空母を含む艦隊を派遣する事態となった。

だが，クリントン政権は経済重視の観点から，中国との関係改善に努めた。97年には江沢民《こうたくみん》国家主席がアメリカを，98年にはクリントンが中国を公式訪問するなどの成果が得られた。対中政策について，人権重視の立場と経済関係進化を求める立場の対立は，以後のアメリカ外交でも繰り返し見られることになる。

選の妨げとなった記憶があった。その代わり、難民発生の根本的理由は政治体制にあるとの認識から、クリントン政権は軍事クーデタで追放されていたジャン＝ベルトラン・アリスティッド大統領の帰国支援策をとった。その一環として米軍もハイチ入りしたものの、その任務を国連に引き継ぎ、九五年三月には撤退した。

バルカン半島については、スロボダン・ミロシェヴィッチが率いるセルビア人勢力が、旧ユーゴスラヴィア内で民族紛争を起こしていた。クリントン政権は当初積極的な介入をしない方針だったものの、九五年七月にミロシェヴィッチがボスニアでイスラーム系住民を対象として「民族浄化」を行うに至り、対応を迫られた。クリントン政権は八月からボスニアへの空爆を行い、セルビア側を交渉の場に呼び出すことに成功した。そして、一一月にはアメリカの和平案に基づき、旧ユーゴスラヴィア地域をセルビア共和国とボスニア＝ムスリム連邦に分断することで紛争収拾を図るデイトン合意が結ばれた。

九四年にはルワンダで多数派のフツ族が少数派のツチ族を八〇万人虐殺する事件が起こった。国連は平和維持部隊を派遣したものの、ベルギーの兵隊が殺害された。この事態を受け、クリントン政権はソマリアでの記憶もあり、ルワンダは人道上の大問題であったにもかかわらず、軍事的な関与を否定した。

北朝鮮については、金日成《キムイルソン》が核不拡散条約で定められた寧辺《ニョンビョン》の核施設の査察を拒否した。これは北朝鮮の核開発疑惑を生み、東アジア情勢の不安定化に対する懸念を増大させた。クリントン政権は軍事オプションや経済制裁強化を検討した。だが、カーター元大統領の訪朝もあり、北朝鮮は査察を受け入れることになった。

このように、クリントン政権は多くの対外問題に場当たり的な対応を積み重ねていった。

自由貿易推進

他方、通商政策に関しては国内経済に直結しやすいこともあり、クリントン政権は積極的な姿勢を示した。クリントンは、ニュー・デモクラットとして通商拡大を提唱していたし、経済グローバル化に大きな関心を示していた。

その象徴的な例が、アメリカ、カナダ、メキシコによる北米自由貿易協定（ＮＡＦＴＡ）である。民主党リベラル派の中には反グローバル化の観点から自由貿易協定に反対する人が多かった。民主党の中核的支持団体である労働組合と環境保護団体も、労働賃金の安いメキシコへの雇用流出に伴う失業率増大や賃金低下、メキシコの緩やかな環境規制を根拠に批判していた。他方、大企業経営者を支持母体として抱える共和党には、ＮＡＦＴＡに好意的な議員が多かった。ＮＡＦＴＡは連邦議会で承認された。だが、下院では共和党議員の四分の三以上の支持を得る一方で、民主党議員は二五八名中賛成が一〇二名だけだった。結果的には超党派的に法案が通過したとはいえ、民主党内でのリベラル派とニュー・デモクラットの違いが鮮明になる出来事だった。

クリントンはまた、世界銀行や国際通貨基金（ＩＭＦ）などの国際機関への支持も表明した。そして、一九九三年一一月にはアジア太平洋経済協力会議（ＡＰＥＣ）の第一回非公式首脳会議をシアトルで開催したり、一二月には関税および貿易に関する一般協定（ＧＡＴＴ）に基づく貿易交渉（ウルグアイ・ラウンド）の最終合意（マラケシュ協定）にこぎつけたりした。マラケシュ協定に基づき、一九九五年に世界貿易機関（ＷＴＯ）が設立された。クリントン政権は自由貿易を基調とする国際環境整備に努めたと言えよう。

医療保険制度改革の挫折

国民皆医療保険制度創設は、クリントンの目玉となる公約だった。アメリカでは公的な医療保険制度は、退役軍人や帰還兵を対象とするものを除けば、高齢者と一部の障害者を対象とするメディケア、貧困者を対象としたメディケイドのみであり、当時三七〇〇万人以上の無保険者が存在していた。クリントンは特別委員会の座長に妻のヒラリーを任命し、医療制度改革法案の作成を命じた。医療保険問題についての専門知識を持っているとはいえ、公選者でなく、連邦議会の政策過程に関与したこともないヒラリーを責任者に据えたことの妥当性には疑問が呈された。ヒラリーは三四もの作業部会を作り、役人、研究者、関連する利益集団の代表者など五〇〇名に及ぶ人々を関与させたが、その全人物の氏名を公表するのを拒んだ。また、連邦議会のリーダーや関連委員会の委員、財務長官などとも距離を置き、本格的な意見聴取をすることもなかった。

数カ月に及ぶ検討を経て一三四二頁にも及ぶ法案が作られたが、その内容を理解したり説明したりするのはきわめて困難だった。この案は連邦政府が医療保険の責任を一元的に負う単一支払者制度を採用するものではなく、民間医療保険の活用を提唱するものだったことから、リベラル派は不満を抱いた。また、規制強化を嫌う民間保険会社、多くの医療関係者、従業員の保険料負担を新たに迫られる中小企業経営者も法案に反対した。

その結果、当時は連邦議会上下両院ともに民主党が多数を握っていたにもかかわらず、法案は議会で採決に付されることなく廃案となった。この失敗はクリントン大統領の指導力に疑念を国民に抱かせた。政権の目玉と位置づけられた同改革が挫折したことは、クリントン政権の最初の二年間の失敗を象徴するものと捉えられたのだった。

3　二大政党の対立激化

文化戦争

一九九〇年代は時に文化戦争と呼ばれるほどまでに社会的価値や文化的争点をめぐってイデオロギー対立が先鋭化した。クリントンはベトナム戦争の徴兵を逃れたり、マリファナ吸引の過去があったり、不倫疑惑を抱えたりしていた。政策的にも、軍における同性愛者の問題を提起したり、性と生殖に関する権利を重視したりする立場をとった。このように、クリントン政権は保守派の反発を招く要素を多く持っていた。共和党はクリントンを通常のアメリカ人の敵だと糾弾した。

民主党議会は中間選挙を前に、いくつもの立法を行った。九四年五月には、人工妊娠中絶を行う病院に対する破壊活動や、医師や看護師、女性などが病院に入るのを妨害することを禁止するクリニックへのアクセス自由法を定めた。銃規制や犯罪抑止政策についても、拳銃の購入希望者に待機期間を設けて身元調査を行うことを定める銃犯罪防止法（通称、ブレイディ法）を九三年に定め、九四年には一九種類の半自動小銃の販売禁止、警察官増員、刑務所増設、死刑適用犯罪の拡大などを含む凶悪犯罪防止法を定めた。これらは、民主党は犯罪に甘いとの批判を避けるための政策だったが、銃規制反対派である全米ライフル協会（ＮＲＡ）の意向に反する決定であり、ＮＲＡは各種訴訟や、法案に賛成した候補の追い落としキャンペーンを行った。

アメリカでは、論争的な争点について裁判所が判断を行うことが多く、連邦裁判所の判事に誰を任命するかが重要な意味を持つ。クリントン政権期には、バイロン・ホワイト、ハリー・ブラックマンの二名が連邦最高裁判所判事からの引退を表明したため、クリントンは、リベラル派のルース・ベーダー・ギンズバーグとスティーヴン・ブライアーを任命した。

一九九四年中間選挙とギングリッチ革命

一九九四年の中間選挙に向けて共和党は政権との対決姿勢を明確にした。ニュート・ギングリッチ下院院内幹事がとった戦略は、「アメリカとの契約」と題する選挙公約集を作り、下院議員選挙の共和党の全候補に署名させることだった。アメリカでは政党規律が弱いこともあり、連邦議会選挙に際して統一的な選挙綱領が作成されることはそれまでなかった。ギングリッチは、新議会の最初の一〇〇日までに議会に提案し、可決することを目指す政策のリストとして、財政均衡の実現と減税、福祉改革、犯罪統制など一〇項目を挙げた。ただし、アメリカとの契約では、人工妊娠中絶や同性愛など、モラルに関わる争点は取り上げられなかった。それは、ギングリッチが不倫と離婚の経験があるなど、モラルの点でクリントンを批判するのに適任とは言えないためでもあった。小さな政府の立場に基づいて経済政策の根本的な立て直しを目指すアメリカとの契約は、クリントン政権に反感を持つ人々を団結させる機能を果たした。

九四年の中間選挙で共和党は大勝し、上下両院で多数を握るに至った。上院では共和党は八議席増やして、議席数は五三対四七となった。下院では共和党は五四議席増やし、議席数は二三〇対二〇四となった。下院で共和党が多数党に返り咲いたのは四〇年ぶり、上院では八年ぶりだった。また、民主党の下院議長のトム・フォーリーが敗北したが、現職の下院議長が敗北したのはアメリカ史上初めてだった。この選挙結果は政治評論家も予想できなかったほど衝撃的なものであり、この変動はギングリッチ革命と呼ばれるようになった。ギングリッチはアメリカとの契約の実現を掲げてクリントン政権と正面から対決するようになり、以後クリントン政権はリベラルな政策を議会で通すことは不可能になった。

なお、九五年四月にオクラホマ州の州都オクラホマ・シティで爆破テロ事件が発生した。政府がアメリカの自由を侵害していると主張する、元陸軍兵士のティモシー・マクベイらが車爆弾で地方の連邦庁舎を爆破し、子供一九人を含む一六八人が死亡し、八〇〇人以上が負傷した。この事件を受けて世論の中で、政府に反感を持つ極右集団がアメリカの安全を危機に晒しているとの議論が起こった。クリントンは、自由に対する脅威が自由を奪おうとする人ではなく連邦政府に由来すると信じるのは誤りだと演説で断じ、連邦政府に敵対的な態度をとることが愛国心の表明だとする人を強く批判した。ＮＢＣとウォールストリートジャーナルが共同で実施した世論調査では八四％がクリントンの対応を支持しており、この演説は米国民の心を掴んだと言われている。

4　三角測量と一九九六年選挙

ディック・モリスと三角測量

中間選挙の敗北から一九九六年の大統領選挙までの期間、クリントンは再びモリスを参謀として活用するようになった。ある政府高官から「同じ日の晩にヒトラーとマザー・テレサの両方に助言を与えられる」と称されたモリスが強調したのは「三角測量」を行うことによって中道の立場をとることだった。モリスは世論調査を駆使し、アメリカの世論は保守でもリベラルでもない、中道を行く第三の立場を望んでいると主張した。保守とリベラルの見解を両辺に置き、その中間の上方に大統領の立場をとるという三角測量の戦略は、ニュー・デモクラットとしてのクリントンの立場とも合致していた。なお、クリントンは、世論調査の結果に基づいて信念なく政策を定めていたと批判されることがある。モリスによればそれは誤りであり、これまでとってきた立場の中で支持の強いものを明らかにし、大統領の判断を国民の判断に近づけるために世論調査の結果が用いられたのだった。

モリスの助言もあり、クリントンは「アメリカとの契約」のうち、赤字削減や福祉改革、犯罪対策強化を取り入れることにした。他方、共和党によるメディケアやメディケイド、教育支援、環境保護などに対する攻撃に抵抗するとの方針を定め、その考えを九五年の一般教書演説で表明した。クリントンはその原則に基づいて政府支出の大幅な削減を含む予算案を提出した。共和党が多数を占める議会において、二大政党は予算案をめぐって激しく対立することになった。

二大政党は七年間で財政赤字を削減し均衡予算を達成することで合意したものの、減税の規模や、医療・教育予算の削減額をめぐって対立した。上院院内総務であるドールはクリントン政権と妥協する姿勢を示したが、ギングリッチを中心とする下院は非妥協的な態度を崩さなかった。その結果、暫定予算を組むことができなくなったため、一一月一四日から連邦政府が一部閉鎖することとなった。その閉鎖はクリントンが譲歩する形で六日間で終了したものの、ギングリッチはさらに立場を硬化し、メディケア予算や労働者に対する給付の大幅削減などを含む予算案を提示した。だが、クリントンがその予算案に拒否権を行使したことにより、連邦政府は一二月一五日から年始にかけて二一日間にわたり再度閉鎖した。

世論調査によれば、米国民は一般論としては連邦政府に批判的で小さな政府の立場を支持するものの、具体的なプログラムに対しては好意的な態度を示して拡充を支持した。そして、政府閉鎖に対しては批判的な声が強まった。アメリカとの契約に拘束されることのない上院の共和党員も、ギングリッチの姿勢に反発した。結果的に、ギングリッチに対する世論の支持が急速に低下する一方で、クリントンに対する支持は上昇した。クリントンは、オクラホマの爆撃事件で国民に慰めと癒しを提供し、予算問題で極端な立場をとる者から一般的なアメリカ人の価値観を守る姿勢を示したことによって、世論の支持を獲得したのだった。

中道路線をとるクリントンの姿勢が顕著に表れたのが、社会福祉と犯罪への対応である。

一九九六年の一般教書演説で注目を集めたのが、クリントンによる「大きな政府の時代は終わった」という発言である。彼は、「大きな政府がすべての回答を持っているわけではないことを我々は知っている。すべての問題に対応できるプログラムがあるわけではないことを知っている」と述べた。九二年大統領選挙の際の「我々が知っている福祉を終了させる」という発言もあり、クリントンが社会福祉改革の実現に積極的なことが明らかとなったのである。

社会福祉改革

共和党はニューディールに始まり六〇年代に拡充された社会福祉システムの大幅な見直しを進めようとしていた。具体的には、三五年の社会保障法に起源を持つ要扶養児童家庭扶助（ＡＦＤＣ）プログラムを廃止し、福祉プログラムに受給期限を設けること、受給者に労働の義務を課すこと、受給者に道徳的な行動を求めることが主張されていた。また、フードスタンプ予算の大幅削減や、移民に対する福祉給付停止も提唱されていた。

ＡＦＤＣに代表される社会福祉プログラムに関しては、州以下の政府が実質的な執行の責任を負うとともに、費用を一部負担する必要もあったことから、州以下の政府からも見直しが求められていた。クリントン政権は、州政府がプログラム改善のために行おうとした実験的試みを認めることによって、ＡＦＤＣ改革の可能性を見定めていった。共和党案は、それら先駆的な試みを行おうとする州政府の改革の成果を取り入れたものだった。共和党案に対して民主党リベラル派は否定的な立場をとったが、クリントンは、当該法案の中の甚大な問題については次の会期で見直す必要があると指摘しつつも、共和党案を承認して福祉改革が実現したのである。

その他の社会福祉政策に関しては、九六年のうちにクリントンは議会に働きかけ、最低賃金の引き上げと、労働者が転職または失業した場合にも自身とその家族が健康保険への加入を継続できるようにする法律の制定を実現した。また、不法移民改革・移民責任法が通過したことによって、出入国管理厳格化に加えて、移民に対する福祉サービス提供が大幅に限定されることになった。犯罪関連では、九五年にオクラホマ・シティで発生した連邦ビル爆破事件を受けて九六年四月に反テロおよび死刑厳格化法が制定された。

これらは民主党リベラル派の立場とは大きく異なる内容を含んでおり、共和党の立場に近いものだった。これら諸法は、九六年の大統領選挙と連邦議会選挙を前にして、クリントン政権と連邦議会にとって功績となった。

対外政策の成果

クリントン政権は対外政策の面でも、一定の成果を上げていた。

まず、一九九四年末から九五年初めにかけて発生したメキシコの通貨ペソの大暴落に対して介入した。ロサンゼルスタイムズの調査では米国民の八〇％が介入に反対していたものの、クリントンは、行動しないリスクは行動した時のリスクより大きいと宣言し、アメリカの二〇〇億ドル、IMFの約一七八億ドルを含む、総額で五〇〇億ドルを超える巨額の支援策をまとめ上げた。この対応がメキシコ通貨危機を終焉させ、メキシコは返還期限を三年前倒しして負債を返還することになる。

旧ユーゴスラヴィア情勢についても、クリントン政権は一定の動きを見せた。国連が安全地帯に指定していたスレブレニツァで虐殺行為を行ったセルビアに対し、北大西洋条約機構（NATO）が空爆を再開した。それを受けて、九五年一一月、アメリカのオハイオ州デイトンの空軍基地に、ボスニア・ヘルツェゴビナ共和国のアリヤ・イゼトベゴビッチ、クロアチア共和国のフラニョ・トゥジマン大統領、ユーゴスラビア連邦セルビア共和国のミロシェヴィッチ大統領が参集し、三週間にわたる交渉の結果、デイトン合意と呼ばれる和平協定が結ばれた。そしてクリントンは、抵抗する連邦議会を説得し、デイトン合意の実現を監視するために、米兵をボスニアに派遣した。

冷戦が終わると、ソ連を共通の敵として設定していたNATOの存在意義をめぐる議論も噴出した。クリントン政権はNATOを集団安全保障によって全欧州の安定を促すための機構と位置づけ直し、NATOの東方拡大を目指した。NATOを旧ワルシャワ条約機構諸国に拡大することにより、旧東欧諸国に民主主義を定着させることが可能になると主張された。もっとも、ロシアがNATOの東方拡大に反対の立場をとったため、クリントン政権は非ＮＡＴＯ地域との安全保障上の協力を約束する「平和のためのパートナーシップ」を九四年に提唱し、九五年までにロシアを含む二七カ国が加盟した。だが、旧東欧諸国はよりいっそうの安全保障を求め、結果的にＮＡＴＯの東方拡大が実現したのだった。

一九九六年選挙

一九九六年大統領選挙の共和党候補は、上院院内総務を務めていたドールだった。高齢であることを問題視されていたドールは共和党大会の指名受諾演説で、「年齢には強みがある。知らない人々が神話と呼ぶアメリカとの懸け橋になりたい。平穏、信仰、行動に自信があった時代との懸け橋となりたい。そんな時はなかった、アメリカがそんなに良い時はなかったという人に、それは誤りだと言おう。なぜなら、私はそのような時を過ごしたからだ」と述べた。これに対しクリントンは、我々は過去との懸け橋になるのではなく「二一世紀への懸け橋」となると宣言した。これは、以後クリントンが好んで用いる表現となった。

共和党穏健派のドールは上院院内総務の要職にあったものの、九四年中間選挙以降ギングリッチを中心に下院が非妥協的態度をとり続ける中、指導力を発揮することができなかった。選挙戦中、クリントンは、ホワイトウォーター疑惑が再び取り上げられるなどの不安要素はあったものの、好調な経済状況を背景に高い支持率を維持した。九一年三月以降アメリカの景気は順調に拡大しており、九六年には国民の経済に対する見方も楽観的なものに変わっていた。九六年の実質国内総生産伸び率は二・八％、消費者物価上昇率は二・九％であり、失業率は九二年の七・五％から五・四％に低下していた。ドールの支持率が四〇％以下だったのに対し、クリントンは五〇％前後の支持率を維持していた。

大統領選挙の結果は、クリントンの圧勝だった。獲得した選挙人の数はクリントンが三七九、ドールが一五九であり、得票率も四九％対四一％だった。民主党の大統領が再選に成功したのは、ローズヴェルト以降初めてだった。だが、連邦議会選挙では上下両院ともに共和党が多数を維持した。共和党が両院で二回連続して多数を維持したのは、二八年選挙以来六八年ぶりだった。

九四年以来、民主党のクリントンが大統領を務め、連邦議会の上下両院で共和党が多数を占める分割政府の状態にあった。分割政府下では立法上の業績をいずれの政党の功績と見なすかの評価が困難なこともあり、九六年選挙の結果をそれまでの政治過程への評価と関連させて評価するのは難しい。だが、九六年選挙は、大統領選挙がクリントン個人の勝利であって民主党の勝利ではないこと、連邦議会については民主党の優位が復活していないことを示していたと言えるだろう。

5　二期目の内政と外交

分割政府と弾劾

クリントン政権の第二期は引き続き分割政府の状態で始まった。分割政府下では、立法を行うのが相対的に困難になるとともに、立法上の成果を上げた場合でも二大政党共にその功績を主張するのが容易でない。そのため、相手方のスキャンダルの暴露や追及が積極的に行われる傾向がある。二期目のクリントン政権は、まさにそのような事態を迎えることになった。

就任前から存在したジョーンズとの不倫問題追求の一環としてジョーンズ側弁護団は、クリントンが雇用関係にある女性に習慣的に害を及ぼしていたことを示そうと、クリントンと関わりを持った女性を招集した。その中にいたモニカ・ルインスキーという実習生との関係に強い疑いが持たれた。そこで、ホワイトウォーター疑惑をめぐる調査に当たっていたスターがリノ司法長官に捜査権限拡大を要請し、リノもそれを承認した。

クリントンはメディアのみならず裁判でもルインスキーとの関係を否定した。だが、ルインスキーはクリントンと関係を持ったことを明らかにし、彼の体液のついたドレスを連邦捜査局（ＦＢＩ）に提出した。また、クリントンが、関係を持った女性に関係を否定するよう要請したことも明らかになり、共和党はクリントン批判を強めた。

このような状況の中で一九九八年の中間選挙が実施されたが、世論はクリントンよりも、共和党やスターに否定的な姿勢を示した。その結果、三四年以来六四年ぶりに中間選挙で大統領の政党が議席を伸ばす結果となった。共和党は辛うじて上下両院で多数を維持したものの、議席を減らした責任をとってギングリッチ下院議長が辞職する事態となった。

だが、下院共和党は中間選挙後も弾劾に積極的な姿勢を示した。アメリカの弾劾裁判は、大統領が重大な罪過を犯した場合、連邦議会下院が過半数の賛成に基づいて訴追し、上院が審理することになっている（ただし裁判長は連邦最高裁判所長官が務める）。上院では出席議員の三分の二以上の賛成で弾劾を決定することになっている。

九八年一二月に下院は弾劾訴追を行った。性的な問題ではなく、偽証と司法妨害が問題とされた。大統領が弾劾裁判にかけられたのは、南北戦争後に南部再建問題をめぐって議会と対立した一八六八年のアンドリュー・ジョンソン以来であり、仮に弾劾が成立すればアメリカ史上初の出来事となるはずだった。だが、世論はクリントンの弾劾を否定的に捉えており、クリントンの支持率は六〇％台と高いままだった。最終的に上院では三分の二の賛同が得られず、弾劾は失敗に終わった。

内政上の成果

二期目のクリントン政権は、弾劾をめぐり共和党との関係が悪化したこともあり、内政で目立った成果を上げることはできなかった。だが、重要な成果はいくつか存在する。

まず、社会政策に関して、低所得家計の一九歳以下の子供に、各州が主体となって無料または安価な医療保険を提供する公的医療保険制度を実現させている。また、共和党が様々な社会保障費の削減を目指す中、食料配布切符やメディケイドの予算を確保したことも、クリントンの業績である。

経済面では、銀行の健全化と預金者保護を図るため、銀行と証券業務の分離などを定めた一九三三年制定のグラス・スティーガル法を廃止した。また、店頭デリバティブ取引について商品取引諸法の適用除外とされる条件を整備する商品先物近代化法を制定した。これらの措置が、後のグローバル金融・経済危機（リーマン・ショック）に繋がるきっかけを作ったと指摘されることもある。

今日クリントン政権期を特徴づけるものとしてしばしば指摘されるのは、アメリカの景気を回復させたことだろう。九〇年代末期から二〇〇〇年代初期にかけて、インターネット関連企業の実需投資や株式投資が拡大するドットコム・バブルが発生した。その背景に、クリントン政権期に様々な規制緩和が行われたこと、そして、政権初期に財政再建が達成されたことがある。これがクリントン政権最大の業績だとする評価が一般的である。

積極的な外交の展開

二期目になって内政面の業績を出しにくくなったクリントン政権は、対外政策に積極的な姿勢を示すようになった。これには、外交を担当する政権スタッフが変更されたことが大きな意味を持っていた。レイクに代わって議会両党の有力者や関連省庁との調整に長けたサミュエル・バーガーが国家安全保障補佐官に就任したこと、そして、慎重派のクリストファーに代わり対外関与に積極的なオルブライトが国連大使から国務長官に就任したことも影響しているだろう。オルブライトの父はチェコスロヴァキアの外交官だったが、ナチスから、そして共産主義者から逃れるべく二度亡命した経験を持つ。その経験から、オルブライトは積極的な介入政策を提唱していた。同様に、副大統領のゴア、国務省で中東問題を担当していたデニス・ロス、北アイルランド問題でクリントンに仲介を依頼されたジョージ・ミッチェル、バルカン問題で大きな役割を果たしたホルブルック、テロ対策などで役割を果たしたリチャード・クラークらも、積極的な介入政策を提唱した。

またクリントンが二期目に入って対外政策での経験を積み、自信を増したことも、クリントン外交を変化させた。クリントンは諸外国の首脳と個人的な関係を深めており、各国の内政状況に配慮したうえで外交政策を展開するようになった。とくにクリントンは、ロシアのボリス・エリツィン、イギリスのトニー・ブレア、ドイツのヘルムート・コール、イスラエルのイツハク・ラビンらとの関係を深めていた。これは裏を返せば、それらのリーダーの好まない政策をクリントンがとらなかったことを意味していた。他方、クリントンは好まない人々については徹底的に嫌ったと言われ、ミロシェヴィッチ、イラクのサダム・フセイン、ウサーマ・ビン・ラーディンはその例だと言われている。

二期目を迎えたクリントンが最初に直面した課題は、コソボ紛争だった。デイトン合意があったにもかかわらず、ミロシェヴィッチはアルバニアのイスラーム教徒に対する民族浄化を継続していた。そこでクリントン政権は、NATO諸国に呼び掛けて、人道的観点からステルス戦闘機を用いた爆撃を行った。また、オルブライトらの提唱に基づき地上部隊を送ることも検討した。だが、米国内ではリベラル派が介入政策を支持したのに対し、保守派は反対の姿勢を示した。そして、ＮＡＴＯのセルビア介入を回避したいと考えたロシアのエリツィンがミロシェヴィッチを説得したのを受けて、地上部隊の派遣は回避され、コソボ紛争は終結した。

イラクに関しては、フセイン大統領が湾岸戦争終結に伴う合意に反して国連による兵器庫の査察を拒否し、一九九四年には軍隊をクウェート国境に進軍させるなどの示威行動をとった。さらに、九八年にイラクは国連大量破壊兵器廃棄特別委員会への全面協力の停止を決定し、国連査察団は国外退去することになった。これを受けて、クリントン政権は、フセイン政権打倒と根本的体制変革を念頭に置きつつ、イギリスと共同で巡航ミサイルを用いて空爆を行った。

クリントン政権の国際テロ組織への対応も注目に値する。九三年、クリントンの大統領就任の翌月に、イスラーム教過激派がニューヨーク市の世界貿易センタービルで爆発事故を起こした。また、九六年にはサウジアラビアの米軍宿舎が爆破され、九八年にはケニアとタンザニアのアメリカ大使館が爆破された。クリントン政権は国際テロ組織アル・カーイダがこれらの事件に関与したと断定し、同組織と関連が深いと考えるスーダンとアフガニスタンのアル・カーイダ関連施設を爆撃した。スーダンは当時アル・カーイダと決別しており、爆撃されたのは医薬品などを製造する工場だった。だが、アフガニスタンの施設には爆撃の数十分前まで、テロ事件の首謀者とされるビン・ラーディンが滞在していたとされる。

ＦＢＩがビン・ラーディンをテロ事件の首謀者と断定したこともあり、九九年には国際連合の安全保障理事会がアフガニスタンを実効支配するターリバーンに対してビン・ラーディンらの引き渡しを求める決議を採択した。だが、ターリバーンがこれを拒否したため、ターリバーン政権に対して経済制裁が行われた。これら一連の措置を受けて、それまでは国際的に必ずしも名が知られていたわけではなかったビン・ラーディンの名が知られるようになり、結果的に、イスラーム世界における彼の影響力を増大させたという評価も存在する。

パレスチナ問題に関しては、イスラエルのラビン首相とパレスチナ解放機構（ＰＬＯ）のヤーセル・アラファト議長の会談が行われ、両者がホワイトハウスでオスロ合意と呼ばれる和平案に合意するなど、関係改善への期待が

コラム９－２　日米関係

日米関係については，経済摩擦が大問題となった。経済重視で安全保障に関心の薄いクリントン政権は，経済力を増大させた日本をソ連に代わる脅威と見なし，通商政策で強硬策をとった。連邦議会も1994年に，外国の不公正な貿易慣行に対する報復を機動的に行うことを可能にするスーパー301条を復活させるなど保護主義的な通商政策を採用した。クリントン政権も自動車などについて実質的な数値目標を掲げて市場開放を迫った。安全保障問題について仮想敵国が消失する中，日米経済摩擦は激しさを増し，日米同盟は漂流状態となった。

だが，政権２期目になると，初期の政策が日米関係を悪化させたことに危機感を抱いた国防総省が，日米関係の改善を目指し，対日政策を修正しようとした。とりわけは，ジョセフ・ナイ国防次官補は，ウィリアム・ペリー国防長官が95年２月に議会に提出した報告書の中で「ナイ・イニシアチブ」と呼ばれる戦略論を展開した。これは，冷戦後の対アジア政策を安全保障の面から立て直そうとしたもので，アメリカがアジア太平洋地域に展開している既存の兵力を削減しないことを表明するとともに，同盟国との関係の緊密化，中国などとの関係の拡大を方針として掲げた。その中でも，日本国内の米軍基地は，アメリカがアジア太平洋地域で軍事的影響力を維持する上で不可欠と位置づけられ，その関連から，日米安全保障条約の再定義が提唱されたのだった。

見えていた。だが、九五年にイスラエルのラビン首相が暗殺され、強硬派のベンヤミン・ネタニヤフが首相に選出されると、和平は頓挫した。イスラエル、パレスチナの双方で強硬派がオスロ合意に反対していた。だが、九九年にエフッド・バラクがイスラエルの首相になると和平交渉は再開された。クリントンは二〇〇〇年七月、かつてカーター大統領の仲介でエジプトとイスラエルの間で歴史的な合意を結んだ場であるキャンプ・デーヴィッドにバラク首相とアラファト議長を招いて中東和平交渉を仲介したものの、聖地エルサレムの帰属権などをめぐって対立が続いた。同年一二月にもクリントンはイスラエルとパレスチナの双方を招き、諸問題の解決を目指すクリントン・プランを提案したものの、アラファトが消極的な姿勢を示したこともあり中東和平交渉は決裂した。

クリントンは北アイルランド問題での仲介にも積極的に取り組んだ。北アイルランドで少数派であったカトリックと多数派のプロテスタントの間で紛争が起こっていた問題をクリントンは民族紛争と位置づけ、ミッチェル元上院議員を派遣した。ミッチェルを長とする国際委員会の働きかけもあり、北アイルランド紛争は九八年に終結した。

クリントン政権に対する評価

これまで見てきたように、クリントンは内政重視の大統領として登場した。実際、クリントン政権は経済政策や福祉改革などで大きな成果を上げた。だが、文化戦争とも呼ばれる社会的価値をめぐる社会的対立状況に加えて、一九九四年の中間選挙におけるギングリッチ革命によって分割政府の状態となり、また、自らのスキャンダルなどもあって身動きが取れなくなったため、内政の分野で業績を上げることはできなくなった。このような状況を考えると、二期目のクリントン政権が外交に活路を見出したのは、理解可能なことだった。

クリントン政権は、結局大戦略を提示することはできなかったかもしれない。だが、ボスニア、ソマリア、ハイチ、北アイルランドなどで和平を達成し、NATOを東方に拡大し、自由貿易を基調とする国際環境を整備し、中東情勢を改善するという成果を上げた。九二年大統領選挙ではクリントンは外交に弱いと批判されていたが、冷戦が終結し、グローバル化が進展する中で、クリントンは結果的に多くの外交的な業績を達成したと言えるだろう。

クリントン政権期は、アメリカの政治、社会、外交のすべての点において変革の時期に当たっていた。クリントン政権が直面した課題は、二一世紀のアメリカの課題を先取りしていたと言えるだろう。

参考文献

ウッドワード、ボブ『大統領執務室――裸のクリントン政権』（山岡洋一・仁平和夫訳）文藝春秋、一九九四年。

クリントン、ビル『マイライフ――クリントンの回想』上下（楡井浩一訳）朝日新聞社、二〇〇四年。

クリントン、ビル、アル・ゴア『アメリカ再生のシナリオ』（東郷茂彦訳）講談社、一九九三年。

西川賢『ビル・クリントン――停滞するアメリカをいかに建て直したか』中公新書、二〇一六年。

ハルバースタム、デイヴィッド『静かなる戦争――アメリカの栄光と挫折』上下（小倉慶郎・三島篤志・田中均・佳元一洋・

柴武行訳）ＰＨＰ研究所、二〇〇三年。
モリス、ディック『オーバル・オフィス――大統領執務室』（近藤隆文・村井智之訳）フジテレビ出版、一九九七年。
Conley, Richard S., *Historical Dictionary of the Clinton Era*, Lanham: The Scarecrow Press, 2012.
Maney, Patrick J., *Bill Clinton: New Gilded Age President*, Lawrence: University Press of Kansas, 2016.
Nelson, Michael, Barbara A. Perry, and Russell L. Riley, eds., *42: Inside the Presidency of Bill Clinton*, Ithaca: Cornell University Press, 2016.
Riley, Russell L., *Inside the Clinton White House: An Oral History*, New York: Oxford University Press, 2016.

第10章　「思いやりのある保守主義」と「対テロ戦争」
――ジョージ・W・ブッシュ――

宮田伊知郎

ジョージ・W・ブッシュ

新世紀の幕開けを目前にしたアメリカの景気は好調で、その覇権は盤石に見えていたが、軋みも目立ち始めていた。外交の面では「新世界秩序」に対する不満が高まっていた。経済構造も大きく変化していた。自由貿易協定の締結によって、経済活動のグローバル化が進展していたのである。これにより、途上国における安価な労働力の利用が可能になり、生産拠点のさらなる海外転出が進んだ。さらに資本移動の自由化は、世界規模での開発の展開を後押しし、地球温暖化をはじめとする環境問題の深刻化を促進していた。こうした変化の時代において、信仰を基盤とする「思いやりのある保守主義」のビジョンを掲げ、大統領選挙に勝利したのが元大統領の父を持つジョージ・W・ブッシュであった。だが、二〇〇一年九月一一日に起きた同時多発テロは、ブッシュ大統領の内政、外交に大きな変化を迫ることになる。テロならびに「テロに対する戦い」はアメリカにおける自由と民主主義の意味の再定義を迫ったのである。

1 テキサスにおける「思いやりのある保守主義」の形成

テキサンとして育つ

ジョージ・ウォーカー・ブッシュの拠点は、ブッシュ家のルーツのある東部ではなく、南部テキサス州であった。ブッシュは、高校、大学ならびにビジネススクール時代を東部で送った以外は、人生の前半をテキサスで過ごし、テキサス州知事にまでになった。大統領時代のブッシュは、同名の父と区別するためにしばしば「ダブヤ」と呼ばれたが、ミドルネームのWのテキサス読みであるその呼び名は、こうした彼の来歴を象徴していた。

ジョージ・W・ブッシュが生を享けたブッシュ一家は高名な政治家一族であった。祖父プレスコットはコネチカット州選出の上院議員であり、ブッシュの父のジョージ・H・W・ブッシュは大統領になった（第8章参照）。後に弟のジェブもフロリダ州知事となり、二〇一五年には大統領候補者指名争いに立候補までしている。

一九四六年コネチカット州ニューヘイブンに誕生したジョージ・Wは、テキサス州ミッドランドで育った。石油採掘ビジネスのメッカであったミッドランドは、人種的には白人が主だったものの、階級や出身地を異にする様々な人々が暮らすアメリカの典型的な小さな町、いわゆるスモールタウンであり、「古き良きアメリカの価値観が生きて」いた。ブッシュによれば、そこは「年輩者を敬うことや、年輩の方の助言に耳を傾けること、そして町内の良き一員となることを」学ぶことができ、「人々は毎週教会に行き、家族の時間を大切に」するような場所であった。ブッシュ少年は少年野球やクラブスカウトの活動に精を出し、金曜夜は地元高校のフットボールチームの応援に出かける、どこにでもいるような中産階級の少年として育った。五人のきょうだいに恵まれたが、妹ロビンの白血病による急逝は、まだ三〇に届かない両親だけではなく、当時六歳のジョージ・Wの心にも深い傷を残した。

父の石油採掘ビジネスが軌道に乗るとブッシュ家は、大都市ヒューストンに拠点を移した。ジョージ・Wは、私立高校一年の時に父も通ったマサチューセッツ州アンドーヴァーの名門寄宿学校フィリップス・アカデミーに進学し、勉学に励んだ。テキサス大学とイェール大学に入学申請をし、祖父、父も通ったイェール大学への進学を決めた。父がテキサス州上院選挙に出馬したが落選したのは、ジョージ・Wが大学一年の頃だった。

ジョージ・W・ブッシュが大学生活を送ったときのイェール大学は、ベトナム反戦運動など学生運動が盛んな時代にあった。ブッシュはこうした運動には加わらず、社交クラブ活動に熱中した。名前を覚えるのが得意で、人付き合いに長けたこともあって多くの友人に恵まれ、パーティーで名を馳せた。酒を好み、飲酒癖は八六年まで続いた。一方、祖父や父が所属していた秘密組織で年一五人しか入会が許されないスカル＆ボーンズのメンバーになった。

大学生活を謳歌した後、ブッシュはテキサスを中心に活動をした。六八年にテキサス州兵航空隊に入隊し、これによりベトナム戦争への徴兵を逃れたブッシュは、F-102戦闘機のパイロットとして二年間服役しつつ、父の選挙戦を手伝った。六六年に下院議員となっていたジョージ・H・W・ブッシュは六八年に再選を果たし、七〇年に再び上院選挙に再挑戦をしたが敗北を喫したのである。ブッシュは七〇年六月にテキサス州兵航空隊を除隊した後、ヒューストンにおいて「プル計画」と呼ばれるアフリカ系アメリカ人の困窮者救済のための活動に従事した。こうしたなか、ハーヴァード大学のビジネススクールに進学することを父や友人から勧められ、入学をはたした。そこはブッシュ曰く「資本主義のウェストポイント（陸軍士官学校）」に他ならなかった。キャンパスのあるマサチューセッツ州ケンブリッジでは誰もが政治家である彼の父を知っていたが、ブッシュは、航空隊フライトジャケット、ジーンズ、カウボーイブーツを身にまとい、反権威主義的なスタイルで通し、二年間でＭＢＡを取得した。修了後は父と同様金融業の中心ウォール街で働くことを拒否し、エネルギー・ビジネスの世界に挑戦するためテキサス州ミッドランドに戻り、油井を探り当て、その土地を獲得する地権交渉人「ランドマン」として七五年に石油採掘業に参入した。テキサス州西部は、全米のなかでも有数の石油と天然ガスを含有する地域であり、中東諸国の石油禁輸措置もあったことから、一攫千金を求めて多くのビジネスマンが当地に押し寄せていたのである。

このミッドランド時代に私生活も大きく変わった。ブッシュはミッドランド出身で同年齢の小学校図書館員ローラ・ウェルチを友人から紹介され、七七年に三一歳で結婚した。もの静かで読書が趣味のローラは、外向的で落ち着きのないブッシュとは対照的な性格であった。しかし、二人とも「各個人は平等であり、同じ重要性を持っており、同時に良き隣人、良き市民であるべき責任も負っている」という西テキサス特有の価値観を共有していたという。故郷の土地柄は、企業家精神を重んじる彼の人格形成にも多大な影響を与えたと言えよう。ブッシュによれば、活気を帯びる七〇年代のミッドランドのかけ声は「『可能性は青天井』」であった――「ミッドランドの大空は無限の可能性を表し、空気にまでをそれを感じることができた」のである。ブッシュにとって重要なのは、祖父や父から受け継がれる家柄を保ちつつ、アメリカ人らしさを追求することであった。個の確立と自立を要求するミッドランドのフロンティア的環境は、ブッシュを家柄から解放し、マッチョな競争社会のなかに身を置き、その価値を体得することを可能にしたと言えるだろう。

初出馬、そして信仰への目覚め

ブッシュが政治の世界への参入を決意したのも、このミッドランドにおいてであった。結婚まもないブッシュは、現職下院議員が引退を決めた選挙区での出馬を決めた。石油ビジネスに従事する彼にとって、天然ガスの価格規制を推進するカーターの政策はヨーロッパ的な社会主義にほかならず、声を上げる必要を感じたのであった（第6章参照）。ブッシュは予備選では勝利したものの、本選挙では敗北した。民主党の対立候補が作り出した、北東部名家の坊ちゃん対生粋のテキサス人という構図に、打ち勝つことができなかったのである。

浪人時代には、公私共々様々な変化を経験した。八一年に、父がレーガンの副大統領になった。養子縁組を考えていたなか、同年双子の娘バーバラとジェンナを授かった。八三年にテキサスの石油価格が暴落すると、七七年に自身が設立していたブッシュ探鉱社をオハイオ州シンシナティの石油採鉱大手スペクトラム7と合併させ、八四年に新会社のCEOに就任した。八五年には、父を介してテレビ伝道者ビリー・グラハムと出会い信仰に目覚め（ボーン・アゲイン）、八六年には断酒の決断をした。ブッシュ家の「放蕩息子」という評判は払拭され、むしろ信仰心の深さで知られるようになった。八八年には父の大統領選挙を手伝ったが、「さよならジャックダニエル（ウィスキーの銘柄)、よろしくジーザス」の断酒話に象徴される息子の信仰心の強さは、宗教右派の支持の獲得を可能にし、勝利に貢献をした。八九年にはMLBチーム・テキサス・レンジャーズの共同オーナーに就任し、メジャーリーグ球団経営に携わることになった。

テキサス州知事へ

政治の世界への再挑戦の機会は、予期せぬ形で訪れた。一九九二年の大統領選挙において、父ジョージ・H・W・ブッシュは、民主党のビル・クリントンに再選を阻まれた。だが、妻ローラによれば、この父のテキサスへの不本意な帰還により「彼の息子たちは解放され、自分の考えを表明し、自分の目標に向かって一歩を踏み出す」ことになったのである。九三年、不動産業で成功を収めていた弟ジェブがフロリダ州知事選に出馬するとこれに触発され、ブッシュも九四年のテキサス州知事選挙に挑むことを決めたという。相対する民主党の現職知事アン・リチャーズは支持率が六割を超える相手であったものの、ブッシュは勝利を収めた。勝利の大きな要因は、レーガン・デモクラットの票が獲得できたことにあった。

九五年から二〇〇〇年までテキサス州知事の任に就いたブッシュは、「小さな政府」の哲学に基づき、様々な政策を実現していった。ブッシュによれば、資源は市場によって配分されるのが「最善」であり、「政府のエリートや官僚主義、そして過大な規制が市場に取って変わるべきではない」のであった。ブッシュは、大規模な減税を実施し、さらに、民間団体の積極的な活用を通して州社会の安定を図ろうとした。ブッシュがとりわけ力を入れたのは、教育改革、青少年犯罪取締法の強化、司法改革、福祉改革の四つであった。教育改革は、共通テストの達成度の開示を学校に求め、試験点数を上げることのできた学校には助成金を多く支給するなど、結果を求める制度の構築を通して行われた。福祉ならびに青少年犯罪対策については、公的機関の使用を避けることにより、支出を削減しつつ結果を残すことに成功した。たとえばブッシュは麻薬常習犯再犯防止策を打ち出したが、ここで肝要だとされたのが信仰心の活用であった。宗教団体や民間団体を活用して、福祉や犯罪防止策を進める方針をとったのである。

州知事としてのブッシュは、こうした政策を推し進めるため超党派の政治を行い、再選時には投票者のうち七割近くの票を得るなど、ヒスパニック系などマイノリティも含め非常に高い人気を誇った。ブッシュは雇用を増やし、一〇億ドル近くの減税に成功する等の成果を上げたが、これらの一連の政策が社会問題を解決したかというとそうとは言い切れなかった。教育改革はその一例である。共通試験の結果を重視する改革により、全体的に成績は向上したものの、成績が芳しくない生徒は、卒業要件の共通試験がある一〇年生まで進学をさせないなどの行為も指摘されており、アフリカ系やヒスパニック系の貧困が教育改革によって大きく改善したかについては調査が待たれよう。

2　同時多発テロと民主主義の変容

大統領へ——「思いやりのある保守主義」の実現を目指して

テキサス州での「成功」経験を糧に、ブッシュは二〇〇〇年大統領選挙への出馬を明らかにした。ブッシュの理想は、「小さな政府」を追求する保守政治だった。『大きな連邦政府』は『限られた役割を果たす連邦政府』に戻らなければなら」ず、そして「自由と責任を地方政府や地域、そして個人に戻すべき」なのであった。同時にブッシュは信仰を紐帯とした社会形成というビジョンも持っていた。ブッシュによれば「政府は財源を支出することはできるが、人々の心に希望と人生の目的をもたらすことはできない」のであった。ブッシュは、自らのこうした方向性を著述家マーヴィン・オラスキーの言葉を借り「思いやりのある保守主義」と呼んだ。それは、自らの意思によって弱者を積極的に助け、かつ自己の行動においては、責任と結果を重視するという信念を基礎とした思想であり、あらゆる文化、宗教に通底するものとされた。

選挙戦は困難を極めた。共和党の予備選挙では、宗教右派を味方に付けることによって、元ベトナム戦争捕虜で英雄の誉れ高い穏健派ジョン・マケインを下すことができた。民主党大統領候補は、ブッシュと同じく南部出身で二世議員の前副大統領アル・ゴアであった。初のユダヤ人副大統領候補ジョセフ・リーバーマンと組んだゴアは、社会保障や高齢者ならびに障害者向け公的医療補助制度・メディケアへの増資や、医療保険のさらなる充実などを訴えた。選挙戦は史上稀に見る接戦となり、弟ジェブが知事を務めるフロリダ州において、投票結果が揃わない事態が生じた。二〇〇〇年一一月、フロリダ州最高裁が投票結果発表を停止し、問題があると判断された区域の投票用紙の再集計を求めたが、連邦最高裁は五対四でフロリダ州最高裁の決定を否決し、結果ブッシュの勝利が確定した。一般票ではゴアが勝利していた選挙であった。

第二代大統領ジョン・アダムズを父とした第六代大統領のジョン・クインシー・アダムズ大統領以来初めて、ブッシュは元大統領を父に持つ大統領となった。大統領選挙の混乱により引き継ぎ作業が遅延するなか、ジョージ・W・ブッシュ政権は始動した。ブッシュは、就任演説においてアメリカが個人の責任に価値が置かれる国であることを確認し、市民精神の重要性を改めて説いた。持たざるものには、政府に頼るのではなく自分の責任で行動し状況改善のため努力をすること、持てる者には、「思いやり」の心をもち、社会に奉仕することを次のように求めた。「私は国民の皆さんに責任あるシティズンであることを求めたい。傍観者ではなく、臣民でなく、シティズン。奉仕の心あふれる共同体と、品格ある国家を建設する責任あるシティズンとなることを」。

ブッシュはテキサス州政での経験をもとに、「思いやりのある保守主義」を着実に実行していった。就任当初、ITバブル崩壊により（ハイテク関連株を中心とした株式市場）ナスダックが大きく落ちており、景気は悪かった。こうしたなか、ブッシュが最初の一〇〇日間で出したのは、向こう一〇年間で一兆三五〇〇ドル規模に上る大減税案であった。個人所得税と相続税におけるこれだけの大減税は史上最大規模であり、敬するレーガンのサプライサイド経済学の哲学に則ったものだった。さらに社会福祉団体から貧困対策プログラム案を募集し、優秀な案に連邦予算をつけるなどする「信仰またはコミュニティに基づくイニシアチブ」が導入された。貧困や麻薬問題、DVやホームレス問題に民間団体を主力としながら対応していく――「小さな政府」ならではの――こうした弱者救済対策は、「思いやりのある保守主義」の特徴であった。また「思いやりのある保守主義」の代表的なものとして、「どの子も置き去りにしない法（NCLB法）」がある。〇二年一月に共和、民主両党の支持を得て成立した同法は、初等・中等教育において教育結果開示や親や生徒の学校に対する選択権拡大など可能にする連邦法であった。テキサスでの教育改革経験が生かされたNCLB法であったが、貧困層の多く住む都市部の学校は低い評価が下され罰則を受ける傾向にあるなどの問題も指摘された。さらに胚性幹細胞（ES細胞）研究への連邦政府の助成においては、（新たな受精卵・ヒト胚を用い）ES細胞の新規取得をしない限り研究継続を認めることにした。反対の立場をとる宗教右派らと、開発推進を訴える科学者の間に深い溝があったが、これはその妥協案であった（コラム10－1参照）。

ブッシュはさらに〇三年に六五歳以上の高齢者や障害者が対象となる公的医療保険制度・メディケアの改革法案に署名をした。アメリカでは薬価が非常に高かった。開発に長い時間と費用がかかるというのが製薬会社の言い分であったが、実際は広告費やロビイスト、接待費に金を使いすぎているとの見解もあった。同法は医師が処方する薬品に限り、保険給付の対象としたのである。製薬会社に利するだけだとの反対意見もあったが、これにより薬の価格はだいぶ手頃になった。これもブッシュの「思いやりのある保守主義」の成果の一つと考えることができる。

問題は、外交であった。ブッシュはテキサス州知事しか務めておらず、外交経験がほとんどなかった。そのため、政策形成においては補佐官や閣僚に頼らざるをえなかった。ブッシュは、父の力を借りるなどして、人種・ジェンダーにおいて多様で経験豊かなスタッフを集めた。副大統領にディック・チェイニー、国防長官にドナルド・ラムズフェルド、国防副長官にポール・ウルフォウィッツ、国務長官にコリン・パウエル、リチャード・アーミテージを国務副長官に任命し、国家安全保障問題担当大統領補佐官としてコンドリーザ・ライスを迎えた。ライスの故郷アラバマ州バーミングハムにそびえ立つ巨大な火と鍛冶の神にちなんで「ウルカヌス」と自称した彼らのチームは、いずれもかつての共和党政権で外交経験を積んでいるメンバーで、軍事に関する造詣が深く、ベトナム戦争時に失墜した軍隊の威信の回復と再建を望んでいた。保守強硬派ならびにネオコンの思想に共鳴した彼らが求めたのは、強大な軍隊を背景にした外交であった。ウルカヌスの意見に依存せざるをえなかったブッシュは、対話を重視したクリントンの外交とは異なり、国益を重んじる単独行動主義的な方針をとり、国際条約から撤退していった。たとえばブッシュ政権は独自のミサイル防衛構想を念頭に、ロシアとの間に構築していた弾道弾迎撃ミサイル（ABM）制限条約からの離脱を表明した。地球温暖化を防止するための京都議定書からの離脱表明も単独行動主義的な方針の例であった。取り決め自体の科学的な根拠に問題があるとの解釈のみならず、自由な経済競争を優先することが

コラム10－1　ES 細胞

ES 細胞（Embryonic Stem Cell，胚性幹細胞）はヒト胚（受精卵）から採取・培養される細胞のことを指す。ヒト胚は分裂を繰り返し，やがて個体となる。神経細胞，筋肉組織，心筋などあらゆる器官・組織にも発展する可能性を持つこの ES 細胞の研究は，アルツハイマー病や若年性糖尿病など，いろいろな病や障害の治療を可能にすると期待された。

問題は，ES 細胞研究がヒト胚を利用することであった。人の受精卵の破壊を伴う研究に連邦予算を支出することは95年以降禁じられていたが，98年にウィスコンシン大学の研究グループがヒト胚からの ES 細胞の分離・培養に成功すると風向きが変わった。問題はこの画期的な技術に連邦政府の助成を与えるか否かであった。ブッシュは，（不妊治療のために体外受精した際に生じていたような）すでに破壊されたヒト胚からの ES 細胞を用いた研究に関しては，連邦政府の助成金が支給可能だとしたのである。

しかしブッシュは，新たなヒト胚から ES 細胞を取り出す実験へ連邦政府が補助をすることには反対した。信仰を重んじるブッシュにとって受精卵は「命の源」であった。さらに，彼はヒト胚に手を入れる研究への補助を認めてしまうと，親が望むような目や髪の色の子を作るデザイナーベイビーや，クローン人間の生成を奨励しかねないと憂慮した。また彼にとってこの問題は，73年の最高裁のロウ対ウェイド判決に繋がることであった。女性の人工妊娠中絶の権利を合憲とするこの判決に，ブッシュは反対していた。彼曰く，「私にとって，まだ生まれていない子供は，たとえ母親のなかにあるとはいえ，それ自体が保護の価値ある，独立した，個別の存在なのだ」。

科学技術と生命をどう定義し，どちらを優先すべきなのか。ES 細胞の件が突き付けるのは，21世紀的なジレンマの本格的な始まりだったのかもしれない。

その理由とされた。他にもブッシュ政権は対人地雷禁止条約や包括的核実験条約からの撤退を果たした。さらに経済の面では、米州サミットにおいて、自由貿易地域を創設するための宣言に署名をし、自由貿易の発展を推進したが、その適用範囲は米州に限られていた。対話を軽視したこうした単独行動主義的・内向的な外交方針は、多くの国々との関係悪化を招いた。

中国との関係はとりわけ良くなかった。クリントンと異なり、ブッシュは中国に強い警戒感を持っていた。経済成長とともに軍備増強を進めていた中国は、韓国、日本、フィリピンなど周辺の民主主義国との関係悪化を招いていた。中国は、共産党に反対する人々を厳しく取り締まるばかりか、信教の自由に反対し、また「一人っ子政策」の下で堕胎を強要しかねない方針をとっており、ブッシュを深く憂慮させていた。一方で、ブッシュはアメリカが民主主義国の台湾の自衛を助けることを明言していた。こうしたなか、〇一年四月一日南シナ海で中国軍機とアメリカ海軍の偵察機が接触、中国領内の海南島に緊急着陸し、中国側は偵察機の乗員二四名を拘束した。彼らは一二日間で解放されたが、アメリカ政府は遺憾の意を表し、台湾への武器売却目録からイージス艦を外したのである。

混乱する「自由」——同時多発テロの発生と行政権の拡大

ブッシュ政権の方針を大きく変えたのが、二〇〇一年に起こった未曾有の惨事であった。大統領就任から初めての夏が終わろうとしていた九月一一日の朝、旅客機二機がニューヨーク、マンハッタンの世界貿易センターのツインタワーにそれぞれに体当たりし、さらに一機がワシントンDCの国防総省（ペンタゴン）に突入、もう一機がペンシルヴェニア州ピッツバーグ郊外に墜落した。後に「九・一一」と知られる同時多発テロが発生したのである。アメリカ本土への攻撃は、日本軍による真珠湾攻撃以来初めてであり、アメリカの首都への攻撃の前例に至っては、一八一二年の米英戦争まで遡るしかなかった。旅客機乗客、テロ攻撃当時世界貿易センターにいた人々、さらに救助に駆けつけた消防士や警察官など、三〇〇〇人以上が犠牲者となり、物的被害は、五五〇億ドルに上った。テロの首謀者は、ジハード主義集団アル・カーイダと断定された。サウジアラビア出身のウサーマ・ビン・ラーディンに率いられた同組織は、アフガニスタンに侵攻するソ連軍との戦いのなかに胚胎し、成長していた。アル・カーイダはもともとは反ソ連の米中央情報局と協力関係にあったが、湾岸戦争前後に反米へと転じ、アメリカ、イエメン、ケニア、タンザニアなどで米国に対するテロ攻撃を断行していたのである（第9章参照）。

ブッシュの役割は、このテロに、自由と民主主義の超大国としてどのように立ち向かうのか示すことであった。九月一四日、国民の追悼の日に行われたブッシュの演説によれば、「歴史に対する私たちの責務は、すでにして明白」であった。それは、「これらのテロ攻撃に反撃し、この世から邪悪を取り除」くことであった。「平和を愛」するアメリカだが、「怒りをかき立てられたときには荒々しくな」るとし「この戦いは敵の選んだ時期と条件で開始されました。しかし終わるときには、私たちの選んだやり方と時間で終わるのです」と訴えたのである。同日ブッシュは、ニューヨークの世界貿易センターの倒壊現場「グラウンド・ゼロ」を訪れた。瓦礫の山となり、凄惨を極める現場において、救助活動に奔走する警察官、消防隊員、レスキュー隊員などのためにブッシュは即興のスピーチを行った。聴衆からよく聞こえないと言われると、ブッシュは私には君の声は届いていると応じ、「君たちの声は聞こえている。世界中が君たちの声を聴いている。そしてこのビルを倒した人間にも、私たちの声はすぐに届くはずだ」と続けた。「U・S・A」のコールがこだまするなか、ハンドマイクを通して話すブッシュの姿は、テレビを通して全米を駆け巡り、直後の支持率は九割に上った。

テロ首謀者アル・カーイダへの軍事的な対応は即座に始まった。九月一八日、アフガニスタンで政権を握っていたイスラーム主義運動組織ターリバーンに対して、同国に存在するアル・カーイダのリーダーを引き渡すようアメリカは要請したが、ターリバーンは拒否した。二〇日にブッシュはすべての国に「われわれの側につくか、テロリストの側につくか」の「決断」を迫り、一〇月初めに米英軍が同国へのミサイル攻撃ならびに爆撃による「無限の正義」（後に「不朽の自由」に改称）作戦を開始し、地上軍を派遣した。NATO諸国も集団的自衛権の行使のもとにこれに参加し、日本も支援に加わった。アメリカは一二月までに拠点都市カブールならびにカンダハーを制圧し、ターリバーン政権に変わる新政府を樹立した。ビン・ラーディンらは山間部に逃げ込み、これを討伐しようとする米英軍との長期戦に突入した。米軍はターリバーン関係者を拘束し、キューバのグァンタナモ収容所に収監したり、またキルギス、ウズベキスタン、タジキスタンに米軍基地を建設したりすることで、ジハード主義者の牽制を図った。

米国内ではテロの緊張は長く続いた。テロリズムの再発を食い止め、社会全体を覆う不安へ対応することがブッシュ政権の最優先課題になった。テロの兆候に関する情報が次々と届くなか、一〇月に猛毒炭疽菌入りの手紙が主要メディアや政治家宛てに送られる事件が発生した。郵便局員、新聞社職員や議員スタッフなど一七人が感染し、うち五名が命を落とした。大統領は感染の恐れのある間、抗生物質を飲み続けなければならず、ホワイトハウスに届くすべての郵便物は、回収され、滅毒のため放射線照射をされていた。添付書面では差出人がジハード主義者であることが書かれていたが、送り主はアル・カーイダとは関係がない人物であった。

テロの恐れが拭えないなか、自由を守るとの名目のもとに行政権力の拡大が急速に進んだ。同時多発テロ勃発から二月経過しない一〇月に「テロリズムの傍受ならびに妨害に必要な装備を提供することによってアメリカをまとめ、強化する法」通称、米国愛国者法（USA Patriot Act）が成立した。法案審議に不可欠な公聴会が開かれなかったのにもかかわらず、ほぼ反対票のないまま可決したこの米国愛国者法により、政府はテロ対策を名目に個人情報をあらゆる方法で追跡することができるようになったが、後日、私的な電話の通話記録をはじめ、Eメール等の収集を国家安全保障局（NSA）に許可していたなどの逸脱行為が元同局職員エドワード・スノーデンによって暴露された。さらに一〇月六日にブッシュ大統領は国土安全保障局（OHS）の発足を明らかにし、〇六年にはこれをもとに国土安全保障省（DHS）を設立した。DHSは、アメリカ人の安全を守るための連邦政府機関を統合したものであった。税関、移民局、シークレットサービス、連邦緊急事態管理庁（FEMA）等がこの管轄下に入った。また、法の手続きを十分に経ない状態での拘束もテロとの戦いにおいては可能になった。このため、アフガニスタン人等およそ八〇〇人がキューバのグァンタナモ湾にある収容所に「敵戦闘員」とされ拘束される状態が、一五年に成立した米国フリーダム法の成立まで続いたのである。そもそもブッシュは、収容者を戦時国際法の保護を受ける「捕虜」ではなく、被疑者の権利が恣意的に制限できる「不法戦闘員」であると位置づけ、彼らは、アメリカの司法体制ではなく、特別軍事法廷において裁かれるとしていた。グァンタナモは、アメリカの領土の外にあり、合衆国憲法で保障された権利が守られることは当初なかったのである。

ブッシュ・ドクトリンの表明——イラク戦争の開始

テロとの戦いは、アメリカの外交方針に大きな転換をもたらした。二〇〇二年一月に行われた一般教書演説において、ブッシュはイラン、イラク、北朝鮮を「悪の枢軸」として位置づけた。ブッシュ政権にとって、これらの国々は、化学・生物兵器、核などの大量破壊兵器を保持しており、国内で人権侵害を行っているばかりか、テロを支援する高い可能性を持っていた。そして、このなかでブッシュはいかなる国も「アメリカの正義を逃れることはできない」とし、単独での軍事行動を辞さないことを明らかにした。こうした方針が形になったのが〇二年九月にブッシュが発表した「ブッシュ・ドクトリン」であった。安全保障の展望を毎年述べる「国家安全保障戦略」のなかで、ブッシュは大量破壊兵器をアメリカに用いる可能性のある国家に対しては「先制攻撃」を行いうるという立場を明確にし、普遍的な価値である自由・民主主義国家体制への転換を推し進めることを訴えたのである。だが、国務長官コリン・パウエルらは、ジョージ・H・W・ブッシュが湾岸戦争時に行ったような多国間合意による攻撃を支持していたため、これに賛成しなかった。一方で、国防長官ドナルド・ラムズフェルドらは、ブッシュ・ドクトリンを強く支持していたのである。

「悪の枢軸」のうち、同時多発テロとの繋がりが指摘されたのがイラクであった。〇二年の中間選挙で上下院ともに共和党が勝利すると、世論の強い支持を背景にブッシュは「テロとの戦い」を進めていったが、このときアル・カーイダの支援者として想定され、さらに核をはじめとする大量破壊兵器を保有していると見なされたのが、イラクのサダム・フセイン大統領だったのである。チェイニー副大統領、ラムズフェルド国防長官ら閣僚のみならず、当時約半数の人々が同時多発テロへのフセインの関与を信じていた。大量破壊兵器をイラクが所有しているということ、イラクがアル・カーイダなどジハード主義者と関係を持っているということ、ないしはフセインがアフリカから核兵器製造のために必要なウランの購入を求めたということ、こうした情報がブッシュには提供されており、アメリカはイラク戦争へと駆り立てられていくことになる。

このような状況の打開を国連は目指していた。国連では、大量破壊兵器の有無に関してイラクに「無条件、無制限の査察」を受け入れるよう求める安保理決議一四四一号が〇二年一一月に成立しており、イラクもこれを受け入れ、一一月から〇三年三月一八日まで関連機関により査察が行われた。このなかでは生物兵器、化学兵器、また核兵器開発について五〇〇カ所以上が調べられたが、決定的な証拠の発見には至らなかった。

この調査のさなか、アメリカならびにイギリスはイラクへの攻撃準備を進めていた。米英が対イラク戦争、いわゆる「イラクの自由作戦」を開始したのは〇三年三月二〇日であった。もっとも、米英はイラクへの攻撃を可能とする安保理決議の採択を模索していたが、イラク側が核開発についての報告書を国連に出したり、世界各地で反戦・反米デモが巻き起こったりしたため、安保理の合意を得ることは不可能と判断し、三月一七日に決議案を取り下げていた。攻撃が開始されたのは、その直後だったのである。国連憲章や国際法を無視したこの戦争には、アメリカ本国だけでなく世界中で反対の声が上げられたが、ブッシュ政権はこれを黙殺した。アメリカは四八時間以内にフセインに国外へ出るよう事前通告した後、ミサイル攻撃ならびに爆撃を開始し、約二四万の地上部隊を派遣した。これにおよそ五万のイギリス、オーストラリア、ポーランドなどの軍が加わった。

首都バグダッドが、陥落するのに一月はかからなかった。五月一日に、カリフォルニア州サンディエゴ沿岸に浮かぶ空母エイブラハム・リンカンにブッシュは戦闘機で現れ、大規模戦争の終結宣言を行い、「われわれの連合軍は、仕事を終えるまでとどまります。仕事を終えたら立ち去り、あとには自由なイラクが残ります」と述べた。これ以降ブッシュの課題はイラクの「独裁制から民主主義への移行」の実現となった。フセインは〇三年一二月自身の故郷小都市ティクリートの近郊で確保され、イラクで〇六年に死刑判決を受けてすぐに執行された。

3 「思いやりのある保守主義」の限界?——ハリケーン・カトリーナと金融危機

二〇〇四年大統領選挙——「所有者社会」の提唱

華やかな大規模戦争集結の宣言にもかかわらず、イラク情勢は混迷を極めた。占領軍に対するテロ活動が続き、占領統治は困難の連続であった。イラクとの戦いを始める根拠となった大量破壊兵器も見つからず、駐留の長期化に伴い財政赤字も肥大化し、二〇〇三年の終わりには、イラク戦争に対する反対が議会内で勢いを増していったのである。

〇四年三月、情勢が決して芳しくないなか、ブッシュは共和党大統領候補に指名された。共和党全国大会における指名受諾演説にて、ブッシュはイラクの治安回復と民主化のために尽力することを訴えた。さらに二期目の政策

コラム10－2　ブッシュ再選と宗教右派

ブッシュ大統領が2004年に再選を勝ち取った大きな理由の一つは，宗教右派の票であった。大統領顧問によれば，2000年の選挙では宗教的に保守的な人が充分に投票に行っておらず，このことが一般投票でのブッシュの敗北を招いていた。したがって，彼らにブッシュに投票してもらうことが再選の条件だったのである。この宗教右派の中心に位置するのが，福音派であった。聖書の記述を文字通り信じ，その教えを熱心に広めようとする彼らにとって，懸案はイラク戦争だけでなく，妊娠中絶，同性婚，尊厳死など倫理的価値観に関係する問題であった。1986年に信仰（メソジスト派）に目覚めたというブッシュは，2004年の選挙にてこのすべてに反対していることを強く訴えた。同性婚に至っては，結婚を男と女のものとする憲法修正の成立を迫ってもいたのである。同年のブッシュの勝利――それは大統領選挙当時有権者の２割ほどをなすとされる宗教右派の信仰心が，アメリカ政治を左右した瞬間の一つだったと言えよう。

課題として、メディケア、社会保障、移民制度における改革と、落ちこぼれを作らないための教育、ならびに信仰またはコミュニティに基づくイニシアチブのさらなる充実を目指すとした。なおブッシュは同性婚や人工妊娠中絶への反対の立場を明確にし、宗教右派の支持拡大を試みた。さらにブッシュは「所有者社会（オーナーシップ・ソサエティ）」に向けてのあらゆる奨励策をとる「所有（オーナーシップ）」の案を紹介した。「所有」を通して、人々は市民としての責任感を持つ。そして、より多くの人々が「所有」するようになれば、より多くの人が国の将来を案じることに繋がり、国に活力が生じる――こうした発想に立脚し、ブッシュは住宅所有などに向けた税控除や、年金など社会保障の民営化・自己管理を促進する政策を進め、歳出減、世代間の負担格差の是正を目指すことを明らかにしたのである。

大統領選挙は、マサチューセッツ州選出の上院議員ジョン・ケリーとの戦いとなった。ケリーは名家の血を引き、イェール大学卒で、秘密組織スカル＆ボーンズの会員でもあったなど、ブッシュと共通点もあったが、その一方で、海軍の高速艇艦長としてベトナム戦争を戦い、シルバースター受勲などを成し遂げた人物であった。互いに豊富な資金力を使った選挙戦は熾烈を極めた。ブッシュが〇三年に続いての減税で景気回復を訴えた一方で、ケリーは中産階級の税額は維持しつつも、富裕層の減税の廃止を行うと訴えた。経済成長が雇用改善に繋がるというトリクルダウン案をブッシュが出せば、ケリーは製造業の海外移転を食い止め、国内雇用を安定させることを主張した。

ブッシュにとっては厳しい選挙戦だった。四月にはアブグレイブ刑務所でのアメリカ陸軍による被拘束者虐待の様子が報道された。さらに投票日の直前には、イラク戦争開始の根拠となった大量破壊兵器の存在を否定した米政府委託調査団の最終報告が公になり、ブッシュの支持率は急落していたのである。

しかしながら、結果はブッシュの勝ちであった。ケリーに対しても、従軍時の武勲の信憑性を疑う声や立場の不安定性に批判が集まっていたのである。宗教右派の貢献も大きかった（コラム10-2参照）。前回のゴアとの大統領選挙と異なり、全体の得票率でもブッシュは勝利していたが、その差はわずか約二・五％であり、再選をめぐっては米国史において最も僅差の戦いの一つであった。ケリーから敗北を認める電話を受けた後、ブッシュは「声をあげて泣いた。身をふるわせて、胸の底から泣いた」という。

ハリケーン・カトリーナと行き詰まる「思いやりのある保守主義」

ブッシュ政権にとって最重要課題は、依然としてイラクであった。二〇〇五年からの政権運営は、イラク戦争に対する支持が著しく低下するなかで行われた。パウエル国務長官、アーミテージ国務副長官が辞任し、イラク戦争に積極的であった国防副長官ウルフォウィッツらが事実上更迭された。こうしたなか、一月三〇日にイラク最初の国民投票が行われた。「中東の中心で自由を叫んでいる声を、国際社会は聞いています。イラクの人々は、自分たちの国の運命をきちんとその手に握りました」とブッシュはその成果を国民に強調したものの、情勢が落ち着くことはなく、混乱が続いていた。米軍が兵力を分散させるなか、ジハード主義者は戦術を洗練させ、威力のより大きい武器を使用するようになっていたのである。その迷走ぶりは、当時の国務省顧問が〇五年九月に「一月三〇日の選挙の勢いはほぼ消え失せている」とし、占領政策についても「我々の路線は正しいのか」と自問するまで追い込まれていたことからも窺える。さらにブッシュは、一二月に行われた国民向けの演説で、開戦に結びついた「大量破壊兵器」についての情報の多くが間違いであったことを認めた。それでも圧政を終わらせたことに意味があると大統領は強弁するしかなかったのである。

こうしたブッシュの右往左往ぶりに拍車をかけたのが、ハリケーン・カトリーナにおける対応であった。カトリーナは、最大時にはハリケーンの強さで最高段階であるカテゴリー5の勢力を保ちつつ、〇五年八月二九日からルイジアナ州とミシシッピ州、アラバマ州のメキシコ湾岸地帯を約六五〇キロにわたって蹂躙した。同ハリケーンは、一八〇〇人以上の命を奪い（行方不明者は七〇〇人超）、その被害総額は一〇〇〇億ドルを超え、アメリカ史上最大規模の被害をもたらした。とりわけ甚大な害を受けたのが、ルイジアナ州の大都市ニューオリンズの黒人貧困層であった。彼らの居住区はミシシッピ川沿いにあり、避難が必要だったが、交通手段がないため逃げることができず、堤防が決壊するとなすすべもなく濁流に晒された。スーパードーム（プロアメフトチームのスタジアム）が緊急避難所とされたが、食料や医療などが不足し、避難民はきわめて不衛生で無秩序な状態に置かれた。

未曾有の自然災害を経験するなかで明らかになったのは、連邦政府の無力さであった。FEMAは被害を予測していたのにもかかわらず十分な対策をとっておらず、直撃後しばらく安全を理由に救援団体の現場への立ち入りを禁じるなど、対応の杜撰さが指摘された。非常時において頼みの綱である州兵の多くがイラクに派遣されていた事実も、救助活動の妨げになった。ブッシュ本人もカトリーナ直撃時にはテキサス州で休暇中であった。ブッシュはその二日後に休みを切り上げワシントンへと戻ったが、機上からニューオリンズを眺めるブッシュの写真が、被害に無関心な様子を示していると話題になり、批判を招いた。人気ラップ歌手カニエ・ウエストがニュース番組で「ジョージ・ブッシュは黒人のことなんて気にもしてない」と喝破し共感を呼んだように、ブッシュの「思いやりのある保守主義」の限界が露わになっていったのである。

しかし、ブッシュと共和党支持者にとってすべてが失敗したわけではなかった。連邦最高裁判事における保守派の判事二名の任命はブッシュの二期目の成果であった。終身制である連邦最高裁判事を指名できるのは大統領であり、自分に近い思想や価値観を持つ判事の任命は、政権運営の円滑化に繫がる。それまで一〇年以上判事の陣営に変わりはなかったが、穏健派のサンドラ・デイ・オコナー判事が辞任を表明し、そして主席裁判官を二〇年近く務めてきた保守派ウィリアム・レーンキスト判事が死去したのである。ブッシュはレーンキストの後任にジョン・ロバーツ裁判官を、そしてオコナー判事の後任にサミュエル・アリート裁判官を指名し、それぞれ〇五年と〇六年に議会上院の承認を得た。ブッシュは、一九七三年のロウ対ウェイド判決（第4章参照）で合憲となっていた妊娠初期における人工妊娠中絶の合憲判断に反対していた。また、二〇〇四年にマサチューセッツ州最高裁が同性婚を認めたり、同年にカリフォルニア州サンフランシスコ市が同性カップルに婚姻証明書を発行したりしていたが、ブッシュはこうした潮流にも反対をしていたので、同じ立場を取るアリートやロバーツの任命は重要だったのである。くわえて、イラク戦争ならびに占領統治においてアメリカ政府を相手取った裁判が行われているなかで、二人の任命は政権運営に追い風になると考えられた。

二期目のブッシュは書類不備移民（「不法移民」とも呼ばれる。コラム7-2参照）の問題の解決にも取り組んだ。〇五年には、米国内には、合衆国市民ではない人々がおよそ一一〇〇万人おり、うち約七〇〇万人は労働者として見積もられていた。低賃金で働く彼らは、アメリカ人労働者の給与水準の低下を招く存在とされ、解決が望まれていた。一方、〇五年に下院を通過した書類不備移民取り締まり強化のための法案に対して、ヒスパニック系らによる大規模な抗議デモが起こっていた。そのため〇六年に上院を通過し、〇七年に下院へ提出されたのが包括的移民改革法案であった。書類不備移民はまず名乗り出て、不法滞在の罪を認め、罰金を払い身元調査を受ける。そのうえで猶予期間を与えられ、労働を継続すると市民権付与の可能性が開けるのであった。国境警備を強化することも併せて提案されていたが、努力を続ければ報われるというアメリカ的価値を体現するこの法案は、ブッシュ曰くの「思いやりのある保守主義」を象徴していたと言えよう。しかし、同法を違法行為への恩赦にすぎないとした議会共和党や既存の労働者の労働条件悪化を招くとした労働組合らがこれに反対し、結果的に成立することはなかった。

こうしたなか、ブッシュの支持率は低下の一途を辿っていた。再選直後には五割を超えていた支持率は、〇六年の中間選挙前の春には四割以下にまで落ちていた。その結果、選挙では一二年ぶりに上下院ともに民主党が勝利し、カリフォルニア州選出のナンシー・ペロシが女性で初めての下院議長となったのである。

失速するブッシュ・ドクトリン

イラク戦争は泥沼化の一途を辿っていた。「圧政を終わらせ」、「解放」し、「自由」をもたらすためのこの戦争は「ベトナム化」の様相を呈していた。軍事作戦はきわめて早く展開したが、イラク暫定政府による戦後処理がうまく進まなかったのである。イラク軍は解散させられ、約二五万人のイラク兵が路頭に迷うことになった。上下水道や電気などライフラインの復旧は進まず、治安維持もままならなかった。そうしたなか、イラク国内のシーア派とスンナ派の衝突は激しさを増し、〇五年の終わりには最悪の状態を迎えていた。シーア派の聖地マサラでのモスク爆破事件は、（実行犯と見なされた）スンナ派への報復攻撃を招いた。首都バグダッド中のモスクが攻撃の的になったのである。この騒擾にはシーア派のイランの関わりもあり、事態は複雑さを増した。さらにイラク北部のクルド人地域の独立問題は、中東の大きな課題となっていた。イラン、トルコと敵対しつつも、対フセインの有志連合に協力していたクルド人を厚遇すると、イランとトルコ両国を結び付け、新生イラクの安全保障体制を脅かす可能性があり、イラク統治の爆弾であり続けたのである。こうした事態にもかかわらず、軍隊の出動を抑えようとするラムズフェルド国防長官のリーダーシップのもと、復興はイラク中心で進められ、混迷の度合いはさらに深まっていった。

中間選挙はイラク統治の方針転換にも繋がった。ラムズフェルドは、〇六年民主党が圧勝した中間選挙の後に、イラクにおける軍事行動の失敗の責任をとり、国防長官を辞任した。〇六年一二月には元国務長官で首席補佐官のジェームス・ベーカー（共和党）とリー・ハミルトン元下院外交委員会委員長（民主党）を座長とした超党派議員一〇名から構成される「イラク研究グループ」が報告書を出した。同書は、イラクの状態が「深刻で悪化して」いることを認め、軍の「段階的な撤収」を勧めた。これに対してブッシュは〇七年一月に「イラクにおける新たな前進」を発表し、治安回復を目的に米軍を増派（サージ）することを表明した。およそ三万人の新規派兵が決定し、在イラク兵員数は〇七年には一六万人を超えたのである。こうしたなか、アフガニスタンならびにイラクにおける戦費は、ベトナム戦争のそれを超え、同年ブッシュの支持率は一時三〇％を下回った。しかし、結果としてこの増派は戦争への強い反対を呼ばなかった。理想主義に燃える「大統領の戦争」ではなく、現地の治安を守ろうとする

「将軍たちの戦争」とイラク戦争を描こうとするホワイトハウスの戦略が功を奏したこと、かつ金融危機が顕在化し人々の耳目を集めたことがその理由であった。一方でアフガニスタンとイラクの戦争、ならびにイラクの占領統治は長期間にわたり、大きな犠牲をもたらし――米兵の死亡者数は一四年までに六八四〇人を超えた――、多大な経済的な損失を出し続けていた。さらにAP通信によれば、開戦から〇九年までにおよそ一一万人のイラク人が犠牲になっていたのである。

イラクが混迷の度合いを強めるなか、中東地域全体も安定を失っていった。フセイン政権の消滅により、同地域での存在感を一気に高めたのがイランであった。強大な軍事力を誇ったイラクは消滅し、政権を握るのもフセインのスンナ派ではなく、イランと同じシーア派になったのである。この一方でイスラエルはシーア派のヒズブッラーのロケット攻撃に対する報復のため、〇六年にレバノン攻撃を行い、〇八年にガザ地区への爆撃ならびに侵攻を行ったが、ブッシュはこれを黙認し、イスラエル寄りの立場をとった。

イラク戦争の混乱により、ブッシュ政権は自国中心の単独行動主義的な外交姿勢を改めざるをえなくなった。先制攻撃を前提とした外交姿勢は陰を潜めていったのである。ブッシュ政権は〇六年三月に国家安全保障戦略文書を出したが、そのなかでは先制攻撃論ではなく、非軍事的な行動の重要性が訴えられていた。そして二期目の開始の後ブッシュが最初の外遊先として選んだのは、イラク戦争に反対したヨーロッパ諸国であった。NATO加盟国が新生イラクの民主化ならびにアフガニスタンでの作戦において果たす役割を重視したからである。NATO加盟国すべてが財政支援や装備の提供を通して、イラク治安部隊の訓練に協力をしていたが、ヨーロッパ諸国の貢献はこれに留まらなかった。イラク同様「悪の枢軸」として位置づけられていたイランは、核開発を継続しており憂慮の対象であったが、こうしたイラン政府に対応していたのはフランス、ドイツ、イギリスだったのである。

チェチェン紛争を抱えるロシアとは「対テロ」の目標で一致していたものの、両国の関係は良好とは言えなかった。たとえば旧ソ連のウクライナ、グルジア（現ジョージア）のNATOへの加盟、チェコやポーランドにおけるミサイル基地の設置計画にロシアは反対していた。しかし、グルジアとロシアの武力衝突が発生したこと、ABM

条約から離脱して独自のミサイル防衛構想を構築していたことを大きな理由にアメリカはポーランドと迎撃ミサイル基地の設置協定を結ばざるをえなかった。よって両国の関係は膠着状態が続いたのである。

ラテンアメリカでは、ヴェネズエラやボリビアなどの国々において、反米左派政権が（皮肉にも）民主的な手段によって選ばれ、台頭していった。

アジア諸国との関係においても、かつての強いアメリカは影を潜めていた。「悪の枢軸」として位置づけた北朝鮮には核兵器の「完全、検証可能かつ不可逆的な廃棄」を求め、アメリカは〇三年より中国を議長国として北京にて開かれていた六者協議（アメリカ、中国、日本、ロシア、韓国、北朝鮮）に参加していた。核問題を解決するための会議であったが、北朝鮮は、〇五年に短距離ミサイルを日本海に打ち上げ、〇六年に大陸間弾道ミサイル、テポドン2号の発射テストを行い、同年一〇月に核実験を断行していた。アメリカは国連安保理による非難ならびに制裁決議をとりつけたものの、〇八年に北朝鮮がエネルギー支援と引き換えに核施設の使用中止を示唆したため、北朝鮮を「テロ支援国家指定」から外した。

中国との関係も変化した。人民解放軍の増強を継続して行い、かつアフリカ諸国との資源外交を進めていた中国は、アメリカにとって大きな脅威となっていた。さらに対中赤字は拡大を続け、貿易赤字が最大の国は日本ではなく中国に転じていた。一方で中国はアメリカにとって最大の国債保有国となり、また「テロとの戦い」そして北朝鮮問題の解決においても中国の協力は不可欠であったため、ブッシュ政権は、中国国内の人権弾圧に対してもこれを強く批判することはできなかった。こうした中国との複雑な関係を理由に、ブッシュ政権は台湾の独立や国連への加入に対しても不支持の表明を余儀なくされた。こうしたなか、イラク戦争に〇三年から自衛隊を派遣するなどした（航空自衛隊の輸送活動を除き〇六年に撤収）日本は、単独行動主義との批判を防ぎたいブッシュにとって、数少ない重要なパートナーであった。なかでもブッシュは〇一年から〇六年まで首相を務めた小泉純一郎とは、テキサス州にある私邸兼牧場のクロフォードに招き、さらに小泉が大ファンであった歌手エルヴィス・プレスリー元邸宅のグレイスランドに案内するくらいまでの深い親交を結んだ。だが、拉致問題の進展がないままでの北朝鮮への態度の軟化は、アメリカに対する日本の不信感を生むことにもなった。

サブプライム・ショックから大恐慌へ　イラク情勢は混迷を極めていたが、〇七年半ばに入ると、次第にニュースのなかで後景化していくことになる。金融危機を原因とした大恐慌が起こったのである。

ブッシュ大統領の二期目が始まる頃、アメリカ経済の見通しは暗くなかった。雇用は増加傾向にあり、株価も高い水準を示していた。二一世紀初めに起こったいわゆるドットコム・バブルの崩壊は、おもに投資家や投資運用で年金をまかなおうとしていた人々にダメージを与えたが、すべての階級には直接的に大きな影響を与えなかった。またニューディール期に制定されたグラス・スティーガル法が一九九九年に廃止され、商業銀行が投資をすることを可能にしており、投資額が飛躍的に増えていたのである。

こうしたなか、サブプライムローンと呼ばれる変動金利の住宅ローンが登場し、人気を呼んでいた。このサブプライムローンは、最初の数年は金利が低く抑えられ、返済額が手頃に設定されていた。貸し倒れが生じた際にも、住宅の市場価格が上昇している限り、担保である住宅を売却すれば貸し手は融資額を回収できる仕組みになっており、信用の高くない貧困層にも手広くローンを貸し出すことが可能になったのである。低所得の借り手も返済額が手頃なうちにローンを組み直したり、住宅の買い換えなどをしたりすることによって、無理なく返済ができるようになる算段であった。

こうしたローンの原資は尽きることはなかった。住宅は生活の基盤であり、したがって多くの住宅所有者が住宅ローンは滞りなく返済しようとする。返済が安定していることは、収益が必ず見込める債券にもなりうるので、金融業界は、複数のローンを担保として債券化し、他の証券商品と混ぜ、債務担保証券として投資家に売り出した。証券の格付会社はこのような証券に軒並み高い評価をつけ、世界中の投資家がこれを買うようになったのである。ローンを貸し出したとしてもそれが証券化商品として売れるので、返済能力をあまり考慮せずに貸し手はローンを発行していった。したがって、積極的に貧困層にも貸し出しを進めたのである。このため、アメリカの持ち家率は、「前代未聞の七〇％に達して」おり、クレジットによる消費も堅調であった。年金の民営化・自己管理案は頓挫していたものの、ブッシュの「所有者社会」の理想はこうして見るとたしかに実現していたと言えよう。
しかし、バブルの崩壊は早かった。そもそも企業の海外移転や国内での設備投資の減少などで、安定した雇用の数は減少し、人々の支払い能力は低下していた。そうしたなか、〇六年と〇七年に住宅価格の上昇が止まり、下降を始めると、担保となる住宅の実態価格に比して借金の額の方が高くなっていった。その結果、ローンの借りかえや組み直し等ができず差し押さえ物件が急増し、かつローンを活用し作成した証券の価値は失われ、投資銀行や投資家は甚大な損失を被ることになったのである。

サブプライム危機は深刻な恐慌をもたらした。ドットコム・バブルの崩壊と異なり、このサブプライム・ショックに影響を受けたのは、すべての階級であったが、最も打撃を受けたのはアフリカ系、ヒスパニック系の多い貧困層であった。サブプライムローンによって初めて住宅を購入した彼らにとって、「所有」を経験できた期間はわずかであり、残ったのは返済不能な多額の借金であった。サブプライム危機は、当時世界最大の保険会社ＡＩＧをはじめ多くの金融機関を倒産危機にまで追い込み、投資会社リーマンブラザーズは巨大金融機関の一つでありながらも倒産した。この「リーマンショック」のなか、〇八年末までにダウ平均株価はほぼ三分の一下がり、〇八年一二月には前年と比べ失業率が二・三％から七・二％まで上がった。国民が一九二九年の大恐慌以来の恐慌に苦しむなか、ブッシュは税金をもって巨大企業を救うという、財政保守の立場からは逸脱した対策を打ち出さざるをえなくなった。ブッシュは七〇〇〇億ドルに及ぶ国費の投入を促す「困難を抱える資産救済プログラム」法案に署名、成立させたのである。

裕福な者からそうでない者まで幅広く影響したこのグローバル金融・経済危機は、奇しくもブッシュの唱道する「思いやりのある保守主義」や「所有者社会」が機能不全に陥っている証拠として捉えられるようになった。同時多発テロ以後には九割以上の支持率を誇っていたブッシュの支持率はイラク占領政策が暗礁に乗り上げるなか急落しており、金融・経済危機がさらにそれに拍車をかけた。ギャラップ調査によれば、リーマンショック以降、ブッシュの政権運営を支持しないとする人の割合は約七割に上っていたのである。

「思いやり」を受けるのは誰か

名家に生を享けながらも、ブッシュは典型的エリートではなかった。「ダブヤ」が幼少期を過ごし、故郷と呼ぶのは、テキサス州ミッドランドという典型的な小さな町、スモールタウンであった。北東部の名門大学、ビジネススクールに通うものの、学生運動や知的スノビズムとは距離を置き、大学生活を楽しんだ。独特の人懐こい性格は、多くの人との幅広い関係構築を可能にした。テキサスに戻ると、ブッシュは石油採鉱業の反官僚的で反大企業的、粗野で猛々しい、自由競争の環境に身を投じ、アメリカの国民的娯楽である野球球団の経営に関わった。

四〇歳の時に信仰に目覚めて飲酒を止めると、ブッシュは「家業」である政治家となる決意をする。テキサス州知事となり、信仰をもとに小さな政府や自由競争を唱道しながらも、落ちこぼれる人を見捨てないという温情主義的な政治哲学を形成し、実践していった。こうしたブッシュにとって、良きアメリカ市民とは、逆境に抗うことのできる、強い個人であった。そして「豊かな社会」の条件とは、そうした個人が「共有する価値観の高尚さ」にあるとした。またブッシュはテキサス州知事就任式で「希望を失った人々に、彼らは運命によって過酷な状況にあると言っても始まりません。彼らが自分自身の存在価値を知り、人格の尊厳に目覚め、そして政府からではなく、神から自由な意思を与えられていることを知ったときに初めて、彼らは希望を持つでしょう」と訴えているが、ここには大きな政府に抗う彼の哲学と信仰の繋がりが見てとれる。

テキサス州知事の経験を糧として、「思いやりのある保守主義」のスローガンを掲げ「アメリカを変える」ことを望んだブッシュであったが、同時多発テロの発生は政治の中心を内政ではなく外交へと転じせしめた。アメリカの軍事的優位を信奉する政権幹部に囲まれたブッシュは、自由と民主主義を守るためには単独先制攻撃も辞さないという「ブッシュ・ドクトリン」を表明した。彼にとってはそもそも「自由をひろめる企て（フリーダム・アジェンダ）はアメリカの価値観を他国に押しつける」ことではなかった。「自由はアメリカの価値観ではなく、普遍的な価値観」であり、「選択肢をあたえられれば、人々は自由を選ぶ」のだから、そのための単独先制攻撃は侵略にはあたらないと発想したのである。

しかしながら、大量破壊兵器の存在を前提として始めたイラク戦争の結果は「自由をひろめる企て」からはほど遠いものだった。占領政策は困難を極め、中東はさらなる混乱に陥った。そして、影響が及んだのは国外ばかりではなかった。「小さな政府」のスローガンに相反するように、米国愛国者法のもと行政権拡大などが進んだのである。

さらに自然災害ならびにグローバル金融・経済危機は、「思いやりのある保守主義」の限界を突き付けた。カトリーナへの杜撰な対応やウォール街が引き起こした金融恐慌は、社会的弱者に対する構造的な差別を顕わにしたのである。結果、ブッシュの人気は急落した。人々は、信仰に基づく保守主義からの「変革」を望むようになっていたのである。

大統領退任後、ブッシュはテキサスに戻り、執筆作業や講演活動にいそしみながら、油絵製作に取り組んでいる。ホワイトハウスを去った後に始めた油絵だが、主な題材は傷病兵であった。大統領歴任中ブッシュは多くの傷病兵と会ってきた。凄惨な傷を負った者も少なからずおり、面会のすぐ後に命を落とす若い兵士もいた。ブッシュは強い衝撃を受けたが、「心を痛めていることが公にならないように、本人もホワイトハウスのスタッフたちも躍起になって手を打った」。なぜなら「そうしたことが明るみになれば、大統領が迷っているように見られると考えたから」である。運命を嘆いてもしょうがいないと喝破したテキサスの「ダブヤ」は、運命と終わりのない格闘を続けているように見える。一七年に出版された画集『勇気のポートレイト――最高司令官からアメリカの戦士へのトリビュート』は、好評を博している。

イラク、アフガニスタンで戦死する者、傷つく者は、今も途絶えることはない。

参考文献

ウッドワード、ボブ『ブッシュの戦争』（伏見威蕃訳）日本経済新聞出版社、二〇〇三年。
ウッドワード、ボブ『ブッシュのホワイトハウス』上下（伏見威蕃訳）日本経済新聞出版社、二〇〇七年。
久保文明『アメリカ政治史』有斐閣、二〇一八年。

佐々木卓也編『戦後アメリカ外交史〔第三版〕』有斐閣、二〇一七年。
末近浩太『イスラーム主義——もう一つの近代を構想する』岩波新書、二〇一八年。
中山俊宏『介入するアメリカ——理念国家の世界観』勁草書房、二〇一三年。
藤井厳喜『ジョージ・ブッシュと日米新時代——アメリカの対日政策大転換を読む』早稲田出版、二〇〇一年。
ブッシュ、ジョージ・W『ジョージ・ブッシュ——私はアメリカを変える』（藤井厳喜訳）扶桑社、二〇〇〇年。
ブッシュ、ジョージ・W『決断のとき』上下（伏見威蕃訳）日本経済新聞出版社、二〇一一年。
ブッシュ、ローラ『ローラ・ブッシュ自伝——脚光の舞台裏』（村井理子訳）中央公論新社、二〇一五年。
古矢旬『ブッシュからオバマへ——アメリカ変革のゆくえ』岩波書店、二〇〇九年。
マン、ジェームズ『ウルカヌスの群像——ブッシュ政権とイラク戦争』（渡辺昭夫監訳）共同通信社、二〇〇四年。
矢口祐人・吉原真里編著『現代アメリカのキーワード』中公新書、二〇〇六年。
柳沢英二朗・加藤正男・細井保・堀井伸晃・吉留公太『危機の国際政治史——一八七三〜二〇一二』亜紀書房、二〇一三年
Brinkley, Alan, *The Unfinished Nation: A Concise History of the American People,* New York: McGraw-Hill, 2014.
Bush, George W., *Portraits of Courage: A Commander in Chief's Tribute to America's Warriors,* New York: Crown, 2017.
Dailey, Jane, *Building the American Republic: A Narrative History from 1877,* Vol. 2, Chicago: University of Chicago Press, 2018.
Foner, Eric, *Give Me Liberty ! An American History*, 6th edition, New York: W. W. Norton, 2017.
Hager, Jenna Bush and Barbara Pierce Bush, *Sisters Frist: Stories from Our Wild and Wonderful Life,* New York: Grand Central Publishing, 2017.
Updegrove, Mark K., *The Last Republicans: Inside the Extraordinary Relationship Between George H. W. Bush and George W. Bush,* New York: Harper Collins, 2017.
Watson, Harry L., *Building the American Republic,* Vol. 2, Chicago: University of Chicago Press, 2017.
Zelizer, Julian E. ed., *The Presidency of George W. Bush : A First Historical Assessment,* Princeton: Princeton University Press, 2010.

第11章　政治の分極化と対外関与負担の抑制
——バラク・H・オバマ——

森　聡

バラク・H・オバマ

バラク・H・オバマは、アメリカ史上初めてのアフリカ系アメリカ人の大統領である。二〇〇八年にグローバル金融・経済危機が発生し、翌年一月に誕生したオバマ政権にとって、国内の経済再建は急務となっていた。また、アフガニスタンやイラクへの軍事介入が長引いていたので、米国内では厭戦ムードが蔓延するようになっていた。アメリカでは、「内向き」志向が強まっていたのである。オバマは、やがてアメリカは世界の警察官たりえないと発言して物議をかもすが、アメリカの経済と社会をいかに再生させるかという問題は、多くのアメリカ市民にとって切実なものとなっていた。アメリカ一極の時代の「終わりの始まり」という局面で、オバマはどう舵取りしたのか。これが本章のテーマである。

1　オバマ大統領の登場

生い立ちと学生時代

オバマは一九六一年八月、ハワイにおいてケニア人の父と白人の母の間に生まれた。戦後生まれのアメリカ大統領は、四〇年代後半の生まれであるので、オバマは他の大統領よりもはるかに若い世代に属する。クリントン、W・ブッシュ、ドナルド・トランプらは、六〇年代後半のベトナム戦争期に十代後半から二十代前半で、徴兵の対象だったが、オバマはその頃まだ子供であった。

オバマが幼少の頃に両親は離婚し、六七年には母親がインドネシア人男性と再婚したため、オバマはインドネシアに移住することになった。インドネシアではこの時期、実権がスカルノからスハルトに移り、政変で多くの血が流れた。オバマにとってインドネシアで過ごした日々は冒険に満ちていたが、政治的混乱のさなかにある途上国の厳しい現実を目にする日々でもあった。

オバマは、ブレトンウッズ体制が崩れ、ベトナム関連の機密文書の暴露がアメリカ国内を騒がすさなか、七一年に帰国する。オバマの母は、マーティン・ルーサー・キング牧師を師と仰ぐリベラルであり、スハルトの開発独裁体制下ではなく、アメリカでオバマに教育を受けさせたいと考えていたようである。帰国したオバマは、ハワイ在住の祖父母と暮らしながら、ホノルルのエリート進学校で教育を受けた。

米ソのデタントが崩壊していった七九年に、オバマはカリフォルニア州のオキシデンタル・カレッジに入学した。オバマの政治的な活動は、このオキシデンタル・カレッジ在学中から始まる。入学した当初、オバマはとりたてて政治に熱心なわけではなかったが、政治思想を専攻し、様々な文献を読み込んで理解しようと努めているうちに、学問に熱心に取り組むようになり、自身の政治信条を形成していったと言われる。

このオキシデンタル・カレッジに在学していた頃のオバマに最も影響を与えたのは、政治学者ロジャー・ボシェであった。当時アメリカ史における中核的な理念は、個人主義であると言われていたが、ボシェはオバマに、個人ではなく、共同体に重きを置きながらアメリカ史をひも解き、オバマはとりわけ建国期アメリカの価値観について熱心に学んだ。ボシェの説いた共同体の役割を重視する見方によれば、アメリカは、社会の構成員が熟議を重ねることによって共通善を見出し、それを高めていく存在であった。こうしてオバマは、大学で政治思想の研究に傾倒しながら、運動を通じて現実政治への関わりも活発化させていった。たとえば、レーガン政権による中南米介入に対する反対運動や、南アフリカの人種隔離政策、いわゆる「アパルトヘイト」への制裁に協力しない企業を批判する活動などにも参加している。

その後オバマは、オキシデンタル・カレッジからニューヨークのコロンビア大学に転学し、八三年に卒業した。オバマはコロンビア大学でも政治学を専攻し、在学中にはレーガンの軍事政策に批判的な論文を書いたが、その中でオバマは、レーガンの核軍拡に反対しつつも、核の全廃を主張する運動とも一線を画す立場をとり、ある種の穏健さを示していた。また、コロンビア大学では国際関係のセミナーに参加し、キューバ・ミサイル危機やヨム・キプール戦争（第四次中東戦争）といった、歴史上の危機外交の事例から、他人の立場に身を置くなどして多様な観点から状況を捉えることの重要性を学んだ。

住民運動家から法律家へ

コロンビア大学を卒業すると、オバマはニューヨーク所在の企業で働き始めた。しかし、オバマは大学生の頃から住民運動を組織するコミュニティー・オーガナイザーという仕事に就きたいという思いを抱いており、その思いを捨てきれず、会社を退職した。この頃アメリカでは、レーガンが新自由主義の経済政策を進めていた。

オバマは、ニューヨークでコミュニティー・オーガナイザーとしてのキャリアを開始したが、その後活動の場をシカゴに移した。当時のシカゴでは、史上初の黒人市長が市政を担っており、ばらばらだったシカゴ市民を不完全ながらも、ある程度糾合することに成功しており、オバマが手本とするようになった。しかしながら、アフリカ系などマイノリティの人々の生活水準は高いものではなかった。オバマはそうした人々の生活環境を、少年時代にインドネシアで見た光景と重ね合わせることもあったと言われる。

シカゴでのコミュニティー・オーガナイザーの仕事は、当初はあまり順調ではなかったが、雇用訓練センターの開設を実現するなど、オバマやその同僚が担当した区域の生活環境は向上したという。ただし、その一方で、オバマらの活動が成果に結び付かないこともしばしばあった。理想を抱いてニューヨークのホワイトカラーから転身したオバマだったが、政治の現実に直面し、対話し妥協しながら物事を前進させる取引の必要性を認識し、身につけていった。また、オバマの活動は、住民それぞれが直接問題解決に取り組むというアプローチよりは、住民を組織し、公権力に対して、問題を解決するように圧力をかけるアプローチをとるところに特徴があった。

オバマがコミュニティ・オーガナイジングを行う過程で学んだアプローチは、当時アメリカの政治学に大きな影響を及ぼしていたジョン・ロールズの『正義論』で議論されていた原理に通じるものがあったと言われる。すなわち、権利や富の不平等は、社会で最も不利益を被っている人々に便益を与える限りにおいて、正当化されうるという論理に立って、オバマらコミュニティー・オーガナイザーは、まず住民を組織して共通利益を見定めた後、その共通利益を実現すべく、富や権力を有する政治・行政に働きかけ、共通利益たる「正義」を実行させる。オバマの政治信条は、コミュニティー・オーガナイザーとしてシカゴに到着した時に、すでにほとんど形成されていたとされるが、政治手法については、シカゴでの経験を通じて学んだことが多かったという。

オバマは一九八八年に、コミュニティー・オーガナイザーの活動を離れて、ボストンにある名門ハーヴァード大学ロースクールに入学した。この時期の法曹界では、個人の自由に価値を置く保守派のグループと、それに抵抗し、法による積極的な介入を是とする革新派グループとの間で意見が厳しく対立していた。また、保守派と革新派それぞれの内部でも対立が生じているようなあり様であった。こうした状況のなか、オバマは『ハーヴァード・ロー・レビュー』誌の編集に携わり、九〇年には編集長のポストに就いた。このポストは代々、ロースクールの優秀な学生が務めてきたが、オバマは史上初のアフリカ系アメリカ人の編集長となった。

『ハーヴァード・ロー・レビュー』は、当時の法曹界における論争の場となっており、オバマ自身は左派の立場だったが、コミュニティー・オーガナイザー時代と同様に、対話を重視し、反対派の考えを理解しようと積極的に努めた。オバマは民主主義において、市民が物事に関する自分の理解を相手に説得的に伝え、暫定的な合意を作り上げていく熟議こそが重要だと考えていた。したがって、オバマは不変の真理の存在に対して懐疑的な見方をする哲学的プラグマティズムをもって政治に向き合っており、対話を重視する穏健な姿勢をとるようになっていたのである。そして、シカゴ時代に身につけた対話と熟議を通じた共通利益の特定と実現という政治手法は、法曹の論議の中でさらに鍛えられ、実践性を増したのだった。ちなみに、オバマはハーヴァード大学在学中に、インターンをしていた弁護士事務所でミシェル・ロビンソンと出会い、オバマがロースクールを修了した後に結婚した。

九一年にハーヴァード大学ロースクールを修了したオバマには、大学教員から弁護士事務所に至るまで幅広い進路の選択肢があった。オバマは『ハーヴァード・ロー・レビュー』を通して交流のあった保守派の研究者から推薦を受けて、シカゴ大学の教員という道を選んだ。教員を務めながら、選挙で投票資格を得るための有権者登録を推進する活動にも参加した。九三年には、それまでの活動に加えて、公民権を専門とする弁護士事務所にも勤務した。

政治家から大統領候補に

シカゴで活動していたオバマは、政治家や有識者との人脈を築き、一九九六年にイリノイ州議会議員に選出された。その後しばらくオバマは、シカゴ市長への選出を目指していた。二〇〇〇年には連邦議会の下院議員選挙に出馬するも、大差をつけられて落選した。その後オバマは、イリノイ州議会で民主党が過半数を制すると、実に二〇〇本を超える、様々な法案を成立へと導いた。〇四年にオバマは、連邦議会の上院議員選挙へ立候補する。民主党の有力上院議員からも支持を取り付けると、オバマは民主党の候補者の地位を勝ちとり、共和党の候補にも大差で勝利した。こうして四年間の連邦議会議員としてのキャリアが始まった。

オバマは早くも二〇〇八年の大統領選に出馬して、民主党の予備選挙でヒラリー・クリントンとの接戦を制し、本選挙で共和党候補のジョン・マケインを破った。この時の一般得票数は歴代大統領では最高の約六九五〇万票、選挙人は三六五人（過半数二七〇人）を獲得した。オバマは、保守とリベラルの対立を乗り越える政治を訴え、その選挙資金は七四〇億ドル以上に達したと言われる。またオバマ本人による遊説や有名人による応援演説などの行事を告知したり、有権者登録期間を再確認するように通知したり、期日前投票や献金を呼びかけたりする手段としてソーシャルメディアを用いた。そして、SNSに支持者のコミュニティサイトを開設し、支持者同士の情報共有を促進するなどして、支持者の連帯の輪を広げさせた。こうした新たな選挙戦術も駆使して攻勢をかけた結果、民主党が伝統的に弱かったヴァージニア州、ノースカロライナ州、インディアナ州、コロラド州を制した。オバマの支持層は、一八～二九歳の若者、アフリカ系アメリカ人、ヒスパニック、アジア系アメリカ人、白人高所得層などから高い支持を獲得した一方、白人労働者の支持は弱かった。

〇八年の大統領選挙と同時に実施された連邦議会選挙でも民主党が勝利し、上院と下院の双方で多数党となった。上院では民主党が八議席増やして五九議席（共和党は四七議席）、下院でも二三議席増やして二五七席（共和党は一七八議席）を獲得した。民主党が上下両院で多数党となったことで、オバマ政権は連邦議会が政権党によって支配される統一政府の状態から出発することになったのである。

2　オバマ政権を取り巻く環境

金融・経済危機と政治のイデオロギー的分極化

オバマ政権は二〇〇九年一月に発足すると同時に、前年に発生したいわゆるリーマン・ショックに端を発するグローバル金融・経済危機への対応に追われた。オバマは、環境、教育、情報技術などへの投資が中長期的な経済成長を導くとの考えに立って、〇九年二月には総額約七八七〇億ドルの景気刺激策を打ち出し、アメリカ復興・再投資法（American Recovery and Reinvestment Act of 2009）の成立を推進した。オバマは、これらの法案の作成・可決において連邦議会で超党派の合意を期待したが、票決においては、上院でも下院でも、民主党の推進法案に対して共和党議員が反対し、党派政治が如実に表れた。政権発足時に七〇％近くあった大統領への支持率は、〇九年一一月には五〇％を割っていた。共和党の右傾化が進む中で、オバマの路線に反発する勢力が、〇九年頃からいわゆる茶会（Tea Party）運動として盛り上がりを見せ、共和党保守派は庶民レベルの支持層を拡大させた。このためアメリカ政治のイデオロギー的分極化がいっそう進行することになった。

また、景気刺激策は一定の効果を見たものの、公的資金によって大手金融機関や大企業を救済する政策は、税金を富裕層の支援に向けて一般市民をなおざりにするものと見なされ、国民の反感も買うことにもなった。こうした反発は、一一年九月頃から「ウォール街を占拠せよ（Occupy Wall Street）」と呼ばれる運動として現れたりした。

超党派路線を拒絶する共和党において保守派が勢いを増す中、一〇年に中間選挙が実施されたが、下院で共和党が多数党となり、民主党は少数派となった。上院で民主党は六議席減らして五三議席、共和党は四七議席、下院で民主党は六三議席減らして一九三議席、共和党は二四二議席という勢力図となった。一二年の大統領選挙でオバマは再選されたが、一四年の中間選挙では、上院でも民主党が少数派に転落してしまう。上院では、共和党が五二議席を占めて多数党となり、下院でも共和党が一〇議席増やして二四三議席で多数党となった。つまり、オバマ政権は、連邦議会の多数党が民主党という状態から出発したが、二度の中間選挙を経て、上下院とも共和党に奪われるに至ったのである。しかも共和党では保守派が勢いを増していたため、これが連邦議会を通じてオバマの推進できる国内政治アジェンダに制約を課すことになったのだった。

国内再建しながらの対外関与

オバマは、グローバル金融・経済危機で傷ついたアメリカ経済を再生させ、その過程で様々な経済・社会改革を進めることを優先課題とした。このため、国内改革に必要なリソースや政治的影響力をなるべく保全すべく、海外におけるアメリカの軍事的・政治的な負担を減らしながらも、できるだけアメリカの国際的リーダーシップを維持しようとした。

まずオバマは、テロとの戦いやアフガニスタンとイラクへの武力介入によって発生していたアメリカの軍事的・政治的負担が過大になっていると考え、この膨大な負担を縮減する必要があると考えていた。こうした観点から、まず既存の軍事的負担がこれ以上膨らまないようにすべく、国防省の動きを厳しく管理・監督したとされ、ホワイトハウスと国防省との関係が様々な面で緊張含みとなった。オバマ政権は、前政権から国防長官に留任したロバート・ゲーツ、その後任のレオン・パネッタ、チャールズ・ヘーゲル、アシュトン・カーターと、国防長官が三回交代している。また、負担を伴う各地域の安全保障問題への対応においては、国際協調と集団行動を呼びかけ、同盟国や他の関係諸国にも対応と負担を促し、アメリカによる直接単独行動はなるべく控えようとした。したがって、オバマ政権は概してアメリカの軍事的・政治的負担を増すような行動や政策には慎重であり、世論による要請が高まった場合に限って、直接行動を起こすという傾向が見られた。

他方、たんに抑制的な対応に終始していては、宥和主義であるとか、敗北主義であると批判されて、国際的な影響力も失ってしまうので、アメリカが「リーダーシップ」を発揮している装いを示す必要もあった。リビア攻撃の際に語られた、「背後から率いる（lead from behind）」というフレーズは、まさにこうした姿勢を描写するものであったし、「ルールに基づく国際システム（rules-based international system）」を諸国家で推進していくというスローガンも、アメリカが主導権を発揮するイメージを作り出しながら、実態においては他の諸国に具体的な取り組みを求めるものだったとも言える。

このように国内の再生に専念したかったオバマは、アメリカの軍事的・政治的負担を軽減しつつ、外交的指導力を発揮しようとする対外関与のアプローチをとることになった。これはとくに政権二期目に顕著になるが、他国に負担を転嫁するアメリカと、諸外国を主導するアメリカという二つのイメージが混在する状況となった。このことはすなわち、アメリカの発信するシグナルが複雑で曖昧なものとなり、アメリカは果たしてどこまで国際問題にコミットするのか、あるいはコミットできるのかという疑念を諸外国の間に生み出した。

3　国内の改革と戦争の終結

医療保険制度改革の実現

オバマ大統領の目玉政策だったのが、実質的な国民皆保険を目指す医療保険制度改革、いわゆるオバマケアである。オバマケアとは、オバマ政権が推進した「患者保護および医療費負担適正化法（Patient Protection and Affordable Care Act）」の通称で、雇用主によって提供される保険に加入できない無保険者の削減を目的とした医療制度改革を指す。全米で無保険者が四〇〇〇万人以上いることを問題視したオバマは、大統領選で無保険者の削減を公約に掲げており、二〇一〇年三月に法案が成立した。個人に対して保険加入を義務づけたうえで、個人で医療保険に加入しようとする人々のために医療保険取引所を設立したほか、貧困者向けの医療扶助プログラム（メディケイド）の適用範囲を拡大した。

オバマは医療保険改革調整法案（Health Care and Reconciliation Act of 2010）を実現するために当初、共和党との粘り強い協議を続けようとしたが、折り合いがつかず、民主党内からも批判が出てきたため、法案の可決に踏み切った。このため法案に賛成票を投じた共和党議員はゼロとなり、党派対立が鮮明になった。

核問題

オバマは、グローバル・イシューの取り組みに力を入れる大統領であったが、気候変動と並んで力を入れていたのが、核不拡散と核セキュリティであった。二〇〇九年四月にチェコのプラハを訪問したオバマは、「核なき世界」として知られるようになる演説を行った。この演説でオバマは、核問題に関して、次の三つの取り組みを進めていく方針を発表した。第一に、核軍縮である。ロシアとの戦略兵器削減条約（ＳＴＡＲＴ）の交渉開始や包括的核実験禁止条約（ＣＴＢＴ）の批准推進、そして核兵器用核分裂性物質生産禁止条約（ＦＭＣＴ）の交渉を具体的な取り組みの例として挙げた。ただし、核兵器が存在し続ける限り、その抑止のためにアメリカは核兵器を保有する方針であることを明確にした。第二に、核兵器不拡散（ＮＰＴ）体制の強化である。査察体制の強化や違反行為に対する措置、そして原子力の平和利用について述べたあと、ミサイル発射実験でルール違反を犯した北朝鮮に対しては圧力の強化を呼びかけ、イランとは関与と対話を模索する意向を表明した。第三に、核テロの防止である。核物質がテロリストの手に渡るのを防ぐために、ロシアを含む諸外国と協力しつつ、四年以内に世界中の核物質を管理体制下に置くための取り組みを開始し、核セキュリティ・サミットの開催する意向を表明した。

対露関係の「リセット」

米露関係は、Ｗ・ブッシュ政権期の二〇〇八年八月にロシアがグルジア（現ジョージア）に侵攻して以来冷え込んでいたが、核問題などでロシアとの協力の必要性を見出したオバマ政権は、その後「リセット」と呼ばれるようになるロシアとの関係改善に動いた。〇九年三月にジュネーヴで米露外相会談をまず開催し、同年七月にオバマ大統領がモスクワを訪問して、ドミートリー・メドベージェフ露大統領と首脳会談を持った。この会談では、〇九年の年末に期限を迎えるSTARTIの後継条約について、米露首脳が核弾頭と運搬手段の削減の水準について共同理解に達した。その後一〇年四月八日に、プラハで行われた米露首脳会談においてSTARTIの後継条約に署名し、アメリカは同年一二月に、ロシアは翌一一年一月にそれぞれ批准した。

米露関係は、核問題以外の分野でも連携する動きを見せた。一〇年六月九日に国連安保理は対イラン制裁決議を採択したが、その際に、それまで対イラン貿易での悪影響を懸念して、かねてから消極的な姿勢を見せていたロシアは、アメリカと歩調を揃えた。また、同月二四日にワシントンを訪問したメドベージェフとの首脳会談で、オバマはロシアによる世界貿易機関（WTO）加盟を支持すると表明した。さらに、一一年三月一七日に国連安保理でリビアへの武力行使を容認する決議一九七三号を採択した際にも、ロシアは拒否権を行使しなかった。これらの一連の国際問題をめぐる協力を通じて、オバマ政権はロシアとの関係改善を進めていったのである。

アフガニスタン＝パキスタン問題とイラクからの撤退

おそらくオバマ政権一期目における対外政策上の最大の課題は、アフガニスタンとイラクにおける武力介入について、終結の見通しを立てることにあったと見られる。まずアフガニスタン介入について見ると、二〇〇九年一月に政権が発足した時点で、アフガニスタンで三万七〇〇〇人の米軍兵員が作戦に従事しており、テロとの戦いにおける最前線として理解されていた。オバマ政権は、ターリバーンやアル・カーイダがアフガニスタンのみならず、隣国パキスタンの領土の一部を利用して抵抗していることから、アフガニスタンとパキスタンを一体と捉えて対テロ作戦を展開するという考え方を定め、リチャード・ホルブルックをアフガニスタン＝パキスタン問題担当の特使に任命し、方針の検討にあたらせた。その結果、まずアフガニスタンに増派してから、一一年七月から撤退を順次開始する方針を決定した。アメリカはアフガニスタンでの対テロ戦も進め、一一年五月にはパキスタンのアボタバードでウサーマ・ビン・ラーディンを急襲して殺害した。

オバマ政権は、連邦議会上下院情報特別委員会の監視の下で、米軍兵へのリスクが低い無人機による秘密作戦を展開し、テロリストの標的殺害（targeted killing）を進めた。ブッシュ政権では、標的の身元を特定してから「個人攻撃（personality strikes）」が行われていたが、オバマ政権では、行動パターンがテロリストのそれと一致していれば攻撃するという「特性攻撃（signature strikes）」へ変化したとも言われる。ただしオバマ政権は、状況が許す限り、殺害よりも捕獲を試みるアプローチを採用していたとされる。一一年六月から米軍は撤退を開始し、一四年一二月に戦闘終了を宣言したが、ターリバーンはその後も存続し、アフガニスタン各地で攻撃を続けることになった。

イラクについても、オバマ政権は一一年一二月末までの米軍の撤退を決定した。当初、一〇年八月までに戦闘部隊を引き揚げ、顧問団を残そうとしたが、イラク政府との合意に至ることができず、一一年一二月以降は、アメリカの大使館・領事館関係者と警備要員を残して、在イラク米軍は撤退した。しかし、イラクではヌーリー・マーリキー政権がシーア派を優遇し、スンナ派を排除する政策をとり、国内が不安定化していったため、オバマ政権は外交的に関与してマーリキーの退陣を促し、シーア派、スンナ派、クルドの間でよりバランスのとれた政策を追求するハイダル・アル・アバーディー政権の樹立を後押しした。

予算管理法の制定

二〇一〇年秋の中間選挙で下院の多数党となった共和党は歳出削減を重要な公約としていた。そこで、財政の拡大を要するオバマ政権と民主党に対抗すべく、いわゆる連邦政府の債務上限の引き上げが問題となった際に、これに反対するという政治戦術を展開した。アメリカの連邦政府の財政は、歳出を担保するために借金をして債務を負わなければならないが、その債務上限を引き上げなければ、期限を迎える債務の支払いができなくなり、債務不履行に陥ってしまうことになるので、そうした事態を回避するために、連邦議会が債務上限額を引き上げることが必要となっていた。しかし、下院共和党のとくに茶会運動の支持を受ける下院議員たちは、もともと個人の自由に干渉する大きな政府を忌避し、歳出削減を求めていたことから、債務上限引き上げに強硬に反対した。

こうした事態を受けて、オバマ大統領と民主党は歩み寄りを見せ、一〇年間で一・二兆ドルの歳出削減に応じたうえで、さらに一・二兆ドルの削減を、通称「スーパー・コミッティー」なる財政赤字削減に関する超党派特別委員会が協議して決定することを骨子とする予算管理法を一一年八月に成立させた。ここでは、もし超党派特別委員会が歳出削減の具体的内容に合意できない場合には、一三年一月に連邦政府予算の全費目が一律に強制的に削減される（sequestration）ことになっていたが、スーパー・コミッティーは合意に至らなかった。発動時期は二カ月先送りされたものの、結局さらなる合意は得られず、一三年三月に予算の強制削減が発動され、連邦政府には大小様々な形で支障が生じることになった。オバマはこの経験で連邦議会との協調に見切りをつけ、行政命令や大統領覚書などを駆使して、大統領権限による政策の追求へとアプローチを修正し、共和党との対決姿勢を強めたと言われる。

北朝鮮の核・ミサイル開発問題

北朝鮮の核開発の問題については、二〇〇三年からいわゆる六者協議で交渉が行われ、〇五年九月には北朝鮮がいったん核放棄に合意した。しかし、その後〇六年一〇月に北朝鮮が初の核実験を行うなどして交渉は進まず、〇八年一二月を最後に協議は中断していた。オバマ政権発足後まもない〇九年四月には、北朝鮮が六者協議からの離脱を宣言し、翌月には二回目の核実験を行った。オバマ政権の北朝鮮政策は、その後「戦略的忍耐（strategic patience）」と呼ばれるようになるが、それは北朝鮮が核放棄を前提としなければ直接交渉は行わず、核実験やミサイル発射事件などの行為に及ぶ場合には、国連安全保障理事会における制裁決議の可決で対応し、北朝鮮への圧力を高めていくことによって、北朝鮮に方針転換を迫るというものであった。

一〇年は、三月に韓国海軍哨戒艦・天安《チョナン》号が沈没する事件が発生し、一一月には北朝鮮軍が韓国の延坪島《ヨンピョンド》を砲撃すると、アメリカは北朝鮮を厳しく非難しつつも、韓国に自制的な対応を求めた。また時を同じくして、北朝鮮は訪朝したアメリカ人科学者にウラン濃縮施設を見せたため、オバマ政権は中国に対して、北朝鮮に核開発をやめるように働きかけるように求め、空母ジョージワシントンを黄海に派遣して韓国との合同軍事演習を実施した。

また、北朝鮮はその後も核実験を一三年二月（第三回）、一六年一月（第四回）、一六年九月（第五回）に実施し、オバマ政権期には合計四回の核実験を行った。そのたびにアメリカは国連安保理において制裁決議案を提出し、中国やロシアとの駆け引きを経て決議を採択するという対応を重ねていった。こうした状況もあり、一六年七月には、在韓米軍によるミサイル防衛システムＴＨＡＡＤの配備を韓国政府が了承した。

アジア太平洋戦略「リバランス」の発表と対中関係

二〇一一年は、オバマ政権がアフガニスタンとイラクから米軍部隊を撤退させていく時期であったとともに、同年八月には先述の予算管理法が制定され、アメリカ政府が財政緊縮路線を歩み始めようとする時期となった。米国内では厭戦ムードが広がっていたこともあり、諸外国はアメリカが孤立主義に向かうのではないかという懸念を抱くようになった。こうした中、オバマ大統領は一一年一一月にオーストラリアを訪問した際に、同国議会での演説において、アジア太平洋地域が世界経済の成長の中心地になっていくとの判断に立って、アメリカはこの地域に安全保障面、経済面、そして政治面で全面的に関与していく方針を決定し、必要な指示を下したと発表した。

まず安全保障の分野では、兵力態勢を地理的に分散し、柔軟性と持続可能性を向上させるとともに、同盟国との関係のみならず、中国を含むその他諸国とのパートナーシップも強化し、地域機関への関与も深めるとした。経済については、開かれた市場、自由で公正な貿易、ルールが明確な国際経済システムを追求し、公平で幅広く、均衡がとれた持続可能な経済成長を実現することが必要であると主張した。そして政治・人権については、経済成長が法の支配、透明な制度、法の前の平等といったグッド・ガバナンスと繋がっており、各国が自身で辿る道を決めねばならないとしつつも、基本的人権という普遍的な権利を支持すると述べた。オバマ政権の対外政策の中で、おそらく最も画期的だったのは、アフガニスタン・イラクからの撤退後のアメリカの進路として、アジア太平洋への関与強化を打ち出したこの「リバランス」だったかもしれない。

リバランスは、対中封じ込めを意図したものではなく、あくまでルールに基づいた地域秩序を醸成し、アメリカが安定的にアジア太平洋地域の経済活力を取り込めるような環境を整備することにあったが、中国はこれを自国の台頭を阻止するものと受け止め、米中間の相互不信も強まっていくことになった。中国は、南シナ海や東シナ海で強圧的な行動をとるようになっており、アメリカには中国を牽制すべき要因もあったが、ヒラリー・クリントン国務長官は一二年三月に米国平和研究所（ＵＳＩＰ）で行った政策演説において、⑴米中の共通利益を見出し、⑵米中間に相互の信頼を生み出し、⑶グローバルな諸問題に関する中国の取り組みを引き出すことが肝要だと説き、中国に責任ある大国として振る舞うように呼び掛けた。オバマ大統領は、とりわけ気候変動問題をめぐる米中協力を実現させることを重要な政策課題としていた。つまり、とかく競争的側面が突出しがちな米中関係において、意識的に協調的側面を強化することによって、なるべく関与と牽制のバランスを保ち、中国を疎外したり排除したりしない包摂的なアプローチをとり、グローバル・イシューでの協力を引き出すというのが、オバマ政権の対中政策のアプローチの本質であったと言えよう。しかし、オバマ政権の期待に反して、中国は一方的行動を活発化させ、サイバー手段を駆使した産業情報や個人情報の窃取といった問題行動を重ね、オバマ政権は徐々に対中姿勢を硬化させていくことになる。

リビア攻撃

オバマ政権は、二〇一〇年一二月のチュニジアで巻き起こった、いわゆるジャスミン革命に端を発する「アラブの春」への対応にも追われることになった。翌年二月に、エジプトのホスニ・ムバラク政権が三〇年あまりにわたる支配を終え、同月にはリビアで独裁者カダフィの退陣を求めるデモが発生した。ムアンマル・カダフィ政権はデモを弾圧したため、反政府勢力はリビア国民評議会を結成し、リビアは内戦状態に突入した。国連安全保障理事会では、一一年三月一七日に決議一九七三号が採択された。この決議は、文民の保護を目的として関係諸国が、軍隊による占領を除く必要なあらゆる措置を講じることを承認し、リビア上空に飛行禁止空域を設定したほか、武器禁輸やリビアとの空路の閉鎖、カダフィ政権関係者の資産凍結などを定めた。この時アメリカではすでに財政緊縮の必要性が取り沙汰されていたため、はたしてアメリカが武力行使に踏み切るかどうかが注目されたが、最終的に英仏がＮＡＴＯ軍による空爆を主導し、アメリカはリビア軍の防空・通信施設を攻撃し、「オデッセイの夜明け（Operation Odyssey Dawn）」作戦を通じて飛行禁止区域の執行を担った。また、オバマ政権は、政権崩壊後の秩序維持の任務は欧州諸国とアラブ諸国に委ねるべきとして、「背後から率いる」という姿勢をとり、武力行使に対するオバマ大統領の抑制的な姿勢が表れていた。

カダフィ政権が崩壊した後のリビアでは国内秩序が確立せず、武装集団などが横行する状況に陥った。一二年九月にはベンガジのアメリカ政府施設がイスラーム過激派によって襲撃され、アメリカ大使を含む四名が殺害されるという事件が起こった。クリントン国務長官は当初、これが計画的なテロ攻撃だと認めずに、突発的な事件との見解を表明したため、その後責任逃れをしていると米国内で糾弾されることになった。

4　内政の行き詰まりと抑制的な対外関与

移民制度改革

移民制度改革法案は、二〇〇一年、〇六年、〇七年、一〇年、一一年に連邦議会で審議されたが、いずれも廃案となっていた。その骨子は、国境管理を強化しつつ、一定の条件を満たした不法移民に永住権を与えるもので、ドリーム法案と呼ばれた。オバマ政権は、大統領覚書によって移民制度改革を追求する手法を採用し、一二年六月に若年層向け強制送還延期プログラム（DACA）を発表した。このDACAは、一六歳以下でアメリカに入国した三一歳未満の不法滞在者で、すでに五年以上連続してアメリカに居住している人のうち、学生であるか高校を卒業した者、もしくは高卒認定試験の成績保持者であって、重犯罪歴の無い者に限って合法的滞在と労働を認めるものである。この許可は二年ごとに更新されることとされ、オバマは恒久的立法がなされるまでの暫定措置であると説明した。

オバマ政権は二期目に入ると、今度は一四年一一月に、米国市民と永住者の親向け強制送還延期プログラム（Deferred Action for Parents of American and Lawful Permanent Residents）を発表し、子供を連れてきた親で不法滞在中の人や、アメリカ市民の親で不法滞在中の人にも救済措置の対象を広げようとするものだった。これにより、約五〇〇万人の不法移民に合法的な滞在と就労の権利を認めた。イデオロギー的分極化が進む中で、オバマは連邦議会との協調を模索するよりも、大統領単独での移民制度改革に乗り出していったのである。

シリア空爆の見送り

シリアでは、二〇一一年三月からアサド政権に対する反政府運動が起こり、これを政権側が弾圧して、武力衝突が激化したことから内戦状態に突入した。反政府組織は、政府に抵抗する自由シリア軍に加え、アル・カーイダ系組織アル＝ヌスラ戦線や、クルド人勢力など、様々な集団が入り乱れていると言われる。アメリカは欧州諸国やアラブ連盟諸国とともにアサド政権に経済制裁を科したが、ロシアや中国、イランはアサド政権の支援にまわった。オバマ政権は反体制派組織、とくに自由シリア軍に対する支援を検討し、一時期は第三国における訓練等をかなり小規模ながら実施した。しかし、反体制派には問題のある組織が多かったため、アメリカは軍事援助を控え、非軍事物資に支援を限定した。

シリア内戦は悪化し続け、一二年の時点で約二万人の犠牲者を出し、アサド政権が化学兵器を使用するという情報が流れ始めた。これを受けてオバマ大統領は、一二年八月に、もしアサド政権が化学兵器の使用に踏み切れば、アメリカとしては容認しえない一線（レッドライン）を超え、対応策に関する自分の判断も変わることになると警告した。その一年後の一三年八月に、シリア政府軍が化学兵器を使用し、一〇〇〇人を超える犠牲者が出たと伝えられ、米国内では報復攻撃を求める声が上がった。八月三一日にオバマ大統領は国民に向けた演説を行い、アサド政権によるさらなる化学兵器の使用を抑止するために限定的な空爆を実施する意向を表明するとともに、この決定に連邦議会の同意を求めると発表した。議会に判断を事実上委ねるようなオバマの対応に厳しい批判が出ることになる。連邦議会が対応のあり方を検討しようとする中、ロシアが化学兵器をシリアから撤去する提案を行い、オバマ政権がこれを受け入れたため、空爆は見送られることになった。

その後米露両政府は交渉し、シリアが化学兵器禁止条約に加入し、化学兵器を申告し、化学兵器禁止機関（ＯＰＣＷ）の査察官が申告された施設を査察して、一四年半ばまでに化学兵器を廃棄する計画を骨子とする枠組みに合意した。オバマ大統領は、シリア攻撃を見送ることになったが、アサドがレッドラインを割ったにもかかわらず、報復攻撃を行わなかったことによって、今後レッドラインを引いて相手を抑止することができなくなったであるとか、アメリカは強いリーダーシップを発揮できないという印象が蔓延したといった批判が相次ぎ、これ以後、オバマ外交は厳しい批判に晒されていくことになった。

ロシアとウクライナ危機　冷戦終結後のヨーロッパでは、ＮＡＴＯが加盟国を東方へ拡大する動きが進んだほか、二〇〇四年には東欧八カ国、〇七年にルーマニアとブルガリアがＥＵに加盟した。ウクライナでは、権力を掌握するのは親ロシア派の指導者か、親欧米派の指導者かをめぐって政治的闘争が繰り広げられていた。〇四年一一月の大統領選挙では親ロシア派のヴィクトル・ヤヌコーヴィチが大統領に選出されたものの、反ヤヌコーヴィチ派は選挙に不正があったとして抗議運動を起こし、欧米諸国もこれを支持した。その結果、再選挙が行われ、反ヤヌコーヴィチのヴィクトル・ユーシチェンコが大統領に選出され、この一連の指導者交代劇はオレンジ革命と呼ばれるようになった。しかし、その後一〇年の大統領選挙では、ヤヌコーヴィチが再び大統領に選出された。

一四年二月にヤヌコーヴィッチ大統領が、自由貿易協定を柱とするEUとの連合協定への署名を拒否すると、ユーロマイダンと呼ばれる、大統領の退陣を求める大規模デモが起こり、二月一八日に治安部隊と衝突して、八〇人以上が死亡する事態にまで発展した。混乱のなか、ヤヌコーヴィッチはロシアに亡命し、ウクライナでは親欧米派の暫定政権が樹立された。翌三月には、ウクライナのクリミアで、親ロシア派の兵士ら（偽装したロシア軍兵士もいたとされる）が議会を占拠し、一方的な住民投票によって独立を宣言、ロシアへの編入を希望し、ロシアがクリミアを編入することになった。こうしたロシアの動きに対してオバマ政権は当初、限定的な金融制裁を行っただけで、抑制的な対応をとった。

しかし、その後ロシア系住民の多いウクライナ東部のドンバス地方で、親ロシア派勢力による武装蜂起が起こり、ロシアがこれに支持を与え、ウクライナ中央政府との武力衝突に至った。こうした中、一四年七月にアムステルダム発マレーシア行きのマレーシア航空機がウクライナ東部上空で撃墜され、乗客二九八名が死亡する事件が発生し、欧米諸国の態度は一気に硬化し、ロシアをG8から排除するとともに、経済制裁を拡大し、ウラジーミル・プーチンの側近や関連企業に対する制裁措置も強化した。また、アメリカはNATOとの結束を強める姿勢を示し、一四年九月にオバマはエストニアのタリンで行った演説において、アメリカがNATO諸国の領土防衛義務を負っていることを確認した。オバマ政権は欧州安心供与イニシアチブ（European Reassurance Initiative）を打ち出し、欧州向けの予算を増額し、武器の供与、米軍部隊の展開、NATO軍事演習の活性化などの取り組みを推進した。

ウクライナ政府が東部の親ロシア派勢力を制圧しようとしたところ、ロシアが干渉して親ロシア派勢力を支え、一四年九月には、ウクライナ、ロシア、親ロシア派勢力の間で停戦合意（ミンスクI合意）が結ばれた。だが、その後まもなく停戦は破れ、再び戦闘が激化したため、ワシントンではウクライナ政府に殺傷兵器を供与すべきとの声が高まっていた。アメリカによる殺傷兵器供与の可能性を背景に、独仏が外交的に関与して、一五年二月にはミンスクⅡ合意がまとめられた。その内容は、前線からの重火器の撤去と欧州安全保障協力機構（ＯＳＣＥ）による監視などを含む停戦と、憲法改正を通じた非集権化とウクライナ東部に対する特別な地位の付与などを含むものとなった。

ＩＳＩＳの台頭

イラク＝シリア領内でテロ活動を繰り返していたＩＳＩＳ（イスラーム国とも呼ばれる）は、二〇一三年頃から急速に支配する領域を拡大し、一四年六月にはＩＳＩＳの指導者アブ・バクル・アル・バグダーディがカリフ制国家の樹立を宣言した。この時点でアメリカの世論は、イラクやシリア領内への空爆には消極的で、イラク領内への空爆については賛成が四五％、反対が四六％、シリア領内への空爆については賛成が三〇％、反対が六一％であった。しかし、同年八月に、二年ほど前に誘拐されていたアメリカ人ジャーナリストが殺害される映像がネットで配信されると、アメリカ世論は大きく変化した。九月になる頃には、イラク領内への空爆については賛成が七一％、反対が二三％、シリア領内への空爆については賛成が六五％、反対が二八％となった。

ＩＳＩＳへの空爆を求める世論の声を背景に、オバマ大統領は、バーレーン、ヨルダン、サウジアラビア、アラブ首長国連邦などとともに、イラクとシリア領内のＩＳＩＳ空爆を開始した。また、イラクに五〇〇人程度の軍事顧問団を派遣し、その後特殊部隊も投入して、イラク軍による対ＩＳＩＳ作戦を支援した。米軍は、諜報活動を強化し、ＩＳＩＳの資金を根絶し、ＩＳＩＳのプロパガンダ手段に対するサイバー攻撃なども実施した。

中国と南シナ海問題

中国は、二〇〇九年頃から南シナ海で航行する米海軍測量船を妨害したり、一二年にはフィリピンのスカーボロ礁で睨み合いになり、フィリピン側を追い出すなどして、徐々に強圧的な行動に出ていたほか、一三年一一月には突如として防空識別圏を設定するなどして、物議をかもしていた。一四年五月から七月にはベトナム沖で石油掘削を強行するなどしたため、ベトナムで中国に対する抗議デモや暴動が起こり、アメリカはさらに懸念を強めた。アメリカ政府は、一四年二月頃から中国政府が南シナ海で主張する権利には国際法上の根拠がないとして、疑念を表明し始めた。そして、何よりもアメリカが警戒を強めたのが、中国による人工島の造成であった。中国は南シナ海に点在する多数の礁を埋め立てて、港湾や滑走路を伴う軍事利用が可能な施設の建造を急速に進めたのである。アメリカ政府は、南シナ海の島をめぐる領有権争いにおいて、特定の国の立場を支持するものではなく、海洋における航行の自由と合法な商業活動が保証されるべきとの立場をとっていたが、中国による一方的な行動に対してその手法を批判した。

しかし、南シナ海における中国の人工島造成は止まらなかったため、オバマ政権は、地域諸国に対して安心を供与すべく、防衛協力を強化したり、能力構築支援に乗り出した。これら安全保障協力に関する取り組みは、先述のリバランスの一環として進められることになった。一四年四月に米比防衛協力強化協定（ＥＤＣＡ）を締結したほか、海洋安全保障イニシアチブ（Maritime Security Initiative）なる能力構築支援のプログラムを設置し、ベトナム向け武器禁輸をまず部分的に解除してから一六年五月には全面的に解除した。さらに、米海軍艦船が国際法に照らして過剰な管轄権を設定している海域を航行し、法的に抗弁する意思を行動で表明する航行の自由作戦を一五年一〇月から再開し、地域諸国との軍事演習・訓練も増加させた。一五年九月にワシントンで開催された米中首脳会談では、習近平国家主席が南シナ海を軍事化しないと述べたものの、その後も中国の人工島建造は止まらず、ワシントンの不信感を強めることになった。

イラン核合意

二〇〇九年九月にイランが新たなウラン濃縮施設を建設していることが明るみに出て、核開発疑惑が持ち上がった。保守派のマフムード・アフマディネジャドが大統領に選出されると、対抗勢力の穏健派を弾圧したため、アメリカとＥＵ諸国は原油の輸入禁止や金融制裁を強化した。転機が訪れたのは、一三年六月の選挙で穏健派のハッサン・ローハニが勝利した時であり、九月にはオバマとローハニの電話会談が実現した。さらにローハニは国連総会での演説において、イランは核兵器保有の意思を持たず、核問題を解決する意思があると明言したことから、一一月からＥＵ３（英仏独）、アメリカ、ロシア、中国、ＩＡＥＡがイランとの協議を開始した。

一五年七月に協議国は、包括的共同作業計画（ＪＣＰＯＡ）に合意し、国連安保理もこれを追認した。その骨子

コラム11-1　サイバー空間とアメリカ

オバマ政権期には，サイバー空間にまつわる様々な問題が発生するようになり，サイバー空間に触れずして現代のアメリカの外交や安全保障は語れなくなったと言っても過言ではない。経済分野では，中国がハッキングによって米国企業の知的財産を窃取する事案が増加傾向を辿り，オバマ大統領によって米中首脳会談で取り上げられるようになった。安全保障分野では，サイバー攻撃が問題となっている。たとえば，2015年６月には，米連邦政府職員の個人情報が大量に盗まれたことが発覚したほか，中国による電力供給網などのアメリカの重要インフラへの侵入，北朝鮮による米映画配給会社への攻撃などが報告されている。その一方でアメリカ自身も，イスラエルと協力してイランのウラン濃縮施設を攪乱するためのコンピュータ・ウィルスを仕込んだと言われたり，イスラーム国のネットワークにサイバー攻撃を仕掛けるなど，サイバー空間で攻勢に出たとも伝えられている。こうしたサイバー空間でのリスク環境を受けて，国防省は10年５月に戦略軍の下にサイバー軍を設置したほか，オバマ大統領が13年２月に大統領令を出して，重要インフラの防護強化に向けた関係省庁の組織的な取り組みを指示した。

は、イランが核関連活動を凍結し、平和利用を検証するための査察を受け入れるのと引き換えに、関係国は段階的に制裁を解除するというものであった。この合意に対しては、国内外から反発が生じた。アメリカの連邦議会では、共和党保守派の議員らがＪＣＰＯＡに反発し、四七名の議員は連名で、連邦議会を迂回する行政協定は次期大統領によって簡単に覆されると書かれた公開書簡をイラン指導者宛に送付して、これを公開した。また、イスラエルのベンヤミン・ネタニヤフ政権はＪＣＰＯＡの内容はまったく不十分だとして強硬に反発し、一五年三月に下院議長ジョン・ベイナーの招待でワシントンを訪問して、オバマ大統領と会談せずに、連邦議会で行った演説において、イラン核合意を厳しく批判した。イスラエルにとって、イランが影響力を拡大する余地を獲得することは脅威であり、それはサウジアラビアも同様であった。いずれの国においても、国内諸勢力を糾合したり、不満を抑え込んだりするうえで、イランの脅威が政治的に利用されていた面もあると言われる。オバマ政権は、地域諸国がイランに対する周辺国の抱く不安を緩和すべく、湾岸協力評議会（ＧＣＣ）諸国に対しては、武器を提供するなどして安心供与を図ろうとしたが、そう簡単に不安や不満が和らぐはずもなかった。

ＬＧＢＴの権利保障と同姓婚の合法化への取り組み

オバマは政権一期目からＬＧＢＴの権利を保護する取り組みを進めており、二〇〇九年一〇月には、ヘイトクライム防止法の処罰対象に、被害者の性的志向やジェンダーのアイデンティティを理由にした攻撃を含める法案に署名した。また一〇年一二月には、レズビアン、ゲイ、バイセクシャルのアメリカ人が、米軍で差別なく待遇されることを保証する法案にも署名した。一四年七月には、連邦政府と契約する企業は、性的志向やジェンダー・アイデンティティによって雇用候補者や被雇用者を差別してはいけないとする大統領令を発出した。この他にも教育省はトランスジェンダー生徒を支援するための指針を策定したり、大統領は外国においてもＬＧＢＴの権利を推進する外交を展開するよう指示する覚書に署名するなど、国内外でＬＧＢＴの権利を積極的に保護する取り組みを進めた。

また、オバマ政権は同姓婚の合法化に積極的な立場をとった。一一年二月にオバマ政権は、結婚は異性間に限ると定めた結婚防衛法（ＤＯＭＡ）を、司法省は遵守しないとする立場を表明した。やがて一三年六月の合衆国対ウィンザー判決（United States v. Windsor）において、結婚を異性婚に限るとしたＤＯＭＡ第三条は違憲であるとされると、これを受けてオバマ政権は、判決結果が連邦法に反映されるように見直す作業を行った。さらに、一五年一〇月に、オバーゲフェル対ホッジス判決（Obergefell et al. v. Hodges）で、同性婚は合衆国憲法で保障された権利であり、州は同性婚を認めなくてはならないとの判断を下し、全米で同姓婚が合法化されると、税や社会保障などの関連制度の改正を行い、同姓婚の合法化を実質的なものとするための取り組みを積極的に進めた。

自由貿易協定の締結

アメリカ政府が外国政府と通商条約を締結しようとする場合、連邦議会は条約を批准する同意を与えたり、条約の実施法案を可決することになるため、条約を修正する権限を有する。膨大な条文からなる通商協定を議会が修正する権利を放棄し、可否の投票のみを実施することにして、条約締結手続きを簡素化するのが大統領通商促進権限（ＴＰＡ）であり、二〇一五年に連邦議会では、自由貿易を推進する共和党議員の協力で、ＴＰＡをオバマ大統領に付与した。オバマ政権が最も力を入れたのが、東アジア諸国との環太平洋経済連携協定（TPP）であり、次いで欧州との環大西洋貿易投資協定（TTIP）であった。

TPPの原締結国はニュージーランド、シンガポール、ブルネイ、チリの四カ国であったが、まず前ブッシュ政権が〇八年に交渉に参加する意向を表明し、オバマ大統領が〇九年一一月の東京での政策演説でTPP交渉を本格化させる方針を発表した。一〇年には、アメリカに加えて、オーストラリア、ベトナム、ペルーが協定の再交渉に参加し、その後カナダ、メキシコ、マレーシア、日本も交渉に参加した。TPP交渉は、関税の引き下げと、貿易・投資に関する高水準のルール策定を主な目的としていた。アジア太平洋地域の市場におけるアメリカのシェアが低下傾向にあったので、オバマ政権としては、高い水準のルールを含む多国間自由貿易協定を締結し、アメリカの雇用を増やそうとしたのだった。工業製品や農産品の関税引き下げを進めるとともに、知的財産権、投資・金融サービスの自由化、規制緩和、紛争解決手続などに関するルールを制定し、まず一一年一一月にTPP参加国首脳会議で協定内容のアウトラインに合意し、一五年一〇月に大筋合意に漕ぎつけた。なお、自由貿易協定一般に対する米国民の見方は懐疑的だったため、オバマの後を襲うトランプはTPPから離脱する決定を下すことになる。

オバマ政権はTTIPに関する交渉を一三年から進め、規制緩和や投資に関するルール作りを促進しようとした。しかし、欧州諸国では反グローバリズムの気運が高まりつつあったほか、米欧間で立場が対立する争点も持ち上がった。たとえばアメリカは、企業が投資先国の政府を相手取って仲裁裁判を起こさせる制度を設けるISDS（Investor-State Dispute Settlement）条項の挿入を求め、これにEUが抵抗した。また、EUが遺伝子組み換え技術の規制を求めたのに対し、アメリカが撤廃を求めて、両者に対立も生じた。交渉は前進せず、オバマ政権はTTIP交渉を妥結できずに任期を終えることになった。

キューバとの関係正常化

アメリカのフロリダ州には、キューバのカストロ体制から逃れてきた反カストロのキューバ移民が多数いるため、キューバとの和解に進むことは政治的には得策ではないとされてきた。しかし、オバマ大統領は政権二期目に入ったところで、キューバとの関係改善を模索する指示を出し、二〇一三年六月に両国代表が初めてカナダで接触した。その後、ローマ法王がオバマ大統領とラウル・カストロ議長に書簡を送り、極秘裏に両国の仲介を行った結果、一四年一二月に両国政府の指導者らは、外交関係の正常化を発表した。これを受けて、アメリカとキューバは、互いに拘束していた囚人を交換したほか、キューバは政治犯を釈放し、アメリカはキューバへの送金や営業取引に関する制裁を緩和するなどして関係を徐々に改善させ、一五年七月にはハバナとワシントンで大使館が開設された。オバマ大統領は一六年三月にキューバを訪問して演説を行い、連邦議会に対してキューバ制裁法の撤廃を要請したが、政治上の考慮を払う連邦議会は慎重な姿勢を維持した。

気候変動に関するパリ協定の採択

オバマ政権は、地球温暖化が干ばつや山火事、ハリケーンといった各種の異常気象を引き起こし、これによりアメリカ経済と国民が甚大な被害を受けており、その元凶となっている二酸化炭素の排出を抑制する必要があるとの認識に立って、クリーン・エネルギー・プランの策定と推進を通じて、エネルギー政策の転換を進めようとした。米国内では、発電所などからの二酸化炭素の排出量を抑制し、太陽光発電をはじめとするクリーン・エネルギーの活用を通じた経済の活性化、クリーン・エネルギーを普及させるための各種インフラを整備し、家庭・企業・工場などにおける省エネを進めるといった取り組みを展開した。

他方、対外的には、気候変動に関するパリ協定の締結を主導した。二〇一一年に南アフリカで開催されたCOP17会議において「全ての国が参加する新たな枠組み」の構築に向けた作業部会の設置が合意され、一二年から交渉が開始されたが、中国やインドといった新興諸国との交渉は難航した。一四年一一月にアメリカは中国と気候変動に関する米中共同声明を発出し、二五年までに温室効果ガスを〇五年比で二六～二八％削減するという目標にいち早くコミットし、中国も三〇年に炭素ガス排出のピークを前倒しする努力を払い、一次エネルギー消費に占める非化石燃料の比率を二〇％程度に拡大すると約束した。やがて一五年一二月にパリ協定が採択され、アメリカと中国はともに、翌年九月に協定を批准した。パリ協定は、産業革命前からの気温上昇を二度未満に抑制するとともに、一・五度まで抑制することに向けた努力を継続することを世界共通の長期削減目標としたほか、アメリカ、中国、インドといった主要排出国や途上国を含むすべての国が、削減目標を定めて必要な国内措置を実施し、五年ごとに削減目標を提出し、自国の取組状況を定期的に報告して検証を受け、世界全体としての実施状況の検討を五年ごとに行うことなどを定めるものとなった。

麻薬問題の深刻化

一九九〇年以降、米国内では、慢性的な身体の痛みに対する鎮痛薬として、ケシを原材料とする麻薬性鎮痛薬や同種の作用を示す合成鎮痛薬、通称オピオイドが流通するようになっていた。モルヒネやオキシコドン、フェンタニルなどといった種類の鎮痛薬は、製薬会社が流通規制緩和を議会などに働きかけてきた結果、販路が拡大され、流通量と利用者が増加した。合法的に処方されたオピオイドを継続的に服用すると、常習性が生まれるため、人によっては非合法な方法でオピオイドを入手したり、違法薬物に手を出すことに繋がったり、過剰摂取で死に至ったりする。九九年から二〇一四年までに全米のオピオイド流通量は四倍になり、二〇〇〇年以降のオピオイド関連死亡者数は、五〇万人に達したとも伝えられており、オピオイド問題はアメリカの深刻な社会問題になった。

オバマ政権の意義

オバマ大統領は、アメリカの経済・社会を改革しながら再生させることに国家資源や自らの政治力を傾注することが重要との考えに立ち、テロリズムを除く国際安全保障問題へのアメリカの関与を抑制する対外政策をとりつつ、中国やロシアとの大国間協調を通じて核不拡散や気候変動といった地球規模問題への取り組みを積極的に展開した。

国内では、超党派政治を目指したものの、茶会運動が台頭して共和党の右傾化が進み、中間選挙で民主党が下院と上院の多数党の座を失ったため、イデオロギー的に分極化した政治状況に苦しまされた。オバマケアは実現したものの、債務上限引き上げや予算をめぐって厳しく対立し、一時は連邦政府の閉鎖も余儀なくされた。このためオバマは、大統領権限に依拠して移民制度改革などを進めようとして、それに強く反発した共和党と軋轢を深めた。

対外政策については、対テロ作戦を隠密裏に進めて、容赦なく武力を行使したが、それ以外の地域的な危機に対しては、アメリカが前面に出るのを避け、他国との国際協調を通じた対応策をとり、ロシアや中国との対立が決定的となるのを避けた。ウクライナ危機に際しては、ＮＡＴＯとの結束を強化したが、ウクライナ政府への殺傷兵器の供与を控え、ロシアとの全面的な対決を避けた。また、南シナ海で人工島造成を進めた中国に対しても、それに抗議して、航行の自由作戦を再開し、周辺諸国への能力構築支援を実施したが、結局は中国による現状変更行動を阻止できなかった。

しかし、オバマ大統領は自らの外交路線を修正することはなかった。オバマ大統領は、国際問題には強く対応すべきという「ワシントン流のやり方（Washington playbook）」があり、メディアもそうしたやり方を求める圧力を加えるが、そうした圧力に押し切られずに自らの対外政策の方針を維持すべきとの考えに立っていたと言われる。一般的に、国際的な負担を削減したり、直接関与を自制する対外政策は、能動的な国際主義を唱道するワシントンの政策エリートとの対立をはらむ。このため対外関与を抑制しようとする大統領は、自らの考えを理解する側近を重用する政策過程を作り上げると言われるが、オバマ大統領もまたそうした指導者だったと言えよう。

オバマ大統領は、テロリズムはアメリカ本土に危険を及ぼす直接的な脅威なので、直接行動で対応すべきだが、ロシアや中国の行動は、アメリカの存亡を脅かす類のものではなく、むしろ地球規模課題の解決においては大国間協調が不可欠なので、アメリカが過剰に反応しないようにすべきであるし、その他の危機でもアメリカが泥沼にはまならないように対応するのが肝要であるとの判断を持っていたと言われる。しかし、それは結果的に、ウクライナや南シナ海での現状変更を許し、中東も混迷を深め、その中でアメリカのリーダーシップが実質的には不在であったことから、オバマ外交は国内外で批判を浴びることになった。

参考文献

オバマ、バラク『マイ・ドリーム――バラク・オバマ自伝』（白倉三紀子・木内裕也訳）ダイヤモンド社、二〇〇七年。

クロッペンバーグ、ジェイムズ『オバマを読む――アメリカ政治思想の文脈』（古谷旬・中野勝郎訳）岩波書店、二〇一二年。

ペインター、アンソニー『オバマの原点』（木内裕也訳）中経出版、二〇〇九年。

Chollet, Derek, *The Long Game: How Obama Defied Washington and Redefined Americas Role in the World*, Public Affairs, 2016.

終章　「例外」の国の例外？
――ドナルド・J・トランプ――

倉科一希
宮田伊知郎

1　「アメリカ第一主義」の内政と外交

取引の達人――不動産王トランプ

ドナルド・ジョン・トランプは、一九四六年七月一四日にニューヨーク州ニューヨークの高級住宅地ジャマイカ・エステートにて、不動産を生業とするフレッドとその妻メアリーの間に生まれた。フレッドは、ドイツからの移民である父を早くに亡くすも、ビジネスに邁進し財を成した人間であった。フレッドは教育熱心であり、五人の子に自分が叶えることができなかった大学教育を授けようとした。このうち、私立の全寮制学校ニューヨーク・ミリタリー・アカデミーに送るほど腕白だったものの、フレッドと同じく不動産業に興味を持っていたのがドナルドであった。ドナルドは、ニューヨークのフォーダム大学、ペンシルヴェニア大学ウォートン・ビジネススクールにて学び、経済学の学士号を取得、不動産業の世界に飛び込んだ。ベトナム戦争には、医療免除のために徴兵されなかった。

ドナルド・トランプは、父フレッドの築いた地盤を引き継ぎつつ、不動産業で頭角を現していった。七一年にマンハッタンに拠点を構え、社交界で名を上げるとともに、高級ホテルなど富裕層向け物件の開発や不動産取引を中心にビジネス展開をしていった。八三年には、中心街ミッドタウンに五八階建てのトランプタワーを建てた。トランプ・オーガニゼーションの本部が置かれ、ペントハウス三フロア分がトランプ一家のために確保されたこの高層建築物は、ガラス張りの特徴的な外観で、ニューヨークの眺望を一変させた。

「不動産王」の称号を勝ち取っていくなかで、トランプは独特の公的人格を形成していった。彼の元部下はこう述べている。ニューヨークでは「彼はどこから見ても完璧な――尊大で若きプリンスだった。成功者を崇める国柄のアメリカにあって、彼は国民の偶像になりおおせたのだ」。カジノやゴルフリゾート開発においてドナルド・トランプは巨万の富を築いていったが、これらのプロジェクトを進めるためには、一筋縄ではいかない商売相手と交渉し、巨額の資金を調達し、訴訟に勝ちぬき、あらゆる規制をくぐりぬけることが求められた。こうした一連の経験のなかでトランプが得たのは金と名声（そして悪名）だけでなく、地位や職業の装いに隠された人の欲望を見透かし、ときに誇張や嘘、いざこざもいとわず進める取引《ディール》の技であった。「金は目的ではない。私にとっては取引それ自体が目的だ。自己表現手段と言ってもいい」、そう彼は語っている。

トランプは世界都市ニューヨークを拠点に活動する有名人として派手な生活を送った。酒もたばこも嗜まなかったが、モデルや女優と三度結婚し、八五年にフロリダ州パームビーチにある豪邸・国定歴史建造物マール・ア・ラゴを購入するなど、トランプは大衆に格好の話題を提供してきた。さらにトランプは、本業である不動産業に留まらず、大人気リアリティ番組『アプレンティス』に登場したり、酒から家具までを売り上げる一大ブランドを築き上げたりし、著名なセレブリティとして名を馳せていったのである。

「私みたいな人は誰もいない。皆無だ」と自ら言い切る億万長者トランプにとって、政界進出の話はすでにあった。それが本格化したのはオバマ政権が終わりを迎える頃であった。

大統領選挙

二〇一五年六月、トランプは翌年のアメリカ大統領選挙への立候補を宣言した。共和党だけでも一〇名以上が参加したこの選挙戦の当初、トランプは泡沫候補と見なされており、他の候補者やメディアが彼を真剣に取り上げることはなかった。しかしトランプは、有力候補が次々と脱落するなかで支持を集め、共和党の指名を勝ち取り、さらには一一月の本選挙に勝利する。

トランプが泡沫候補と扱われた一つの理由は、それまで彼が一切の公職に就いたことがなく、政治的な経験を欠いていたことであった。ベトナム戦争やウォーターゲート事件で政治への信頼が損なわれた一九七〇年代以降、アメリカの選挙では、連邦政府との関係が乏しい候補者に優位な傾向があった。とはいえ、七〇年代以降の大統領のほとんどは州知事経験者であって、政治的な経験がまったくないトランプはやはり例外であった。

しかしトランプは、一見すると自分の弱点である政治経験の欠如を、反ワシントン・反中央エリートの証として位置づけ直した。そして、これまでエリートが無視してきた普通のアメリカ人の利益を、自分こそが擁護すると訴えた。実業界で成功した自分は、それまでの政治家よりも取引に長けており、アメリカの利益を確保する交渉ができると訴えたのである。「アメリカを再び偉大に」は、トランプの選挙戦におけるスローガンとなり、困難な状況にある白人労働者階級や中産階級を熱狂させた。「忘れ去られた男たち、女たちが、もはや忘れ去られたままであることはないだろう」との言葉は、製造業の国外流出によって大きな影響を受けた中西部のラストベルト（オハイオ、ミシガン、ペンシルヴェニア、ウェストヴァージニア）や南部の人々に響いたのである。

トランプは選挙公約として、北米自由貿易協定（ＮＡＦＴＡ）や環太平洋経済連携協定（ＴＰＰ）からの離脱、メキシコ国境への「壁」の建設やムスリム系難民・移民の受け入れ廃止など、反自由貿易・排外主義的な訴えを掲げた。また彼は、差別的と捉えられかねない表現をしばしば使用し、厳しく批判されたが、それによってトランプの熱狂的支持者が彼を見限ることはなかった。また、トランプの公約には医療保険制度改革法（通称「オバマケア」）への反対や国防予算の増額など、共和党と歩調を合わせた政策も含まれていた一方で、反自由貿易的な主張やインフラ整備の公約は、共和党の大勢とは必ずしも一致しなかった。

共和党主流派から距離をとった予備選挙を戦ったトランプは、一六年七月の党大会で共和党の大統領候補に指名された。彼は、それまで対立していた共和党主流派の支援も受けて、ヒラリー・クリントン民主党候補との本選挙に臨んだ。トランプは予備選挙に引き続き、「アメリカを再び偉大にする」ため国内・対外政策の転換を訴えた。このような主張は、ラストベルトで支持を集めた。一方、依然としてトランプへの不満をぬぐい切れない共和党主流派の多くも、民主党とクリントンへの反対票としてトランプに投票した。その結果、クリントンの得票数の方が多かったものの、選挙人獲得数でトランプが勝利した。

「人民」の大統領

二〇一七年一月二〇日の就任演説において新大統領は、まさにその日こそが「人民がこの国の支配者になった日」だと謳いあげた。トランプは、ワシントンに巣くう既得権益のみが栄える時代に終止符を打ち、「アメリカ第一主義」の外交、貿易、移民政策、税制のもと、アメリカを再び「強く」「豊か」に「誇り高く」「安全」にする――「アメリカを再び偉大にする」と述べ、「人民」が「無視されることはもはやない」と約束したのである。だが翌日起こった就任に抗う女性達の行進は史上最大の規模となり、彼の言う「人民」の限界と困難な前途を露呈していた。

就任後トランプは大統領令等を駆使し、「アメリカを再び偉大にする」ための公約遂行を目指し、オバマ政権の成果の無効化に努めた。まずトランプは就任初日にTPPからの離脱を発表した。また、入国管理に関しては、同月にイスラーム教の七カ国（イラク、シリア、イラン、リビア、ソマリア、スーダン、イエメン）からの渡航者の入国を禁じた。九月には、DACAプログラム（第11章参照）の撤廃方針を宣言し、この廃止をトランプは求めたのである。トランプは、三月に（カナダの）アルバータ州とネブラスカ州を結ぶ長距離石油輸送管路、キーストーン・XLパイプラインの建設を承認し、六月には温室効果ガス削減を目指した多国間協定、パリ協定（二〇一五年採択）からの離脱を発表した。環境規制に反対するトランプ政権の最優先事項は、石油等のエネルギー産業、炭鉱業、製造業の復活ならびに雇用回復だったのである。さらに、一二月には税制改革法案を成立させ、一〇年間でおよそ一・五兆ドル規模の減税を行うことになった。また、トランプは医療保険制度改革法の廃止を試みてきた。これに加え彼は、雇用対策として大規模なインフラ整備案についても検討を重ねてきた。

公約実現に向けた取り組みのなかには、成功したものもある。たとえば、トランプは国内外の企業に対してアメリカにプラントや工場を残すよう交渉し、一定の成果を収めているし、保守的な裁判官二名の最高裁判事任命も実現している。またトランプは、軽微な罪に対する厳罰主義の改善を目的とする「ファーストステップ法」の成立に貢献した。

しかしながら、公約の目玉であったメキシコ国境の壁の建設に関しては大きな進展はなく、イスラーム諸国の渡航規制や、ＤＡＣＡプログラムの廃止に関しても困難に直面している。医療保険の改革に関しては、民主党のみならず共和党内部の左右どちらからも反対があり、実現が進まない状態にあり、環境規制の撤廃に至っては雇用回復に繋がるかは、不透明なままである。トランプの抱える難題はこればかりではない。大統領選挙におけるロシアとの共謀疑惑や納税額の不開示などの問題は、完全に解決したとは言えない状況にある。さらに、問題発言も続いている。たとえば一七年八月一二日、ヴァージニア州シャーロッツヴィルにて排外主義を訴えるオルタナ右翼のデモに反対した女性が、当該集団の一人の車にはねられて殺害され、さらに多くの重軽傷者を出した事件が起こったが、その際トランプは双方に言い分があるとの趣旨の発言をし、強い非難を浴びた。一八年一月にはアフリカ諸国やハイチを「屋外便所のような国」と表現するなど、トランプ大統領による人種差別的、性差別的な失言、嘘、誇張表現はこの後も後を絶たず、強い批判を受け続けている。

大統領に対する審判は、一八年一一月の中間選挙にて下された。トランプの共和党は上院では過半数を維持することができたが、下院では民主党に大敗を喫したのである。一九一四年以来最も投票者の多かったこの選挙では、人種・宗教マイノリティや女性、ＬＧＢＴの若い候補が躍進を見せた。結果下院の多数党は民主党となり、ナンシー・ペロシが本人二度目の女性下院議長に着任したのである。

再選への挑戦を前にしたトランプの足元は揺らいでいる。景気は拡大傾向にあるが、減税と軍事費の引き上げにより財政赤字解消の兆しはない。メキシコ国境の壁の建設費のため二月一四日に国家非常事態宣言を発令せざるをえなかったなど、政権運営も困難が続いている。

「アメリカ第一主義」を掲げたトランプ政権の方針は、製造業を中心に国内経済の振興を進め、かつ排外主義的な政策をとり、「人民」にアピールする政策を推し進めていくことであった。そして、この「アメリカ第一主義」の理念と連動し展開していったのが、トランプの外交であった。

トランプ外交の形成

大統領選挙がトランプの勝利に終わると、将来のアメリカ外交に対する懸念が広がった。これまでのアメリカ外交を繰り返し批判してきたトランプの手によって、外交政策の抜本的な転換が生じるのではないかという不安が、一気に現実性を増したのである。実際にトランプの大統領就任演説は、自由貿易や同盟、対外援助が米国内の必要性を無視して行われたと批判し、「通商、税制、移民、対外関係に関するあらゆる決定は、アメリカの労働者と家族の利益に沿ってなされる」と「アメリカ第一主義」を改めて唱道し、今後の外交政策に対する不安を煽った。

成立直後のトランプ政権には、この「アメリカ第一主義」の実現を訴える、予備選挙からのトランプの支持者やオルタナ右翼に近い勢力が加わっていた。その一方、共和党の関係者や元軍人、大企業の経営者など、従来の政策を支えてきた人々も参加した。これら閣僚の多くは中高年の白人男性であり、人種・民族やジェンダーの多様性を反映したオバマ政権やブッシュ（子）政権の構成とは異なっていた。また、大統領の家族が政権中枢に入ったことも特徴的である。トランプ政権には、このように立場を異にする諸集団が、緊張を孕みながら共存していた。

トランプ政権の外交政策における問題の一つは、共和党の外交専門家との対立であった。選挙中から国際主義を批判したトランプの発言に、外交専門家は反発し、公然とトランプを批判した。とくに二〇一六年八月には、閣僚経験者を含む五〇名以上が、トランプは「大統領および最高司令官にふさわしくない」と非難し、自分たちはトランプに投票しないと宣言していたのである。トランプの勝利後、これら共和党の外交専門家たちは、新政権でポストを得られなかったり、自ら政権入りを拒んだりした。そのため、国務省や国防総省の幹部ポストがなかなか埋まらず、外交チームの形成が難航した。

安全保障・外交政策

トランプ政権の対外政策の中で、従来の政策との継続性が比較的強いのが、伝統的な安全保障とこれに関連する外交政策の分野である。この分野で重要な役割を担う役職には、レックス・ティラーソン国務長官やジェームズ・マティス国防長官のように「大人たち」とも呼ばれる有力者が指名された。さらに、安全保障問題担当補佐官も、最初に任命された大統領側近のマイケル・フリンが早々に辞任し、ハーバート・マクマスター陸軍中将が後任になった。元軍人を中心とした専門家が安全保障政策を統括する役職を占め、選挙戦以来の大統領の側近が安全保障・外交政策に与える影響力は低下した。

実際にトランプ政権の安全保障・外交政策は、基本的に国際主義を継承した。二〇一七年秋から一八年初頭にかけて発表された外交・安全保障政策の方針では、ＮＡＴＯ諸国や日本との同盟関係を重視し、中国やロシアを競争相手と位置づけている。地政学的な観点を重視する安全保障・外交政策は、アメリカ一国の短期的な利益に執着するトランプ大統領の選挙公約とは一線を画す政策であり、ここに「大人たち」の影響を認めることができるだろう。

その一方でこれら「大人たち」の政策には、共和党の中でも保守派の影響が色濃い。すなわち、必要と判断した場合にはアメリカ単独での行動をためらわず、国際機関を通じた多国間の協力には関心が低いのである。国際的な人権擁護や大量破壊兵器の拡散防止のような世界的問題を無視するわけではないが、アメリカ単独の介入による解決を好み、多国間の協力による解決を選ぶことは稀であった。このような単独主義的な一面は、たとえばイラン核合意からの脱退やイスラエル支持など、トランプ政権の中東政策に顕著である。

もっとも、安全保障・外交政策であっても、「アメリカ第一主義」の影響を免れたわけではない。アメリカの負担過剰を主張するトランプ大統領は、安全保障の「代償」として日本やＮＡＴＯ諸国により多くの負担を求めた。さらに韓国政府に対しては、貿易交渉における譲歩がなければ米韓同盟を破棄するという大統領書簡を作成したという。同盟国への負担要求や貿易赤字への不満は、トランプ政権が初めて公言したわけではない。しかし、同盟をアメリカの一方的負担としか見なさず、その「負担」軽減を取引と称してあからさまに要求するトランプの行動は、これまでの政権と大きく異なっている。

「アメリカ第一主義」の外交

安全保障・外交政策が従来の政策との連続性をある程度維持できたとするなら、選挙中の「アメリカ第一主義」の影響がより鮮明なのは、経済社会問題に関わる対外関係であった。選挙中からトランプを支えた側近は、大統領府を中心に政府の重要ポストを占めた。彼らは、通商政策や移民政策など、「アメリカ第一主義」と関連の深い政策に影響を及ぼした。さらに、通商政策などと安全保障・外交政策の間に矛盾が生じた時、政策の優先順位を左右しようとした。

政権発足直後に注目を集めた移民政策については前述したが、通商政策でも論争が生じた。トランプ大統領は、アメリカの貿易赤字を抑えるための個別交渉を進める一方、自由貿易を促してきた国際的な枠組みを攻撃した。アメリカの利益を最大化しようとする取引によって対立を深めているのが、中国である。トランプは当初から貿易不均衡を問題にしていたが、二〇一八年には相次いで中国製品に対する追加関税を発表した。中国政府も報復としてアメリカ製品に対する関税を引き上げたため、米中関係は貿易をめぐって緊張が続いている。国際的な協定については、大統領就任直後のＴＰＰ離脱に続いて、ＮＡＦＴＡについても離脱の可能性をちらつかせて再交渉を行い、一八年一一月に新たな協定に署名した。

以上のように、大戦以来のアメリカの国際主義と「アメリカ第一主義」の間の溝は深い。その結果であろうか、一八年に入って、政権内にトランプ大統領への不満が広がっていることを示す兆候が現れている。たとえば九月には、大統領に対する政府内の抵抗を認めた匿名の論考が『ニューヨーク・タイムズ』紙に掲載された。また、外交チームも大幅に入れ替わっている。一八年三月にはティラーソン国務長官が更迭され、同月末にはマクマスター補佐官も辞任した。さらに、中間選挙直後の一八年一二月には、大統領に対する影響力を評価されていたマティス国防長官も辞任した。「大人たち」の束縛を逃れたトランプ政権は、二〇二〇年の大統領選挙を視野に入れながら、当面の外交政策を運営することとなる。

2　現代アメリカ社会の変容と大統領

「アメリカ第一主義」や「アメリカを再び偉大に」と訴えるトランプの施政を、たとえば国際主義に抗う外交方針や彼の破天荒な言動や振る舞いから「例外」と見なすのは容易であろう。しかし、ニューディール・リベラリズムの形成から始まった現代アメリカの国内状況・対外関係を顧みれば、戦後の政治、外交が置かれた特殊な状況なくしてトランプは登場しえなかったことが分かる。以下、社会と対外関係に分け、トランプ大統領が現れた背景を確認していきたい。

豊かな「人民」の形成と公民権運動

「アメリカを再び偉大に」と喝破するトランプにとり、「偉大」な時代は一九四〇年代後半から五〇年代であった。戦後好景気に沸くアメリカは、たしかに消費生活の黄金期を迎えていた。四六年から六〇年の間に国民総生産は倍増し、「人民」の多くは、祖父母や親の世代よりも豊かな生活を手に入れていった。自家用車や電化製品が備えられた庭付き戸建ての郊外生活――労働者階級を含むアメリカ人の半数以上がこうした中産階級の生活を享受できるようになったのである。

「人民」が享受したこうした豊かな郊外生活は、連邦政府によるリベラリズムの賜物でもあった。急逝したローズヴェルトの跡を継いだトルーマンはフェアディールや復員軍人法の成立、また共和党大統領アイゼンハワーも州間高速道路建設などを通して、ニューディールにおいて形成されたリベラリズムを継承した。ケネディもこの路線を堅持そして発展しようとした。

豊かさの立役者は政府だけではなかった。民間企業と労働組合も重要な役割を果たしていた。企業は安定した雇用を提供し、組合は質の高い労働力の養成に努める。その一方で政府は労働市場からこぼれ落ちる人々の救済、さらに労働力の再生産を担った。この三つの歯車がかみ合うことにより、経済は成長した。そして、発展の動力となったのが、北部や中西部都市を拠点とした強力な製造業であった。戦禍のため世界中が生産機能を失い、モノ不足に喘ぐなか、アメリカ製品への需要は非常に高かったのである。また冷戦期には、国家による出資をもとに、通信やエレクトロニクス、航空、宇宙などの国防関連の新産業が発展し、多くの雇用が生み出され、分厚い中産階級が形成された。こうした産業が集中したのがアメリカ西部から南部に展開したサンベルトであった。日照時間が長く、夏季は暑さに悩まされる地域であったが、空調が普及すると状況が変わり、組合が弱い土地柄にあって、六〇年代から七〇年代にかけて産業の拠点となっていった。フェニックス、サンディエゴ、アトランタなどの大都市が現れ、いずれのまわりにも広大な郊外が広がったのである。

白人中産階級男性の「人民」を主人公として展開したこうした「豊かな社会」は、一方で「異議申し立て」の対象へとなっていた。「豊かな社会」から法的に、そして事実上除外されていたアフリカ系アメリカ人らによる公民権運動が展開していったのである。彼らが暴いたのは、豊かで平穏な郊外生活のイメージにはほど遠い苛烈な差別の実態であり、自由や民主主義、平等の理念に反する一連のジム・クロウ政策であった。人種差別主義者の暴力に晒されつつも進んだこの運動は、六三年のワシントン大行進に約二五万人を集めるまでになり、公民権法ならびに投票権法の成立を成し遂げた。さらにこの公民権運動は、女性、同性愛者、先住民など、多くのマイノリティの権利獲得運動を触発していくのである。

公民権運動のうねりは、アメリカ政治の方向性を大きく変えた。公民権法、投票権法への署名に続いて、ジョンソンは「偉大な社会」の方針のもと、豊かなアメリカから排除されてきたマイノリティが、「人民」としての当然の権利と豊かさを獲得できる社会形成を目指したのである。

注目しておくべきは、ニューディールと六四年に始まるジョンソンの「偉大な社会」の違いである。前者が未曾有の大恐慌への対処であった一方で、後者は好況下において公正な社会の形成を企図する政策でもあった。五〇年代、六〇年代前半は歳入額も従来と比して高く、政府は挑戦的なプログラムを組むことができた。その例が「貧困との闘い」である。ニューディールにおける貧困対策は、貧困が発生する原因を制度の欠陥や労使の力の不均衡に求め、公共事業による新規雇用創出や、生産物の価格の安定、生産調整により雇用数・条件の向上を進めることにより行われた。一方で「貧困との闘い」は、貧困の原因を技能と働く習慣の有無に見出し、労働技能と動機を貧困層に与えることにより貧困の解決が叶うものとした。またその実践においては、公民権運動におけるマイノリティの「権利獲得」運動のあり方を反映し、黒人を中心とする生活困窮者自身が、自分の近隣で経済状況を改善する活動、すなわち、豊かな「人民」に参入するためのプログラムを主導していくことが推進されたのである。

公民権運動のうねりに押され展開したジョンソンの「偉大な社会」は、より多くの「人民」に豊かな社会の恩恵を届けようとし、その成果をたしかに上げた。公民権運動の進展は、社会的弱者の権利回復を進め、人種、階級、ジェンダーを異にする者がそれぞれの立場から等しく声を上げることができる舞台を形成していったのである。

「サイレント・マジョリティ」と保守主義の台頭

しかしながら、「偉大な社会」や「貧困との闘い」が「豊かな社会」への人種マイノリティの包摂を目指す一方で、人種間の経済格差が埋まることはなかった。白人による都市脱出（いわゆるホワイトフライト）が進行しており、黒人が多く住む都市部は荒廃していった。戦後農業機械化によって職を失った南部の黒人労働者が北部や中西部を中心とした都市部に移動してきたが、事業の合理化を進める工場は五〇年代には都市部から郊外ないしは州外／海外に移転し始めており、未熟練の状態で就ける仕事が都市部には十分になかったのである。構造的に貧困な状況に置かれていた都市部黒人の経済は改善せず、六〇年代半ばから後半には多くの都市で暴動が頻発した。都市は、暴力、犯罪やドラッグの蔓延する危険な場所として見られるようになり、白人の都市脱出に拍車をかけたのである。

こうしたなか、一九六八年の大統領選挙で勝利したのは、共和党のニクソンであった。ニクソンは、すでにアメリカ的生活様式を享受している（ないしは、いた）「人民」に照準を定めた政治を行った。「法と秩序」を掲げたニクソンは、「貧困との戦い」の恩恵がマイノリティに資し、そして都市の荒廃が進んだことに怒りを感じる白人中産階級、労働者階級の「サイレント・マジョリティ」の声を聞くと訴え、伝統的に民主党の票田であり、成長が進む南部・サンベルトで積極的に運動をし、支持を拡大した。

ニクソンは「新連邦主義」を進め州に権限を移動させるなど「小さな政府」路線を推し進める一方で、環境保護庁を設置するなど行政権の拡大にも努めた。「大きな政府」から「小さな政府」への過渡期にあったニクソン政権の重荷になったのは、長期的な経済動向の変化であった。郊外生活の実現を可能にした右肩上がりの成長が、七〇年代に本格的に終焉を迎えつつあったのである。ブレトンウッズ体制のもとで強いドルが維持され続けたため、生産力を回復した西ドイツや日本など同盟国からの安価で質の高い製品の輸入が拡大し、アメリカは輸入超過に陥っていた。ニクソンはこの体制を終わらせ、ドルの価値を下げることによって、輸入超過を解決しようとした。だが、七三年に石油危機が起きると経済成長が鈍化し、高インフレが生じると、アメリカ経済はスタグフレーションに陥った。結果、企業は生き残りのため製造部門のリストラや自動化を加速させたり、労働組合が弱く人件費が安価な南部や海外に製造拠点を移したりしたので、自動車産業、鉄鋼業により潤ってきた北部諸都市は、大打撃を受けた。政府、企業、組合の相互協力による経済体制は徐々に衰退していったのである。

フォード政権期、カーター政権期においてもこうした政治経済の混乱は続いた。経済が低迷するなか、輪郭を表し始めたのが「大きな政府」に相対する政治勢力であった。「豊かな生活」を実現してきた中産階級の人々は、みずからの生活様式を守るために、新たな「人民」をめぐるレトリックに惹かれていった。リベラリズムに嫌悪感を持つ人にとって、福祉国家化を目指す「偉大な社会」やマイノリティへの差別撤廃の判決を次々と下す連邦最高裁判所は、遠く離れた場所にある中央政府や官僚による、地域の伝統や生活様式の破壊を象徴するものに他ならなかった。生活のすみずみにまで政府権力が入り込んできたと考えられたのである。人種隔離を南部独自の伝統文化や生活様式だとしてきた保守的な南部民主党支持者もこれに共鳴し、「地方による自治の重要性」や「連邦政府の拡大への反対」などを訴えた。ニューディールにおいては、経済状況や社会環境の悪化の原因は経済や企業に求められたが、彼らにとってこうした困難は政府の介入ゆえに発生することであった。政府は解決策ではなく、問題となったのである。さらに七〇年代以降においては人工妊娠中絶への反対、伝統的家族の尊重の立場をとり、さらに「性の革命」に反対する宗教右派が力を拡大していった。

レーガン革命――豊かさの復活？

レーガン大統領の登場は、「大きな政府」や包摂に違和を感じる「人民」が結集する契機となった。「アメリカを再び偉大な国にしよう」「政府こそが問題」「伝統的価値の復活」などと喝破したレーガンは、「白人のバックラッシュ」を摑むことに成功した。かつては民主党を支持していたような労働者階級も彼に投票し、かつて民主党が強かったイリノイ、テキサス、ニューヨークでも勝利したのである。

レーガンが推進したサプライサイド経済学は、「経済的自由」を尊重し、規制緩和を通して企業活動が活性化すれば、雇用や給与は増え、社会全体にその恩恵が行き渡るとした。このいわゆる新自由主義の哲学のもと、レーガンは、減税をしながら、高金利による金融引き締め、組合活動の抑制そして規制緩和に努めた。政府、企業、組合が手を握り合い、経済成長を推進する時代は終焉を迎えつつあったのである。

レーガンは、一見好景気をもたらした。一九八九年の終わりまで、財政赤字は増したものの国民総生産は着実に伸張した。だが、このいわゆるレーガノミクスの恩恵はすべての人に行き渡ったわけではなかった。レーガノミクスにおいて築き上げられた富は、設備投資や事業拡大、雇用の増大ではなく、企業合併や金融セクターへの投資に費やされていき、結果、格差は拡大した。金融機関で働く者が華やかな暮らしを送る一方で、製造業に勤めている中産階級や労働者階級の生活が改善することはなく、豊かな生活の維持のために共働きが定着し、子弟の就労が増えていった。さらに法的な人種差別から解放されたはずの黒人は、社会的上昇を遂げた者も少なからずいたが、多くが製造業での雇用機会が縮小するなかで賃金の低廉な職業に就かざるをえず、高い失業率に甘んじ続けたのである。

政府を問題そのものだとする見方は、ブッシュ（父）にも引き継がれていく。そしてブッシュ（父）再選を阻止した民主党のクリントンは、積極的差別是正措置や人工妊娠中絶の権利の保護に努め、公的医療保険制度の成立を目指したものの、「これまでの社会福祉を終わらせる」ことを約束し、肥大化した官僚機構のスリム化を求めた。クリントンは、「大きな政府の時代は終わった」と訴え、自由貿易のさらなる拡大を推進したのである。

混迷する社会、分裂する人民——望まれる新たな「取引」

二一世紀最初の大統領となった共和党ブッシュ（子）は、大型減税を行い「思いやりのある保守主義」を掲げ、「小さな政府」路線を推し進めた。ブッシュはさらに「所有者社会」を提唱し、住宅、保険、年金などについて政府に頼るのではなく、自分で所有・管理し、自立した生活設計を行うことを推進したのである。

景気は良好であったがかつて豊かであった郊外住民の生活は、必ずしも良くはならなかった。グローバル化が製造業における雇用機会の縮小を加速化し、インターネットをはじめとするコンピュータ技術の急成長は、ホワイトカラー職の減少を招くとされていた。それにもかかわらず、連邦準備銀行が金利を低く抑えるなか、人々は豊かな生活を求め、クレジットでの買い物を続けた。また、返済能力のない人々にも住宅ローンが組まれていったのである。

こうした経済は二〇〇七年に始まる未曾有のグローバル金融・経済危機に繋がった。銀行は貸し出しを抑え、企業活動は縮小し、多くの人が職を失ったのである。

大恐慌のさなか行われた大統領選挙にて困窮する「人民」が選んだのは「変革」を唱えた民主党のオバマであった。ヴァージニア、ノースカロライナそしてフロリダ、インディアナなど、共和党が優勢な州でもオバマは勝利を収めた。マイノリティ、若い世代の人々や郊外住民とともに、製造業の下降に苦しみ、失業率が高かった州で多くの人が、オバマに未来を託したのである。

オバマはグローバル金融・経済危機で打撃を受けた自動車産業や大手金融機関の救済を行い、ニューディールを彷彿させる政策を組んだ。彼が行ったのは、失業保険の期間延長や、低所得者層向けの公的医療保険拡充のための補助の支出、公共事業の拡大、科学技術振興、環境対策の充実等を通した雇用創出まで多岐にわたった。オバマはまた法人税減税を行い、金融安定化対策にも取り組んだ。彼はさらに健康保険制度を整え、すべての人が健康保険の所有をでき得る制度を提案し、議会を通過させたが、こうしたオバマの政策は、財政出動に強く反対する保守層の怒りを買い、「茶会」運動を巻き起こしたのである。結果、政権運営は混迷することになった。

しかしながら、オバマの恐慌対策は、一見功を奏したとも言えよう。大恐慌は〇九年に公式に終わったとされ、一〇年代にさしかかると、アメリカ経済は堅調さを回復していた。株価は最高値を更新し、失業率は減少に転じたのである。

それにもかかわらず、格差の拡大は続いた。株価上昇に応じて富裕層はさらに豊かになっていたものの、中産階級や労働者の賃金は伸び悩んだ。トップ一％の富裕層が、資産の四割を持つなか、貧困対策のためのなんらかの公的補助を受けたことのあるアメリカ人は、七割を超えるようになった。オートメーション化など技術革新による産業構造の変化で組合に守られたフルタイム雇用が減少の一途を辿る一方、介護や接客、調理など低賃金サービス業の雇用数が増えていった。一〇年代には、薬物による中毒死が、不慮の事故死の原因で一位に躍り出ていた。思い描いていたような生活を築けず、医療用麻薬オピオイド等の過剰摂取で命を落とす者が増えたのである。

こうした状況に対し生活困窮者は沈黙を守っていたわけではなかった。最も富める一％のみがより豊かになれる社会に対して、一一年にニューヨークで「ウォール街を占拠せよ（Occupy Wall Street）」という抗議運動が発生し、格差社会への警鐘を鳴らした。貧困が顕在化するなか、さらに露わになったのは歴史的に構造化された黒人への差別であった。警察によるアフリカ系アメリカ人への偏見（人種プロファイリング）に基づく暴力行為、収監は後を絶たず、アフリカ系やヒスパニック系貧困層の投票機会の事実上の剝奪も指摘され、住宅などへの公的扶助も弱体化し続けていた。こうしたなか、黒人たちを中心とした異議申し立ての運動「ブラックライヴスマター」がソーシャルメディアを通して全米を席巻していったのである。

しかし、見捨てられたと考えた人々は彼らだけではなかった。かつて手中にしていた「豊かさ」を失った「人民」が、とりわけ北部・中西部、とりわけラストベルトを中心に多くいたのである。彼らは、政治に対する違和感を蓄積していた。そして彼らの怒りは国内社会・経済の動向のみではなく、外交政策にも向けられるようになっていたのである。

3　現代アメリカの対外関係

アメリカ主導の国際秩序の形成

序章で確認したように、第二次世界大戦中のアメリカ政府が描いた戦後国際秩序は、国際主義を基調としていた。世界恐慌による貿易の縮小と、それに続く大戦を経験したアメリカでは、自由な貿易を平和の条件と見なすリベラルな国際秩序観が支持を広げた。この議論自体は、アメリカにおいて新規な議論というわけではなかった。しかし、繁栄を謳歌した二〇年代でさえ高い関税が維持されていたことを思えば、自由貿易と国際平和を結び付けたこの国際政治観の広がりは、アメリカの大きな変化を意味していた。

その一方で、孤立主義や保護貿易を支持する勢力も、依然として強力であった。この勢力が立場を変えて国際主義を受け入れるには、ソ連の脅威という外部要因が必要であった。すなわち、冷戦である。もちろん、アメリカに対するソ連の敵意・警戒は事実であり、アメリカの国内事情によって冷戦が創出されたわけではない。トルーマン政権は、現実に存在するソ連の脅威を巧みに利用し、リベラルな国際秩序への支持を確保したのである。

国内の支持を得て進められた国際秩序の形成は、おおむね成功した。トルーマンおよびアイゼンハワー政権の下で、アメリカ政府は西欧諸国と日本をソ連に対抗する同盟網に組み込み、自由貿易体制の下に繋ぎとめた。大戦の被害がほとんどなかったアメリカ経済は、圧倒的な国際競争力を保持し、戦後の経済繁栄を先導した。アメリカはソ連と対抗するために多額の国防費を負担し、同盟国に経済復興の支援や軍事援助を提供した。さらに自国市場を国際的な競争に開放し、同盟国との通商を促した。これらの負担は多大であったが、国際秩序の形成を主導する代償として受け入れられたのである。

国際秩序の動揺

アメリカが中心となって構築した大戦後の国際秩序に、問題がなかったわけではない。米ソ双方の核戦力拡大によって、核兵器を実戦で使用するのが困難な「核の手詰まり」状態が生まれた。その結果、アメリカの拡大抑止に疑問が生じる信頼性の問題が生じ、同盟国との関係を揺るがしていた。また、大戦後に独立したアジア・アフリカ諸国は、米ソが勢力を競う新たな戦場となった。公民権運動はアメリカが依然として深刻な人種差別を抱えていることを明らかにして、第三世界で支持を広げようとするアメリカ政府の障害になった。さらに一九五〇年代末になると、西欧諸国や日本が復興を進めたこともあって、アメリカの国際競争力が相対的に低下した。その結果、米国内では国際秩序を支える負担への不満が口にされるようになった。

しかし、六〇年代のアメリカ政府は、これらの新たな問題に積極的に対応していった。ケネディおよびジョンソン政権は、国際的圧力を背景にアフリカ系アメリカ人の公民権を保護し、南部における法的な人種差別を撤廃する政策を進めた。国別割当によって北西欧からの移民を優遇していた移民法も改訂され、アジアなどからの移民が増大した。また、ソ連との関係を安定化させるために積極的に交渉を進める一方、「核の手詰まり」状況でもソ連に対抗できるよう柔軟反応戦略を採用した。通常戦力の拡大を柱とするこの新戦略を実現するため、西欧諸国を中心に同盟国に負担の分担を求めた。柔軟反応戦略は、信頼性を回復し、第三世界の冷戦に対応することを目指した政策であり、その実践例になるべく期待されたのが、ベトナムにおける戦争であった。南ベトナムの反政府勢力を制圧することで新たな冷戦に対するアメリカの適応力を示しつつ、同盟国を見捨てない姿勢を示して信頼性強化を図ったのである。ジョンソン政権は、南ベトナムの情勢に対応し、同盟政策の問題を解決することに自信を示していた。

もっとも、このような対策が功を奏したとは言いがたい。ソ連との武力衝突を避けながら、同盟国に負担分担を求めるアメリカの方針に対し、とくに西欧諸国が抵抗した。西欧諸国にすれば、ソ連の脅威が切迫しているからこそアメリカとの協力が必要なのであり、負担の増大にも応じる可能性が生じる。米ソ両国が直接対決を回避し、ソ連の軍事的な脅威が低下するのであれば、新たな負担を引き受けてまでアメリカの信頼性維持に努める必要は弱まる。ケネディ・ジョンソン政権の新戦略は、かえって米欧関係に軋轢を生んだのである。

さらに、ベトナムの戦況がアメリカ政府の思惑を裏切った。南ベトナムの反政府勢力は、北ベトナムの支援を得ながら根強い抵抗を続け、アメリカ政府は苛立ちを募らせるようになった。膨らみ続ける戦費は、アメリカ経済のさらなる足枷となり、アメリカ・ドルを国外に流出させて国際的な通貨体制を不安定にした。また、膨大な時間と犠牲を要するこの戦争に対し、国内外から疑問の声が上がるようになった。学生を中心とする反戦運動は、国境を越えて同盟国にも広がっていた。第三世界には、アメリカの介入を植民地主義と同一視する批判が広がり、西欧諸国の政府も世論に配慮してアメリカへの協力を渋るようになった。アメリカの国内外で、アメリカの政策に疑問が呈されるようになり、アメリカによる国際秩序が揺らぎ始めたのである。

国際秩序の再編

一九六〇年代末から八〇年代にかけて、アメリカ政府は大戦以来の国内・国際秩序の再編を図った。あえて単純化するなら、この秩序再編は「自由な競争」を徹底することで達成されたと言えるだろう。国内では、減税や規制緩和によって民間の活動を活発化させようとしたが、この政策は同時期の西側同盟国にも広がっていく。一方で、「自由な競争」とは相いれない社会主義に対しては、強い敵意をむき出しにしたのである。

この「自由な競争」による秩序再建を代表する大統領こそ、レーガンであった。彼の二元論的な世界観によれば、世界はアメリカの味方と敵に分かれるのであり、敵を代表する存在こそが社会主義国家ソ連であった。レーガンにとってソ連は、自由に代表されるアメリカの価値体系を受け入れない勢力の中心であり、何よりもイデオロギー的な脅威であった。アメリカの生存を揺るがしかねない地政学的脅威は、二義的な問題であったということになる。

これに対してレーガンの前任者であったニクソンとカーターは、レーガンのような二元論的な外交政策をとらなかった。ニクソンが本格的に進めたデタントによって、米ソ関係は安定化し、ソ連の地政学的な脅威は緩和された。もしかしたら、この変化によってソ連をイデオロギー的な脅威と見なすことが可能になったのかもしれない。そうであったとしても、デタントはレーガンに代表される保守派には不評であった。カーターは、ニクソン政権を批判し、人権などアメリカ外交のイデオロギー面を再び強調した。しかし彼は、ソ連とのデタントを継承し、人権外交の矛先を同盟国に向けており、その外交は二元論的とまでは言いがたい。

その一方、国際経済の面では、ニクソンの政策によって「自由な競争」が急激に進んだ。国際収支の赤字から生じる通貨問題への対策として、ニクソンは金・ドル交換を停止し、最終的に為替相場は変動相場制に移行した。その結果、政府による国際金融への管理が弱まり、国境を越えた富の移動が急速に膨らんだ。これは時に不安定なマネーゲームに陥り、「カジノ資本主義」と称されることもあった。

「自由な競争」を旗頭にしたレーガンの対外政策は、イデオロギー的な二元論のみに律せられていたわけではない。まず、当時の議会では上院こそ共和党が六年にわたって多数派を維持していたものの、下院では一貫して民主党が多数派であり、外交政策におけるレーガンの行動の自由には限界があった。さらに、レーガンの政策自体に矛盾があった。減税と規制緩和による「小さな政府」を目指したレーガンは、一方で国防費を拡大させて「強いアメリカ」を目指した。税収の減少にもかかわらず歳出削減に失敗したため、財政赤字が急速に拡大したのである。さらにレーガン政権がドル高を放置していたこともあって、アメリカ製造業の国際競争力は回復せず、貿易赤字が膨らんだ。いわゆる「双子の赤字」である。これは、長期的に「強いアメリカ」を揺るがしかねない問題だった。

このような矛盾を内包しながらも、レーガンの経済政策および対外政策は、輝かしい成功として記憶されることになる。政権初期に深刻なインフレーションが収まり、サービス業を中心にアメリカ経済は成長した。さらに、社会主義陣営が崩壊して冷戦がアメリカの「勝利」に終わったことも、レーガン政権の対外政策が成功したというイメージを広げることに貢献した。これ以降の政権は、レーガンの成功イメージに影響を受けながら、「冷戦後」の国際秩序を構想することになる。

「新世界秩序」　東ヨーロッパのソ連圏崩壊とソ連解体に立ち会ったのは、ブッシュ（父）であった。冷戦後の秩序構想を「新世界秩序」と華やかに彩ったのも彼であった。その一方でブッシュ政権は、なかなか対外政策から冷戦的な発想を拭いきれず、ソ連圏の変化に迅速に対応できなかった。冷戦後の新たな対外政策が顕著になるのは、次のクリントン政権の時であった。彼はレーガン政権による国内政策を評価し、社会福祉の充実を目指すリベラル派と袂を分かった、民主党中道派を代表する政治家であった。この中道路線は、国内政策において顕著であったが、対外政策、とくに経済政策にも影響を与えている。

冷戦後のアメリカ対外政策における特徴の一つに、自由な経済体制の拡大があった。これは、かつてのソ連や東欧諸国のような、旧社会主義国への資本主義の導入に留まらなかった。一九九〇年代にはメキシコやアジア諸国で通貨危機が生じたが、アメリカが主導する国際通貨基金（ＩＭＦ）や世界銀行は、これらの国々を支援する条件として、国内経済の規制緩和を求めた。さらにクリントン政権は、世界貿易機関（ＷＴＯ）の設立に合意し、ＮＡＦＴＡを締結して、世界的に自由貿易を促進した。情報産業の興隆も重なり、九〇年代後半のアメリカは、経済的な繁栄を享受することになる。自由貿易がアメリカ経済全体の復活を支えた一方で、その自由貿易が製造業の国外移転をさらに容易にし、鉄鋼や自動車製造のような旧来の産業による雇用は縮小した。

もう一つの特徴は、国際的な価値を遵守するための介入である。イラクのクウェート侵攻に対抗して行われた湾岸戦争を嚆矢として、アメリカ政府は人権の保護や民主主義の促進を旗頭に、ハイチや旧ユーゴスラヴィア諸国に軍事介入した。国際機関を通じて規制緩和を求めた事例も、武力を用いない介入と見なすことができるだろう。九〇年代には、民主主義や人権のような普遍的な価値を拡大するための介入が容認されるようになったのである。ただしこれらの介入が、必ずしも国際的な合意を得ずに実行されたことも認めなければならない。国連憲章違反への対応として正当化された湾岸戦争でさえ、国連軍による介入の形をとらなかった。その他の介入でも、国連の承認なしに実施された事例が少なくない。また、九四年のルワンダ虐殺のように介入が行われなかった事例もあり、介入に至るアメリカの基準の曖昧さが問題になった。

さらにアメリカの世論は、普遍的な価値を擁護するための介入に必ずしも好意的ではなかった。ソ連が崩壊して切迫した脅威がないなかで、国際問題への世論の関心が後退し、積極的な対外政策への支持も弱まったのである。世論はむしろ、アメリカ人の命や税金が国外の問題に割かれることに批判的になった。とくに、介入によるアメリカ兵の損失に世論がきわめて敏感になり、クリントン政権は米軍の投入に慎重になった。ただしこのことは、あらゆる介入に慎重になったことを意味しない。クリントンは地上軍の介入を回避するため、航空機やミサイルによる攻撃に頼るようになり、介入を受けた国々で民間人の被害を拡大させた。

積極的な対外介入に、共和党の反応もまとまっていなかった。前述したように、湾岸戦争に踏み切ったのは共和党のブッシュ（父）大統領である。その一方で共和党保守派には、孤立主義的な傾向を強める人々もいた。彼らは、対外介入それ自体に反対していたわけではなく、アメリカの国益に直結しない普遍的な規範のための介入を拒否したのである。彼ら共和党保守派はまた、アメリカの利益や行動の自由が、国際法や国際機関の取り決めによって制限されることに強く反発した。ブッシュの政策にさえ批判的だった共和党保守派は、党派的な理由もあって、クリントン政権の対外政策をより声高に批判した。気候温暖化をめぐる京都議定書に共和党が否定的であったのは、その一例である。

転機としてのイラク戦争

アメリカの国益を優先し、国際的な取り決めを軽視する共和党保守派の政策は、ブッシュ（子）政権に継承された。就任早々に京都議定書から離脱したのは象徴的であるが、同じような傾向は同時多発テロ事件後にも確認できる。アフガニスタン侵攻こそＮＡＴＯ諸国など広い合意を得て実施されたものの、それに続くイラク戦争は、多くの国々の反対を無視して実施された。多くのアフガニスタン人やイラク人が「敵戦闘員」として拘束され、米軍による虐待を受けた。このようなアメリカの独走は「単独行動主義」と批判され、アメリカ経済の好調も伴って、アメリカを「帝国」ないし「覇権国」と批判する言説が広がった。

しかしながら、この時のアメリカの「覇権」は短命に終わった。好景気下でさえ労働者の賃金は低下していたが、グローバル金融・経済危機を契機にアメリカ全体が恐慌に喘いだ。また、イラク政府打倒後も秩序回復の糸口が摑めず、アメリカ兵の死傷者も増加した。深刻な経済の悪化とイラク戦争の泥沼化によってブッシュ大統領への支持は急落し、オバマ大統領への道を開くことになる。

今になってみれば、この時に問い直されたのは、単独行動主義的な共和党保守派の外交政策に留まらなかったのではないだろうか。むしろ、対外介入と自由貿易に代表されるリベラルな国際主義の是非が、改めて問われていたのではないだろうか。独裁からの「解放」と民主化を唱えたイラク戦争は泥沼化し、アメリカの対外介入への支持を揺るがした。産業の空洞化によって職を失った労働者は、自由貿易によって流入する海外製品や、増加する移民に敵意を向けるようになった。第二次世界大戦以来、アメリカが構築に寄与してきた国際秩序そのものに、疑問が呈されるようになったのである。

オバマは、少なくとも対外介入については、見直しの必要性を理解していた。イラクからの撤退決定やシリア空爆の見送りは、その典型と言えるだろう。中国やロシアのような潜在的ライバルとの協調を進めたことも、アメリカが「世界の警察官」として各地の問題に介入する政策を見直す一環と考えられるだろう。その一方でオバマは、気候変動や核兵器廃絶のような国際的な課題を取り上げ、国際協調による解決を訴えた。国内世論に向けたリーダーシップの装いであるとともに、国力の限界を踏まえた「背後から率いる」政策の一例とも考えられる。しかしその結果、アメリカのリーダーシップは不鮮明になり、内外から厳しく批判された。

自由貿易については、TPPを提唱したように依然としてこれを維持しようとした。また、金融危機後の恐慌対策として大企業に公的資金を投入したため、富裕層優遇として労働者や若年層の不満を浴びた。経済政策では、見直しの機運があまり高まらなかったと言えるだろう。その一方で、初の黒人大統領というオバマの属性、および国民皆保険制度や同性婚、移民のような社会問題に対する姿勢が、米国内で保守派とリベラル派の対立を先鋭化させた。二〇一六年大統領選挙の背景には、このような不満と緊張が隠れていたのである。

「例外」の国の例外？

「新世界」アメリカは、圧政からの避難所ならびに自由の象徴であり、他国のモデルとなるという使命を自任してきた。こうした「例外」としてのアイデンティティをもとに、アメリカはこれまで成長を遂げてきた。第二次世界大戦後に形成、定着していった豊かなアメリカ的生活様式は、「例外」たるアメリカの姿をさらに具体的な形で印象づけることになった。

しかしながら、金融自由化や産業構造の変化をもたらしたグローバリゼーションやインターネットなどの技術の発展は、第二次世界大戦後しばらく続いていた豊かな時代を過去のものとしてしまった。アメリカ的生活様式から除外され続けてきたマイノリティの存在を直視しないままに、人々は「人民」の豊かさの喪失を嘆いた。アメリカの労働者を脅かす移民や経済・軍事においてアメリカに依存する諸外国、損しかもたらさない国際条約、そして、大企業ならびに社会的弱者重視の政府の姿勢に、衰退の理由を求めるようになったのである。

そうしたなか、アメリカが大統領に望んだのは、アメリカを第一に考え、アメリカを再び偉大にする――換言すれば「例外」としてのアメリカを復活させると約束できる例外的な人物であった。

しかしトランプは、はたして例外なのだろうか。彼の登場は現代アメリカ政治外交史のなかに胚胎したものであり、さらに「先進国」諸国では過去を美化する排外的ナショナリズムの勃興はめずらしいことではない。

「見捨てられた」人民は、偉大な「アメリカ」を信じ続ける。トランプ流決め文句のロゴ入りのキャップ、Tシャツを身に纏う人々であふれたトランプの演説集会――その参加者は、トランプを「大好きで、大好きで、大好きなんだ」とし興奮を隠さなかった。なぜ大好きなのか。そのわけを彼はこう説明した。「誰よりも人民のことを気に掛けてくれるから。民主党のやつらはどうでもいいと思っている。あいつらは人民からお金を巻き上げたいのさ。分け与えるんじゃなくてね」。

アメリカをこれからも偉大なままに、二期目を目指しトランプはそう訴えている。

参考文献

有賀夏紀『アメリカの二〇世紀（下）――一九四五年～二〇〇〇年』中公新書、二〇〇二年。

オドンネル、ジョン『経営者失格――トランプ帝国はなぜ崩壊したのか』（植山周一郎訳）飛鳥新社、一九九二年。

久保文明『アメリカ政治史』有斐閣、二〇一八年。

久保文明「トランプ政権と中国」『国際問題』六八一号、二〇一九年五月。

金成隆一『記者、ラストベルトに住む――トランプ王国、冷めぬ熱狂』朝日新聞出版、二〇一八年。

佐々木卓也「『トランプ革命』とアメリカ外交へのインプリケーション」『国際問題』六六三号、二〇一七年七・八月。

鈴木一人「主権と資本――グローバル市場で国家はどこまで自律性を維持できるのか」『年報政治学』二〇一九－Ⅰ、二〇一九年六月。

トランプ、ドナルド・J『金のつくり方は億万長者に聞け！――大富豪トランプの金持ち入門』（石原薫訳）扶桑社、二〇〇四年。

トランプ、ドナルド、トニー・シュウォーツ『トランプ自伝――不動産王にビジネスを学ぶ』（相原真理子訳）ちくま文庫、二〇〇八年。

中山俊宏「トランプ外交の一年――最悪事態は回避できたが…」SPFアメリカ現状モニター、笹川平和財団日米交流事業、二〇一八年二月（spf.org/jpus-j/spf-america-monitor/24506.html　二〇二〇年二月二〇日最終確認）。

ウォルフ、マイケル『炎と怒り――トランプ政権の内幕』（関根光宏・藤田美菜子訳）早川書房、二〇一八年。

ウッドワード・ボブ『恐怖の男――トランプ政権の真実』（伏見威蕃訳）日本経済新聞出版社、二〇一八年。

日本国際問題研究所、平成三〇年度外務省外交・安全保障調査研究事業「トランプ政権の対外政策と日米関係」二〇一九年三月。

エコノミスト「米大統領選、もはや現職は有利ではない」『日本経済新聞』二〇一九年五月二一日（"Incumbency Ain't What It Used to Be", *The Economist*, May 18, 2019）。

Foner, Eric. *Give Me Liberty ! : An American History*, New York: W. W. Norton, 2017.

Hewitt, Nancy A., and Steven F. Lawson, *Exploring American Histories: A Survey,* Third Edition. Boston: Bedford St. Martin's, 2019.

Kessler-Harris, Alice and Maurizio Vaudagna, eds., *Democracy and the Welfare State: The Two Wests in the Age of Austerity,* New York: Columbia University Press, 2018.

Shi, David Emory, *America: The Essential Learning Edition,* Vol. 2, New York: W. W. Norton, 2018.

現代アメリカ政治外交史年表

（作成：尾身悠一郎、隋立国）

年号	米国内政・外交の動き	その他世界の動き
一七七六	7月アメリカ独立宣言。	
一七八八	6月アメリカ合衆国憲法採択。	
一八二三	12月「モンロー・ドクトリン」発表。	
一八六一	4月南北戦争勃発。	
一八六三	1月リンカーン大統領、「奴隷解放宣言」を発布。	
一八六五	4月南北戦争終結。	
一八八七	2月「ドーズ法」制定。	
一八九六	5月連邦最高裁「プレッシー対ファガーソン判決」にて「分離すれども平等」という原則を採択。	
一八九八	4月米西戦争勃発。	
一九一四		7月第一次世界大戦勃発。
一九一七	4月対独宣戦布告、第一次世界大戦参戦。	
一九一八	1月ウィルソン大統領による「一四カ条の原則」提案。	
一九一九	11月連邦上院議会で国際連盟参加が否決。	1月パリ講和会議開催。6月ヴェルサイユ講和条約調印。
一九二〇	8月合衆国憲法修正一九条が成立し女性参政権が認められる。	1月国際連盟発足。
一九二一		11月ワシントン会議開催（〜二二年二月）。
一九二四	5月移民に対する国別割り当て制採用。8月ドイツ賠償に関するドーズ案成立。	

一九二九	**8月**ドイツ賠償に関するヤング案成立。**10月**大恐慌に突入。	
一九三一		**9月**満洲事変。
一九三三	**3月**ローズヴェルト大統領就任。	**1月**ヒトラー、首相に任命。**3月**日本、国際連盟脱退を通告。**6月**ロンドン世界経済会議。
一九三四	**6月**「互恵通商法」成立。	
一九三五	**8月**「第一次中立法」成立（三六・三七年の二度にわたり改正）。	**10月**イタリア、エチオピア侵攻。
一九三六	**11月**ローズヴェルト大統領再選。	
一九三七		**7月**日中戦争勃発。
一九三九	**11月**交戦国への武器輸出解禁。	**9月**独軍、ポーランド侵攻、第二次世界大戦勃発。
一九四〇		**6月**フランス降伏。**9月**日本軍、仏印進駐。**9月**日独伊三国軍事同盟締結。
一九四一	**3月**「武器貸与法」成立。**8月**米英首脳会談（「大西洋憲章」発表）。**9月**独潜水艦への攻撃承認。**12月**日本軍、真珠湾攻撃。米、対日宣戦布告。	**12月**独伊、対米宣戦布告。
一九四三	**6月**ズートスーツ暴動。	
一九四四	**11月**ローズヴェルト四選。	**7月**ブレトンウッズ会議開催。**8〜10月**国際連合の創設に関するダンバートン・オークス会議開催。
一九四五	**2月**米英ソ首脳会談（ヤルタ会談）開催。**4月**ローズヴェルト死去。副大統領トルーマンが大統領に昇格。**7月**ニューメキシコ州で史上初の核実験「トリニティ」成功。**8月**広島・長崎に原爆投下。**12月**「戦争花嫁法」成立。	**4月**ヒトラー自殺。**5月**ドイツ降伏。**6月**サンフランシスコ会議にて国連憲章採択。**7月**米英ソ首脳会談開催（ポツダム）。**8月**日本降伏。
一九四六	**6月**米政府、マーシャル諸島で核実験開始（〜五八年。計六七	

	回)。**7月**ムアードフォード橋リンチ事件。**8月**アメリカ原子力委員会発足。**12月**トルーマン、「公民権に関する大統領諮問委員会」を発足させる大統領行政命令第九〇〇八号に署名。	
一九四七	**3月**「トルーマン・ドクトリン」発表。トルーマン、連邦政府職員への忠誠審査を実施する大統領行政命令第九八三五号に署名。**4月**「陸海軍看護婦法」成立。**6月**トルーマン、アメリカ大統領として初めて全米黒人地位向上協会（NAACP）で演説。「マーシャル・プラン」発表。「タフト・ハートレー法」成立。**7月**ケナンが「ソ連行動の源泉」（X論文）発表。「国家安全保障法」成立。「戦争花嫁法」改正。	
一九四八	**5月**トルーマン、イスラエル独立を承認。**6月**「女性軍隊統合法」成立。「難民法」成立。	**2月**チェコスロヴァキアで共産党によるクーデタ。**5月**イスラエル建国。第一次中東戦争勃発（〜四九年七月）。**6月**ベルリン封鎖（〜四九年五月）。**8月**大韓民国（韓国）成立。**9月**朝鮮民主主義人民共和国（北朝鮮）成立。**12月**国連総会で「世界人権宣言」決議。
一九四九	**1月**トルーマン、フェアディール政策発表。トルーマン、「ポイント・フォア」計画発表。	**4月**北大西洋条約調印。**5月**ドイツ連邦共和国（西独）成立。**8月**ソ連、原爆実験成功。**10月**ドイツ民主共和国（東独）成立。中華人民共和国成立。
一九五〇	**4月**NSC六八文書が提出される。**9月**「マッカラン国内治安法」成立。	**6月**朝鮮戦争勃発。
一九五一	**8月**「女性のための国防諮問委員会」創設。**9月**サンフランシスコ講和条約・日米安全保障条約締結。太平洋安全保障（ANZU	

	S）条約締結。	
一九五二	6月「マッカラン・ウォルター移民帰化法」成立。	
一九五三	1月アイゼンハワー大統領就任。8月CIAによるイランでのクーデタ介入。10月「ニュールック」戦略決定。	3月スターリン・ソ連書記長死去。7月朝鮮戦争休戦協定。
一九五四	3月第五福竜丸被災事件／ビキニ事件。5月連邦最高裁による「ブラウン判決」。6月CIAによるグアテマラでのクーデタ介入。	5月仏軍、ディエンビエンフーで大敗。7月インドシナ休戦協定。
一九五五	12月モントゴメリー・バスボイコット始まる（五六年一二月まで）。	2月バグダード条約締結、中東条約機構成立。5月西独、NATO加盟。ワルシャワ条約機構成立。7月米英仏ソ四カ国首脳（ジュネーブ）会談。
一九五六	11月アイゼンハワー大統領再選。	2月フルシチョフによるスターリン批判演説。10月スエズ戦争勃発（一一月停戦）。10～11月ハンガリー事件。
一九五七	1月キング牧師、南部キリスト教指導者会議結成。9月リトルロック高校事件。11月「安全保障資源パネル」のゲイザー報告提出。12月バスの人種隔離が廃止される。米、ヴァンガードロケット打ち上げ失敗。アイゼンハワー、NATO初の首脳会談に出席。	10月ソ連、史上初の人工衛星スプートニク打ち上げに成功。
一九五八	1月米ソ、文化交流協定締結。5月ヴェネズエラとペルーでニクソン副大統領訪問に対する反米デモ。7月アメリカ航空宇宙局設立。	3月フルシチョフ閣僚会議議長（首相）就任。7月イラクでクーデタ勃発、中東条約機構脱退。8月第二次台湾海峡危機勃発。11月第二次ベルリン危機勃発。
一九五九		1月キューバ革命、カストロ政権成立。7～8月米ソ、国家博覧会開催。「台所論争」。9月フルシチョフ訪米。
一九六〇	4月学生非暴力調整委員会設立。11月中央アフリカ共和国国連代	5月米U2偵察機がソ連上空で撃墜、米英仏ソ

	表がワシントンDCのレストランで食事提供を拒否される。	のパリ首脳会談が失敗。
一九六一	**1月**アイゼンハワー、退任演説で「軍産複合体」へ警鐘を鳴らす。ケネディ大統領就任。**2月**「最低賃金法」成立・採択。**3月**「進歩のための同盟」発表。**4月**「地域再開発法」成立。ピッグス湾事件。**5月**ケネディ、多角的核戦力構想踏襲を発表。「フリーダム・ライド」運動（〜九月）。**6月**「住宅法」成立。	**8月**ベルリンの壁構築。
一九六二	**2月**ケネディ、「女性の地位に関する大統領委員会」設置。**9月**ミシシッピ大学危機。カーソン『沈黙の春』出版。**10月**キューバ・ミサイル危機で海上封鎖による対応。	
一九六三	**2月**フリーダン『女らしさの神話（原題）』出版。**4〜6月**バーミングハム運動。**6月**「賃金均等法」成立。米ソ、ホットライン協定締結。ケネディ、キング牧師らと会談。**8月**米英ソ、部分的核実験禁止条約調印。ワシントン大行進。キング牧師、「私には夢がある」演説。**11月**ケネディ、女性の地位に関する省庁間委員会と市民諮問委員会を設置。ケネディ暗殺、副大統領ジョンソンが大統領に昇格。	**5月**南ベトナムで「仏教徒危機」勃発。**10月**宇宙空間への大量破壊兵器設置を禁止する国連決議採択。**11月**南ベトナムでクーデター、ゴ政権崩壊。
一九六四	**1月**ジョンソン、「偉大な社会」計画。**2月**「減税法」成立。**6月**「フリーダム・サマー」開始。**7月**「公民権法」成立。**8月**「経済機会法」成立。	**1月**ドゴール仏政権が中華人民共和国を承認。パナマ「国旗事件」。**8月**トンキン湾事件。**10月**フルシチョフ解任、ブレジネフが党第一書記就任。中国、初の原爆実験。
一九六五	**1月**ジョンソン大統領就任。**2月**ジョンソン政権、北爆開始（三月には恒常的な北爆へ）。**3月**「血の日曜日」事件。**4月**「初等中等教育法」成立。ドミニカへの軍事介入。**5月**一〇〇を超える大学で反戦運動。**7月**「社会保障法」改正。ジョンソン、ベトナ	

	ムへの大規模介入計画発表。**8月**「投票権法」成立。**10月**「移民法」改正。	
一九六六	**6月**全米女性機構設立。**12月**ジョンソン、NATO核計画グループ設立。	**2月**ドゴール、NATO統合軍事機構からの離脱を発表。**6月**ドゴール訪ソ。
一九六七	**4月**キング牧師、良心的兵役拒否呼びかけ。米英独、三国協定締結。**5月**「ラッセル法廷」開催（一一月にも開催）。**6月**最高裁、異人種間結婚禁止に違憲判決。米ソ首脳会談（グラスボロ）。**7月**デトロイト暴動。**10月**大規模反戦デモ。	**6月**第三次中東戦争。多角的貿易交渉（ケネディ・ラウンド）妥結。**12月**NATO、アルメル報告書採択。
一九六八	**2月**ロバート・マクナマラ、国防長官辞任。**3月**ソンミ村虐殺事件（六九年一一月発覚）。ジョンソン、北爆部分停止と北ベトナムとの和平交渉提案を発表。**4月**キング牧師暗殺。**6月**「ストーンウォールの反乱」。**7月**核兵器拡散防止条約調印。**9月**ニューヨーク・ラディカル・ウィメンによるミス・アメリカへの抗議運動。	**1月**テト攻勢開始。**8月**チェコ事件。
一九六九	**1月**ニクソン大統領就任。「国家環境政策法」成立。都市問題評議会設立。**3月**マイノリティ企業局設立。**6月**ニクソン、南ベトナムからの段階的撤退発表。**7月**「ニクソン・ドクトリン」発表。**8月**ウッドストック・コンサート開催。**12月**環境保護局設立。	**3月**中ソ国境で武力衝突。
一九七〇	**4月**カンボジア侵攻。「アース・デイ」開催。**6月**「ゲイ・プライド行進」。**10月**「七〇年規制物質法」成立。**12月**「大気浄化修正法」成立。「家族計画法」成立。	**8月**西ドイツ＝ソ連、モスクワ条約調印。**12月**西ドイツ＝ポーランド、ワルシャワ条約調印。
一九七一	**6月**ニューヨーク・タイムス紙、「ペンタゴン・ペーパーズ」掲載。**7月**キッシンジャー中国極秘訪問、ニクソン訪中を発表（第一次ニクソン・ショック）。**8月**ニクソン、金とドルの兌換停止（第二次ニクソン・ショック）。**12月**『Ms. マガジン』創刊。	

一九七二	**2月**ニクソン訪中、米中共同コミュニケ発表。**3月**男女平等憲法成立修正条項、上下両院で承認（ただし批准数が三八州に届かず不成立）。**5月**米軍、「ラインバッカー作戦」。ニクソン訪ソ、第一次戦略兵器制限条約（SALTⅠ）・ABM制限条約調印。**6月**ニクソン、「一九七二年教育改正法成立第九編」に署名。ウォーターゲート事件発覚。**8月**「水汚染規制修正法」成立。**11月**ニクソン大統領再選。**12月**米軍、「ラインバッカーⅡ作戦」。	**3月**北ベトナム、「イースター攻撃」。
一九七三	**1月**ロウ対ウェイド最高裁判決。ベトナム和平協定調印。**5月**アメリカ麻薬取締局設立。**6月**ブレジネフ訪米、米ソ核戦争防止協定締結。**11月**「戦争権限法」成立。	**10月**第四次中東戦争勃発、第一次石油危機。
一九七四	**7月**「議会予算及び執行留保統制法」成立。**8月**ニクソン辞任、副大統領のフォードが大統領に昇格。**9月**フォード、徴兵忌避者・逃亡兵・ニクソンに恩赦を発表。**11月**フォード訪日。米ソ、SALTⅡに基本合意。	
一九七五	**1月**ジャクソン＝ヴァニク修正条項成立。情報活動特別委員会設立。**12月**フォード、新太平洋ドクトリン発表。	**4月**サイゴン陥落。**5月**マヤグェース号事件。**8月**全欧安全保障協力会議（CSCE）でヘルシンキ最終文書署名。
一九七六		**4月**南北ベトナム統一。
一九七七	**1月**カーター大統領就任。**4月**カーター、「エネルギー法成立案」提出。**8月**エネルギー省発足。**9月**新パナマ運河条約締結（七九年一〇月成立）。	**7月**ソマリア・エチオピア間でオガデン紛争勃発（〜七八年三月）。
一九七八	**9月**キャンプ・デーヴィッド合意。	
一九七九	**1月**米中国交回復、鄧小平訪米。**3月**スリーマイル島原発事故。**4月**「台湾関係法」成立。**6月**米ソ、SALTⅡ調印。**7月**カー	**1月**イラン革命、第二次石油危機。**2月**中国、ベトナムへ侵攻。**6月**先進国首脳会議（東京）

	ター、「信頼の危機」演説。**8月**ヴォルカーFRB議長、プライム・レート引き上げ。	開催。**7月**ニカラグア革命。**11月**駐イラン米大使館人質事件発生。**12月**ソ連、アフガニスタン侵攻。
一九八〇	**1月**「カーター・ドクトリン」発表。**4月**駐イラン米大使館人質救出作戦失敗、ヴァンス国務長官辞任。	**4月**キューバ、マリエル移民危機発生。**9月**イラン・イラク戦争勃発。
一九八一	**1月**レーガン大統領就任。**3月**レーガン暗殺未遂事件。レーガン、中米秘密工作を許可する機密文書に署名。リビアと国交断絶。**8月**「経済復興税制法」成立。航空管制官交渉決裂、全米ストライキ開始。リビア軍機撃墜事件。**11月**米ソ中距離核戦力（INF）に関する交渉開始。この年、長距離電話の自由化。	**1月**駐イラン米大使館人質解放。**12月**イスラエル、ゴラン高原併合宣言。
一九八二	**10月**「預金金融機関法」成立により、預金商品金利の自由化実現。レーガン、「麻薬との戦争」宣言発表。	**9月**多国籍軍、ベイルートに進駐。**11月**ソ連、ブレジネフ死去。
一九八三	**3月**レーガン、「悪の帝国」演説。レーガン、「戦略防衛構想（SDI）」発表。**4月**ベイルート、アメリカ大使館爆発事件。**10月**ベイルートにて、アメリカ海兵隊攻撃事件。米軍、グレナダ侵攻。**11月**レバノンから海兵隊撤退命令。バーシングⅡを西ドイツに配置開始、米ソ中距離核ミサイル交渉中断。	**9月**大韓航空機撃墜事件。**11月**NATO軍、「エイブルアーチャー」演習。
一九八四	**1月**レーガン、ソ連と「建設的な関係」を確立する演説。**8月**中絶実施・推奨非政府組織への助成禁止（メキシコシティ原則）。**9月**レーガン、ソ連との「建設的交渉」演説。**11月**レーガン大統領再選。	**2月**ソ連、アンドロポフ書記長死去。
一九八五	**11月**ジュネーブ米ソ首脳会談開催。	**3月**ソ連、チェルネンコ書記長死去、ゴルバチョフが書記長就任。**9月**先進五カ国プラザ合意達成。
一九八六	**10月**CIAチャーター機撃墜事件。レイキャビク米ソ首脳会談、核軍縮合意に失敗。**11月**「移民改革統制法」成立。アメリカとイ	**2月**ゴルバチョフ、軍備競争無益演説。**4月**チェルノブイリ原子力発電所事故。

一九八七	ランの秘密武器取引「イラン・コントラ」事件発覚。**3月**「公民権回復法」成立。**10月**「ブラックマンデー」株価大暴落。**12月**ゴルバチョフ訪米、米ソ間中距離核戦力全廃条約（ＩＮＦ条約）締結。	**7月**ソ連、アフガニスタンから部分撤退発表。
一九八八		**12月**ゴルバチョフ、国連にて「体制選択の自由」演説。
一九八九	**1月**ジョージ・Ｈ・Ｗ・ブッシュ大統領就任。**2月**ブッシュ、日本と中国を歴訪。**3月**エクソン・ヴァルディーズ号石油海洋流出事故。**5月**ブッシュ、「封じ込めを超えて」演説発表。**7月**スコウクロフト補佐官極秘訪中。**9月**ブッシュ、「麻薬との戦争」戦略発表。**12月**スコウクロフト第二次極秘訪中。マルタ米ソ首脳会談。パナマへ軍事侵攻（ジャスト・コーズ作戦）。	**6月**中国天安門事件。**9月**ポーランド、非共産党政権発足。**10月**ハンガリー、複数政党制導入決定。**11月**ベルリンの壁崩壊。**11～12月**チェコスロヴァキア、ルーマニア、ブルガリアなど共産党体制崩壊。
一九九〇	**7月**「一九九〇年障害を持つアメリカ人法（ＡＤＡ）」成立。**9月**ヘルシンキ米ソ首脳会談開催。ブッシュ、「新世界秩序」演説。**11月**「一九九〇年大気清浄化法修正条項」成立。「一九九〇年包括財政調整法」成立。ブッシュ、「一九九〇年公民権法」に拒否権発動。「一九九〇年移民法」成立。	**8月**イラク、クウェートに侵攻、ペルシャ湾岸危機発生。**10月**ドイツ再統一。ソ連最高会議、市場経済移行のための「五〇〇日計画」承認。日本、対中円借款再開。**11月**ＮＡＴＯとワルシャワ条約機構、「欧州通常戦力（ＣＥＦ）削減条約」調印。欧州安全保障協力会議開催、「新しい欧州のためのパリ憲章」調印。国連安保理、クウェート原状回復を求める決議採択。
一九九一	**1月**湾岸戦争開始。**2月**ブッシュ、対イラク戦闘停止命令。**7月**モスクワ米ソ首脳会談、「第一次戦略兵器削減条約（ＳＴＡＲＴ Ｉ）」締結。	**1月**ソ連軍、リトアニア放送局占拠、市民殺害（血の日曜日事件）。**2月**イラク、クウェートから撤退表明。**6月**スロヴェニア、クロアチア独立宣言、武力紛争発生。**7月**ワルシャワ条約機

		構解体。8月ソ連保守派クーデタ発生、エリツィン実権掌握。**10月**マドリード中東平和会議開催。**12月**独立国家共同体（ＣＩＳ）結成合意、ソ連解体。
一九九二	**1月**ブッシュ訪日。**11月**ＥＣと農業関税に関する合意成立（ブレアハウス合意）。**12月**ＮＡＦＴＡ関係諸国署名。	**2月**ＩＭＦとロシア、市場経済移行の「ショック療法」実施合意。**3月**ユーゴ紛争、ボスニアまで拡大。**5月**旧ソ連核保有国、ＳＴＡＲＴＩ付属協定（リスボン議定書）調印、ＮＰＴ加入合意。**6月**国連平和維持活動に関する『平和への課題』発表。
一九九三	**1月**クリントン大統領就任。クリントン、国家経済会議（ＮＥＣ）設立。**2月**クリントン、予算教書発表。**3月**ニューヨーク世界貿易センタービル爆発事件。**5月**「有権者登録法（モーター・ボーター法）」成立。クリントン、人権状況改善を条件に中国に最恵国待遇を更新する大統領令を発令。**8月**「包括的予算調整法」成立。**9月**クリントン、国連演説で民主主義拡大を主張。**10月**米軍、ソマリアモガディシュ作戦失敗。**11月**連邦議会、ＮＡＦＴＡ承認。シアトルにて、アジア太平洋経済協力（ＡＰＥＣ）開催。「銃犯罪防止法（ブレイディ法）」成立。	**9月**イスラエルとパレスチナ、オスロ合意達成。**11月**欧州連合条約発効、ＥＵ成立。**12月**関税および貿易に関する一般協定（ＧＡＴＴ）に基づく貿易交渉（ウルグアイ・ラウンド）最終合意達成。
一九九四	**3月**保護主義的な通商政策スーパー三〇一条復活。**5月**「クリニックへのアクセス自由法」成立。クリントン、中国最恵国待遇と人権問題を切り離す方針を表明。**9月**「凶悪犯罪防止法」成立。	**4月**ルワンダ大虐殺の発生。
一九九五	**3月**米軍、ハイチから撤退。**4月**オクラホマ州オクラホマ・シティで爆破テロ事件発生。**6月**台湾の李登輝総統、訪米。**8月**ＮＡ	**1月**世界貿易機関（ＷＴＯ）設立。**7月**スレブレニッツァ事件（ボスニアのイスラム系住民に

	TO軍、セルビア人勢力への空爆開始。**11月**連邦政府一部閉鎖。**12月**連邦政府再度閉鎖。	対する民族浄化）。**11月**ボスニア紛争のデイトン和平合意成立。イスラエルのラビン首相暗殺。
一九九六	**3月**アメリカ、台湾海峡に空母艦隊派遣。**4月**「反テロおよび死刑厳格化法」成立。**6月**サウジアラビア米軍官舎爆破事件。**8月**「福祉改革法」成立。**11月**クリントン大統領再選。	**3月**中国、台湾海峡にてミサイル発射軍事演習（第三次台湾海峡危機）。
一九九七		**12月**地球温暖化防止に関する京都議定書採択。
一九九八	**8月**ケニアとタンザニアのアメリカ大使館爆発テロ事件。**12月**連邦議会下院、クリントンのスキャンダルに対する弾劾訴追。	**12月**イラク、国連大量破壊兵器廃棄特別委員会協力停止。
一九九九	**11月**「グラス・スティーガル法」廃止。	**3月**NATO軍、ユーゴ空爆開始。**6月**ミロシェヴィッチ政権、平和案受け入れ、コソボ紛争終結。**11月**国連安保理、ターリバーンに対しビン・ラーディン引き渡し決議採択。
二〇〇〇	**7月**クリントン、キャンプ・デーヴィッド中東平和交渉を仲介。**12月**「商品先物近代化法」成立。クリントン、イスラエルとパレスチナ問題に関する「クリントン・プラン」提案。	
二〇〇一	**1月**ジョージ・W・ブッシュ大統領就任。**3月**ブッシュ、京都議定書からの離脱を表明。**4月**米中海南島事件。**9月**ニューヨークとワシントンにて、同時多発テロ事件発生。**10月**米英軍によるアフガニスタン武力攻撃（「無限の正義」作戦）開始。炭疽菌テロ事件発生。「米国愛国者法（USA Patriot Act）」成立。国土安全保障局発足。**12月**ブッシュ、米ロ間弾道弾迎撃ミサイル（ABM）制限条約からの離脱を表明。米軍、アフガニスタン都市カブール、カンダハール制圧、新政府樹立。	
二〇〇二	**1月**「どの子も置き去りにしない法（NCLB）」成立。ブッシ	**11月**イラク大量破壊兵器査察要求に関する国連

	ユ、「悪の枢軸」演説。**9月**ブッシュ、先制攻撃に関する「ブッシュ・ドクトリン」発表。	安保理決議成立、査察展開。
二〇〇三	**3月**米英連合軍、「イラクの自由作戦」開始。**5月**ブッシュ、大規模戦争の終結宣言。**12月**ブッシュ、公的医療保険制度・メディケア改革法案署名。米軍、ティクリートにてサダム・フセインを確保。	**8月**北京にて、北朝鮮核問題に関する六者協議開催。
二〇〇四	**11月**ブッシュ大統領再選。	**5月**ＥＵ、二五カ国に拡大。北朝鮮、日本海に向けて短距離ミサイル打ち上げ。
二〇〇五	**8月**ハリケーン・カトリーナ発生。	
二〇〇六	**3月**ブッシュ、非軍事行動の重要性を強調。	**7月**ヒズブッラー、イスラエルへロケット攻撃。イスラエル、レバノンへ侵攻。北朝鮮、大陸間弾道ミサイル・テポドン2号発射テスト。**10月**北朝鮮、核実験断行。国連安保理非難制裁決議。**12月**サダム・フセイン死刑執行。
二〇〇七	**1月**ブッシュ、イラクへのアメリカ軍追加増派を表明。	
二〇〇八	**9月**投資会社リーマンブラザーズ倒産、グローバル金融・経済危機発生（リーマン・ショック）。**10月**北朝鮮を「テロ支援国家指定」から解除。	**12月**北朝鮮核施設凍結のための六者協議開催。
二〇〇九	**1月**オバマ大統領就任。オバマ、ＴＰＰ交渉を本格化させる方針を発表。**2月**「アメリカ復興・再投資法」成立。**3月**ジュネーブにて米露外相会談。**4月**オバマ、プラハにて「核なき世界」演説。**7月**オバマ、ロシアに訪問。**9月**イランの新ウラン濃縮施設建設が確認。**10月**「ヘイトクライム防止法」成立。**12月**オバマ、アフガニスタンへの米軍増派発表。	**4月**北朝鮮、六者協議から離脱宣言。**5月**北朝鮮、二回目の核実験実施。**6月**国連安保理、北朝鮮核実験に対する非難決議。
二〇一〇	**3月**「患者保護および医療費負担適正化法」と「医療保険改革調	**3月**韓国海軍天安号沈没事件。**6月**国連安保理、

	整法」成立。**4月**プラハにて米ロ首脳会談、ＳＴＡＲＴＩ後継条約署名。**5月**戦略軍隷下にサーバー軍設置。**6月**メドベージェフ・ロシア大統領訪米。**7月**米韓合同軍事演習実施。**12月**ＳＴＡＲＴＩ後継条約批准。「米軍差別禁止法」成立。	対イラン制裁決議採択。**11月**北朝鮮軍、韓国延坪島砲撃。チュニジアでジャスミン革命発生。
二〇一一	**2月**オバマ政権、結婚防衛法（ＤＯＭＡ）を裁判で擁護しないと表明。**5月**米軍、パキスタンのアボタバードでビン・ラーディンを急襲して殺害。**8月**予算管理法「スーパー・コミッティー」成立。**9月**「ウォール街を占拠せよ」運動。**11月**オバマ、オーストラリア訪問中に新アジア太平洋戦略「リバランス」発表。ＴＰＰ参加国首脳会議にて、協定内容のアウトラインに合意。**12月**オバマ、イラクから米軍完全撤収とイラク戦争終結と発表。	**2月**エジプト、ムバラク政権が崩壊。**3月**国連安保理、リビアへの武力行使容認決議採択。国連安保理、リビア内戦に関する決議を採択、ＮＡＴＯ軍による空爆開始。シリアで反アサド政権運動起こり、内戦勃発。リビア、反カダフィ・デモ発生。**8月**カダフィ政権崩壊。
二〇一二	**3月**Ｈ・クリントン国務長官、中国政策演説。**6月**若年層向け強制送還延期プログラム（ＤＡＣＡ）発表。**8月**オバマ、アサド政権に化学兵器使用しないよう警告。**9月**ベンガジ（リビア）でアメリカ政府施設襲撃事件。**11月**オバマ大統領再選。	
二〇一三	**2月**オバマ、重要インフラの防護強化の関係省庁取り組みに関する大統領令発出。**6月**アメリカとキューバ代表、カナダにて接触。**8月**オバマ政権、シリア空爆を見送る。**11月**イラン核開発に関する協議開始。	**2月**北朝鮮第三回核実験実施。**3月**中国、南シナ海にて防空識別圏設定。**8月**シリア政府軍、化学兵器使用。
二〇一四	**2月**アメリカ政府、中国の南シナ海九段線主張への疑念表明。**4月**米比防衛協力強化協定（ＥＤＣＡ）締結。**7月**オバマ、雇用者差別禁止に関する大統領令発出。**8月**ＩＳＩＳ空爆開始。**9月**オバマ、エストニアにてＮＡＴＯ諸国領土防衛義務を負うとの演説。**11月**米国市民と永住者の親向け強制送還延期プログラム発表。気	**2月**ウクライナのヤヌコビッチ大統領、ＥＵ連合協定署名を拒否、ユーロマイダン・デモ発生。**3月**クリミア、親ロシア兵士による議会占領、クリミアがロシアに編入される。**5月**中国、ベトナム沖にて石油掘削開始、ベトナムにて反中

	候変動に関する米中共同声明発出。**12月**米・キューバ外交関係正常化が発表。	国デモ発生。**6月**ＩＳＩＳ国家樹立宣言。**7月**ウクライナ上空にて、マレーシア航空機撃墜事件。**9月**ウクライナ、ロシア、親ロシア勢力間停戦合意達成（ミンスクＩ合意）。
二〇一五	**3月**ベイナー下院議長、イラン核合意を批判する演説。**6月**米連邦政府職員による個人情報の大規模窃盗事件が発覚。連邦議会、通商促進権限（ＴＰＡ）を大統領に付与。**7月**イラン核開発に関する包括的共同作業計画（ＪＣＰＯＡ）合意達成。ハバナとワシントンに米・キューバの大使館が開設。**9月**ワシントンにて、米中首脳会談開催。**10月**米海軍艦船「航行の自由」作戦再開。ＴＰＰ交渉に関する大筋合意達成。	**2月**ウクライナ、ロシア間ミンスクⅡ合意達成。**12月**気候変動に関するパリ協定採択。
二〇一六	**5月**ベトナム向け武器禁輸を全面解除。**7月**在韓米軍によるミサイル防衛システムＴＨＡＡＤ配備開始。	**1月**北朝鮮第四回核実験実施。**6月**イギリスが国民投票でＥＵ脱退を決定。**9月**北朝鮮第五回核実験実施。
二〇一七	**1月**トランプ大統領就任。トランプ、ＴＰＰ離脱表明、イスラーム教七カ国からの渡航禁止。**3月**トランプ、キーストーンＸＬパイプライン建設承認。**6月**トランプ、「パリ協定」からの離脱表明。**8月**シャーロッツヴィル事件。**12月**「税制改革法案」成立。	
二〇一八	**2月**財政赤字による国家非常事態宣言発令。**6月**シンガポールにて、初の米朝首脳会談開催。**7月**対中追加関税発表、米中貿易戦争開始。**11月**トランプ、新ＮＡＦＴＡ協定署名。	
二〇一九	**2月**トランプ、メキシコ国境壁建設費用確保のため、国家非常事態宣言発令。	

人名索引

あ 行

か 行

さ 行

た 行

な 行

は 行

ま 行

や 行

ら・わ 行

事項索引

あ 行

か 行

さ 行

た 行

な 行

は 行

ま　行

や・ら　行

わ行・欧文

西山隆行（にしやま・たかゆき）**第9章**

1975年　神戸市生まれ。

2004年　東京大学大学院法学政治学研究科博士課程修了。博士（法学）。

現　在　成蹊大学法学部教授。

著　作　『アメリカ型福祉国家と都市政治――ニューヨーク市におけるアーバンリベラリズムの展開』東京大学出版会，2008年。

『移民大国アメリカ』筑摩書房，2016年。

『アメリカ政治入門』東京大学出版会，2019年。

＊宮田伊知郎（みやた・いちろう）**はしがき，第Ⅲ部解説，第10章，終章**

1973年　宮崎県生まれ。

2010年　ジョージア大学歴史学研究科博士課程修了。Ph. D.（歴史学）

現　在　埼玉大学人文社会科学研究科准教授。

著　作　「未来都市の米国現代史――郊外化，開発，ジェントリフィケーションにおける排除と包摂」『歴史学研究』第963号，2017年。

「『ハナミズキの街』アトランタの形成――新旧「都市危機」の連続性に関する試論」『アメリカ史研究』第42号，2019年。

翻　訳　ブライアン・サイモン著『お望みなのは，コーヒーですか――スターバックスからアメリカを知る』岩波書店，2013年。

森　　聡（もり・さとる）**第11章**

1972年　大阪府生まれ。

2007年　東京大学大学院法学政治学研究科博士課程修了。博士（法学）。

現　在　法政大学法学部教授。

著　作　『ヴェトナム戦争と同盟外交――英仏の外交とアメリカの選択，1964-1968年』東京大学出版会，2009年。

『希望の日米同盟――アジア太平洋の海洋安全保障』共著，中央公論新社，2016年。

『アメリカ太平洋軍の研究――インド・太平洋の安全保障』共著，千倉書房，2018年。

尾身悠一郎（おみ・ゆういちろう）**年表**

1989年　香川県生まれ。

2019年　一橋大学大学院法学研究科修士課程修了。修士（国際関係史）。

現　在　一橋大学大学院法学研究科博士課程在籍中。

隋立国（ずい・りっこく）**年表**

1992年　中国山東省生まれ。

2019年　一橋大学大学院法学研究科修士課程修了。修士（国際関係論）。

現　在　一橋大学大学院法学研究科博士課程在籍中。

佐原彩子（さはら・あやこ） **第5章**

1977年　京都府生まれ。

2012年　カリフォルニア大学サンディエゴ校エスニックスタディーズ学科博士課程修了。Ph. D.（エスニックスタディーズ）

現　在　大月市立大月短期大学経済科准教授。

著　作　「自立を強いられる難民――1980年難民法成立過程に見る「経済的自立」の意味」『アメリカ史研究』第37号，2014年。

『引揚・追放・残留――戦後国際民族移動の比較研究』共著，名古屋大学出版会，2019年。

上　英明（かみ・ひであき） **第6章**

1984年　愛知県生まれ。

2015年　オハイオ州立大学歴史学部博士課程修了。Ph. D.（歴史学）

現　在　東京大学大学院総合文化研究科准教授。

著　作　*Diplomacy Meets Migration: US Relations with Cuba during the Cold War,* Cambridge University Press, 2018.

The Cold War at Home and Abroad: Domestic Politics and U. S. Foreign Policy since 1945, 共著，University Press of Kentucky, 2018.

『外交と移民――冷戦下の米・キューバ関係』名古屋大学出版会，2019年。

兼子　歩（かねこ・あゆむ） **第7章**

1974年　北海道生まれ。

2004年　北海道大学大学院文学研究科博士後期課程単位習得退学。修士（文学）。

現　在　明治大学政治経済学部専任講師。

著　作　『〈近代規範〉の社会史――都市・身体・国家』共著，彩流社，2013年。

『グローバル・ヒストリーとしての「1968年」――世界が揺れた転換点』共著，ミネルヴァ書房，2015年。

『「ヘイト」の時代のアメリカ史――人種・民族・国籍を考える』共編著，彩流社，2017年。

吉留公太（よしとめ・こうた） **第8章**

1974年　愛知県生まれ。

2006年　リーズ大学大学院政治国際学研究科博士課程修了。Ph. D.（国際関係論）

現　在　神奈川大学経営学部教授。

著　作　『危機の国際政治史　1873～2012』共著，亜紀書房，2013年。

「メイジャー政権の国際秩序構想とその挫折――ボスニア紛争への国連の関与をめぐる英米対立」『国際政治』173号，2013年。

「ドイツ統一交渉とアメリカ外交―― NATO 東方拡大に関する『密約』論争と政権中枢の路線対立」上下，『国際経営論集』54・55号，2017～18年。

執筆者紹介（＊は編者）

豊田真穂（とよだ・まほ）**第1章**

1975年　千葉県生まれ。

2006年　東京大学大学院総合文化研究科博士課程修了。博士（学術）。

現　在　早稲田大学文学学術院教授。

著　作　『占領下の女性労働改革――保護と平等をめぐって』勁草書房，2007年。
「アメリカ占領下の日本における生殖の管理――優生保護法の不妊手術／断種」『アメリカ史研究』第36号，2013年。
『人口政策の比較史――せめぎあう家族と行政』共著，日本経済評論社　2019年。

＊倉科一希（くらしな・いつき）**はしがき，第2章，第Ⅱ部解説，終章**

1971年　千葉県生まれ。

2004年　ニュージャージー州立ラトガース大学ニューブランズウィック校歴史学研究科博士課程修了。Ph. D.（歴史学）

現　在　広島市立大学国際学部准教授。

著　作　『アイゼンハワー政権と西ドイツ――同盟政策としての東西軍備管理交渉』ミネルヴァ書房，2008年。
『なぜ核はなくならないのかⅡ――「核なき世界」への視座と展望』共著，法律文化社，2016年。
『アメリカの核ガバナンス』共著，晃洋書房，2017年。

＊青野利彦（あおの・としひこ）**はしがき，序章，第Ⅰ部解説，第3章**

1973年　広島県生まれ。

2007年　カリフォルニア大学サンタ・バーバラ校歴史学研究科博士課程修了。Ph. D.（歴史学）

現　在　一橋大学大学院法学研究科教授。

著　作　『「危機の年」の冷戦と同盟――ベルリン，キューバ，デタント 1961-63年』有斐閣，2012年。
『冷戦史を問いなおす――「冷戦」と「非冷戦」の境界』共編著，ミネルヴァ書房，2015年。
『国際政治史――主権国家体系のあゆみ』共著，有斐閣，2018年。

水本義彦（みずもと・よしひこ）**第4章**

1971年　埼玉県生まれ。

2002年　キール大学大学院博士課程修了。博士（Doctor of Philosophy）。

現　在　獨協大学外国語学部准教授。

著　作　『同盟の相剋――戦後インドシナ紛争をめぐる英米関係』千倉書房，2009年。
『欧米政治外交史　1871～2012』共著，ミネルヴァ書房，2013年。
『帝国の遺産と現代国際関係』共著，勁草書房，2017年。

Minerva Modern History ②

現代アメリカ政治外交史
——「アメリカの世紀」から「アメリカ第一主義」まで——

2020年５月20日　初版第１刷発行　〈検印省略〉

定価はカバーに
表示しています

編著者　青野利彦
　　　　倉科一希
　　　　宮田伊知郎

発行者　杉田啓三

印刷者　江戸孝典

発行所　株式会社　ミネルヴァ書房

607-8494 京都市山科区日ノ岡堤谷町１
電話代表 (075)581-5191
振替口座 01020-0-8076

共同印刷工業・清水製本

ISBN978-4-623-08809-6
Printed in Japan